U0503772

蒋传光 主编

# "21世纪海上丝绸之路"建设背景下打造上海国际海事仲裁中心研究

邓杰 著

上海人民出版社

上海市哲学社会科学规划项目

"'21世纪海上丝绸之路'建设背景下打造上海国际海事仲裁中心研究"

（2018BFX014）最终成果

教育部人文社会科学研究规划基金项目

"'21世纪海上丝绸之路'沿线国家海事争议多元化解决机制构建研究"

（20YJA820006）阶段性成果

# 总　　序

党的十一届三中全会以来，伴随着改革开放，我国社会主义现代化建设进入新时期，在党的领导下，我们走出了中国特色社会主义法治道路，坚持党的领导、人民当家作主、依法治国的有机统一，坚持依法治国和以德治国相结合，建设社会主义法治国家，形成中国特色社会主义法律体系等，取得了社会主义法治建设的一系列重大成就。

党的十八大以来，中国特色社会主义进入新时代，面对世界百年未有之大变局和国内改革发展稳定的艰巨任务，法治在治国理政中的功能和作用进一步凸显。基于这种认识，针对法治建设领域存在的问题，我们党坚持全面推进依法治国，我国社会主义法治建设方面取得历史性成就、发生历史性变革，"社会主义法治国家建设深入推进，全面依法治国总体格局基本形成，中国特色社会主义法治体系加快建设，司法体制改革取得重大进展，社会公平正义保障更为坚实，法治中国建设开创新局面"。[①]这些成就的取得，离不开成熟法学理论的引领和支撑。

---

① 习近平：《高举中国特色社会主义伟大旗帜　为全面建设社会主义现代化国家而团结奋斗——在中国共产党第二十次全国代表大会上的报告（2022 年 10 月 16 日）》，人民出版社 2022 年版，第 9—10 页。

这些事实也表明,在法治建设理论和实践探索的过程中,无论是中国特色社会主义法学理论体系的构建,还是全面依法治国实践的深化;无论是社会主义法治国家建设的顶层设计,还是操作层面的具体法治;无论是良法善治理念的确立,还是以宪法为核心的中国特色社会主义法律体系的完善,这些目标的实现,是与深入系统的法学理论研究分不开的。"上海师大法学文库"的出版,就寄希望于能够为我国法治建设的理论和实践添砖加瓦,为我国法学研究的繁荣贡献绵薄力量。

上海师范大学法学学科经过建设和发展,在法学理论、法律史学、宪法与行政法学、民商法学、国际法学、诉讼法学等领域形成了自己的研究特色,产出了一批有一定影响力的学术成果。希望"上海师大法学文库"的出版,对进一步推动法学学科建设,促进学术研究和交流,提升学科内涵和扩大学术影响,培养学术新人等,能够起到促进作用。

蒋传光

# 目 录

# 引　言

改革开放四十多年来,我国从全球化参与者成长为多边体制维护者,致力于推动全球化朝着更加开放和均衡的方向发展。[①]2013 年,国家主席习近平先后提出共建"丝绸之路经济带"和"21世纪海上丝绸之路"的合作倡议(以下简称"一带一路"倡议或倡议,The Belt and Road Initiative,缩写为 BRI)。"一带一路"倡议以人类命运共同体为基石,共商共建共享为合作原则,一经提出即受到国际社会高度关注,得到沿线国家积极响应和广泛支持。十年来,倡议早已落地生根、走深走实,全球影响力不断提升,国际合作硕果累累,为新冠肺炎疫情下全球经济复苏注入了强大动力。截至 2023 年 8 月,中国已与 152 个国家、32 个国际组织签署了二百多份共建"一带一路"合作文件,覆盖中国 83%的建交国,[②]合作伙伴遍布亚洲、非洲、欧洲、大洋洲和拉丁美洲。诚如斯言:"一带

---

① 参见石静霞:《"一带一路"倡议与国际法——基于国际公共产品供给视角的分析》,载《中国社会科学》2021 年第 1 期。

② 参见《"一带一路"十年共建结硕果　引领中国深化对外开放》,载陕西网,https://www.ishaanxi.com/c/2023/0825/2930230.shtml,2023 年 8 月 27 日访问。

一路"源自中国,属于世界。"一带一路"建设跨越不同地域、不同发展阶段、不同文明、不同法系,已成为当今世界范围最广、规模最大的国际合作平台和最受欢迎的国际公共产品。[①]

"21世纪海上丝绸之路"作为"一带一路"的重要组成部分,是我国向海开辟和延伸的重要国际通道和贸易之路。共建"21世纪海上丝绸之路",既是我国建设海洋强国[②]的实施路径和重要平台,亦是在海洋领域落实联合国大会制定的《改变我们的世界:2030年可持续发展议程》(Transforming Our World: the 2030 Agenda for Sustainable Development)[③](以下简称联合国《2030年可持续发展议程》),保护和可持续利用海洋和海洋资源,特别是要与"21世纪海上丝绸之路"沿线国家一起开展多领域的海上国际合作,建立全方位、多层次、积极务实的蓝色伙伴关系,实现人海

---

① 10年间,共建"一带一路"倡议已拉动近万亿美元投资规模,形成3 000多个合作项目,为沿线国家创造42万个工作岗位,让将近4 000万人摆脱贫困。参见楚晖:《硕果盈枝,"一带一路"十年征程再出发》,载微信公众号"中国东盟报道",2023年3月20日。

② 2012年11月8日,党的十八大报告首次提出"提高海洋资源开发能力,发展海洋经济,保护海洋生态环境,坚决维护国家海洋权益,建设海洋强国";2013年7月30日,习近平总书记在中共中央政治局第八次集体学习时强调建设海洋强国是中国特色社会主义事业的重要组成部分。党的十八大作出了建设海洋强国的重大部署。实施这一重大部署,对推动经济持续健康发展,对维护国家主权、安全、发展利益,对实现全面建成小康社会目标、进而实现中华民族伟大复兴都具有重大而深远的意义;2017年10月18日,党的十九大报告进一步强调"坚持陆海统筹,加快建设海洋强国";2018年4月12日,习近平总书记在海南考察时再次指出"我国是一个海洋大国,海域面积十分辽阔。一定要向海洋进军,加快建设海洋强国"。参见金佳绪:《习近平:加快建设海洋强国!》,载微信公众号"共产党员",2018年7月11日。

③ 《改变我们的世界:2030年可持续发展议程》首次将海洋及海洋资源的保护和利用列入其中,并作为要实现的第14个目标(Goal 14)予以规定。See United Nations, Transforming Our World: the 2030 Agenda for Sustainable Development (A/RES/70/1), https://stg-wedocs.unep.org/bitstream/handle/20.500.11822/11125/unepswiosm1inf7sdg.pdf?sequence=1, last visited on December 6, 2021.

和谐、共同发展，共同增进海洋福祉，推动构建海洋命运共同体。①

在实施和推进"21世纪海上丝绸之路"建设，尤其是加强与沿线各国更紧密海上合作的过程中，彼此间海事争议的产生不可避免。面对海事争议的解决，可供选择的法律手段就是诉讼和仲裁。国际经验表明，②仲裁比诉讼更适合于海事争议的解决，具体到我国与"21世纪海上丝绸之路"沿线国家海事争议的解决，亦是如此。基于诉讼在解决我国与沿线国家海事争议中面临的困境及仲裁表现出来的巨大优势，将仲裁作为解决我国与沿线国家海事争议的主要手段，便成为一个必然和务实的选择。近年来，随着国际航运中心的东移，国际海事仲裁中心亦呈全球化扩张并向亚太地区转移，新加坡和香港③抓住机遇迅猛发展，先后得到波罗的海国际航运公会（The Baltic and International Maritime Council，BIMCO）④的认可，一举成为继伦敦和纽约之后的第三大和第四大国际海事仲裁中心。在此背景下，我国内地能否也抓住机遇积极进取并谋求得到BIMCO的支持和认可打造第五大国际海事仲裁中心，便成为一个迫切而现实的问题。在《中华人民共和国仲裁法》⑤（以

---

　　①　参见杨泽伟：《论"海洋命运共同体"理念与"21世纪海上丝绸之路"建设的交互影响》，载《中国海洋大学学报（社会科学版）》2021年第5期。

　　②　有学者基于问卷调查结果采用运筹学上的多准则决策方法——层次分析法（AHP）进行建模分析得出结论：不同于一般商事领域，海事仲裁是当事人选择解决航运纠纷或海事争议的最优决策方案。参见佟尧：《我国海事仲裁制度完善研究》，上海海事大学2018年博士学位论文，第41—47页。

　　③　本文均指我国香港特别行政区。

　　④　BIMCO成立于1905年，总部设在哥本哈根，在休斯敦、伦敦、雅典、布鲁塞尔、新加坡和上海均设有办事处，是一个拥有来自约130个国家超过2 000个会员的全球性国际组织，全球约62%的商船队均是BIMCO的会员。作为全球知名的国际航运组织，BIMCO虽非政府间国际组织，却在国际航运界掌握重要话语权，占据举足轻重的地位。See https://www.bimco.org/about-us-and-our-members，last visited on March 13，2023.

　　⑤　1994年8月31日第八届全国人民代表大会常务委员会第九次会议通过，自1995年9月1日起施行。

下简称《仲裁法》)修订之际,上海打造面向全球的亚太仲裁中心的国家战略也在顺利推进,上海国际航运中心已基本建成、并向全面建成迈进,中国海事仲裁委员会上海总部亦在上海落地运行,航运和仲裁资源要素不断在上海聚集。由此推动上海发挥已具备和不断积累的诸多优势,借鉴伦敦、纽约、新加坡和香港打造国际海事仲裁中心的有益经验,亦谋求打造面向全球的亚太海事仲裁中心,以抢占行业制高点,彰显我国海运软实力、提升制度话语权,护航"21世纪海上丝绸之路"建设行稳致远,服务我国"海洋强国"战略实施,保障和促进我国从海洋大国、海运大国向海洋强国、海运强国迅速迈进,不仅是必要的亦是可行的。

# 第一章

# 问题的提出:"21世纪海上丝绸之路"沿线国家海事争议产生的背景及典型案例

近年来,国际航运中心向亚太地区和中国转移的趋势加快。我国作为当今世界第二大经济体、第一大货物贸易国和海运大国,港口吞吐量、集装箱吞吐量以及造船总量连续多年稳居世界第一,全球十大集装箱港口中我国占7个,[①]海运进出口量已占全球海运贸易量的三分之一。[②]随着"21世纪海上丝绸之路"建设的不断

---

① 上海国际航运研究中心《2020年全球前20大港口生产形势评述》发布的数据和排行榜显示,跻身2020年全球港口集装箱吞吐量前10的中国港口有7个,跻身前20的则有9个。其中,排名前10的港口按先后顺序分别为上海港、新加坡港、宁波舟山港、深圳港、广州港、青岛港、釜山港、天津港、香港港、鹿特丹港。参见《全球前二十大集装箱港口排名预测出炉:中国占9席》,载微信公众号"港口圈",2021年7月20日。

② 按照《2021年中国航海日公告》发布的数据,2020年中国海运进出口量达34.6亿吨,占全球海运贸易量的30%。《2021年中国航海日公告》显示,我国是海洋大国,也是航运大国和造船大国,水上运输、船舶建造、渔业产量、船员数量等指标稳居世界前列,海运航线和服务网络遍布全球。我国约95%的国际贸易货物量是通过海运完成的。在全球GDP萎缩3.3%的背景下,2020年全球海运(转下页)

推进,我国海运业及国际贸易还将获得更大的发展空间,并日益向海运强国迈进。正是在这一背景下,沿线国家海事争议大量产生,并呈快速增长的态势,亟待通过恰当的手段或方式予以有效解决。

# 第一节 "21 世纪海上丝绸之路"沿线国家海事争议产生的背景

## 一、共建"21 世纪海上丝绸之路"倡议的提出与实施

### (一) 共建"21 世纪海上丝绸之路"倡议的提出及意义

共建"21 世纪海上丝绸之路",是 2013 年 10 月习近平主席访问东盟时提出的战略构想与合作倡议。

海上丝绸之路自秦汉时期开通以来,一直是沟通东西方经济文化交流的重要桥梁,而东南亚地区自古就是海上丝绸之路的重要枢纽和组成部分。中国着眼于与东盟建立战略伙伴十周年这一新的历史起点,为进一步深化中国与东盟的合作,提出"21 世纪海上丝绸之路"的战略构想。①

---

(接上页)周转量只减少了 1.7%,与运输抗疫物资息息相关的集运周转量只减少了 1.2%。2020 年,海运占全球贸易量的比重从 85%提高到了 86%。从中国海运进出口看,2020 年增长了 6.7%,达 34.6 亿吨,占全球海运贸易量的比重从 27.1%提高至 30%,为中国进出口实现 1.5%的正增长,贡献巨大。参见《2020 年中国海运进出口量 34.6 亿吨占全球海运贸易量的 30%》,载中国产业经济信息网,http://www.cinic.org.cn/hy/wl/1124281.html,2021 年 12 月 6 日访问。

① 参见《建设 21 世纪海上丝绸之路扩大与东盟的开放合作》,载中国自由贸易区服务网,http://fta.mofcom.gov.cn/article/ftazixun/201403/15235_1.html,2021 年 12 月 6 日访问。

"21世纪海上丝绸之路"的战略合作伙伴并不限于东盟,而是以点带线、以线带面,增进周边国家和地区的交往,串起连通东盟、南亚、西亚、北非、欧洲等各大经济板块的市场链,发展面向南海、太平洋和印度洋的战略合作经济带,以亚欧非经济贸易一体化为发展的长期目标。当然,由于东盟地处海上丝绸之路的十字路口和必经之地,其是"21世纪海上丝绸之路"战略的首要发展目标。

在新时期、新形势下,我国提出共建"21世纪海上丝绸之路"倡议,具有高度的战略意义和重要的历史意义,主要表现在以下四个方面:①

1. 构建和平稳定的周边环境

共建"21世纪海上丝绸之路"的倡议,是我国在新形势下继续高举和平发展、合作共赢的旗帜,坚定不移致力维护世界和平、促进共同发展的战略选择,将不仅成为我国与东盟各国开拓新的合作领域、深化彼此互利合作的战略契合点,更有利于搁置争议、增进共识、合作共赢,推动构建和平稳定、繁荣共进的周边环境。

2. 深化改革开放

我国改革目前已进入攻坚期和深水区,全球范围内市场、技术、资源等各方面的竞争日趋激烈,一些发达国家试图以新的国际区域经贸安排继续主导世界经济发展。共建"21世纪海上丝绸之路",正是新形势下应对挑战、以开放促改革的重要途径。

3. 拓展经济发展空间

共建"21世纪海上丝绸之路",不仅有助于我国与沿线国家在港口航运、海洋能源、经济贸易、科技创新、生态环境、人文交流等

---

① 参见黄晖:《21世纪海上丝绸之路国家战略的内容及意义》,载中国宁波网,http://zt.cnnb.com.cn/system/2014/05/22/008068797.shtml,2021年12月6日访问。

各个领域开展全方位合作,更对促进区域繁荣、推动全球经济发展具有重要意义,同时将大大拓展我国经济发展战略空间,为我国经济持续稳定发展提供强有力的支撑。

4.促进沿线国家共同繁荣

海上丝绸之路自古就是联通东西方的重要交通要道、推动海上商业贸易繁荣发展的黄金路线。自2010年1月1日起,我国和东盟就已建成世界上最大的发展中国家自由贸易区(CAFTA),通过共建"21世纪海上丝绸之路",大力推动自由贸易区升级版建设,促进政策沟通、道路联通、贸易畅通、货币流通、民心相通,不仅是沿线各国人民的共同愿望,更产生了卓著成效。以我国和东盟10国为主要成员方签署的《区域全面经济伙伴关系协定》(RCEP),应是得益于"21世纪海上丝绸之路"建设的助推,率先达成的建立世界上最大自由贸易区的区域性经贸协定。①而RCEP的达成,必将反哺和助力"21世纪海上丝绸之路"建设顺利推进。

**(二) 共建"21世纪海上丝绸之路"倡议的实施与推进:推动构建海洋命运共同体**

2015年3月28日,国家发展和改革委员会、外交部、商务部联合发布了《推动共建丝绸之路经济带和21世纪海上丝绸之路的愿景与行动》(以下简称《愿景与行动》),以切实推进实施"一带一路"重大倡议。2017年6月20日,国家发展和改革委员会、国家海洋局联合发布了《"一带一路"建设海上合作设想》(以下简称《海上合作设想》),以进一步加强与沿线国家战略对接与共同行动,推动建

---

① 2021年11月2日,《区域全面经济伙伴关系协定》(RCEP)保管机构东盟秘书处发布通知,宣布文莱、柬埔寨、老挝、新加坡、泰国、越南等6个东盟成员国和中国、日本、新西兰、澳大利亚等4个非东盟成员国已向东盟秘书长正式提交核准书,达到协定生效门槛。根据协定规定,RCEP于2022年1月1日起对上述十国开始生效。RCEP的成员包括东盟10国、中国、日本、韩国、澳大利亚和新西兰共15方。

立全方位、多层次、宽领域的蓝色伙伴关系,保护和可持续利用海洋和海洋资源,共筑和繁荣"21 世纪海上丝绸之路"。2019 年 4 月 23 日,习近平主席在青岛集体会见应邀出席中国人民解放军海军成立 70 周年多国海军活动的外方代表团团长时,首次提出构建海洋命运共同体,为共建"21 世纪海上丝绸之路"倡议的推进与实施提供了更明确的目标指引和原则遵循。①

1.《愿景与行动》:开展共建的基本架构与方向

《愿景与行动》对"一带一路"的时代背景、共建原则、框架思路、合作重点、合作机制等八个方面作了规定,确定了"一带一路"倡议的基本架构和方向。

(1) 共建原则。《愿景与行动》指出,共建"21 世纪海上丝绸之路"应恪守《联合国宪章》的宗旨和原则,遵守和平共处五项原则;应坚持开放合作、和谐包容、市场运作、互利共赢等原则。

(2) 框架思路

《愿景与行动》指出,"一带一路"倡议贯穿亚欧非大陆,一头是活跃的东亚经济圈,一头是发达的欧洲经济圈,中间广大腹地国家的经济发展潜力巨大。"21 世纪海上丝绸之路"的重点方向是:其一,从我国沿海港口过南海到印度洋,延伸至欧洲;其二,从我国沿海港口过南海到南太平洋。海上以重点港口为节点,共建畅通安全高效的运输大通道。

(3) 合作重点

《愿景与行动》指出,沿线各国资源禀赋各有不同,经济互补性较强,彼此合作潜力和空间很大,以促进和实现政策沟通、设施联

---

① 参见《习近平集体会见出席海军成立 70 周年多国海军活动外方代表团团长》,载中国共产党新闻网,http://cpc.people.com.cn/n1/2019/0423/c64094-31045360.html,2021 年 12 月 6 日访问。

通、贸易畅通、资金融通、民心相通为主要内容及合作重点。

就建设"21世纪海上丝绸之路"而言,在设施联通方面,应推动口岸基础设施建设,畅通陆水联运通道,推进港口合作建设,增加海上航线和班次,加强海上物流信息化合作;在资金融通方面,应共同推进亚洲基础设施投资银行(以下简称亚投行)、金砖国家开发银行的筹建等;在民心相通方面,应推动"21世纪海上丝绸之路"邮轮旅游合作等。

(4) 合作机制

《愿景与行动》指出,应积极利用现有的双边、多边合作机制,推动"一带一路"倡议,促进区域合作蓬勃发展。

2.《海上合作设想》:推进共建与深化合作的实施方案①

《愿景与行动》提出了加强海上合作、建设"21世纪海上丝绸之路"的框架思路。几年间,我国与沿线国家加强了战略对接,积极搭建了海洋合作平台,落地实施了一批重大项目,海上合作取得了丰硕成果,将理念转化为了行动,将愿景转变成了现实。

为适应新形势的变化,回应沿线国家的关切,进一步体现共商、共建、共享的"一带一路"倡议,国家发展和改革委员会和国家海洋局共同推出《海上合作设想》,就推进"一带一路"倡议海上合作提出了中国方案。

(1) 海上合作的顶层设计和路线图

《海上合作设想》是我国政府推动联合国《2030年可持续发展议程》在海洋领域落实的纲领性文件,对促进就业、消除贫困、保护和可持续利用海洋和海洋资源做出了务实承诺。《海上合作设想》

———————

① 参见王宏:《海上丝路 共享蓝色空间(政策解读)》,载《人民日报》2017年6月21日第2版;载人民网,http://politics.people.com.cn/n1/2017/0621/c1001-29351994.html,2021年12月6日访问。

更是我国与沿线国家开展海上合作的顶层设计和路线图,提出了海上合作的原则、重点领域、合作机制、行动计划等,愿景可期、路线清晰、行动具体。

(2) 以共建"五路"为合作重点

《海上合作设想》首次系统地提出了我国推进"一带一路"倡议海上合作的思路和蓝图,围绕构建包容、共赢、和平、创新、可持续发展的蓝色伙伴关系这个愿景,以发展蓝色经济为主线,共同建设三大蓝色经济通道,全方位推动与沿线国家在各领域的务实合作,携手共走绿色发展之路、共创依海繁荣之路、共筑安全保障之路、共建智慧创新之路、共谋合作治理之路,实现人海和谐,共同发展。为此,《海上合作设想》还进一步提出了在海洋生态保护、蓝色经济发展、国际海洋治理等诸多重点领域开展合作的具体设想和行动计划。

(3) 多措并举推进设想落地

为保证《海上合作设想》落到实处,作为我国海洋行政主管部门的国家海洋局将着重做好以下几方面的工作:

一是做好《海上合作设想》的宣传介绍和方案细化工作,努力赢得沿线国的理解和支持,落实好已有的双边和多边协议,深化与沿线各国的战略对接及政策沟通,充分尊重其不同的发展利益和发展需求。

二是推进蓝色伙伴机制和能力建设。积极推进与沿线各国在海洋经济发展规划、海洋空间规划、园区设计等方面的合作交流,开展能力建设培训,努力促成一批各国认可的具有示范引领性的合作项目并加快实施。

三是努力提供更多海洋公共服务产品。强化与沿线各国在海洋防灾减灾领域的合作,共同实施以生态系统为基础的海洋综合管理,共担海洋环境和灾害风险防御责任,有效落实《南海及其周边海洋国际合作框架计划(2016—2020)》。

四是研究出台具体的政策措施,加强对国内沿海地方开展国际海洋合作的指导,推进"东亚海洋合作平台""中国—东盟海洋合作中心"建设,支持福建建设海上丝绸之路核心区,推进海洋经济发展示范区建设,充分发挥示范区的引领、带动作用,打造沿海地方的蓝色经济增长点。

五是为国内涉海企业参与国际海洋合作提供多方面的金融支持。《海上合作设想》涉及的重点项目,均将纳入国家海洋局会同国家开发银行联合制定的开发性金融促进海洋经济发展的政策文件并予优先支持。同时,还通过与中国进出口银行、中国银行等金融机构的战略合作,支持我国涉海企业借助买方信贷等融资方式,加快"走出去"的步伐。

3. 推动构建海洋命运共同体

党的十八大以来,习近平主席深刻洞察人类前途命运和时代发展大势,敏锐把握中国与世界关系的历史性变化,提出构建"人类命运共同体"的重要理念。自2013年提出共建"一带一路"倡议以来,"一带一路"倡议已成为构建人类命运共同体的重要实践平台。构建海洋命运共同体,则是构建人类命运共同体的重要内容。海洋命运共同体理念,是对人类命运共同体理念的丰富和发展,是人类命运共同体理念在海洋领域的具体实践,是我国在全球治理特别是全球海洋治理领域贡献的又一"中国智慧"和"中国方案"。

习近平主席指出,我们人类居住的这个蓝色星球,不是被海洋分割成了各个孤岛,而是被海洋连结成了命运共同体,当前,以海洋为载体和纽带的市场、技术、信息、文化等合作日益紧密,中国提出共建"21世纪海上丝绸之路"倡议,就是希望促进海上互联互通和各领域的务实合作,推动蓝色经济发展,推动海洋文化交融,共同增进海洋福祉。由此,推动构建海洋命运共同体,既是共建"21世纪海上丝绸之路"的基本理念,亦是其实施和推进的奋斗目标。有了构建海洋命运共同体的昭示和指引,共建"21世纪海上丝绸之路"才能更加凝心聚力、行稳致远、走深走实。

## 二、海洋强国战略的提出与实施:与"21世纪海上丝绸之路"建设的对接与融合

21世纪是海洋的世纪。我国是一个海洋大国,海岸线长达3.2万多千米。[①]按照我国已加入的1982年《联合国海洋法公约》[②]的规定,我国享有主权与管辖权的海域面积约300万平方千米,几乎占我国陆地国土面积的30%,是一片富饶的"蓝色国土"与充满希望的海上"绿洲"。

然而,从历史上看,我国作为传统的农业文明国家,国家与民众的海洋意识相对淡薄,国民大多仅从"兴渔盐之利、仗舟楫之便"的视角来看待海洋,重陆轻海,未能从战略高度认识海洋,以致错失了15世纪大航海时代与18世纪第一次工业革命这两次海洋意识觉醒、海洋大发展的机遇。中华人民共和国成立后,我国积极主动迎接海洋新思潮,特别是改革开放40余年来,抓住经济全球化

---

① 其中大陆海岸线1.8万多千米,岛屿岸线1.4万多千米。参见王立彬:《山水林田湖草海:我们的国有资源"大家底"》,载中华人民共和国自然资源部网站,https://www.mnr.gov.cn/dt/ywbb/202110/t20211022_2699868.html,2023年7月31日访问。

② 参见1996年5月15日第八届全国人民代表大会常务委员会第十九次会议通过的《全国人民代表大会常务委员会关于批准〈联合国海洋法公约〉的决定》。我国于1996年5月15日批准该公约,按照公约第308条第2款的规定,自批准书交存后第30天起,即1996年7月7日,公约开始对我国生效。

的浪潮,大力发展海洋经济,补齐了工业革命和市场经济两个发展短板。当前,我国经济形态与发展已日益显示出依海靠海的趋势,我们亟须调整和改变传统的陆地意识而增强海洋意识。[①]

### (一)海洋强国战略的提出

关于海洋的战略意义,早在一个多世纪以前就有学者做过深入研究。美国军事理论家阿尔弗雷德·塞耶·马汉(Alfred Thayer Mahan)在 19 世纪末就曾指出,"海上力量的历史,在其广阔的画卷中蕴含着使一个濒临于海洋或借助于海洋的民族成为伟大民族的秘密和根据",并提出了对后世影响深远的海权论。[②]德国人文地理学家、地缘政治学家弗里德里克·拉采尔(Friedrich Ratzel)也曾指出,只有海洋才能造就真正的世界强国,跨越海洋这一步在任何民族的历史上都是一个重大事件。[③]

海洋对于我国的重要性同样不言而喻。近年来,我国经济对外依存度已高达 60%,对外贸易运输的 90%以上(最高达到 95%)是通过海上运输完成的,世界航运市场 19%的大宗货物运往我国,22%的出口集装箱亦来自我国,以海洋产业为代表的蓝色经济正在成为拉动我国增长的新引擎。[④]党的十八大报告提出"建设海

---

① 参见邹克渊:《建设海洋强国的主要问题及解决路径》,载《社会科学报》2017 年 11 月 16 日第 3 版。

② 参见[美]马汉:《海权论》,一兵译,同心出版社 2012 年版,第 234 页。阿尔弗雷德·塞耶·马汉,海权论的创立者、近代制海权理论的奠基人、美国卓越的海洋历史学家,于 1890 年出版巨著《海权对一六六〇——七八三年历史之影响》(The Influence of Sea Power upon History:1660—1783),引发广泛国际关注,被誉为近代制海权理论的奠基之作。

③ 参见[英]杰弗里·帕克:《二十世纪的西方地理政治思想》,李亦鸣等译,解放军出版社 1992 年版,第 63 页;张海文、王芳:《海洋强国战略是国家大战略的有机组成部分》,载《国际安全研究》2013 年第 6 期。

④ 参见刘林:《向海图强,加快建设海洋强国》,载环球网,https://3w.huanqiu.com/a/3358c5/43S72F3wLDI?p=1&agt=46,2021 年 12 月 7 日访问。

洋强国"，标志着我国对海洋的发展规划正式上升到了国家战略层面。党的十九大报告明确提出"坚持陆海统筹，加快建设海洋强国"，同时"赋予自由贸易试验区更大改革自主权，探索建设自由贸易港"，这意味着我国的海洋强国战略目标更加清晰，我国将统筹陆海战略资源，依海富国、以海强国。①2021年3月11日第十三届全国人民代表大会第四次会议通过的《中华人民共和国国民经济和社会发展第十四个五年规划和2035年远景目标纲要》（以下简称《十四五规划和远景目标纲要》），继续强调"坚持陆海统筹、人海和谐、合作共赢，协同推进海洋生态保护、海洋经济发展和海洋权益维护，加快建设海洋强国"。

**（二）海洋强国战略的实施：对接"21世纪海上丝绸之路"建设**

在顶层战略部署和推动下，我国海洋强国建设不断取得新成就：2012年至2016年，我国海洋生产总值年均增速达到7.5%，高于同期国民经济增速0.2个百分点，高于同期世界经济增速2.7个百分点；2016年，海洋生产总值达到70 507亿元，按不变价格计算是2012年的1.3倍，占国民经济比重的9.5%，海洋经济已成为国民经济的重要支撑。②《中国海洋经济发展报告2020》亦显示，2019年，我国海洋生产总值超过8.9万亿元，同比增长6.2%，海洋经济对国民经济增长的贡献率达到9.1%，拉动国民经济增长0.6个百分点。③

2017年5月，国家发展改革委、国家海洋局联合印发了《全国海洋经济发展"十三五"规划》（以下简称《规划》）。《规划》是落实海洋

---

① 参见习近平：《依海富国　以海强国》，载人民网，http://www.people.com.cn/24hour/n/2013/0801/c25408-22401130.html，2021年12月7日访问。

② 参见《习近平的海洋情怀》，载央广网，http://news.cnr.cn/native/gd/20180605/t20180605_524258630.shtml，2021年12月7日访问。

③ 参见《〈中国海洋经济发展报告2020〉发布》，载中国政府网，http://www.gov.cn/xinwen/2020-12/12/content_5569030.htm，2021年12月7日访问。

强国战略和《中华人民共和国国民经济和社会发展第十三个五年规划纲要》战略部署的具体举措,是指导"十三五"时期我国海洋经济发展的重要行动纲领,确立了"十三五"时期海洋经济发展的基本思路、基本目标及主要任务,对于壮大海洋经济、拓展蓝色经济发展空间、提高海洋经济对国民经济增长的贡献,具有重要的指导意义。《规划》以经济为牵引,为全面落实建设海洋强国战略任务指明了方向。同时,《规划》紧密围绕"21 世纪海上丝绸之路"建设,打造国际国内海洋经济支点,加强海洋产业投资贸易和海洋科技文化交流合作,规划了海洋经济对外投资服务保障措施,为推进"一带一路"明确了发展路径和措施保障。[1]至此,海洋强国战略与"21 世纪海上丝绸之路"建设完美对接、深度融合并将携手并进、相伴而行。

# 第二节 "21 世纪海上丝绸之路"沿线国家海事争议典型案例

按照 2015 年《愿景与行动》划定的"21 世纪海上丝绸之路"的重点方向,沿线国家主要包括东盟 10 国、南亚 4 国及西亚、北非和欧洲的相关国家。按照新华丝路网("一带一路"综合信息服务平台)发布的"21 世纪海上丝绸之路"沿线国家示意图的标识,"21 世纪海上丝绸之路"沿途经过的国家则多达 24 个,即韩国、马来西

---

① 参见方正飞:《国家海洋局副局长房建孟解读全国海洋经济发展"十三五"规划:科学规划全面统筹 拓展蓝色经济空间》,载中华人民共和国自然资源部网站,https://www.mnr.gov.cn/dt/hy/201706/t20170615_2333214.html,2021 年 12月 7 日访问。

亚、印度尼西亚、泰国、菲律宾、新加坡、文莱、越南、老挝、缅甸、柬埔寨、印度、巴基斯坦、孟加拉国、斯里兰卡、沙特阿拉伯、阿拉伯联合酋长国（以下简称阿联酋）、土耳其、科威特、埃及、肯尼亚、坦桑尼亚、希腊、意大利。①由于共建"一带一路"倡议的开放性，随着"21世纪海上丝绸之路"建设的深入推进，参与合作的国家越来越多。为论述方便，本文考察的沿线国家将主要限定在上述24国范围内。

所谓海事争议，有广义和狭义之分。狭义的海事争议是指海损事故（特指造成财产损失和人身伤亡的海上事故）所引起的争议。广义的海事争议则是指一切海上事物，包括航海贸易所涉及的以及与船舶和船舶活动有关的任何法律事实在有关当事人之间所引起的争议。在实践中，一般对海事争议作广义理解。从民法学的角度看，海事争议无非是物权之争和债权之争。而大量海事争议都是由海事、海商合同之债，海上侵权行为引起的，一部分由不当得利、无因管理之债产生。②因此，海事争议从性质上看属于发生在平等主体之间的关于民商事权利与义务的纷争，即当权利主体因主张自己的权利而提出海事请求（maritime claim）或海事索赔，却遭到义务主体拒绝或要求减免责任时，权利人与义务人之间就会产生分歧或纠纷，这就是海事争议的发生机理和内在本质。③

一直以来，国际上用于解决海事争议的法律手段无非两

---

①　参见新华丝路网（"一带一路"综合信息服务平台）发布的"21世纪海上丝绸之路"线路图，载新华丝路网，https://www.imsilkroad.com/news/p/455273.html，2021年12月7日访问。

②　参见吴焕宁主编：《海商法学》，法律出版社1996年版，第391—392页。

③　从海事请求的类型来看，海事争议主要包括但不限于以下事项：船舶碰撞造成损害；船舶或船舶操作造成人身伤亡；海难救助；租船协议；海上货物运输协议；海上货物包括行李的灭失或损害；共同海损；船舶抵押贷款；拖带；引航；船用物料供应；船舶修造、修理或装备；码头费用及规费；船员工资；船长所支付的费用；关于船舶的权益或所有权的争议；等等。

种——诉讼和仲裁,在海事领域即为海事诉讼和海事仲裁。十年来,围绕"21世纪海上丝绸之路"沿线国家海事争议的解决,人民法院积极行使海事司法管辖权,充分发挥司法保障和服务功能,妥善处理了一大批海事案件。为进一步增加司法透明度、统一裁判尺度,最高人民法院先后发布了涉"一带一路"典型案例①和指导性案例②以及全国海事审判典型案例③,其中相当数量的案件源于"21世纪海上丝绸之路"沿线国家海事争议。2018年8月9日,上海海事法院发布了全国海事法院系统首个涉"一带一路"海事审判白皮书,同时发布涉"一带一路"10起典型案例。④

考察上述涉"21世纪海上丝绸之路"沿线国家或地区海事争议的典型案例,不仅有助于发现其中所存在的法律问题,包括程序

① 最高人民法院已先后发布4批涉"一带一路"典型案例:2015年7月7日发布第一批共计8件典型案例,2017年5月15日发布第二批共计10件典型案例,2022年2月28日发布第三批共计10件典型案例,2023年9月27日发布第四批共计12件典型案例。

② 2019年,最高人民法院发布了第21批共6件指导性案例,均为涉及"一带一路"倡议的指导性案例,主要涉及国际货物买卖合同纠纷、海上货物运输合同纠纷、保函欺诈纠纷、海难救助合同纠纷、信用证开证纠纷、申请设立海事赔偿责任限制基金纠纷等问题。参见《最高人民法院第21批指导性案例|"一带一路"建设专题》,载微信公众号"大海法",2019年2月26日。

③ 自2017年起,最高人民法院每年都发布全国海事审判典型案例,截至目前已先后发布2016年、2017年、2018年、2019年、2020年、2021年、2022年共7批年度全国海事审判典型案例。

④ 上海海事法院涉"一带一路"海事审判白皮书发布的涉"一带一路"10起典型案例中,前5个案例侧重于涉"一带一路"常见海事纠纷中的法律问题,涉及大宗散货运输、生鲜货品跨境运输货损、海上运输中台风免责抗辩的司法审查、海事强制令制度的运用、外国海事仲裁裁决的审查和执行等问题,旨在以具体统一的司法裁判标准,规范和引导市场主体行为,促进航运业健康有序发展。后5个案例侧重于介绍上海海事法院积极促进案件纠纷快速化解、破解涉外案件效率瓶颈等工作机制在审判实践中的运用,以展现服务保障涉"一带一路"海事审判工作各项机制的运用情况和成效。参见《上海海事法院首发涉"一带一路"海事审判白皮书》,载上海海事法院网站,http://shhsfy.gov.cn/hsfyytwx/hsfyytwx/xwzx1340/hfzx1441/2018/08/09/2c938099651d8cbc01651f2c96eb0383.html,2021年12月7日访问。

问题、实体问题及法律冲突问题，更可为判断和选择恰当的海事争议解决方式提供参考。以下将选取几个有代表性的典型案例或指导性案例进行分析。

## 一、典型案例解析

**（一）哈皮那船舶公司（Harpina Owning Company Limited，以下简称哈皮那公司）与江苏天元船舶进出口有限公司（以下简称天元公司）、江苏新扬子造船有限公司（以下简称新扬子公司）和扬子鑫福造船有限公司（以下简称扬子公司）船舶建造合同纠纷案①**

1. 基本案情及裁判结果

2013 年底至 2014 年 6 月，希腊卡迪夫海事有限公司（Cardiff Marine Inc.）以其设立的包括哈皮那公司在内的 6 家单船公司的名义，与扬子江船业（控股）有限公司（以下简称扬子江公司）旗下的天元公司、新扬子公司、扬子公司等分别签订了 6 份船舶建造合同。除第一艘船舶正常交接外，双方对其余 5 艘船舶均存在争议。2017 年 3 月 1 日，哈皮那公司向武汉海事法院申请海事强制令，要求三被申请人立即交付"世外桃源"轮。同月 16 日，哈皮那公司又向伦敦海事仲裁员协会（LMAA）申请仲裁。此外，围绕其他几艘船舶的建造合同，相关各方还有 3 起在 LMAA 进行的仲裁，以及 1 起在英国法院进行的诉讼。

在武汉海事法院的主持下，双方达成和解：哈皮那公司等支付涉案款项，扬子江公司交付案涉船舶；哈皮那公司永久性撤销在伦敦提起的仲裁并负担全部仲裁费用；双方就该和解协议所涉事项

---

① 参见《最高人民法院发布十件海事诉讼典型案例》，载中华人民共和国最高人民法院网站，http://www.court.gov.cn/zixun-xiangqing-111541.html，2021 年 12 月 7 日访问。

不可撤销地相互放弃主张。为保证调解协议顺利履行,武汉海事法院于调解协议达成当日即制作调解书并送达双方当事人,双方均按期履行了各自义务。该案调解协议达成并履行后,相关当事方还参照该案调解模式,就其他船舶建造合同项下争议亦分别达成了调解协议并结案。

2. 简要评析

该案系涉"21世纪海上丝绸之路"沿线国家希腊的船舶建造合同纠纷案,当事人众多,若采取一般诉讼程序解决,不仅耗时费力且执行难度大。武汉海事法院从提高效率、降低成本的角度出发,确立了调解方案,引导当事人理性面对和解决争议,最终以调解结案,有效避开了国际民事诉讼中文书送达、调查取证、准据法确定、外国法查明及判决的承认与执行等难题。

**(二) 高尔集团股份有限公司申请承认和执行新加坡高等法院民事判决案①**

1. 基本案情及裁判结果

成立于瑞士的高尔集团股份有限公司(以下简称高尔集团),于2016年6月向南京市中级人民法院(以下简称南京中院)诉称,其与江苏省纺织工业集团进出口有限公司(以下简称纺织集团进出口公司)因买卖合同产生争议,双方达成了和解协议,因纺织集团进出口公司未履行协议,故依协议中的约定管辖条款向新加坡高等法院提起诉讼,法院作出了生效判决,因纺织集团进出口公司及其财产在中国境内,故又请求南京中院对新加坡高等法院的判决予以承认和执行。

---

① (2016)苏01协外认3号。参见《第二批涉"一带一路"倡议典型案例》,载中华人民共和国最高人民法院网站,http://www.court.gov.cn/zixun-xiangqing-44722.html,2021年12月7日访问。

纺织集团进出口公司陈述意见称,中国和新加坡签署的《中华人民共和国和新加坡共和国关于民事和商事司法协助的条约》中并无关于相互承认和执行法院判决和裁定的规定,根据《中华人民共和国民事诉讼法》(以下简称《民事诉讼法》)①第282条的规定,应驳回高尔集团的申请。南京中院查明,纺织集团进出口公司经新加坡高等法院合法传唤未到庭,法院随后作出缺席判决。此外,新加坡高等法院曾于2014年1月承认并执行苏州市中级人民法院作出的民事判决。

故此,南京中院认为,案涉民事判决系由新加坡高等法院作出,中国与新加坡之间虽未缔结或共同参加关于相互承认和执行生效民商事判决的国际条约,但有证据证明两国之间存在互惠关系,因而中国法院可以承认和执行符合条件的新加坡民事判决。

2. 简要评析

该案系涉"21世纪海上丝绸之路"沿线国家新加坡的案件,亦为我国法院首次依互惠原则承认和执行新加坡法院的商事判决。目前与我国签有相互承认与执行民商事判决司法协助条约的"21世纪海上丝绸之路"沿线国不到1/2,因此认定两国是否存在互惠关系,对沿线国民商事判决能否在我国得到承认和执行十分关键。

(三)三井住友海上火灾保险株式会社(Mitsui Sumitomo Insurance Company Limited)诉中远海运集装箱运输有限公司国际多式联运合同纠纷案②

1. 基本案情及裁判结果

2015年3月,案外人索尼工程、生产和客户服务(马来西亚)

---

① 这里应是指当时有效的2012年修正的《民事诉讼法》。
② 〔一审案号〕(2016)沪72民初288号、〔二审案号〕(2018)沪民终140号。参见《最高法发布2018年全国海事审判十大典型案例》,载微信公众号"大海法",2019年9月11日。

私人有限公司[SONY EMCS(MALAYSIA) SDN BHD,以下简称索尼公司]委托中远海运集装箱运输有限公司(以下简称中远海运公司)运输一批液晶显示面板,先以海运方式自马来西亚巴生港运至希腊比雷埃夫斯港,再经铁路运至斯洛伐克尼特拉。中远海运公司签发了4套不可转让已装船清洁联运海运单,货物运至希腊境内的铁路运输区段因火车脱轨而遭受货损。三井住友海上火灾保险株式会社(以下简称三井保险公司)作为案涉货物保险人,在对索尼公司进行理赔取得代位求偿权后,向中远海运公司进行追偿。中远海运公司抗辩称,火车脱轨是事故时段当地持续暴雨引发地质塌陷所致,承运人因此可以免责,即便不能免责,亦可依法享受承运人单位赔偿责任限制。

上海海事法院一审认为,案件属于涉外民事争议,当事人可协商选择争议解决应适用的准据法。庭审中,双方当事人达成一致,对于案涉货物铁路运输区段的责任认定及承担方式等选择适用希腊法,对其余争议事项选择适用中国法,法院对当事人的选择予以尊重。法院一审判决中远海运公司对货损不负赔偿责任,三井保险公司不服,向上海市高级人民法院上诉。二审期间,三井保险公司撤回了上诉。

2. 简要评析

该案系涉"21世纪海上丝绸之路"沿线国家马来西亚、希腊等国的海铁联运合同纠纷案,法院秉持意思自治原则尊重并接受了当事人对法律适用作出的合意选择,即铁路运输区段适用希腊法,其余争议问题适用中国法,并根据希腊法下的法律渊源依《国际铁路运输公约》《国际铁路货物运输合同统一规则》相关规定处理了案件。

### (四)中化国际(控股)股份有限公司诉大连港股份有限公司港口货物保管合同纠纷案①

#### 1.基本案情及裁判结果

中化国际(新加坡)有限公司(以下简称中化新加坡公司)与沈阳东方钢铁有限公司(以下简称东方钢铁公司)签订铁矿粉买卖合同,中化新加坡公司将货物托运(运输船舶为"蓝月亮"轮)后取得指示提单。因东方钢铁公司未付货款,中化新加坡公司将货物转卖给中化国际(控股)股份有限公司(以下简称中化控股公司),中化控股公司以提单换取提货单并向海关缴纳关税。"蓝月亮"轮将铁矿粉运至大连港并卸于大连港股份有限公司(以下简称大连港公司)的矿石码头,由大连港公司依其与东方钢铁公司签订的委托港口作业合同及单次港口作业合同仓储保管。其后,大连港公司根据东方钢铁公司提供的货物过户证明和其与中国铁路物资哈尔滨有限公司(以下简称中铁物资公司)签订的仓储合同向中铁物资公司出具了入库证明。就案涉货物所有权问题,生效判决认定属中化控股公司所有。中化控股公司要求大连港公司配合其提货遭拒,遂向大连海事法院起诉。

大连海事法院一审判决中化控股公司享有货物所有权,依照《中华人民共和国物权法》(以下简称《物权法》)第39条的规定,大连港公司在无法履行港口货物保管合同项下交货义务的情况下,应按货物所有权人的要求将货物交付给中化控股公司。大连港公司不服一审判决,遂向辽宁省高级人民法院(以下简称辽宁高院)上诉。辽宁高院二审判决驳回大连港公司上诉,维持一审判决。

---

① 〔一审案号〕(2015)大海商初字第487号、〔二审案号〕(2018)辽民终462号、〔再审案号〕(2019)最高法民申3187号。参见《最高人民法院发布2019年全国海事审判典型案例(附全文)》,载微信公众号"大海法",2020年9月8日。

中铁物资公司不服,向最高人民法院申请再审。最高人民法院再审审查认为,生效判决已确认案涉货物属中化控股公司所有,中铁物资公司以其系善意取得为由提起第三人撤销之诉亦被驳回,故裁定驳回中铁物资公司的再审请求。

2. 简要评析

该案亦属涉"21世纪海上丝绸之路"沿线国家新加坡的海事纠纷案,具体涉及提货单权利人与仓单持有人分离的情况下,港口经营人应向谁交付货物的问题。该案判决一方面支持了依法成立的仓储合同的效力,另一方面亦有效维护了进口货物实际所有权人的物权,在司法实践中公平维护了各方当事人的合法权益,不仅促进了国际贸易的顺利开展,更对打造健康诚信的营商环境发挥了重要的指引作用。

**（五）天际国际集团公司（Skyline International Corp.）申请扣押"尼莉莎"轮（M/V NERISSA）案①**

1. 基本案情及裁判结果

因新加坡船东违约一船两卖,利比里亚申请人天际国际集团公司（以下简称天际集团）在伦敦提起仲裁前,向青岛海事法院申请扣押马绍尔群岛籍油轮"尼莉莎"轮,并请求责令其提供500万美元的担保。青岛海事法院遂将该轮依法扣押于青岛港。该轮原计划在青岛港卸货后继续前往天津卸剩余的货,如无法如期前往天津卸货,将产生3万美元/天的滞期费,并将导致迟延交付、工厂停产。为避免损失扩大及引发连环纠纷,法院依《中华人民共和国海事诉讼特别程序法》②（以下简称《海事诉讼特别程序法》）第27

---

① （2019）鲁72财保108号。参见《最高人民法院发布2019年全国海事审判典型案例（附全文）》,载微信公众号"大海法",2020年9月8日。

② 1999年12月25日第九届全国人民代表大会常务委员会第十三次会议通过,自2000年7月1日起施行。

条裁定准许被扣船舶前往天津港卸货,并成功促成当事人达成和解,使其同意继续履行原船舶买卖合同,当事人最终也放弃了在伦敦提起仲裁,所有纠纷得以一揽子解决。

2019年3月11日,青岛海事法院作出裁定,准许申请人天际集团提出的海事请求保全申请。2019年4月9日,该院进一步裁定准许离岸控股私人有限公司所拥有的马绍尔群岛籍"尼莉莎"轮继续运营,完成自我国青岛港经天津港至秦皇岛港的航次,并将其继续扣押于秦皇岛港。其后,法院组织各方当事人调解成功。

2. 简要评析

该案是以调解顺利结案的又一案例,为来自希腊、新加坡、印度、阿联酋等"21世纪海上丝绸之路"沿线国家的当事人和货主、租船人、抵押人等利害关系人避免了巨额损失,化解了连环诉讼的风险,赢得了各方一致赞扬和尊重,新船东还特意将船名更名为"尊重"(RESPECT)以表敬意。

**(六) 益利船务有限公司与施某某等光船租赁担保合同纠纷案①**

1. 基本案情及裁判结果

施某某等人作为连带保证人与船东益利船务有限公司(以下简称益利公司)签订个人担保书,其中所含的管辖权条款约定,担保人同意香港法院享有排他管辖权,并约定不限制船东在其他法院提起诉讼。其后,益利公司向厦门海事法院起诉,请求判令施某某等承担连带保证责任,施某某则以香港法院享有排他管辖权为由提出管辖权异议。

① 〔一审案号〕(2020)闽72民初239号、〔二审案号〕(2020)闽民辖终114号。参见《2020年全国海事审判典型案例》,载微信公众号"大海法",2021年8月17日。

厦门海事法院一审认为,个人担保书中关于管辖权的约定为非对称排他管辖权条款(asymmetric jurisdiction clause),应被认定为有效,益利公司未选择向香港法院而是向厦门海事法院起诉,符合合同约定及内地法律规定。一审裁定驳回施某某的管辖权异议。福建省高级人民法院二审驳回施某某的上诉,维持一审裁定。

2. 简要评析

该案为涉"21世纪海上丝绸之路"沿线重要节点城市——香港特别行政区的光船租赁担保合同纠纷案,具体涉及合同中约定的非对称排他管辖权条款的有效性问题。该案中法院秉持意思自治原则,认定非对称管辖权条款有效,而香港当事人主动选择向厦门海事法院起诉,也充分体现了对内地海事司法的信任。

**(七) 大宇造船海洋株式会社(Daewoo Shipbuilding & Marine Engineering Co., Ltd.)申请承认外国仲裁裁决案**①

1. 基本案情及裁判结果

大宇造船海洋株式会社(以下简称大宇造船)作为建造方与作为买方的JE签订船舶建造合同,约定合同项下所有争议依英国《1996年仲裁法》提交伦敦仲裁。后大宇造船与JE、西象公司签订合同主体变更协议,两协议均约定任何因协议所产生的争议应依前述船舶建造合同中的仲裁条款进行仲裁。后因未收到造船款,大宇造船以西象公司和西达克凌公司为被申请人在伦敦提起仲裁,并得到仲裁庭的裁决支持,大宇造船随即向青岛海事法院申请承认该仲裁裁决。

青岛海事法院认为,大宇造船提交的我国有资质的翻译公司

① (2015)青海法海商初字第535号。参见《2016年十大典型海事案例》,载中华人民共和国最高人民法院网站,http://www.court.gov.cn/zixun-xiangqing-42642.html,2021年12月8日访问。

及译员翻译的中文译文均符合1958年订立于纽约的《承认及执行外国仲裁裁决公约》(以下简称《纽约公约》)规定的形式要求;案涉合同主体变更协议及补充协议均明确约定并入仲裁条款,并适用英国法在伦敦仲裁,属于以书面形式达成的有效仲裁协议;独任仲裁员的委任及仲裁送达程序均符合英国《1996年仲裁法》的规定;承认或执行该仲裁裁决,亦不与我国公共秩序或法律相抵触。因此,应依《纽约公约》承认与执行该仲裁裁决。

2. 简要评析

该案为涉"21世纪海上丝绸之路"沿线国家韩国的一个请求承认外国仲裁裁决案。《纽约公约》作为当今国际商事仲裁领域最重要的一项国际公约,为外国仲裁裁决的承认与执行设定了统一的国际标准。我国作为该公约的缔约国,始终严格恪守公约义务,致力为公约项下裁决的承认与执行创造高效、便利、友好的司法环境,该案正是对这一精神和实践的完美诠释。

## 二、小 结

透过上述典型案例,不难发现,"21世纪海上丝绸之路"沿线国家的海事争议,既有提交诉讼解决的,也有通过签订仲裁协议提交仲裁解决的。

若提交诉讼解决,由于案件具有国际性或涉外性,[①]则须协调解决以下问题:法院的管辖权问题、域外文书送达和调查取证问题、法律适用问题、域外判决承认与执行问题。各国间如果缺乏彼

---

① 按照2020年修正的《最高人民法院关于适用〈中华人民共和国涉外民事关系法律适用法〉若干问题的解释(一)》第1条和2022年修正的《最高人民法院关于适用〈中华人民共和国民事诉讼法〉的解释》第520条分别就涉外民事关系和涉外民事案件作出的规定,"21世纪海上丝绸之路"沿线国家海事争议显然符合对于涉外性的要求。

此缔结或共同参加的国际条约,上述各有关问题中的法律冲突将难以解决。首先,关于管辖权问题。在天际国际集团公司申请扣押"尼莉莎"轮案和益利船务有限公司与施某某等光船租赁担保合同纠纷案中,管辖权是基于当事人的协议选择确定的。其中,前者是基于双方合意放弃伦敦仲裁而选择青岛海事法院管辖,后者则是基于当事人在担保合同中订立的一项非对称排他管辖权条款而将案件管辖权交给了厦门海事法院,从而有效避开了国际诉讼中管辖权冲突协调的难题。其次,关于法律适用问题。在三井住友海上火灾保险株式会社诉中远海运集装箱运输有限公司国际多式联运合同纠纷案中,法律适用问题因双方当事人合意选择准据法而得以解决,否则无论是按照法院地国冲突规范的指引确定准据法,还是当准据法为外国法时所需进行的查明,都不是一件轻松容易的事。最后,关于判决承认与执行的问题。在高尔集团股份有限公司申请承认和执行新加坡高等法院民事判决案中,南京中院基于有证据证明新加坡高等法院曾承认和执行过苏州市中级人民法院的民事判决,而认定双方在承认与执行判决事项上存在事实互惠,进而承认和执行了新加坡高等法院的民事判决。这无疑是一个非常积极的司法实践,但也暴露出当两国之间缺乏相关双边司法协助协定或两国均未参加多边司法协助条约时,基于对互惠关系的认定承认与执行法院判决,可靠性或可预期性其实是比较弱的,特别是在该案中南京中院采取了比较严格的事实互惠标准,即要在认定对方曾先行给惠——承认和执行过本国法院判决时才会去承认和执行对方法院的判决的情况下。也正是考虑到上述诸多困难,实践中法院总是不遗余力推动当事人调解结案。例如,哈皮那船舶公司与江苏天元船舶进出口有限公司、江苏新扬子造船有限公司和扬子鑫福造船有限公司船舶建造合同纠纷案、天际国际集团公司申请扣押"尼莉莎"轮案等，均是调解结案的典范。然通过调解回避国际诉讼中的固有难题，虽不失巧妙，但无疑有其局限性，毕竟不是所有案件都能通过调解结案的，对于推动诉讼走出困境，改善其解决沿线国家海事争议时的适应性，则更无多少助益。

若将争议提交仲裁解决，基于仲裁的协议性，则诉讼中须面对的上述问题，在仲裁中要么根本不会产生，如管辖权冲突；要么通过当事人的协商安排可轻松化解，如文书送达、域外取证及法律适用。至于仲裁裁决的承认和执行，则不仅有当事人自觉履行的合作基础，更有《纽约公约》跨国执行的司法保障。仅从上述相关案例如大宇造船海洋株式会社申请承认外国仲裁裁决案来看，已不难觉出仲裁在解决"21世纪海上丝绸之路"沿线国家海事争议中的有效运用，同时也能看到法院对仲裁的尊重和支持，尤其各国在《纽约公约》的凝聚和昭示下，在仲裁领域的国际合作稳定而顺畅，为仲裁提供了坚实可靠的法律保障。而且，与诉讼相比，仲裁的一裁终局还可使其避免陷入诉讼中旷日持久、昂贵冗长的上诉甚至再审程序。例如，上述案件中出现两审或再审的情形并不鲜见，其中三井住友海上火灾保险株式会社诉中远海运集装箱运输有限公司国际多式联运合同纠纷案、益利船务有限公司与施某某等光船租赁担保合同纠纷案，均经历了两审。而中化国际（控股）股份有限公司诉大连港股份有限公司港口货物保管合同纠纷案，则还经历了再审。这些无疑都是仲裁中不可能会发生的，也是当事人所看重的。

总之，相较而言，"21世纪海上丝绸之路"沿线国家海事争议若通过诉讼解决，则门槛和成本要高得多，所要应对和解决的一系列问题要复杂得多。囿于国家主权，国际民商事诉讼要顺利进行，

须有各国间必要的司法合作为基础,须有相应的国际条约协调或
排除法律冲突问题,否则诉讼从启动到推进都将困难重重。而若
通过仲裁解决,则要轻松容易得多。仲裁不关乎主权,只关切当事
人的意愿或协议,加之有强大的《纽约公约》①作为后盾,诉讼中可
能遇到的各种障碍在仲裁中将更易于得到解决。

---

① 截至目前,加入《纽约公约》的成员国已达 172 个。东帝汶已于 2023 年 1
月 17 日正式加入《纽约公约》,成为公约第 172 个成员国,公约将于 2023 年 4 月 17
日对其生效。Available at https://uncitral.un.org/en/texts/arbitration/conven-
tions/foreign_arbitral_awards/status2,last visited on March 31,2023.

# 第二章

# "21世纪海上丝绸之路"沿线
# 国家海事争议解决方式选择：
# 诉讼的困境和仲裁的优势

"21世纪海上丝绸之路"沿线国家数量多，政治、经济、文化差异大，法律上分属大陆法系、普通法系、伊斯兰法系甚至不同法系的混合，各国风气迥然、制度殊异，海事争议复杂。对此，应以何种争议解决机制有效应对，或者说，在诉讼和仲裁之间，基于海事争议的特点和当事人的实际需求尤其是国际航运界的需求，以及我国与沿线国家在司法、仲裁领域的合作现状，何者才是恰当的争议解决方式，无疑需权衡评判，以作出明智的选择。从目前的实践看，将沿线国家海事争议提交诉讼解决，尚存在诸多困境，提交仲裁解决，则可避开困境、彰显优势。①

---

① 参见邓杰：《我国与"21世纪海上丝绸之路"沿线国家海事争议解决路径选择——诉讼的困境和仲裁的优势》，载《仲裁研究》第四十七辑，法律出版社2021年版，第107—129页。

## 第一节 "21世纪海上丝绸之路"沿线国家
## 海事争议诉讼解决的困境

自近代以来,诉讼已成为各国国内民商事争议诉诸解决的最常规和最传统的途径,而且由于法院行使的是国家公权力,遵循的是严格的司法程序,其公正性和权威性深入人心,具有极高的社会公信力。然而,也正是诉讼裁判权源于国家司法主权这种特性,使得诉讼被深深打上国家和民族的烙印,天生具有的本土性和保守性使不同国家在司法领域的协调与合作异常艰难,为国际民商事争议通过诉讼解决带来了极大限制和困扰。这主要表现为各国在协调法院管辖权冲突、开展域外文书送达和调查取证、确定法律适用及域外判决承认和执行等问题上,因受制于主权而常常陷入难以破解的困境。

按照2015年7月最高人民法院发布的《关于人民法院为"一带一路"建设提供司法服务和保障的若干意见》①(以下简称《"一带一路"司法服务和保障意见》)的规定,人民法院应充分发挥审判职能作用,提升"一带一路"司法服务和保障的国际公信力;公正高效审理涉"一带一路"相关案件,营造公平公正的营商投资环境,要密切关注重点港口、航运枢纽等海上战略通道建设,依法及时妥善审理相关的港口建设、航运金融、海上货物运输、海洋生态保护等海事海商案件,依法促进海洋强国战略;要严格贯彻对中外当事人

---

① 法发〔2015〕9 号。

平等保护原则,坚持各类市场主体的诉讼地位平等、法律适用平等、法律责任平等。人民法院在处理"21世纪海上丝绸之路"沿线国家海事争议案件方面,被赋予充分履行审判职能以提供司法保障的重任。由此,面对具有涉外性或国际性的"21世纪海上丝绸之路"沿线国家海事争议的解决,海事诉讼显然被当作一项不可或缺的争议解决手段并被置于重要地位。这将使沿线国家尚不够充分的海事司法合作捉襟见肘、显露困境,为我们评估和选择更恰当的海事争议解决方式提供考量依据。

2018年6月29日,最高人民法院第一国际商事法庭、第二国际商事法庭分别在深圳和西安揭牌成立并开始正式办公。其中,最高人民法院第一国际商事法庭直接面向和服务于"21世纪海上丝绸之路"沿线国家的争议解决,为"21世纪海上丝绸之路"建设提供更强有力的司法保障和支持。但是,从国际商事法庭目前的功能定位、价值取向和运行机制来看,其能否或在多大程度上有助于克服或缓解诉讼解决沿线国家海事争议可能面临的各种困境,仍有待观察和研究。

## 一、协调法院海事管辖权冲突的困境

在解决涉外海事争议或处理涉外海事案件的海事诉讼程序中,首先遇到并需妥善解决的就是国际海事管辖权问题。国际海事管辖权,是指一国法院受理和审判海事案件的权限。或者说,一国法院在受理海事案件时根据该国国内法或对外缔结或参加的国际条约,决定自己是否享有审理、裁判该案的司法管辖权。①基于国际海事管辖权制度具有的在各国法院之间分配涉外海事案件司

---

① 参见李浩培编著:《国际民事程序法概论》,法律出版社1996年版,第44—46页。

法裁判权的功能,国际海事管辖权又被称为直接国际海事管辖权,以区别于一国在被请求承认和执行他国海事判决时依照其本国法判定作出判决的请求国法院是否享有对该海事案件的司法裁判权,即间接国际海事管辖权。

自20世纪中后期以来,各国国际民商事管辖权制度的趋同化日益加快,合理分配国际民商事管辖权渐成各国共识,管辖权的确定标准和行使方式日趋合理和统一。然而在一向被认为统一化程度最高的海事领域,国际海事管辖权制度的现代化和趋同化却裹足不前、明显滞后。这既有其管辖权冲突发生机理复杂、特殊等方面的原因,也有国际协调艰困不畅等方面的原因。具体到我国与"21世纪海上丝绸之路"沿线国家之间海事案件管辖权的确定,由于其既关乎当事人的利益,更关乎一国主权安全、海洋权益、航运事业以及国际贸易的发展等重大问题,不仅冲突尖锐,更难以协调。

### (一) 国内法上宽泛扩张的管辖权连结点

由于彼此政治、经济、社会、文化、法律传统殊异,尤其是对海事活动特殊性的认识及各自航运业发展水平不同等多方面因素,各国在构建本国国际海事管辖权制度时采取了不同模式。①同时,由于海事活动因以船舶为中心而产生的国际流动性以及海事领域主权的敏感性、扩张性,各国尤其是普通法系国家纷纷确立了以实际控制理论为基础的对物诉讼管辖权制度(in rem jurisdiction),并采纳了宽泛的管辖权连结点,而这又为当事人择地行诉(forum shopping)从而导致重复诉讼或对抗诉讼创造了条件。

与国际社会各国国际海事管辖权冲突的产生无异,我国与沿

---

① 主要有统一型、独立型和混合型。参见贺万忠:《国际海事诉讼管辖权问题研究》,世界知识出版社2008年版,第6—9页。

线国家也因为采纳了宽泛的管辖权连结点及为当事人创造了择地行诉的机会而使海事管辖权冲突的产生不可避免。在建设"21世纪海上丝绸之路"和海洋强国的战略背景下，我国更加重视海事诉讼管辖权制度的健全和完善，以维护国家主权和海洋权益、发展海洋经济、促进远洋运输和国际贸易。除2022年《民事诉讼法》①、2022年《最高人民法院关于适用〈中华人民共和国民事诉讼法〉的解释》（以下简称《民事诉讼法司法解释》）②、2000年《海事诉讼特别程序法》、2003年《最高人民法院关于适用〈中华人民共和国海事诉讼特别程序法〉若干问题的解释》③（以下简称《海事诉讼特别程序法司法解释》）中已就海事诉讼管辖权作出规定外，最高人民法院近年来又频频出台司法解释，对海事诉讼管辖权相关问题进一步加以明确。例如，自2016年3月1日起施行的《最高人民法院关于海事诉讼管辖问题的规定》④（以下简称《海事诉讼管辖问题的规定》）和《最高人民法院关于海事法院受理案件范围的规定》（以下简称《海事法院受理案件范围的规定》），自2016年8月2日起施行的《最高人民法院关于审理发生在我国管辖海域相关案件若干问题的规定（一）》⑤（以下简称《规定（一）》）和《最高人民法院

---

① 本书以下如非特指，均指1991年通过，先后经2007年、2012年、2017年和2021年四次修正并于2022年1月1日起施行的《民事诉讼法》。

② 根据2022年3月22日最高人民法院审判委员会第1866次会议通过的《最高人民法院关于修改〈最高人民法院关于适用《中华人民共和国民事诉讼法》的解释〉的决定》（法释〔2022〕11号），对《民事诉讼法司法解释》（2014年12月18日最高人民法院审判委员会第1636次会议通过，根据2020年12月23日最高人民法院审判委员会第1823次会议通过的《最高人民法院关于修改〈最高人民法院关于人民法院民事调解工作若干问题的规定〉等十九件民事诉讼类司法解释的决定》作了第一次修正）作了第二次修正，并自2022年4月10日起施行。本书以下如非特指，均指2022年修正的《民事诉讼法司法解释》。

③ 法释〔2003〕3号，自2003年2月1日起施行。

④ 法释〔2016〕2号，自2016年3月1日起施行。

⑤ 法释〔2016〕16号，自2016年8月2日起施行。

关于审理发生在我国管辖海域相关案件若干问题的规定(二)》①（以下简称《规定(二)》）。从上述立法和司法解释的相关规定来看,我国国际海事管辖权制度已基本完善。其中,新出台的《海事法院受理案件范围的规定》相比于 2001 年《最高人民法院关于海事法院受理案件范围的若干规定》②,大大扩展了海事法院受理案件的范围,包括海事侵权纠纷案件、海商合同纠纷案件、海洋及通海可航水域开发利用与环境保护相关纠纷案件和其他海事海商纠纷案件、海事行政案件、海事特别程序案件等;《海事诉讼管辖问题的规定》则一方面调整了大连海事法院、武汉海事法院的管辖区域,另一方面进一步明确了海事法院对海事行政案件的管辖权分配;《规定(二)》还对审理发生在我国管辖海域的涉海刑事案件和海事行政案件作了相关规定。对于海事海商案件的审理,我国则与国际普遍立法趋势保持一致,也采取了较为宽泛、扩张的管辖权连结点。

### (二) 国际协调的艰困和滞后

面对我国与"21世纪海上丝绸之路"沿线国家海事管辖权的冲突,无疑须通过适当的途径或手段积极寻求协调,否则预期的海上合作目标将难以达成。目前能采取的国际协调手段无外乎两种,一是各国共同参加的国际条约的多边协调,二是我国与有关国家缔结的双边条约的双边协调。但无论是哪种,现有的情况似乎都不容乐观。

#### 1. 关于多边协调

由于普遍性管辖权条约如 2005 年《选择法院协议公约》将海

---

① 法释〔2016〕17 号,自 2016 年 8 月 2 日起施行。

② 法释〔2001〕27 号,自 2001 年 9 月 18 日起施行。

事事项排除在外,①各国海事管辖权冲突的多边协调主要依赖于各个领域签订的海事条约中关于国际海事管辖权的统一规定,即尚停留在碎片化的局部协调阶段。目前,这类条约主要有1952年《统一海船扣押某些规定的国际公约》、1952年《船舶碰撞民事管辖权某些规定的国际公约》、1962年《核动力船舶经营人责任公约》、1969年《国际油污损害民事责任公约》及其后的修正议定书、1974年《海上旅客及其行李运输雅典公约》及其后的修正议定书、1977年《统一船舶碰撞民事管辖权、法律选择、判决承认与执行若干规定的国际公约(草案)》、1978年《汉堡规则》、2008年《鹿特丹规则》以及1999年《国际扣船公约》等。其中,1962年《核动力船舶经营人责任公约》尚未生效;②1977年《统一船舶碰撞民事管辖权、法律选择、判决承认与执行若干规定的国际公约(草案)》尚是草案,并不能为各国所用,充其量只反映了各国协调海事管辖权冲突的愿望和试图采取的统一方案;2008年《鹿特丹规则》亦尚未生效,按公约规定须有20个国家批准或加入公约才能生效,截至目前批准公约的国家只有4个。③

上述公约中,我国已加入并对我国生效的只有《修正1969年国际油污损害民事责任公约的1992年议定书》④和1974年《海上

---

① 按照该公约第2条第2款第6项、第7项的规定,有关海事事项,包括旅客和货物运输、海洋污染、海事赔偿责任限制、共同海损以及紧急拖船和救助等事项,均被排除出了公约的适用范围。

② 按照公约第24条第1款的规定,公约应自至少1个签发许可证的国家和1个其他国家交存批准书之日起3个月后生效。

③ 公约第94条第1款规定,公约于第20份批准书、接受书、核准书或加入书交存之日起1年期满后的下一个月第一日生效。目前已批准公约的4个国家是西班牙、多哥、刚果和喀麦隆。

④ 我国曾于1980年加入1969年该公约,于2000年退出,同时加入修正公约的1992年议定书;于1986年加入修正公约的1976年议定书,于2003年退出。See IMO, Status of IMO Treaties(2021), https://www.imo.org/en/About/Conventions/Pages/StatusOfConventions.aspx, last visited on December 9, 2021.

旅客及其行李运输雅典公约》及《修正 1974 年海上旅客及其行李运输雅典公约的 1976 年议定书》。同为《修正 1969 年国际油污损害民事责任公约的 1992 年议定书》缔约国的沿线国较多,有文莱、柬埔寨、泰国、埃及、印度、印度尼西亚、马来西亚、缅甸、巴基斯坦、菲律宾、新加坡、斯里兰卡、土耳其、越南、希腊、意大利、科威特、韩国、沙特阿拉伯、阿联酋、坦桑尼亚、肯尼亚等 22 国;同为 1974 年《海上旅客及其行李运输雅典公约》缔约国的沿线国则只有埃及、沙特阿拉伯 2 国;①而同为《修正 1974 年海上旅客及其行李运输雅典公约的 1976 年议定书》缔约国的沿线国则只有沙特阿拉伯 1 国。②由此,能用于协调我国与沿线国家海事管辖权冲突的多边条约还非常有限,所谓的多边协调尚处在起步阶段。

2. 关于双边协调

截至目前,在沿线 24 个国家中,与我国已签订双边民商事司法协助协定的国家只有 11 个,即土耳其、埃及、泰国、老挝、越南、新加坡、意大利、希腊、韩国、阿联酋、科威特。各方先后签署的协定为 1991 年《中华人民共和国和意大利共和国关于民事司法协助的条约》③(以下简称《中意民事司法协助条约》)、1992 年《中华人民共和国和土耳其共和国关于民事、商事和刑事司法协助的协定》④(以下简称《中土民事、商事和刑事司法协助协定》)、1994 年

① 作为沿线国家之一的希腊曾于 1991 年加入该公约,后于 2014 年退出。See IMO, Status of IMO Treaties(2021), https://www.imo.org/en/About/Conventions/Pages/StatusOfConventions.aspx, last visited on December 9, 2021.

② 作为沿线国家之一的希腊同样曾于 1991 年加入该议定书,后于 2014 年退出。See IMO, Status of IMO Treaties (2021), https://www.imo.org/About/Conventions/Pages/StatusOfConventions.aspx, last visited on December 9, 2021.

③ 该条约于 1991 年 5 月 20 日签署,1995 年 1 月 1 日生效。

④ 该协定于 1992 年 9 月 28 日签署,1995 年 10 月 26 日生效。

《中华人民共和国和泰王国关于民商事司法协助和仲裁合作的协定》①(以下简称《中泰民商事司法协助和仲裁合作协定》)、1994 年《中华人民共和国和阿拉伯埃及共和国关于民事、商事和刑事司法协助的协定》②(以下简称《中埃民商事和刑事司法协助协定》)、1994 年《中华人民共和国和希腊共和国关于民事和刑事司法协助的协定》③(以下简称《中希民事和刑事司法协助协定》)、1997 年《中华人民共和国和新加坡共和国关于民事和商事司法协助的条约》④(以下简称《中新民事和商事司法协助条约》)、1998 年《中华人民共和国和越南社会主义共和国关于民事和刑事司法协助的条约》⑤(以下简称《中越民事和刑事司法协助条约》)、1999 年《中华人民共和国和老挝人民民主共和国关于民事和刑事司法协助的条约》⑥(以下简称《中老民事和刑事司法协助条约》)、2003 年《中华人民共和国和大韩民国关于民事和商事司法协助的条约》⑦(以下简称《中韩民事和商事司法协助条约》)、2004 年《中华人民共和国和阿拉伯联合酋长国关于民事和商事司法协助的协定》⑧(以下简称《中阿民事和商事司法协助协定》)、2007 年《中华人民共和国和科威特国关于民事和商事司法协助的协定》⑨(以下简称《中科民事和商事司法协助协定》)。

上述条约或协定是双边司法协助协定,一般仅对被请求国法

---

① 该协定于 1994 年 3 月 16 日签署,1997 年 7 月 6 日生效。
② 该协定于 1994 年 4 月 21 日签署,1995 年 5 月 31 日生效。
③ 该协定于 1994 年 10 月 17 日签署,1996 年 6 月 29 日生效。
④ 该条约于 1997 年 4 月 28 日签署,1999 年 6 月 27 日生效。
⑤ 该协定于 1998 年 10 月 19 日签署,1999 年 12 月 25 日生效。
⑥ 该协定于 1999 年 1 月 25 日签署,2001 年 12 月 15 日生效。
⑦ 该条约于 2003 年 7 月 7 日签署,2005 年 4 月 27 日生效。
⑧ 该协定于 2004 年 4 月 21 日签署,2005 年 4 月 12 日生效。
⑨ 该协定于 2007 年 6 月 18 日签署,2013 年 6 月 6 日生效。

院承认和执行请求国法院判决时审查其对案件是否享有管辖权即间接管辖权问题作出规定,而不会直接涉及法院裁判管辖权冲突的协调和确定即直接管辖权问题。在上述11个协定中,有6个对被请求国法院审查请求国法院管辖权规定了统一规则和标准,即《中意民事司法协助条约》《中埃民商事和刑事司法协助协定》《中老民事和刑事司法协助条约》《中越民事和刑事司法协助条约》《中阿民事和商事司法协助协定》《中科民事和商事司法协助协定》。这些协定均未区分海事事项与其他民商事事项并对其管辖权问题作不同处理,也未刻意将海事事项排除在协定适用范围之外,因而可以认为这些协定中统一的管辖权规则也是适用于承认和执行海事判决时所作的管辖权审查的。但是,从上述6个协定相关条款的具体规定来看,其所采纳的管辖权连结点完全没有体现海事案件的特点,并不适合于调整海事诉讼间接管辖权问题。由此,试图通过与"21世纪海上丝绸之路"沿线国家签订的双边司法协助协定协调彼此海事管辖权的冲突似乎并不现实,至少在目前是如此。

综上所述,面对国内法上宽泛、扩张的海事管辖权连结点引发的冲突,我国与"21世纪海上丝绸之路"沿线国家之间有效的国际协调机制尚未建立起来,明显滞后于实践的发展,而囿于国家主权等诸多复杂因素,无论是多边协调还是双边协调,其艰困性都不容小觑。也可能正是因为忧心于此,2019年12月9日最高人民法院发布的《关于人民法院进一步为"一带一路"建设提供司法服务和保障的意见》①(以下简称《进一步的"一带一路"司法服务和保障意见》),在其第19条再次强调要"加强国际司法合作,协调司法管辖权的行使"。

---

① 法发〔2019〕29号。

## 二、域外文书送达及调查取证的困境

### (一) 域外文书送达的法律冲突及协调困境

国际民商事诉讼中的域外文书送达,是指一国法院或当事人依照国内法或国际条约的规定将司法文书或司法外文书送交境外当事人或其他诉讼参与人的行为。由于各国对文书送达性质认识的根本不同及具体送达制度的歧异,各国在域外文书送达问题上的法律冲突亦不可避免。目前各国协调域外文书送达冲突主要通过彼此签订或共同参加的国际条约来进行,我国与"21世纪海上丝绸之路"沿线国家协调海事诉讼中域外文书送达冲突亦是如此,但面临的困难和障碍则不容回避。

#### 1. 域外文书送达的法律冲突

与国内民商事诉讼一样,国际民商事诉讼中的文书送达亦是必不可少的一个环节,在程序上和实体上均有重要的功能和价值:首先,只有及时完成文书送达,诉讼程序才能有效推进至下一阶段;其次,文书送达是诉讼程序启动和进行的重要通知手段,一方当事人只有得到适当通知,才能及时知晓并行使自己的诉讼权利以维护自己的合法权益;再次,文书送达是保障当事人诉讼程序基本权和正当程序的重要标志和手段,否则诉讼程序将失去基本的公正性,法院判决也将因此失去正当性和公信力,无法得到承认和执行;最后,某些时候,文书送达构成法院取得管辖权的依据,这在海事诉讼中尤为明显,例如法院应当事人的申请扣船时,向被扣船舶送达传票而取得对物诉讼管辖权。

各国法律传统、诉讼模式的不同,对文书送达性质的认识也存在根本的不同,加之对相关概念和术语的理解、可采取的送达方式等具体制度上的不同,直接导致了域外文书送达法律冲突的产生,主要表现在以下方面:其一,文书送达是主权行为还是民间行为,是公权行为还是私权行为;其二,文书送达是法院的司法职权行为还是可由当事人及其代理人自主安排和自由处分的私人行为;其三,文书送达是须严格依法实施的法定行为还是可繁可简甚至可以放弃或减少的任意行为;①其四,域外文书送达是只能由各国法院通过司法协助间接完成的行为还是可由当事人及其代理人直接完成的行为。凡此种种,当域外文书送达发生在对上述问题作不同理解和回答的国家之间时,送达的法律障碍就产生了。

2. 域外文书送达法律冲突的协调困境

(1) 多边条约的协调困境

多年来,各国间域外文书的送达不畅、送达不能、送达低效甚至无效,已成为拖累和困扰国际民商事诉讼的软肋,也暴露了各国司法合作的艰难和滞后。为此,海牙国际私法会议率先针对域外文书送达所存在的困境制定推出了专门性的国际条约——1965 年《关于向国外送达民事或商事司法文书和司法外文书公约》(以下简称《海牙送达公约》),旨在通过建立一套统一的域外文书送达制度和机制,简化、便利和促进各国之间在送达事宜上的沟通与合作,消除国际民商事诉讼中的送达障碍。公约较好地弥合了各国间送达制度上的差异,平衡了各国的不同需求,因而受到国际社会的欢迎,吸引了大量国家参加。

---

① 在德国民事诉讼中,无论是职权送达还是当事人自行送达,也无论送达的文书具有何种性质,当事人的受送达利益均不得放弃,一方当事人也不得要求对方当事人放弃送达,否则属于不被法律承认的无效行为。而在美国民事诉讼中,根据美国《联邦民事诉讼规则》的规定,负有送达义务的公民、法人、社会组织有义务减少依法定方式收到诉讼通知的费用。为了减少费用,原告可以通知被告诉讼开始,并请求被告放弃传唤状的送达。为了鼓励放弃送达,该《联邦民事诉讼规则》第 4 条第 4 款还开列了在提交答辩状的时间等方面的优惠。参见何其生:《比较法视野下的国际民事诉讼》,高等教育出版社 2015 年版,第 205 页。

我国早在 1991 年 3 月 2 日就已批准加入《海牙送达公约》①
1992 年 3 月 4 日最高人民法院、外交部、司法部联合发布了《关
于执行〈关于向国外送达民事或商事司法文书和司法外文书公
约〉有关程序的通知》(以下简称 1992 年《关于执行〈海牙送达公
约〉的通知》)。1992 年 9 月 19 日,三部门又联合发布了《关于执
行海牙送达公约的实施办法》。为进一步提高国际司法协助工作
效率,2003 年 9 月 23 日最高人民法院又发布了《关于指定北京
市、上海市、广东省、浙江省、江苏省高级人民法院依据海牙送达
公约和海牙取证公约直接向外国中央机关提出和转递司法协助
请求和相关材料的通知》(以下简称 2003 年《转递司法协助请求
和相关材料的通知》)。2013 年 4 月 7 日,最高人民法院又发布
了《关于依据国际公约和双边司法协助条约办理民商事案件司法
文书送达和调查取证司法协助请求的规定》(以下简称 2013 年
《办理文书送达和调查取证司法协助请求的规定》),其第 1 条再
次申明:人民法院应当根据便捷、高效的原则确定依据海牙送达
公约或双边民事司法协助条约,对外提出民商事案件司法文书送
达请求。2015 年《"一带一路"司法服务和保障意见》第 6 条更明
确规定:要严格依照我国与"一带一路"沿线国家缔结或共同参加
的国际条约,积极办理司法文书送达等司法协助请求。我国《民
事诉讼法》第 274 条第 1 项也规定,人民法院对在我国领域内没
有住所的当事人送达诉讼文书,可以依照受送达人所在国与我国
缔结或共同参加的国际条约中规定的方式送达。《海事诉讼特别
程序法》第七章(第 80—81 条)虽对海事诉讼法律文书送达作了

① 参见 1991 年 3 月 2 日第七届全国人民代表大会常务委员会第十八次会
议通过的《关于批准加入〈关于向国外送达民事或商事司法文书和司法外文书公
约〉的决定》(公约已于 1992 年 1 月 1 日对我国生效)。

专门规定,①但同时也强调须适用《民事诉讼法》的有关规定。

从上述可见,《海牙送达公约》可为我国与同为公约缔约国的沿线国家协调域外文书送达法律冲突提供法律依据和手段。不过,从目前来看,已加入公约的沿线国家为数并不多,只有埃及、土耳其、印度、巴基斯坦、斯里兰卡、越南、希腊、意大利、韩国、科威特、菲律宾、新加坡12国,这使得公约能发挥的效用大打折扣。同时,公约还允许缔约国对有关条款提出保留,更进一步限制了公约在我国与沿线缔约国之间的效用,而我国在批准加入公约时至少作出了以下声明或保留:一是根据公约第8条第2款声明,只在文书须送达给文书发出国国民时,才能采用该条第1款所规定的方式在我国境内进行送达;二是反对采用公约第10条所规定的方式在我国境内进行送达;三是根据公约第15条第2款声明,在符合该款规定的各项条件的情况下,即使未收到任何送达或交付的证明书,法官仍可不顾该条第1款的规定作出判决;四是根据公约第16条第3款声明,被告要求免除丧失上诉权效果的申请只能在自判决之日起1年内提出,否则不予受理。②此外,公约还在第13条规定了公共秩序保留制度,而我国《民事诉讼法》第283条第2款亦对此作了明确规定,即外国法院请求包括

---

① 《海事诉讼特别程序法》第80条规定:"海事诉讼法律文书的送达,适用《中华人民共和国民事诉讼法》的有关规定,还可以采用下列方式:(一)向受送达人委托的诉讼代理人送达;(二)向受送达人在中华人民共和国领域内设立的代表机构、分支机构或者业务代办人送达;(三)通过能够确认收悉的其他适当方式送达。有关扣押船舶的法律文书也可以向当事船舶的船长送达。"第81条规定:"有义务接受法律文书的人拒绝签收,送达人在送达回证上记明情况,经送达人、见证人签名或者盖章,将法律文书留在其住所或者办公处所的,视为送达。"

② 参见1991年3月2日第七届全国人民代表大会常务委员会第十八次会议通过的《关于批准加入〈关于向国外送达民事或商事司法文书和司法外文书公约〉的决定》。

文书送达在内的司法协助事项有损于我国主权、安全或社会公共利益的,法院不予执行。

(2) 双边条约的协调困境

如前所述,我国已与11个"21世纪海上丝绸之路"沿线国家签订了双边司法协助协定,除《中埃民商事和刑事司法协助协定》和《中希民事和刑事司法协助协定》将两国之间的文书送达事宜委诸《海牙送达公约》调整外,①其余9个协定均对该问题作出了明确具体的规定。但是,当一个国家如土耳其、埃及和越南,既是《海牙送达公约》成员国又是双边司法协助协定的缔约方时,与我国之间的域外文书送达应以何者为准? 按照《海牙送达公约》的精神及特别法优于普通法的一般法理,应优先适用双边司法协助协定。例如,《海牙送达公约》第11条规定:"本公约不妨碍两个或更多缔约国达成协议,允许采用上述各条所规定的递送途径以外的途径,特别是通过其各自机关直接联系的途径,以便送达司法文书。"而前述我国1992年《关于执行〈海牙送达公约〉的通知》第7条也规定:"我国与公约成员国签订有司法协助协定的,按协定的规定办理。"不过,由于目前我国与之签订双边司法协助协定的沿线国数量有限,因而协定在协调我国与沿线国家文书送达冲突方面的效用亦非常有限。同时,与《海牙送达公约》一样,上述协定均规定了公共秩序保留制度,进一步限制了协定所能发挥的效用。

(3) 互惠送达的困境

如前所述,在"21世纪海上丝绸之路"沿线国家中,我国与之签订双边司法协助协定和共同加入多边送达条约的国家并不多。

---

① 参见《中埃民商事和刑事司法协助协定》第14条和《中希民事和刑事司法协助协定》第14条。

这就使得在更多情况下,我国与沿线有关国家之间的域外文书送达陷入国际协调无法可依的困境。对此,实践中各国通常是基于国际礼让,按互惠原则协调合作的,我国也不例外。我国《民事诉讼法》第283条第1款即规定,根据我国缔结或参加的国际条约,或按照互惠原则,人民法院和外国法院可以相互请求,代为送达文书、调查取证以及进行其他诉讼行为。2015年《"一带一路"司法服务和保障意见》第6条甚至规定:"要在沿线一些国家尚未与我国缔结司法协助协定的情况下,根据国际司法合作交流意向、对方国家承诺将给予我国司法互惠等情况,可以考虑由我国法院先行给予对方国家当事人司法协助,积极促成形成互惠关系,积极倡导并逐步扩大国际司法协助范围。"这的确是一种全新的思维和方案,体现了我国的大国风范和积极的司法理念。但不可否认的是,与内容明确、效力稳定的条约或协定相比,互惠的遵守和形成颇具不确定性,操作起来亦存在困难,而且要真正建立起互惠总是需要一个长期的积累,难以一蹴而就。不仅如此,即便互惠关系得以建立和形成,各国相互请求司法协助时仍须受公共秩序审查的限制,一如前述我国《民事诉讼法》第283条第2款的规定。

按照《民事诉讼法》第284条第1款的规定,在与我国不存在双边司法协助协定和多边送达条约关系的情况下,我国与沿线国家之间送达文书还可通过外交途径进行。而实践证明,外交途径是最正式、最缓慢、最烦琐的方式,从效果上看并非理想或恰当。

总之,目前在我国与沿线国家之间推动文书送达的协调合作,尚缺乏足够的法律依据或手段,诸多问题亟待回应和解决。也正是基于此,2019年《进一步的"一带一路"司法服务和保障意见》第30条强调指出应"优化送达方式,改革纠纷调处程序,化解涉外案件送达难、耗时长"等实际困难,高效、低成本地解决国际商事纠纷。

### (二)域外调查取证法律冲突的协调困境

域外调查取证,是指当事人或其他机构及人员在法院国境外调取证据的行为。裁判案件须以查明事实、认定是非曲直为前提,而这只能通过证据来证明。因此,在诉讼中,与文书送达一样,调查取证也是一个必不可少的程序环节,在程序上和实体上都有重要的功能和价值:首先,只有经过调查取证,法官才能认定事实,进而作出裁判;其次,给予双方当事人举证质证、陈述案情的机会,不仅是正当程序的要求,更是所作判决正当性、公信力和执行力的来源和保障。

各国由于法律传统、诉讼模式的不同,对调查取证的性质的认识相去甚远,在取证范围、取证方式等制度上也多有差异,这使得域外调查取证难免产生法律冲突,需通过恰当的方式予以协调,以确保国际民商事诉讼顺利有效地进行。从我国与"21世纪海上丝绸之路"沿线国家海事诉讼域外调查取证国际协调的现状来看,无论是多边协调还是双边协调都还不尽人意。

#### 1.多边条约的协调困境

继通过制定多边条约协调域外文书送达冲突之后,海牙国际私法会议又积极跟进推出了专门性的取证公约——1970年《关于从国外调取民事或商事证据的公约》(以下简称《海牙取证公约》),同样得到国际社会的认可和欢迎。公约昭示各缔约国所要达成的目标和宗旨十分明确:便利域外调取证据请求书的转递和执行,并促进他们为此目的而采取的不同方法的协调,希望增进相互间在民事或商事方面的司法合作。根据海牙国际私法会议曾经做过的调查,63%的缔约国之间的请求书在6个月内得到完成,2007年仅5%的请求书未获执行,大多数的请求书意在寻求口头证据,其次为书面证据。①

我国早在1997年7月3日就已批准加入公约,全国人民代表大会常务委员会(以下简称全国人大常委会)为此通过了《关于我国加入〈关于从国外调取民事或商事证据的公约〉的决定》,公约已于1998年2月6日对我国生效。此后,为保证人民法院能按照《海牙取证公约》等我国已缔结或加入的国际条约便捷、高效地开展域外调查取证等司法协助行为,最高人民法院又相继发布了一系列司法解释,包括前述2003年《转递司法协助请求和相关材料的通知》、2013年《办理文书送达和调查取证司法协助请求的规定》、2015年《"一带一路"司法服务和保障意见》等。《民事诉讼法》第283条第1款亦明确规定,人民法院应根据我国缔结或参加的国际条约,与外国法院相互请求代为实施调查取证等诉讼行为。由此,《海牙取证公约》亦可成为我国与同为公约缔约国的"21世纪海上丝绸之路"沿线国家之间开展域外调查取证协调与合作的重要法律依据。

不过,从目前来看,已加入公约的沿线国家数量并不多,只有新加坡、印度、斯里兰卡、土耳其、越南、希腊、意大利、韩国、科威特9国,这使得公约能发挥的作用受限。同时,公约亦允许缔约国声明保留,这便更进一步限制了公约在我国与沿线缔约国之间的效用,而我国在加入公约时提出了以下保留:一是根据公约第23条的声明,对于普通法国家旨在进行审判前文件调查的请求书,仅执行已在请求书中列明并与案件有直接密切联系的文件的调查请求;二是根据公约第33条声明,除第15条以外,不适用公

---

① 参见何其生:《比较法视野下的国际民事诉讼》,高等教育出版社2015年版,第268页。

约第二章的规定。①此外,公约还在第12条规定了公共秩序保留制度,而我国《民事诉讼法》第283条第2款亦对此作了规定。

2. 双边条约的协调困境

如前所述,我国已与11个"21世纪海上丝绸之路"沿线国家签订了双边司法协助协定。各协定从内容来看,均对调查取证问题作出了明确具体的规定。而当一个国家如土耳其和新加坡,既是《海牙取证公约》成员国又是双边司法协助协定的缔约方时,与我国之间的调查取证应以何者为准? 按照《海牙取证公约》的规定及特别法优于普通法的一般法理,应在一定范围内优先适用双边司法协助协定。例如,《海牙取证公约》第28条规定:本公约不妨碍任何两个或两个以上的缔约国缔结协定排除下列条款的适用:(1)第2条关于送交请求书方式的规定;(2)第4条关于使用文字的规定;(3)第8条关于在执行请求书时司法机关人员出席的规定;(4)第11条关于证人拒绝作证的特权和义务的规定;(5)第13条关于执行请求书的文书送回请求机关的方式的规定;(6)第14条关于费用的规定;(7)第二章的规定。不过,如同前述域外文书送达所遭遇的困境,由于目前与我国已签订双边司法协助协定的沿线国数量有限,因而在协调我国与沿线国家调查取证冲突方面的效用亦为有限。同时,与《海牙取证公约》一样,上述协定均规定了公共秩序保留制度,进一步限制了协定所能发挥的效用。

3. 互惠取证的困境

如前所述,在"21世纪海上丝绸之路"沿线国家中,与我国存在双边司法协助协定和多边取证条约关系的国家非常少,使得在

① 参见1997年7月3日第八届全国人民代表大会常务委员会第二十六次会议通过的《关于我国加入〈关于从国外调取民事或商事证据的公约〉的决定》。

更多情况下我国与沿线国家之间的调查取证处于国际协调无法可依的困境。而按照《民事诉讼法》第283条第1款、2015年《"一带一路"司法服务和保障意见》第6条的规定,这种情况下,人民法院和外国法院可按照互惠原则相互请求,开展代为调查取证等司法协助事宜。而且,针对沿线国家还可更主动地采取先行施惠的方式促成互惠关系的建立和形成。不过,亦如前述,囿于互惠原则本身的局限性及公共秩序审查的限制,要真正改善与沿线国家司法协助的困境尚需时日。

此外,按照《民事诉讼法》第284条第1款的规定,在与我国不存在双边司法协助协定和多边送达条约关系的情况下,我国与沿线国家还可通过外交途径开展域外调查取证,但从效果上看可能与前述文书送达一样,并非理想或恰当。

## 三、确定法律适用的困境:域外法的查明

海事案件多具有涉外性,因而必须面对同一案件中不同法律竞相适用引发的法律冲突,即需在相互冲突的法律之间确定准据法,作为法院裁判的依据。实践中,解决法律冲突、确定准据法的方法有两种,一是直接适用统一的实体法规则,二是在没有可直接适用的统一的实体法规则的情况下,按照当事人的选择或冲突法规则的指引确定准据法。但是,无论依哪种方法确定准据法,都不可避免地要面对一个问题,就是当准据法为国际条约或域外法时须及时查明并准确适用。相比之下,国际条约一般为缔约国所了解和熟悉,并遵循统一的解释或适用标准,因而无论是查明还是准确适用都不会有太多困难,但查明域外法就不太一样了,各种不利或阻碍因素横亘其中。以下将从我国海事司法实践出发,结合近年来相关海事案例做一分析,试图呈现和揭示沿线国家查明域外

法的困境及成因。①

## (一) 查明域外法的困境

域外法查明(ascertainment of foreign law),又称为域外法内容的确定(establishment of the content of foreign law),在普通法系国家被称为域外法的证明(proof of foreign law),是国际私法中一个特有的制度,亦是法院在审理涉外民商事案件时须认真面对和谨慎解决的一个问题,有学者甚至将其称为国际私法目标赖以实现的关键。②实践中,查明域外法并非易事,不仅耗时费力,拖延案件审理进程,且常常缺乏足够的手段和有效的制度或机制,使得查明常陷入僵局甚或无疾而终,给法官带来极大的挑战和压力,更使案件的公平审理和裁判遭受阻滞和诟病。

通过中国裁判文书网,以"域外法查明""准据法""法律适用法"为关键词,检索到我国近年来(2014—2020年)公布的涉域外法查明的海事案例共43个,除11个案例(占比26%)由法院依最密切联系原则或基于当事人默示选择或补充选择而适用了中国法③外,其余32个均涉及域外法查明问题,占比达74%。其中,基于当事人提供域外法并为法院所认定和采纳,或法院依职权自行查明,或委托专业的域外法查明研究机构查明,而最终适用了当事人合意选择或法院依冲突规范指引的域外法的案例有19个(含部分查明2个),占比达59%;其余15个(含部分无法查明2个,占比达6%),要么由于当事人合意选择适用域外法却未提供或虽提供却未被法院采纳,要么由于一方当事人主张适用域外法却未提供

① 参见邓杰:《我国外国法查明的实践困境与破解路径——基于43个海事案例的实证分析》,载《江西社会科学》2021年第2期。

② See Fentiman, R., *Foreign Law in English Courts: Pleading, Proof and Choice of Law*, Oxford University Press, 1998, p.6.

③ 文中如非特指,中国法或我国法仅指我国内地的法律。

或虽提供却未被法院采纳等,最终被法院认定为域外法无法查明而适用了中国法,占比达47%。总体来看,近年来我国涉外海事审判中域外法查明的状况并不乐观,域外法查明仍是目前妨碍法院合理确定法律适用、有效处理涉外海事案件的棘手问题,实践中主要面临以下困境。

1. 查明效果不佳

在43个海事案例中,并非所有案例审判中法院都直接面对了域外法查明问题,但仅在实际需查明域外法的32个案例中,就有多达近一半的案件被法院认定为无法查明,并依《中华人民共和国涉外民事关系法律适用法》(以下简称《涉外民事关系法律适用法》)第10条适用了中国法。在11个被排除出去的案例中,除有1个当事人未合意选择适用法律,后虽一方主张适用域外法但未提供,法院依最密切联系原则适用了中国法,①以及2个当事人未合意选法,后虽一方主张适用域外法但未提供或法院依冲突规范指引应适用域外法但当事人无法提供,法院便基于当事人在庭审中明确同意适用中国法或因当事人在起诉和抗辩中均援引中国法而适用了中国法外,②还有2个法院以合同中包含的法律选择条款为格式条款为由否定其效力后依最密切联系原则适用了中国法,③另有6个虽当事人合意选择了域外法,但由于当事人未提供或一方违反选法约定主张适用中国法、另一方未出庭应诉,法院亦依最密切联系原则适用了中国法,④"巧妙"回避了本应面对的域

---

① 参见(2014)沪海法商初字第1506号。

② 参见(2018)津72民初1393号、(2013)广海法初字第1116号。

③ 参见(2014)甬海法商初字第746号、(2014)沪海法商初字第1330号。

④ 参见(2018)辽72民初614号、(2014)沪海法商初字第1167号、(2019)鄂72民初212号、(2018)辽72民初764号、(2019)沪72民初2762号、(2014)武海法商字第01013号。

外法查明问题。若将该6个案例亦作为域外法无法查明的情形纳入计算,恐无法查明的案件比例还要攀升,即在实际涉域外法查明的38个案件中,无法查明的为21个(含部分无法查明2个),占比达到55%。

2. 查明主体不明

在实际涉域外法查明的38个案例中,除7个由法院依职权自行查明或委托专业的域外法查明研究机构查明外,其余31个则无论当事人是否合意选择适用法律或在未选择适用法律的情况下仅一方当事人主张适用域外法,法院均要求当事人提供,并基于当事人未提供而认定域外法无法查明或转而依最密切联系原则适用了中国法。这其实反映出我国司法实践在域外法的查明主体是法院还是当事人,域外法的性质是法律还是事实,须由法院查明还是当事人查明或证明等根本问题上是混淆不清的。这种情况下,司法实践中法院面对域外法查明问题常常裹足不前,查明效果不佳也就不难理解了。

3. 查明途径单一

在实际涉域外法查明的38个案例中,有31个是要求当事人提供域外法的,占比高达82%。其中,有10个通过当事人提供的域外法得以查明,占比达32%;有13个因当事人未提供或虽提供但未被法院采纳而最终被认定为无法查明,占比达42%;有2个涉及2项以上的域外法查明,而当事人只提供了其中某项域外法并被认定为部分查明,未提供的部分则仍被认定为无法查明,占比达7%;有6个在当事人合意选择适用法律却未提供的情况下法院转而依最密切联系原则适用了中国法,占比达19%。

相比之下,无论是按照《最高人民法院关于贯彻执行〈中华人民共和国民法通则〉若干问题的意见(试行)》(以下简称《民通意见》)第193条的规定,①还是按照《最高人民法院关于适用〈中华人民共和国涉外民事关系法律适用法〉若干问题的解释(一)》②(以下简称《〈涉外民事关系法律适用法〉司法解释(一)》)第15条的规定,还是按照最高人民法院2021年12月发布的《全国法院涉外商事海事审判工作座谈会会议纪要》(以下简称《涉外商事海事审判工作会议纪要》或《会议纪要》)第21条的规定,③法院可资援用的域外法查明途径都不是单一的,远不止"由当事人提供"这一种途径,但司法实践中法院大多数时候只采取了这一途径而忽略或回避了其他途径,表现出严重的单一途径依赖,造成了域外法查明不力的消极后果。

4. 查明判例法艰难

在海事领域,英国、美国、新加坡、香港等作为航运业较发达的国家或地区,不仅是全球著名的国际航运中心,其海商法、海事审判实践亦相对完善和成熟,具有较高的国际公信力和影响力。在43个海事案例中,涉及以上国家或地区的案例就有24个,当事人协议选择适用这些国家或地区法律的案例亦多达27个,但域外法

① 《民通意见》虽已废止,但其中关于涉外民事关系法律适用的规定,作为我国法院审理涉外民商事案件多年的实践依据,仍有参考和比照的意义。《民通意见》第193条规定的域外法查明途径包括:由当事人提供、由与我国订立司法协助协定的缔约对方的中央机关提供、由我国驻该国使领馆提供、由该国驻我国使馆提供、由中外法律专家提供。

② 2012年12月10日最高人民法院审判委员会第1563次会议通过,根据2020年12月23日最高人民法院审判委员会第1823次会议通过的《最高人民法院关于修改〈最高人民法院关于破产企业国有划拨土地使用权应否列入破产财产等问题的批复〉等二十九件商事类司法解释的决定》修正。《〈涉外民事关系法律适用法〉司法解释(一)》第15条规定的域外法查明途径包括:由当事人提供、已对中华人民共和国生效的国际条约规定的途径、中外法律专家提供等。

③ 《涉外商事海事审判工作会议纪要》第21条规定的域外法查明途径包括:由当事人提供、由中外法律专家提供、由法律查明服务机构提供、由最高人民法院国际商事专家委员提供、由与我国订立司法协助协定的缔约对方的中央机关提供、我国驻该国使领馆提供、由该国驻我国使领馆提供、其他合理途径。

最终被查明并适用的案例则只有13个(含部分查明1个),占比达48%,明显低于前述59%的平均水平。之所以如此,一个重要的原因就在于上述国家和地区均适用普通法,很多时候需要查明的域外法涉及专业和复杂的海事判例法,查明难度更甚于大陆法系国家和地区成文法典中的制定法规则。

### (二)域外法查明困境的成因

基于对上述案例的全面分析,实践中域外法查明陷入困境,无疑有其多方面、深层次的原因:首先就是司法实践中对于域外法查明的责任分配混淆不清,其次就是现行法律制度中关于域外法查明的规定不足,导致实践层面出现制度含混、规则缺失等问题,最后就是我国与"21世纪海上丝绸之路"沿线国家可用于域外法查明的国际合作机制十分有限且难以发挥实效。

### 1. 司法中域外法查明责任混淆不清

一直以来,在域外法查明问题上存在关于域外法性质的两种不同理论——"法律说"和"事实说",与之相对应地存在两种不同的查明模式,即法院依职权查明和当事人举证证明。前者的逻辑是,域外法是法律,基于"法官知法"原则属于法官司法认知的范畴,因而应由法院依职权查明;后者的逻辑是域外法是事实,基于诉讼对抗制属于当事人负责证明的范围,因而应由当事人各方按照证据规则进行举证质证。进入20世纪以来,则有不少国家在域外法查明理论和实践操作上有所调整或变通。例如,以"事实说"为基本立场的英国,一贯将域外法作为事实要求当事人证明,但在特定情形下也将域外法视为法律而依职权查明或免除当事人的举证责任;以"法律说"为基本立场的德国,虽一贯将域外法看作法律而依职权查明,但在特定情形下也会灵活地接受双方当事人一致同意的域外法内容而不再依职权查明。①虽然从表面上看,原本针锋相对的两大学说各自以其独特的方式从其严格的立场上有所退却,使得彼此不再那么对立或不同,但在实践中并未改变或脱离相关理论与相关查明或证明模式之间固有的对应的逻辑关系,则是不争的事实。晚近,也有学者提出第三种理论——"折中说",认为域外法既非纯粹的事实,亦非完全等同于国内法,而是一种具有特殊性质的法律,且其性质对查明不具有当然影响和直接联系。②但这恰使实践中域外法究应由谁——法院还是当事人,通过什么方式——依职权查明还是依证据规则和证明程序举证质证,承担什么责任——查明责任还是证明责任等问题,变得混淆不清、似是而非、难以确定。由此,要厘清实践,还须厘清理论,在"法律说"和"事实说"对应的不同查明模式中,查明域外法的责任分配是明确和迥异的:"法律说"主张域外法的查明主体是法院,"事实说"主张查(证)明主体是当事人,据以承担的责任既不能混淆亦不能推诿,不履行责任产生的法律后果更是不同的。对此,有学者也指出,各国实践状况和发展趋势虽无不显示出某种程度的折中或混合倾向,却又绝对不是缺乏标准的折中或没有条件的混合。也就是说,即便是各国的理论和实践在"法律说"和"事实说"之间有所折中和例外,但在各自折中和例外的范围内,依然保留和遵循了与查明责任分配模式相对应的逻辑标准。③

对于域外法的性质,我国虽未作出过明确的理论选择,也不存

① 参见宋晓:《外国法:"事实"与"法律"之辨》,载《环球法律评论》2010年第1期。

② 参见肖芳:《论外国法的查明——中国法视角下的比较法研究》,北京大学出版社2010年版,第9页。

③ 参见傅郁林:《民事裁判思维与方法——一宗涉及外国法查明的判决解析》,载《政法论坛》2017年第5期。

在"事实说"与"法律说"之争,但从《民通意见》第193条、《涉外民事关系法律适用法》第10条以及《〈涉外民事关系法律适用法〉司法解释(一)》第15条和第16条的规定来看,我国显然是将域外法看作法律的,并对域外法的查明模式或责任分配作了相应的规定:(1)域外法应由法院依职权查明,法院是查明域外法的责任主体。(2)法院依职权查明域外法时,可通过当事人提供、已对我国生效的国际条约规定的途径、中外法律专家提供等多种途径查明。(3)在当事人双方合意选择适用法律的情况下,有义务提供所选定的域外法,即负有向法院提供该域外法的责任,以协助法院查明该域外法,若当事人在法院指定的合理期限内无正当理由未提供,则承担提供不力的后果——法院可直接认定该域外法无法查明。当然,法院也可不直接认定该域外法无法查明,而继续依职权自行查明或通过其他途径查明。(4)在当事人双方未合意选择适用法律的情况下,则应由法院依职权援引冲突规范指引准据法并查明相关域外法,当事人并无提供义务,即不负有向法院提供相关域外法的责任,即便法院要求当事人提供,这种情况下也只是作为一种查明途径被采用。(5)对于应予适用的域外法,亦由法院依职权进行审查和认定,具体包括两种情况,一是如果双方当事人对该域外法的内容及其理解与适用均无异议,则法院可直接确认、不再审查,二是如果双方当事人有异议,则法院须进行审查认定。

尽管无论是立法还是司法解释均对域外法的查明主体及查明责任作出了明确一致的规定,但司法实践中仍常对此混淆不清,并直接导致了域外法查明不力的消极后果。例如,在上述38个案件中,由法院主动依职权查明的仅有7个,其余31个均要求当事人提供,并在当事人未提供或因提供的域外法不符合要求而未被采纳的情况下直接认定该域外法无法查明。法院这样做显然有失妥当,不仅打乱了有关域外法性质的不同理论与不同查明模式之间固有的对应关系,违反了域外法查明的基本逻辑和范式,更违反了我国现行法律规定对域外法查明责任的厘定和分配,其将法院承担的依职权查明域外法的责任转移或推卸给了当事人,造成司法实践中查明和适用域外法的困境。分析个中原因,主要有两个方面:一是从宏观层面来讲,囿于国家主权、本位主义或本土观念,法官更愿意适用本国法(法院地法),以致其查明域外法的动力不足、积极性不高,司法实践中混淆查明责任主体、曲解甚至逃避查明责任,也就不难理解了;二是从微观层面来讲,法官在对域外法的查明中,显然承受更多挑战和压力——虽然"法官知法",但作为主要接受本国法训练的法官,通常只知晓本国法,而非"世界(各国)法"。在这种情况下,要求法官克服语言和文化的障碍去查明和适用其所不熟悉的域外法,潜在的困难可想而知,法官回避或模糊其查明域外法的责任以摆脱域外法适用的意图便难以克制,导致实践中常出现一种所谓"对制度的制度化逃避"(institutionalised evasion of institutions)现象。[1]

2. 域外法查明的法律规定不足

对于域外法的查明,我国《涉外民事关系法律适用法》第 10 条首次在立法上作了规定,《〈涉外民事关系法律适用法〉司法解释(一)》则在第 15 条和第 16 条作了进一步的补充和细化。2016 年《最高人民法院关于为自由贸易试验区建设提供司法保障的意见》[2](以下简称《自贸区司法保障意见》)第 11 条还针对涉自贸试验区的涉外民商事案件审理中域外法的查明作了类似规定,同时

---

[1] 参见胡建新:《关于外国法查明及适用问题的调查分析》,载《中国海商法研究》2019 年第 1 期。

[2] 法发〔2016〕34 号,2016 年 12 月 30 日发布。

补充和强调依我国冲突规范应适用域外法的,法院应依职权查明该域外法。相较之前的立法空白及《民通意见》中的挂一漏万,现行规定可谓难得,所涉事项亦属全面,但用之于实践仍不乏含糊之处,给司法实践的操作带来困难和不便,影响了域外法查明实际有效地开展。

(1)域外法查明制度整体结构不完善

关于域外法的查明,从概念内涵到现实操作,指法院通过一定的途径或手段查找域外法及查到之后对其真实性、准确性、完整性和可适用性等问题进行审查和认定,最终确定该域外法是否查明或经查明该域外法不存在或对涉案问题未作规定。也就是说,域外法查明的完整内涵及逻辑过程应是广义的,包括通过一定的查明途径进行的查明活动和对查明的对象或结果进行认定。在此过程中,无论法院是依职权自行查明还是通过各种不同途径查明,在查明的不同阶段开展的不同查明活动,显然都需要相应的程序规则或实体规则进行规范和指引,否则查明活动难以有效开展,查明效果不佳也就不足为怪了。从现行规定不难看出,我国域外法查明制度中很多规则都是缺失的,例如关于法官依职权自行查明时可利用的资源平台、信息资料、技术手段等,由当事人提供时可采取的方式或手段以及采取不同方式或手段时应遵守的程序或要求,由中外法律专家提供时应遵守的程序或要求,法院对其自行查明或当事人提供抑或专家提供的域外法如何认定以及认定时应遵守的程序或条件等,均缺乏明确的规定或指引,并因此造成了司法实践中域外法查明的消极或被动。

(2)域外法查明相关规则有失详明或妥当

从现行规定来看,我国域外法查明制度中的一些规定尚不够明确和具体,导致司法操作中常常产生歧义或误解,甚至为法官故意模糊或曲解相关规则以达到推卸或逃避域外法查明责任的目的留下了空间。此外,还有个别规定的科学性或妥当性有待商榷,司法实践中亦常产生不恰当助长法官查明域外法消极懈怠倾向的负面效果。

首先,当事人提供域外法的责任与当事人提供域外法的查明途径之间界分不明。自《民通意见》规定以来,"由当事人提供"一直是我国查明域外法的途径之一,司法实践中更是主要途径甚或唯一途径,可见法官查明域外法时对"由当事人提供"的严重依赖。自《涉外民事关系法律适用法》第10条作出上述规定以来,当事人在合意选择法律适用的情况下更承担了向法院提供域外法的责任,如果履行责任不力未能提供,还将面对所选法律被法院认定为无法查明不予适用的后果。这使得作为一种责任的当事人提供与作为一种查明途径的当事人提供之间常常发生竞合甚至混淆,如不在规则层面区分两者的性质和适用范围等,司法实践中极易引发误会或曲解。例如,在上述31个要求当事人提供域外法的案件中,最终有21个(含部分未提供2个)法院基于当事人未提供或提供不符合要求而直接认定域外法无法查明或转而依最密切联系原则适用了我国法。之所以如此,恐正与规则层面当事人提供域外法的责任与当事人提供域外法的查明途径之间界分不明有关。

其次,域外法无法查明的认定标准不明。如前所述,涉外海事审判中最终被法院认定为域外法无法查明的案件比例是很高的,达到一半以上,现行相关规定对域外法无法查明的认定却语焉不详、标准模糊,主要表现在两个方面:一是关于当事人未提供域外法的认定标准过于含糊、缺乏可操作性。按照《〈涉外民事关系法律适用法〉司法解释(一)》第15条第2款及2016年《自贸区司法保障意见》第11条的规定,在当事人合意选择法律适用应由其提供域外法的情况下,如其在法院指定的合理期限内无正当理由未提供该域外法,即可认定该域外法无法查明并直接适用我国法,但对于何为"合理期限"、何为"正当理由",则无明确规定亦无相关解释,导致司法中常常无所适从或各行其是,并因此常遭诟病。二是对于是否须用尽所有域外法查明途径缺乏明确规定或必要指引。按照《民通意见》第193条的规定,法院查明域外法时,可通过包括当事人提供、与我国订立司法协助协定的缔约对方的中央机关提供、我国驻该国使领馆提供、该国驻我国使馆提供、中外法律专家提供5种途径。而按照《〈涉外民事关系法律适用法〉司法解释(一)》第15条的规定,法院可通过当事人提供、已对我国生效的国际条约规定的途径、中外法律专家提供3种途径。2016年《自贸区司法保障意见》第11条则规定,当事人不能提供、依我国参加的国际条约规定的途径亦不能查明的,可在一审开庭审理前由当事人共同指定专家提供。上述规定对于域外法查明途径的列举显然不尽一致,而且属于封闭性列举还是开放性列举,属于强制性适用还是建议性适用,各途径应否穷尽,均是不明确的。按照最高人民法院民四庭的意见,上述规定并非要求人民法院须穷尽上述途径之后才能认定域外法无法查明,只需尽最大努力查明即可。[①]但问题是,如果不穷尽上述查明途径,何以认定已尽最大努力,但穷尽则成本又太大。

最后,域外法无法查明或未作规定时一律适用中国法的规定不妥。按照《涉外民事关系法律适用法》第10条,《民通意见》第193条以及2016年《自贸区司法保障意见》第11条的规定,域外法无法查明或未作规定时一律适用我国法。如此规定,优点在于简

① 参见沈红雨:《"一带一路"背景下国际商事诉讼与域外法查明制度新发展》,载微信公众号"蓝海现代法律",2018年11月9日。

便易行、明确统一,缺点在于容易误导法官消极懈怠,甚至滥用域外法无法查明之由以达适用法院地法的目的。

针对现行法律规定不足引发的司法审判中出现的上述问题,最高人民法院《涉外商事海事审判工作会议纪要》补充了一些细化的规定,对域外法查明中委托国际商事专家委员提供咨询意见、域外法专家出庭、域外法内容的确定、域外法查明不能的认定、域外法查明费用等问题作出了必要的操作性指引,①或可在一定程度上缓解域外法查明所处的困境,但从域外法查明的完整逻辑过程和实践需求来看,现有规定尚嫌不足,还有待进一步充实,未来亦有待推出更全面和系统的法律规定,以建立更具实效的域外法查明机制。

3.域外法查明国际合作机制有限

对于域外法查明,无论是法院依职权查明还是当事人提供或证明,无论是通过官方途径还是通过民间途径,若能借助有效的国际合作机制或能更顺利地开展。目前,我国与"21世纪海上丝绸之路"沿线国家之间可利用的国际合作机制主要体现在国家层面,即通过多边或双边的司法合作机制协助查明域外法。这种合作机制虽然正规、稳定,有多边或双边的司法协助条约作为依据和保障,但限于条约的相对性,只能为缔约国所用,非缔约国之间还需另寻其他合作机制。

(1)国际司法协助条约机制的相对性

目前,我国与"21世纪海上丝绸之路"沿线国家通过国际司法协助途径查明域外法,可依赖的多边条约机制无非就是1970年《海牙取证公约》中创立的缔约国合作机制。从公约第1条第1款

---

① 参见《涉外商事海事审判工作会议纪要》第22至26条。

和第 3 款的规定不难看出,公约为域外调查取证创设的多边国际司法协助机制,亦可适用于各缔约国间互相查明域外法的事宜。不过,如前所述,与我国同为该公约缔约国的沿线国并不多,目前只有 9 个国家,这使得公约机制能发挥的作用非常有限。

除多边条约机制外,我国与沿线国家之间互相查明域外法可资援用的还有双边条约机制,但已与我国缔结双边司法协助协定的沿线国家只有 11 个,其虽均就相互交换和提供法律信息资料作了规定,但毕竟数量有限。同时,更重要的是,从司法实践来看,我国法院尚无有效利用这一机制成功查明域外法的先例。① 分析个中原因,无非以下几点:其一,司法协助协定大多只对法律信息资料的交换和提供作了原则性规定,太过笼统、缺乏实际可操作性;其二,国内法院尤其是我国法院尚未建立与该机制配套的具体实施机制或操作规程;其三,被请求国法院由于不了解具体案情或相关法律事实,其所提供的域外法信息资料往往比较抽象而缺乏针对性或可适用性。也正基于此,有学者认为司法协助机制天然不适合于域外法查明领域。②

(2) 司法互惠协助机制的不稳定性

目前我国与"21世纪海上丝绸之路"沿线国家之间查明域外法可利用的国际司法协助条约机制,不仅数量有限,所能发挥的作用亦十分有限。在这种情况下,便只能基于互惠开展司法协助。按照《民事诉讼法》第 283 条第 1 款的规定,人民法院和外国法院按照互惠原则,除可以相互请求代为送达文书、调查取证,还可以

---

① 参见李建忠:《论我国外国法查明方法规定的重构》,载《法律科学》2019 年第 1 期。

② 参见宋晓:《外国法:"事实"与"法律"之辨》,载《环球法律评论》2010 年第 1 期。

请求进行其他诉讼行为,如域外法查明。不过,亦如前述,互惠本身所存在的模糊性和不确定性,使得互惠合作机制相比于条约合作机制在可执行性及实效性方面更差强人意,有待进一步的探索和强化。为此,2015年《"一带一路"司法服务和保障意见》第6条关于"考虑由我国法院先行给予对方国家当事人司法协助,积极促成形成互惠关系,积极倡导并逐步扩大国际司法协助范围"的方案,尤应在域外法查明方面积极谋求突破。

总之,囿于上述多方面的因素,我国与沿线国家在确定法律适用尤其是在域外法查明方面仍面临困境,要在短时间内谋求改变亦非易事,但另辟蹊径挖掘利用民间资源搭建的更灵活的域外法查明国际合作机制,或可大胆尝试并积极推广。为此,2019年《进一步的"一带一路"司法服务和保障意见》第17条明确提出,应"整合域外法查明中心、研究基地等资源,构建统一的域外法查明平台。积极发挥国际商事专家委员会作用,探索多渠道准确查明适用外国法"。最高人民法院亦在2019年11月29日推动其域外法查明平台在国际商事法庭网站上线启动,一举建立了一个全国法院域外法查明的统一平台。未来我国与沿线国家在域外法查明方面更有效的合作及困境的突破,无疑还有赖于在平台的支持和指引下寻求更多配套改革和创新,而这当然是一个长期摸索和不断推进的过程。

## 四、域外判决承认与执行的困境

在国际民事诉讼中,域外法院判决承认与执行虽不是必经的程序(如果当事人能自觉履行判决的话),但如果发生,则是最终的程序也是最重要的程序,因为法院作出的判决若不能得到承认与执行,则意味着整个诉讼程序归于无效,不仅争议得不到解决,当事人的权利义务无法确定,而且造成巨大的资源(包括判决法院地国的司法资源和当事人付出的司法成本)浪费,作出判决的法院的司法权威亦受到打击。也正是基于此,有学者将域外判决承认与执行视为国际民事诉讼的基石。[①]

囿于司法主权,一国法院作出的判决并不能自动在他国产生域外效力并得到执行,而需向他国提出申请并经该国按照一定条件审查后予以承认和执行才产生效力。这就需要相应的理据和法据作为支撑,否则难以通过有效的国际合作实现判决的自由流通,保障国际民商事诉讼最终顺利完成。具体到我国与"21世纪海上丝绸之路"沿线国家判决的承认与执行,亦不例外。

### (一) 域外判决承认与执行的不同理据及选择分歧

在国际私法发展的各个历史阶段,学者们从不同角度对域外判决承认与执行进行了阐释和论证,提出了诸多不同的理论或学说。总的看,有关理论主要有两种,一种是与冲突法学说或法律选择理论相通或一致的理论,如国际礼让说、既得权说、特别法说等;一种是专门关于判决承认与执行的理论,如债务说、一事不再理说等。

从上述理论来看,国际礼让说主张各国应在互惠的基础上相互承认和执行对方的判决,从而达到"相互获益和实用"的目的,因此该理论着眼的是国家利益而非私人利益。[②]不过,国际礼让说作为早期关于判决承认与执行的一种理论,已逐渐被许多国家所抛弃,之后兴起的学说则基本以实现私人利益为政策基础。例如,直接脱胎于国际礼让说的既得权说,就抛弃了互惠和礼让的要求,以

---

① See L. E. Teitz, *Transnational Litigation*, Michie, 1996, pp.252—253.

② See A. Mayss, *Principle of Conflict of Laws(3rd ed.)*, Cavendish Publishing Limited, 1999, p.5.

尊重私人既得权为前提、实现私人利益为指向。特别法说将域外判决视为一种特殊的私法予以尊重和承认。债务说则将域外判决看作私人之间的一项债务予以尊重和实现。一事不再理说则以民商事判决的既判力为基础,主张判决的效力可延伸到域外,以免当事人再行起诉造成资源浪费甚至矛盾判决。

总之,关于域外判决承认与执行存在多种不同的理论,各以不同的政策为基础,价值取向亦多有不同甚至截然相反,即以国家利益为重还是以私人利益为重,是否以互惠作为判决承认与执行的前提,各国常作出不同的选择。一般而言,凡以实现私人利益为基础的学说通常反对域外判决承认与执行上的互惠要求。①而采此理论的国家关于域外判决承认与执行的制度或实践大多趋于宽松和灵活,倾向于淡化域外判决承认与执行的国家主权色彩以增进国家之间的司法合作,促成域外判决的承认与执行,保障私人利益的实现。

**(二) 域外判决承认与执行的法律依据及困境**

从各国承认与执行域外判决的制度和实践来看,一般都要求存在一定的法律依据,主要包括国际条约和互惠。但目前无论是整个国际社会还是我国与"21世纪海上丝绸之路"沿线国家之间,在援引相应的法律依据承认与执行域外判决上都存在这样或那样的困境。

**1. 国际条约达成的困境**

**(1) 多边条约的不足**

国际条约包括多边条约和双边条约,为域外判决的承认与执行提供可靠的国际法保障,无疑是最可取的一种方式。然而,截至

---

① 参见徐崇利:《经济全球化与外国判决承认和执行的互惠原则》,载《厦门大学法律评论》第8辑,厦门大学出版社2004年版,第46页。

目前,已生效并在缔约国间发挥重要作用的公约主要是区域性条约,如拉美国家间1928年《布斯塔曼特法典》(第四卷)、欧共体国家间1968年《布鲁塞尔公约》及后于2001年由欧盟理事会转化并于2012年修改的《布鲁塞尔条例》、欧共体和欧洲自由联盟间2007年《卢迦诺公约》、北欧国家间1979年《承认与执行判决公约》等,而已生效并可供适用的全球性条约仅海牙国际私法会议1971年通过的《外国民商事判决承认与执行公约》(以下简称1971年海牙《判决承认与执行公约》)和2005年通过的《选择法院协议公约》2项。①由此可见,在域外判决的承认与执行上,各国在全球范围内的协调合作远比区域性的协调合作艰难和复杂。为此,国际社会避难就易,转而尝试在一些专门领域达成了相关条约。②

在海事领域,域外判决在全球范围内的承认与执行更是举步维艰:首先,如前所述,2005年《选择法院协议公约》明确将海事事项排除在其适用范围之外,使得海事判决在全球范围内的承认与执行失去了一个重要的条约依据。其次,1971年海牙《判决承认与执行公约》虽未专门排除海事事项的适用,但截至目前该公约仅有5个成员国——阿尔巴尼亚、塞浦路斯、科威特、荷兰、葡萄牙,③因而所能发挥的效用实在有限。最后,海牙国际私法会议2019年7月2日通过的《承认与执行外国民商事判决公约》④(以下简称2019年海

①　参见该公约第8至15条。该公约已于2015年10月1日生效。

②　这些条约主要集中于儿童抚养、离婚、扶养等领域。参见李双元、欧福永主编:《国际私法》(第五版),北京大学出版社2018年版,第415页。

③　Available at https://www.hcch.net/en/instruments/conventions/status-table/?cid=78,last visited on December 9,2021.

④　2019年7月2日,海牙国际私法会议第22届外交大会闭幕式在海牙和平宫举行,标志着《承认与执行外国民商事判决公约》谈判的最终完成。闭幕式由大会主席、荷兰政府国际私法常委会主席弗拉斯主持,荷兰外交大臣布洛克出席并致辞,海牙国际私法会议秘书长贝纳斯科尼等出席仪式。大会副主席、中国(转下页)

牙《承认与执行外国判决公约》),虽几经考虑和磋商,取消了之前公约草案①中对于不适用于紧急拖船和救助事项的限制,②但关于旅客和货物运输、跨界海洋污染、非国内管辖区域的海洋污染、源于船舶的海洋污染、海事赔偿责任限制及共同海损等事项仍被排除在公约的适用范围之外。③我国自 1987 年 7 月 3 日正式加入海牙国际私法会议以来,一直积极参与推动民商事管辖权及判决承认与执行公约的达成。2019 年海牙《承认与执行外国判决公约》的推出历经艰难曲折,在此过程中我国付出了巨大努力、作出了重要贡献,公约在很多议题上都采纳了中国方案。④为此,公约

---

(接上页)代表团团长、驻荷兰大使徐宏及中国代表团成员,各国与会代表约 200 人出席闭幕仪式,并签署会议最后文件。《承认与执行外国民商事判决公约》是全球首个全面确立民商事判决国际流通统一规则的国际文书,旨在使各国判决在全球得到执行。公约的通过将为包括国际贸易、跨境商业在内的国际民商事活动提供更优质、高效、低成本的司法保障,对国际民商事领域司法合作影响深远。参见《海牙国际私法会议第 22 届外交大会通过〈承认与执行外国民商事判决公约〉》,载最高人民法院国际商事法庭网站,http://cicc.court.gov.cn/html/1/218/149/156/1271.html,2021 年 12 月 10 日访问。

①　See 2018 draft Convention, produced by the fourth meeting of the Special Commission on the Recognition and Enforcement of Foreign Judgments (24—29 May 2018), Working Document No 262 REV. Available at https://assets.hcch.net/docs/23b6dac3-7900-49f3-9a94-aa0ffbe0d0dd.pdf, last visited on December 10, 2021.

②　See Prel. Doc. No 12 of June 2019-*Note on reconsidering "marine pollution and emergency towage and salvage" within the scope of the draft Convention on the recognition and enforcement of foreign judgments in civil or commercial matters*, pp.17—18. Available at https://assets.hcch.net/docs/fe3af6ed-5c0e-47ff-887b-ad0ce8feb6a1.pdf, last visited on December 10, 2021.

③　参见该公约第 2 条第 1 款第 6 项和第 7 项。

④　会议期间,中国代表团建设性参与谈判,坚定支持多边主义,发挥桥梁纽带作用,积极凝聚各方共识,主动引领规则制定。代表团就反垄断、知识产权等提出的多项案文建议得到大会采纳,为公约的达成作出了积极贡献。参见《海牙国际私法会议第 22 届外交大会通过〈承认与执行外国民商事判决公约〉》,载最高人民法院国际商事法庭网站,http://cicc.court.gov.cn/html/1/218/149/156/1271.html,2021 年 12 月 10 日访问。

对我国具有特殊意义,尤其公约在涉及海事事项的适用范围上作了重要调整,未来至少有关紧急拖船和救助事项的判决有望依公约规定予以承认和执行,实现国际自由流通。

综上所述,不难看出,对于海事判决的承认和执行,目前只能倚赖区域性条约发挥作用。而对于我国而言,由于所处的亚太地区并无关于判决承认与执行的区域性条约,这就意味着目前我国与周边国家包括"21 世纪海上丝绸之路"沿线国家之间又缺少了一种有效的区域性合作机制。

为寻求突破,一些调整特定事项的专门性海事条约中加入了域外判决承认与执行的条款,例如 1969 年《国际油污损害民事责任公约》,而我国也加入了该公约 1992 年议定书,这便为我国与其他缔约国之间在该领域海事判决的互相承认与执行方面提供了依据和保障,包括同为该议定书缔约方的"21 世纪海上丝绸之路"沿线 22 个国家。

(2) 双边条约的有限

面对全球性条约达成的困难和区域性条约分布的不均衡,各国转而寻求域外判决承认与执行的双边条约机制便成为一种必然选择。比较而言,双边条约更易于达成且灵活机动,但缺点也十分明显,即其仅适用于两个缔约国之间,所能发挥的作用实属有限。

如前所述,与我国已缔结双边司法协助协定的沿线国家有 11个。但从各协定内容来看,仅有 8 个协定即《中土民事、商事和刑事司法协助协定》①、《中埃民商事和刑事司法协助协定》②、《中越

---

① 参见《中土民事、商事和刑事司法协助协定》第二章第三节(第 21—25 条)。

② 参见《中埃民商事和刑事司法协助协定》第三章(第 20—26 条)。

民事和刑事司法协助条约》①、《中老民事和刑事司法协助条约》②、《中意民事司法协助条约》③、《中希民事和刑事司法协助协定》④、《中阿民事和商事司法协助协定》⑤、《中科民事和商事司法协助协定》⑥,对判决的承认与执行问题作出了规定,而另外3个协定即《中新民事和商事司法协助条约》《中泰民商事司法协助和仲裁合作协定》《中韩民事和商事司法协助条约》,均未涉及该问题。由于上述协定并未明确排除海事事项的适用,可以认定协定双方对海事判决的承认与执行亦按照协定办理。但终究我国与沿线国家之间可资援用的双边协定还太少,相互承认和执行海事判决的形势不容乐观,拓展构建更多新的双边机制甚或多边机制紧迫而现实。

2. 互惠适用的困境

两国之间如果没有签订双边的司法协助协定又未共同参加对判决的承认与执行作出规定的多边司法协助条约,一般则需满足被请求承认与执行地内国法上的互惠要求。但亦如前述,互惠本身具有的抽象性和模糊性,致使其在具体适用中仍面临困境,有待突破。

(1)互惠的抽象性、模糊性及不当适用的风险

实践中,由于互惠的抽象性、模糊性,各国在适用互惠的政策基础、价值取向、操作模式等各方面多有不同,常常引发相互拒绝承认与执行判决的不利局面,形成理想与现实的巨大反差。细究其因,主要有二:

其一,一些国家在判决的承认与执行问题上狭隘地从保护国

---

① 参见《中越民事和刑事司法协助条约》第三章(第15—20条)。
② 参见《中老民事和刑事司法协助条约》第三章(第20—25条)。
③ 参见《中意民事司法协助条约》第三章(第20—27条)。
④ 参见《中希民事和刑事司法协助协定》第二章第三节(第20—25条)。
⑤ 参见《中阿民事和商事司法协助协定》第17条,第21—27条。
⑥ 参见《中科民事和商事司法协助协定》第17条,第20—27条。

家利益尤其是本国国家利益和本国国民利益的政策入手,对是否存在互惠作严苛要求或严格解释,以不存在互惠为由拒绝施惠,不予承认和执行域外判决,形成一种自利型或保守型互惠,即为维护己方利益,以互惠为阻碍或防御,首先选择背弃合作,进而则可能招致对方报复,形成相互拒绝、相互报复的恶性循环。例如,在Hilton v. Guyot案①中,美国联邦最高法院即把保护美国国家利益(包括作为一方当事人的美国国民的利益)作为互惠原则适用的重要目标之一,并最终拒绝了对法国判决的承认和执行,从而开启了通过互惠拒绝承认和执行外国法院判决的漫长历史。②

其二,一些国家基于他国拒绝承认和执行内国法院判决在先,亦拒绝承认和执行该国判决以作报复,并借此维护内国主权尊严和司法权威,补偿内国遭受的利益损失,同时期望能够迫使该国日后承认和执行内国法院判决,开启互惠合作的模式。例如,针对我国最高人民法院1995年就"日本国民五味晃向大连市中级人民法院申请承认和执行日本国横滨地方法院小田原分院具有债权债务内容的判决和熊本地方法院玉名分院所作债权扣押命令及债权转让命令"一案(以下简称"五味晃案")作出的关于我国与日本之间既不存在国际条约亦未建立互惠关系因而不予承认和执行其裁判的复函,③日本法院后在多个案例中援引该案拒绝承认和执行我国法院判决以作报复。④

---

① Hilton v. Guyot,159 U. S. 113(1895).

② 参见王吉文:《论我国对外国判决承认与执行的互惠原则》,载《法学家》2012年第6期。

③ 参见《最高人民法院关于我国人民法院应否承认和执行日本国法院具有债权债务内容裁判的复函》,最高人民法院(1995)民他字第17号复函。

④ 参见冯茜:《日本法院对我国财产关系判决的承认执行问题研究》,载《武大国际法评论》2017年第3期。

可见,由于互惠的抽象性、模糊性及主权的利己性,各国在维护国家主权和利益的层面难以冲破自私、狭隘、保守等因素的羁绊,通过曲解或滥用互惠来拒绝承认和执行域外判决已成常态,使不容乐观的国际司法合作雪上加霜,不由得引发人们对互惠原则正当性及运用恰当性的反思和批判。[①]

(2) 我国对互惠的坚持和突破

尽管互惠已遭多方质疑和批判,但其初衷无疑是好的,即鼓励或促使各国在互惠的基础上相互承认和执行对方的判决。按照博弈论分析,如果各国在反复博弈的过程中选择"共同合作",则可获得集体最优的结果。在经济全球化的时代,互惠战略的采取,目的在于激励合作、促进判决的国际自由流通,惟须防范或避免的是对互惠的适用或认定设置严格的条件或标准。因为对互惠执行得过严,极易阻断互惠关系的建立,使得理论上的互惠变成事实上的不互惠,最终陷入相互背弃、拒绝合作的死循环或囚徒困境。正如有学者所指出的,关于互惠,并非要不要而是如何要的问题,过于严格的要求将使互惠走向异化而成为当事人的负担及阻碍国际合作的藩篱。[②]

① 我国对互惠的坚持

目前,仍有很多国家在域外判决承认和执行上是坚持互惠原则的,我国亦是如此。为实现与其他国家在相互尊重、求同存异、互利共赢的基础上相互承认和执行判决,同时防止一些国家因对

---

① 参见李浩培编著:《国际民事程序法概论》,法律出版社 1996 年版,第 140—141 页;杜涛:《互惠原则与外国法院判决的承认与执行》,载《环球法律评论》2007 年第 1 期;徐崇利:《经济全球化与外国判决承认和执行的互惠原则》,载《厦门大学法律评论》第 8 辑,厦门大学出版社 2004 年版,第 57 页。

② See V. Behr, Enforcement of United States Money Judgements in Germany, *The Journal of Law and Commerce*, Vol.13, 1994, p.222.

我国司法持有怀疑或偏见而歧视或苛责我国法院判决,继续坚持以互惠为承认和执行域外判决的前提或依据仍有必要。当然,在制度和实际操作层面须放弃现行严苛的事实互惠要求,而采用宽松灵活的法律互惠,毕竟保留互惠要求的目的是促进我国与他国之间判决的承认和执行,而不是相反。

按照我国《民事诉讼法》第287、288和289条的规定,在没有国际条约的情况下,互惠既是外国法院判决在我国得到承认和执行的法律依据,也是我国法院判决在外国得到承认和执行的法律依据。而《民事诉讼法司法解释》第542条则从反面进一步强调和确认,在与我国既无国际条约又无互惠关系的情况下,我国将不予承认和执行外国法院的判决。多年来,我国一直保持着上述立法和司法解释有关规定的简约风格,未就互惠关系的认定、证明责任的分配等具体问题作出规定,导致司法操作层面既无明确的目标指引,亦无具体的规则可供参照。司法实践中,通过1995年就"五味晃案"作出的复函,最高人民法院以严格的事实互惠标准,宣示了我国关于互惠认定和适用的原则和立场,即要求外国有承认和执行我国法院判决的先例或事实。这一范式随之贯穿和体现在我国拒绝或同意承认和执行外国法院判决的实践中。例如,从初始的1995年"五味晃案"到2004年"俄罗斯国家交响乐团、阿特蒙特有限责任公司申请承认英国高等法院判决案"①,到2006年"弗拉西动力发动机有限公司申请承认和执行澳大利亚法院判决案"②,再到后来的2011年"株式会社 Spring Comm 申请承认和执行韩国

---

① 参见(2004)二中民特字第928号民事裁定书。

② 参见《最高人民法院关于申请人弗拉西动力发动机有限公司申请承认和执行澳大利亚法院判决一案的请示的复函》。(2006)民四他字第45号复函。

首尔西部地方法院判决案"①、2014年"董斌申请承认和执行乍得共和国恩贾梅纳商业法庭判决案"②、2015年"张晓曦申请承认和执行韩国首尔南部地方法院判决案"③,以及2016年"赫伯特·楚西、玛丽艾伦·楚西申请承认和执行外国法院民事判决、裁定案"④,最高人民法院或相关地方法院均基于有关外国不存在承认和执行我国法院判决的先例而认定其与我国没有互惠关系,并据此拒绝了外国法院判决的承认和执行。而从2012年"Sascha Rudolf Seehaus申请承认德国法院裁定案"⑤到2016年"高尔集团股份有限公司申请承认和执行新加坡高等法院民事判决案"⑥再到2017年"刘利申请承认和执行美国法院民事判决案"⑦,各相关地方法院则基于有关外国存在承认和执行我国法院判决的先例而认定其与我国有互惠关系,并据此亦承认和执行了该外国法院的判决。不过,在上述各案的处理中,法院始终未对一个问题——举证责任的分配问题予以明确,即应由谁来承担举证责任,是由申请(执行)人负责举证证明我国与有关外国存在互惠关系,还是由被申请(执行)人负责举证证明我国与有关外国不存在互惠关系,以及当事人不能举证时法院是否应依职权查明是否存在互惠关系。

不难看出,我国司法实践中采取的事实互惠,不仅门槛高、标

①　参见(2011)深中法民一初字第45号民事裁定书。
②　参见(2014)潭中民三初字第181号民事裁定书。
③　参见(2015)沈中民四特字第2号民事裁定书。
④　参见(2016)赣01民初354号民事裁定书。
⑤　参见(2012)鄂武汉中民商外初字第00016号民事裁定书。该案是我国首个基于互惠承认外国法院判决的案例。
⑥　参见(2016)苏01协外认3号民事裁定书。该案是我国首个基于互惠承认和执行外国法院金钱判决的案例。
⑦　参见(2015)鄂武汉中民商外初字第00026号民事裁定书。该案是我国首个基于互惠承认和执行美国法院商事判决的案例。

准严,更表现出浓厚的封闭性和保守性,不利于我国与他国之间互惠关系的有效建立。反观近年来发生在我国与其他国家之间的几个案例,则是另一幅图景:我国先后与有关国家在建立互惠合作方面取得了重大进展,为我国与更多国家建立互惠合作探索了可行路径。例如,在2006年,德国柏林高等法院首次基于互惠以判决方式承认了我国无锡市中级人民法院作出的民商事判决(以下简称"旭普林案"①)。尽管作为被申请(执行)人的德方当事人曾举证北京市第二中级人民法院驳回承认和执行德国法兰克福地方法院于1998年作出的民事判决的先例,以证明德国与我国之间并不存在互惠关系,但终究未获法庭采信。相反,法官以一种开放包容的态度对两国之间的互惠关系予以了肯定并作出了乐观积极的展望:由于中德之间不存在相互承认和执行判决的国际条约,那么具体司法实践就成了处理案件的依据;如果双方都等待对方先迈出一步,自己再跟进给予互惠的话,互惠事实上就永远不可能发生,互惠只能沦为空谈,这种情况绝非立法者或执法者所乐见;在没有签订国际条约的情况下,为了不阻碍相互承认法院判决的向前发展,需考虑的是如果一方先走出一步,另一方会不会跟进;从目前国际经贸不断发展的情况来看,中国是有可能会跟进的。②其后,在2017年,尽管被申请人亦援引我国拒绝承认和执行有关外国(日本和德国)法院判决的先例,以试图证明我国与以色列之间不存在互惠关系,但以色列最高法院仍作出判决维持特拉维夫地方法院的判决,并宣布以色列承认和执行我国南通市中级人民法院

---

① 由于该案中的被申请(执行)人是德国著名的旭普林公司,因而该案常被称为"旭普林案"。

② 参见马琳:《析德国法院承认中国法院民商事判决第一案》,载《法商研究》2007年第4期。

作出的判决①。该案亦是以色列法院先行给惠，并首次基于互惠承认和执行我国法院判决的一个案例。在该案中，以色列最高法院就互惠的认定、举证责任的分配及互惠的立法目标等问题作了充分阐述，为我国完善互惠原则提供了启发和参考。②

② 我国对互惠的突破

结合国际经验和我国已有的教训以及当下的实践需求，我国要突破目前判决承认与执行上的互惠困境，尚需着力解决以下问题：

首先，需明确互惠合作的立法目标。我国坚持域外判决承认与执行上的互惠要求，并不意味着要设置障碍或从严掌握。恰好相反，是为了在互惠基础上加强国际合作，保障和促进判决的承认与执行，以实现判决的国际自由流通，这才是我们应始终坚持和追求的价值目标。明确了这一点，在司法实践中如何认定和适用互惠便不会陷入盲目甚至误区。

其次，放弃事实互惠而采法律互惠并明确查明或证明主体及举证责任的分配。在我国，放弃严苛的事实互惠而采宽松灵活的法律互惠，已成各界共识。对此，2015 年《"一带一路"司法服务和保障意见》第 6 条亦予明确和肯定。2017 年 6 月 8 日在广西南宁举办的第二届中国—东盟大法官论坛通过的《南宁声明》则走得更远，在第 7 条明确认可了推定互惠。③此外，2018 年 8 月 31 日，我国与新加坡在第二届中新法律和司法圆桌会议上签署了《中华人

---

① 参见(2009)通中民三初字第 0010 号民事判决书。

② 参见陈亮、姜欣：《承认和执行外国法院判决中互惠原则的现状、影响与改进》，载《法律适用》2018 年第 5 期。

③ 参见第二届中国—东盟大法官论坛各方共同通过的《南宁声明》第 7 条，载中华人民共和国最高人民法院网站，https://www.court.gov.cn/zixun-xiangqing-47372.html，2021 年 12 月 10 日访问。

民共和国最高人民法院和新加坡共和国最高法院关于承认与执行商事案件金钱判决的指导备忘录》(以下简称《中新承认与执行金钱判决备忘录》),为两国在缺乏承认与执行法院判决国际条约背景下寻求建立和拓展互惠,作出了积极有益的探索和尝试。该备忘录虽不具法律约束力,但无疑构成对两国互惠关系的明证或宣示,尤其为我国在互惠基础上承认和执行对方法院判决提供了明确的司法指引。①最高人民法院《涉外商事海事审判工作会议纪要》则在肯定上述实践和共识的基础上对互惠的认定作出了宽松灵活的规定,为外国法院判决的承认与执行拓展了空间,即只要存在下列情形之一,人民法院即可认定存在互惠关系:一是根据该法院所在国的法律,人民法院作出的民商事判决可以得到该国法院的承认和执行;二是我国与该法院所在国达成了互惠的谅解或共识;三是该法院所在国通过外交途径对我国作出互惠承诺或我国通过外交途径对该法院所在国作出互惠承诺,且没有证据证明该法院所在国曾以不存在互惠关系为由拒绝承认和执行人民法院作出的判决、裁定。②

在实行法律互惠的情况下,应由谁来证明,抑或可否由法院依职权查明互惠关系,一直存在争议和分歧。一种观点认为应由当事人举证证明,③在此前提下举证责任应如何进一步分配,各国又生二致:一是力主举证责任倒置原则,④二是坚持"谁主张、谁举证"原则,⑤举

---

① 参见《中新承认与执行金钱判决备忘录》第6条。

② 参见《涉外商事海事审判工作会议纪要》第44条第1款。

③ 参见陈亮、姜欣:《承认和执行外国法院判决中互惠原则的现状、影响与改进》,载《法律适用》2018年第5期。

④ 参见王吉文:《论我国对外国判决承认与执行的互惠原则》,载《法学家》2012年第6期。

⑤ 参见陈亮、姜欣:《承认和执行外国法院判决中互惠原则的现状、影响与改进》,载《法律适用》2018年第5期。

证责任还应根据距离证据的远近作出分配。①另一种观点则认为互惠关系存在与否,某些时候应由法院依职权查明。②面对由谁证明或如何查明以及证明互惠关系是否存在的上述分歧,我国立法或司法实践应如何选择和安排,显然是个重要却棘手的问题,还需广泛比较和参考各国的不同经验得失,并结合我国承认与执行域外判决司法实践的进一步发展变化,作出妥当应对和处理,以缓解目前混乱和模糊的状况。

最后,取消关于请求外国承认和执行我国法院判决时亦需满足互惠的法律规定。前已述及,按照我国《民事诉讼法》的现行规定,在没有国际条约的情况下,互惠不仅是外国法院判决在我国请求承认和执行的法律依据,也是我国法院判决在外国请求承认和执行的法律依据。如此规定,虽然充分考虑并体现了互惠的对等性,但显与当今国际司法实践存在脱节。一直以来,普通法国家对于外国判决的承认与执行多采债务说而不要求互惠。由此,"21世纪海上丝绸之路"沿线以新加坡为代表的普通法国家,对涉我国的金钱判决的承认和执行并不一定要求互惠,而可直接通过普通法上的重新审理程序将外国判决转化为内国判决予以执行,则我国实在没有必要在立法中继续坚持我国法院判决在外国请求承认和执行亦须按照互惠原则。也正是基于这一点,2018年《中新承认与执行金钱判决备忘录》对两国相互承认和执行对方商事案件金钱判决的国内法机制作出了实事求是的区别规定,即我国在互惠基础上承认和执行新加坡法院判决,新加坡则基于当事人根据

---

① 参见李双利、赵千喜:《论承认和执行外国法院判决申请之司法审查》,载《法律适用》2018年第5期。

② 参见连俊雅:《"一带一路"战略下互惠原则在承认和执行外国法院判决中的适用现状、困境与变革》,载《河南财经政法大学学报》2016年第6期。

普通法提出的请求承认和执行我国法院判决。①

总之，在我国与有关外国未缔结承认与执行域外判决的双边协定也未共同加入相关多边条约时，我国坚持互惠原则并在此基础上与各国谋求彼此判决的承认与执行，保障判决的国际自由流通无疑值得肯定，但基于不同国家对互惠的不同立场与实践寻求更恰当或更有针对性的合作安排，仍有待进一步的探索和突破。

## 五、国际商事法庭下沿线国家海事争议<br>诉讼解决困境的突破与局限

进入 21 世纪以来，为更好地应对国际商事争议的解决，并在国际竞争中不断提升司法公信力、保持竞争优势，甚至谋求建立全球性或区域性国际司法中心，一些国家先后组建成立了专门性的国际商事法庭，并逐步汇聚形成了一种新的国际潮流，即针对当事人对传统诉讼缓慢昂贵、缺乏专业性、国际性等问题的诟病，积极推动司法改革，通过建立国际商事法庭以促进实现商事诉讼的专业化、便利化、契约化和国际化，提升商事诉讼的快捷经济性和商业友好性。

我国是依照 2018 年 1 月 23 日中央全面深化改革领导小组（以下简称中央深改组）第二次会议审议通过的《关于建立"一带一路"争端解决机制和机构的意见》，于同年 6 月 29 日由最高人民法院在深圳和西安分别设立了两个国际商事法庭，并于 7 月 1 日开始正式办公。按照区域分布，位于深圳的第一国际商事法庭将主要面向"21 世纪海上丝绸之路"建设提供司法保障，亦即该法庭在解决"21 世纪海上丝绸之路"沿线国家国际商事争议包括海事争

---

① 参见《中新承认与执行金钱判决备忘录》第 6 条和第 17 条。

议方面将发挥重要作用。

### (一) 国际商事法庭下沿线国家海事争议诉讼解决困境的突破

为保障国际商事法庭有效构建和运转,并方便当事人通过国际商事法庭解决争议,最高人民法院连续发布了《最高人民法院关于设立国际商事法庭若干问题的规定》①(以下简称《设立国际商事法庭的规定》)、《最高人民法院国际商事法庭程序规则(试行)》②(以下简称《国际商事法庭程序规则》)、《最高人民法院国际商事专家委员会工作规则(试行)》③(以下简称《国际商事专家委员会工作规则》),以及《最高人民法院办公厅关于确定首批纳入"一站式"国际商事纠纷多元化解决机制的国际商事仲裁及调解机构的通知》④(以下简称《首批纳入"一站式"纠纷解决机制的机构通知》)等一系列司法解释或文件。由此,我国国际商事法庭基本的制度架构和程序设置已初见其成,不乏与国际潮流相适应的机制创新和程序改革,在一定程度上缓解和突破了沿线国家海事争议提交诉讼解决可能遭遇的各种困境。总的来看,主要表现在以下几个方面:

#### 1. 承认协议管辖

按照《设立国际商事法庭的规定》第 2 条第 1 项的规定,国际商事法庭可受理当事人依《民事诉讼法》第 35 条的规定协议选择

---

① 法释〔2018〕11 号,2018 年 6 月 25 日最高人民法院审判委员会第 1743 次会议通过,自 2018 年 7 月 1 日起施行。

② 法办发〔2018〕13 号,2018 年 10 月 29 日最高人民法院审判委员会第 1751 次会议通过,自 2018 年 12 月 5 日起施行。

③ 法办发〔2018〕14 号,2018 年 10 月 29 日最高人民法院审判委员会第 1751 次会议通过,自 2018 年 12 月 5 日起施行。

④ 2018 年 11 月 13 日最高人民法院办公厅发布,自 2018 年 12 月 5 日起执行。法办〔2018〕212 号。

最高人民法院管辖且标的额为人民币 3 亿元以上的第一审国际商事案件。这表明,虽有标的额的限制和实际联系的要求,我国国际商事法庭是承认协议管辖的。就当事人遵照协议提交管辖的案件来看,既然管辖权冲突得以避免,当然也就不会陷入协调管辖权冲突的困境。

2. 支持文书送达的契约化和信息化处理

国际商事法庭兴起于商事诉讼契约化的背景下,并进一步吸收了商事仲裁的契约性,因而在程序设计上与商事仲裁日益趋近和靠拢:在简化程序、提高效率的同时放手当事人就诸多程序事项自主安排、协商解决,并在程序管理和运行中引入信息技术的支持。在此方面,我国国际商事法庭并不逊色,尤其在文书送达上打破僵硬保守的主权思维和司法模式,引入契约化、信息化的处理和安排,灵活规避主权阻隔和司法国际合作不力的障碍,在一定程度上缓解了传统诉讼域外文书送达不能的困境。

从我国国际商事法庭的相关制度来看,在我国积极打造智慧法院的司法改革语境下,国际商事法庭透过其诉讼信息服务平台,在尊重当事人合意的基础上,对文书送达采取契约化和信息化处理是可行的:国际商事法庭通过电子诉讼服务平台、审判流程信息公开平台以及其他诉讼服务平台为诉讼参与人提供诉讼便利,并支持通过网络方式进行立案、阅卷、证据交换、送达、开庭等;[①]国际商事法庭应向被告及其他当事人送达原告提交的起诉状副本、证据材料等,但若当事人在《送达地址确认书》中同意接收他方当事人向其送达诉讼材料,他方当事人向其直接送达、邮寄送达、电子方式

---

① 参见《设立国际商事法庭的规定》第 18 条、《国际商事法庭程序规则》第 4 条。

送达等,能够确认受送达人收悉的,国际商事法庭予以认可。①

### 3. 增加域外法查明的途径

按照《设立国际商事法庭的规定》第 8 条的规定,国际商事法庭除可通过当事人提供、中外法律专家提供、与我国订立司法协助协定的缔约对方的中央机关提供、我国驻该国使领馆提供、该国驻我国使馆提供等传统途径查明域外法,还可通过法律查明服务机构提供、国际商事专家委员提供等新增的途径查明。虽然国际商事法庭查明域外法的途径只增加了两种,却通过认可民间查明机制及拓展专家查明国际资源,大大提升了域外法查明的灵活性和可靠性。同时,在商事尤其是海事海商领域,可供选择和适用的实体规则包括各国国内法、国际条约、行业习惯等,数量繁多、内容复杂。为保证相关规则的准确理解和适用,我国国际商事法庭还引入了专家委员会意见咨询机制,②为沿线国家海事争议诉讼解决域外法查明和适用困境的有效克服,提供了进一步的保障。

在整合西南政法大学东盟国家法律研究基地、深圳蓝海港澳台和外国法律查明基地、中国政法大学外国法查明研究基地、华东政法大学外国法查明研究中心、武汉大学外国法查明中心五家机构查明研究外国法资源和能力的基础上,最高人民法院域外法查明平台已于 2019 年 11 月 29 日在国际商事法庭网站上线启动,旨在进一步发挥国际商事专家委员会来自国内及国外多个国家的国际商事专家③的重要作用,致力为各级人民法院和社会各界提供

---

① 参见《国际商事法庭程序规则》第 13 条、第 14 条。

② 参见《最高人民法院国际商事专家委员会工作规则(试行)》第 3 条第 2 项。

③ 目前国际商事专家委员会的国内外专家已达 53 名。参见最高人民法院国际商事法庭网站, http://cicc.court.gov.cn/html/1/218/226/234/index.html, 2021 年 12 月 11 日访问。

优质高效的法律查明及适用服务。

**4.提升判决的自觉履行**

国际商事法庭在世界范围内的广泛建立,既是当代商事诉讼契约化、国际化发展的必然产物,亦是其重要载体。由此,协议管辖成为各国国际商事法庭管辖权的基础,我国国际商事法庭亦不例外。基于当事人合意提交审理的案件,不仅在程序的对抗性方面大大降低,更使判决的自觉履行具有了和解和信任的重要基础。投入运营不久但已成效显著的新加坡国际商事法庭的经验表明,裁判权的行使基于当事人双方的合意选择,因此执行不会成为问题。[①]如果判决总能得到当事人的自觉履行,请求域外法院承认和执行的压力就会大大减轻,可在一定程度上缓解判决承认与执行国际合作机制不足等因素造成的困境。

## (二)国际商事法庭下沿线国家海事争议诉讼解决困境突破的局限

作为当代商事诉讼契约化、国际化的产物和各国新一轮司法改革的重要成果,国际商事法庭诉讼与普通民事诉讼的最大不同就在于,其大胆吸收了商事仲裁的诸多优点重构商事诉讼程序,以克服诉讼被诟病多年的各种痼疾顽症,化解诉讼受制于国家司法主权导致的国际司法合作艰难和不足等困扰,为商事诉讼面对商事仲裁的有力竞争重新赢得一席之地奠定基础。然而,全面审视我国关于国际商事法庭的程序设计和制度安排,不尽人意或落后于国际潮流之处并不鲜见,这在一定程度上限制了我国国际商事法庭解决"21世纪海上丝绸之路"沿线国家海事争议突破传统诉讼困境的能力。

---

① 参见蔡伟:《国际商事法庭:制度比较、规则冲突与构建路径》,载《环球法律评论》2018年第5期。

1. 协议管辖仍有不足

从我国国际商事法庭的管辖权配置来看,协议管辖无疑是最基础和最核心的。然而,如前所述,国际商事法庭基于当事人的协议选择受理的案件须满足《民事诉讼法》第35条规定的实际联系要求,这不仅与协议管辖的国际潮流不符,更与我国国际商事法庭的发展定位脱节,尤其限制和阻碍了国际商事法庭下沿线国家海事争议诉讼解决管辖权冲突困境的破解。首先,这种实际联系要求与《海事诉讼特别程序法》第8条的规定不符,既反映出我国国际商事法庭的管辖权设计缺乏对海事案件应有的考虑和关照,更不利于将"21世纪海上丝绸之路"沿线国家海事争议尤其是与我国无实际联系的离岸海事案件(offshore cases)提交我国国际商事法庭解决。其次,实际联系要求明显限制了我国国际商事法庭的管辖权限或受案范围,不利于其平等参与国际司法竞争。最后,无论是否有实际联系的要求,只要当事人约定的是非排他性协议管辖,我国国际商事法庭仍难免要面对与当事人另行起诉的其他国家法院之间管辖权的冲突,也就是说,沿线国家海事争议提交国际商事法庭解决并不能保证完全摆脱管辖权冲突的困境。

2. 域外调查取证规则付诸阙如

按照《设立国际商事法庭的规定》第10条的规定,国际商事法庭调查收集证据及组织质证,可采用视听传输技术及其他信息网络方式。这意味着国际商事法庭在调查取证中也引入了高效便捷的信息化处理,但对于域外的证据调查和搜集,是否也如文书送达那样允许当事人自主约定、自行完成,作出契约化的安排和处理,则付诸阙如。由此,我国国际商事法庭下域外调查取证能否以当事人行为替代或补充司法行为,以规避国际司法协助中的主权障碍和国际合作机制不足的困扰,在一定程度上缓解沿线国家海事争议诉讼解决域外调查取证的困境,尚有待观察和确认。

3. 域外法查明制度有待完善

虽然我国国际商事法庭增加了域外法查明的途径,并引入了专家委员会咨询机制为域外法甚或国际条约、国际商事规则的查明、解释及适用提供专业支持,但如前所述,我国现行域外法查明制度仍多有不足,例如关于域外法查明责任主体、域外法无法查明的认定等相关规定,尚有待进一步明确和细化。司法实践中,若法官因此怠于查明域外法、热衷适用本国法或域内法,动辄以域外法无法查明为由拒绝适用,则"21世纪海上丝绸之路"沿线国家海事争议提交国际商事法庭通过诉讼解决,仍难免陷入域外法查明和适用的困境。

4. 域外判决承认与执行仍旧堪忧

前已述及,国际商事法庭下的协议管辖为判决的自觉履行奠定了重要基础,在一定程度上缓解了域外判决承认与执行的困境和压力。但是,从我国国际商事法庭的相关制度来看,判决的承认与执行仍面临一定挑战和风险:(1)"一审终审"制度下的再审制度增加了判决承认与执行的不确定性。按照《设立国际商事法庭的规定》第16条的规定,当事人可就国际商事法庭作出的已发生法律效力的判决、裁定和调解书,依《民事诉讼法》的规定向最高人民法院本部申请再审。多年来,我国民事诉讼中独特的再审制度,常引发其他国家对我国判决终局性和确定性的疑虑和担心,并以此为由拒绝承认和执行。[1]国际商事法庭作为设立于最高人民法院的专门性审判机构,囿于审级制度,当事人无法就其作出的判决、裁定或调解书等提起上诉,引入再审进行纠错是必然选择也是无

---

[1] 参见钱锋:《终局性:外国法院民商事判决承认与执行的先决条件》,载《法律适用》2006年第6期。

奈之举,但的确为其判决、裁定或调解书的承认和执行增加了遭受质疑或拒绝的风险。(2)缺乏助益域外判决承认与执行的"判裁转换"机制。虽然国际商事法庭旨在构建诉讼、调解、仲裁有机衔接的多元化争议解决机制,①但从相关规定来看,诉讼与仲裁有效对接机制的建立似乎还缺乏必要的制度支持。仅从判决承认和执行来看,国际商事法庭显然还缺乏一个将司法判决转换为仲裁裁决的"判裁转换"机制,也就使其判决、裁定或调解书失去了依《纽约公约》得到承认和执行的强大支撑,不得不面对普通民商事诉讼中判决承认与执行的传统风险。

综上所述,在我国国际商事法庭现行制度框架下,将"21世纪海上丝绸之路"沿线国家之间的海事争议提交国际商事法庭诉讼解决所面临的困境虽有所缓解,但仍有不少局限有待突破,这就意味着在诉讼之外另求适当的争议解决方式成为必然选择。从国际商事法庭目前的功能定位来看,也无意将诉讼作为解决"一带一路"沿线国家之间的国际民商事争议的主要手段,而是在构建诉讼、仲裁、调解有机衔接的多元化争议解决机制的基础上支持当事人选择适当的争议解决方式,这一点不仅在《设立国际商事法庭的规定》《国际商事法庭程序规则》等司法解释和规范性文件中有明确规定,②早在中央深改组第二次会议审议通过的《关于建立"一带一路"争端解决机制和机构的意见》中就已阐明。作为解决国际民商事争议的法律手段,在诉讼之外,仲裁当为不二选择。为充分发挥仲裁解决国际民商事争议的重要作用,国际商事法庭还在其《国际商事法庭程序规则》专辟一章(第七章)就支持仲裁的相关措

---

① 参见《国际商事法庭程序规则》第1条。
② 参见《设立国际商事法庭的规定》第11条、《国际商事法庭程序规则》第1条和第2条。

施作出了明确规定。①结合国际商事法庭已审结并公布的8个案例来看,有7个是关于仲裁的,包括应当事人申请确认仲裁协议效力的案件、②经审查驳回当事人申请撤销仲裁裁决的案件,③以及基于当事人之间存在有效的仲裁条款而驳回一方当事人起诉的案件。④由此,在将"21世纪海上丝绸之路"沿线国家海事争议提交诉讼解决面临诸多困境的情况下,将争议提交仲裁解决或是更务实也更合乎国际潮流的明智之举。

## 第二节 "21世纪海上丝绸之路"沿线国家 海事争议仲裁解决的优势

早在公元前4世纪,为促进海上贸易的发展,雅典就创设了专

---

① 参见《国际商事法庭程序规则》第34条、第35条。

② 参见(2019)最高法民特1号(运裕有限公司、深圳市中苑城商业投资控股有限公司申请确认仲裁协议效力民事裁定书)、(2019)最高法民特2号(新劲企业公司、深圳市中苑城商业投资控股有限公司申请确认仲裁协议效力民事裁定书)、(2019)最高法民特3号(北京港中旅维景国际酒店管理有限公司、深圳维景京华酒店有限公司申请确认仲裁协议效力民事裁定书),载最高人民法院国际商事法庭网站,http://cicc.court.gov.cn/html/1/218/180/index.html,2021年12月11日访问。

③ 参见(2019)最高法民特4号(张兰、盛兰控股集团(BVI)有限公司、俏江澜发展有限公司与甜蜜生活美食有限公司申请撤销仲裁裁决一案民事裁定书)、(2019)最高法民特5号(张兰、盛兰控股集团(BVI)有限公司与甜蜜生活美食集团控股有限公司申请撤销仲裁裁决一案民事裁定书),载最高人民法院国际商事法庭网站,http://cicc.court.gov.cn/html/1/218/180/index.html,2021年12月11日访问。

④ 参见(2019)最高法商初2号(亚洲光学股份有限公司、东莞信泰光学有限公司等与富士胶片株式会社等加工合同纠纷一审民事裁定书)、(2020)最高法商初4号(广州飞机维修工程有限公司与泰国东方航空有限公司留置权纠纷一案民事裁定书),载最高人民法院国际商事法庭网站,http://cicc.court.gov.cn/html/1/218/180/index.html,2021年12月11日访问。

门的海事法庭处理海事争议,并取得了超乎预期的巨大成功。与普通民事诉讼相比,雅典海事法庭的审判程序具有跨国(邦)性、快捷性、专业性和特殊的强制性等特点,非常契合海事争议解决的需要,深受当事人的欢迎,重新激发了地中海各地商人前往雅典从业经商的积极性,促进了当时雅典海上贸易的繁荣,成为雅典实力恢复和发展的"助推器",并重新树立了雅典在希腊世界的影响力。①无论雅典海事法庭是当时一种区别于民事法庭的专门法庭还是海事仲裁庭的前身,都足以证明海事争议的解决具有不同于普通民商事争议解决的特殊需要,而以专门性或更专业的争议解决机制应对海事争议的解决亦由来已久,现代海事仲裁恰具备契合海事争议解决实际需要的各项特点,因而成为海事争议当事人的首选。

## 一、国际商事仲裁的固有优势:历史基因与现实表现

国际商事仲裁包括国际海事仲裁,因为海事争议属于商事争议的范畴,而且大多具有涉外性,将国际性的海事争议提交仲裁解决几乎成为国际航运界的一个惯例。

国际商事仲裁之所以能在国际民商事诉讼之外得到充分发展,缘于商事仲裁具有民商事诉讼难以企及的各种优势及其能更好满足商事争议解决的需要。面对已经产生或将来可能产生的争议,当事人弃诉讼而选仲裁,不能说不是受商事仲裁固有优势吸引的结果。总的来看,与民商事诉讼同作为解决商事争议的两种法律手段之一,商事仲裁主要具有超越前者的以下优势:

### (一) 自主性

商事仲裁作为一种从强调自由、崇尚自治的商人社会中成长

① 参见陈思伟:《公元前4世纪雅典海事法庭初探》,载《中南大学学报(社会科学版)》2018年第4期。

起来的民间性争议解决制度,①其首要原则就是当事人意思自治,最基本的特点之一就是充分尊重和发挥当事人在争议解决中的自主性:是否选择仲裁,把争议提交给哪个仲裁机构,指定谁担任仲裁员,在哪里仲裁即仲裁地的确定,采用何种仲裁程序、适用什么仲裁规则,将哪些争议提交仲裁,仲裁协议、仲裁程序、实体争议的法律适用,是否接受调解或达成和解,等等,均首先由当事人自主约定。②在仲裁中,当事人才是程序的主人(master of the procedure),当事人对仲裁程序作出的任何设计和安排,只要不违反仲裁地法中的强制性规定或公共秩序,一般都能得到尊重和满足,而这在诉讼中则是不可能或做不到的,因为与诉讼的法定性和强制性直接冲突。虽然晚近民商事诉讼尤其是商事诉讼日益呈向契约化方向发展,并强调当事人的自主性,却始终难以达到商事仲裁的这种对意思自治的尊重程度。

更重要的是,商事仲裁的协议性或自主性,使得商事仲裁避免了国际民商事诉讼中一系列难以解决的问题:

1.避免了复杂棘手的管辖权冲突问题

由于商事仲裁的民间性,商事仲裁管辖权不涉及国家主权,完全由当事人通过仲裁协议确定,这就避免了国际民商事诉讼中源

---

① 商事仲裁源于商人解决贸易纠纷的自发性探索,在欧洲中世纪时期,法律秩序呈现出地域分散、主体多元的状态,王室法院、教会法院、领主法院和城市法院同时存在,尚未形成绝对单一的法律制度体系,这种整体社会治理能力的孱弱恰好为商业经营者的自治创造了条件。参见康宁:《契约性与司法化——国际商事仲裁的生成逻辑及对"一带一路"建设的启示》,载《政法论坛》2019年第4期。

② 商事仲裁意思自治的核心是排除国家干预地对商事争议裁判权的自我选择、自我决定,当事人不仅可以自主决定是否发生仲裁法律关系,与谁发生仲裁法律关系,在什么地点发生仲裁法律关系,适用何种规则发生什么样的仲裁法律关系,甚至可以决定仲裁的效力是否具有终局性。参见林一:《国际商事仲裁中的意思自治原则——基于现代商业社会的考察》,法律出版社2018年版,第17—18页。

于国家主权的管辖权冲突,以及各国碍于国家主权难以达成协调管辖权冲突国际条约的困境。

2.避免或化解了域外文书送达或调查取证的难题

同样基于商事仲裁的民间性,相关的文书送达和调查取证被视为可由当事人及其代理人自主约定、自行完成的行使私权的行为,当事人未作约定时则可由仲裁机构或仲裁庭依仲裁规则确定或自由裁量决定,而不必严格参照或遵守诉讼中的相应规则,这就使得商事仲裁中的文书送达和调查取证不仅方式灵活,且不会如诉讼中那样因受限于主权而难以在域外有效开展。

其一,对于文书送达[在商事仲裁中也称为通知(notice)],最具代表性的莫过于《联合国国际贸易法委员会国际商事仲裁示范法》①(以下简称《示范法》)第3条第1款第1项的规定:除非当事人另有约定,国际商事仲裁中的任何书面通信,经当面递交收件人,或投递到收件人的营业地点、惯常居所或通信地址的,或经合理查询不能找到上述任一地点而以挂号信或能提供作过投递企图记录的任何其他方式投递到收件人最后一个为人所知的营业地点、惯常居所或通信地址的,视为已收到。《联合国国际贸易法委员会仲裁规则》②第2条第1款至第4款亦作了类似规定。总的来

---

① 1985年6月21日联合国国际贸易法委员会主持制定,1985年12月11日联合国大会第40/72号决议批准;2006年7月7日,国际贸易法委员会通过了对第1(2)条、第7条和第35(2)条的修正、一篇新的第四章A用以取代第17条以及一则新的第2A条,2006年12月4日联合国大会第61/33号决议批准。现行有效的是2006年修正版,本书如非特指,均指1985年版。See https://uncitral.un.org/en/texts/arbitration/modellaw/commercial_arbitration, last visited on December 12, 2021.

② 1976年4月28日联合国国际贸易法委员会主持制定,1976年12月15日联合国大会第31/98号决议批准;2010年修订并于同年12月6日获联合国大会第65/22号决议批准;2013年在2010年版本的基础上新增第1条第4款并于同年12月16日获联合国大会第68/109号决议批准。现行有效的是2013年修正版,本书如非特指,均指2013年版。See https://uncitral.un.org/en/texts/arbitration/contractualtexts/arbitration, last visited on December 12, 2021.

看,商事仲裁中的文书送达,首先由当事人约定,当事人未约定时一般依仲裁规则中的规定或仲裁机构、仲裁庭认为适当的方式,具体包括当面递交、邮寄投递乃至电子通信等任何可提供投递记录的新技术手段,对送达的认定则采取"合理查询＋投递企图"之类的宽松标准,力促文书送达能由当事人或其代理人以灵活多样、快捷高效的民间方式有效完成,既回避了主权的障碍,又排除了司法的干扰。

其二,关于调查取证,除可由当事人自由约定及自行负责外,仲裁庭在证据的可采性及证明力的认定等方面亦享有很大的自由裁量权,一般无须严格遵守和适用诉讼中的证据规则。例如,英国《1996年仲裁法》第34条第1款及第2款即明确规定,当事人有权约定任何程序事项包括证据事项,在尊重当事人约定的前提下,仲裁庭亦有权决定所有程序及证据事项。晚近,考虑到不同法律传统下国际商事仲裁中的调查取证实践多有分歧,以及国内仲裁立法及仲裁机构仲裁规则对调查取证问题大多规定得较为简单,一些民间专业团体或组织先后起草制定了国际仲裁取证规则供当事人或仲裁庭选择或参考,例如国际律师协会(IBA)于1999年6月1日制定发布并先后于2010年5月29日、2020年12月17日修订实施的《国际律师协会国际仲裁取证规则》(以下简称IBA规则),①以及由主要是大陆法系国家的30个国家的代表组成的工作组起草并于2018年12月14日在捷克共和国首都布拉格通过的《关于国际仲裁程序高效进行的规则》(以下简称布拉格规则)

① 现行有效的是2020年12月17日开始实施的最新修正版,主要就以下几个方面作了修改:(1)虚拟/远程听证;(2)非法证据排除;(3)网络安全与数据保护;(4)证据文件的翻译。参见袁培皓、林草原《四维解读国际律师协会(IBA)取证规则修改》,载微信公众号"中伦视界",2021年6月15日。

等。虽然上述规则遵循的法律传统仍明显不同且具体规定多有差异，但其作为国际商事仲裁实践中一种可灵活选择和适用的"软法"（soft law）规则，无疑可成为国内仲裁立法和仲裁机构仲裁规则之外的重要补充和选择，为国际商事仲裁中的调查取证实践提供必要的规范和指引。

总的来看，国际商事仲裁中的调查取证问题几乎完全处在当事人和仲裁庭自由处置的私权行使的范畴内，少有进入公共的司法领域，当然也就较少遭遇主权阻隔和司法合作不力的困扰。

### 3. 避免或缓解了域外法查明的困境

国际商事仲裁中处理涉外争议无疑须面对域外法的适用问题，因而难免也要解决域外法的查明问题。不过，相比于国际民商事诉讼中域外法的查明，国际商事仲裁中查明域外法无疑要轻松容易得多。一方面，依照意思自治原则，商事仲裁中的准据法多由当事人协商选择并提供，在很大程度上减少了查明域外法的负担和压力。另一方面，即便当事人未选择准据法或无法提供，由仲裁庭查明域外法亦比法官更具专业性和便利性优势：

首先，仲裁庭具有国际性和专业性，这使得仲裁庭更愿意也更习惯于适用域外法。仲裁庭由来自不同国家的仲裁员组成，一般都具有国际专业或从业背景和处理国际争议的丰富经验，比法官更了解域外法或国际商事惯例，在查明域外法时具备更多查明的资源，正确理解和适用外国法的能力更强，因而也能更积极主动地去查明和适用域外法甚或国际法。同时，仲裁员是民间人士而非国家公职人员，不负有对其本国法或仲裁地法效忠的义务，能以更加中立、开放的态度去适用域外法，而不会像法官那样常常排斥域外法而热衷适用本国法或当地法。

其次，仲裁庭在法律适用上拥有很大的自由裁量权，可适用国内法也可适用国际法,可援引仲裁地冲突法规则或仲裁庭认为适当的冲突法规则指引准据法,也可由仲裁庭直接确定可适用的统一实体规则,包括法律规则和非法律规则。①在当事人以明确协议授权的情况下,仲裁庭还可充当友好调停人(amiable compositeur),解除严格适用法律规则的义务和责任,仅依善良公允原则解决争议,②这就在很大程度上减轻了仲裁庭查明域外法的压力。

再次,仲裁机构是民间专业性机构,有更多更灵活的途径和方式,可更快捷高效地查明域外法,例如可通过不同国家仲裁机构之间的合作或仲裁机构与法律院校、研究机构之间的合作等途径协助查明域外法。同时,仲裁的民间性决定了当事人委托律师不受限制,不像诉讼中当事人囿于国家主权只能委托法院地国家的律师,这为其在仲裁中借助律师查明域外法提供了便利。由于当事人可任意委托其本国律师或其他国家的律师,在案件适用的法律为律师本国法或律师所熟悉的法律时,是有助于相关域外法的查明的。

最后,仲裁是民间的争议解决制度,不仅主权无涉,而且天生具有超越本土的国际性,虽然仲裁地常位于某国境内,但仲裁本身与仲裁地之间的联系越来越松散和偶然,尤其在仲裁"非当地化"(de-localization)的国际趋势下,仲裁地并不能像诉讼中的法院地那样作为区分内国和外国的标准。同时,国际商事仲裁中仲裁庭的仲裁员总是来自不同国家,表现出仲裁员国籍的多样性,这就使得区分可适用的准据法是域内法还是域外法、内国法还是外国法,难有恰当

---

① 参见韩健:《现代国际商事仲裁法的理论与实践》(修订本),法律出版社2000年版,第273—324页。

② 参见邓杰:《商事仲裁法》,清华大学出版社2008年版,第216—217页。

和统一的标准,①甚至根本没有实际的意义,这也正是国际性仲裁与本土性诉讼之间的区别。因此,对于国际商事仲裁而言,查明域外法或外国法其实是个伪问题,即不仅可适用的准据法无所谓内外,更无必要在区分的基础上特别查明,更多的情形是凡仲裁庭不了解的法律或规则,均可通过各种灵活方式予以查明并适用。

## (二) 专业性

国际商事争议尤其是海事、海商争议常常涉及复杂的专业性或行业性问题,交由熟谙国际贸易、航运、保险及相关交易习惯或行业惯例的专业人士或从业人员处理显然更为妥当,不仅有利于提高效率、降低成本,更可保证裁判者判断的准确性。

法官作为法律专业人士,最熟悉和精通的莫过于法律,面对产生于社会各个领域、不同行业的争议,非借助专业机构或专业人士的辅助不能正确审理和裁断。早在公元前 4 世纪雅典海事法庭和中世纪欧洲商人法庭的司法或仲裁实践中,就引入了以船东或商人为陪审员甚或职业法官的做法,②这不仅使商事、海事审判逐渐从普通民事诉讼中脱离出来,更在各国普通习惯法如封建法、城市法、庄园法等之外催生了统一适用于欧洲商人社会的"商人法"(law merchant,lex mercatoria)③,旨在同时确保争议解决的专业

---

① 即域内法和域外法、内国法和外国法之间的区分,是以仲裁地为标准还是以仲裁员的国籍为标准,如果仲裁员来自不同国家,彼此国籍不同,又该如何区分。

② 尤其在中世纪的欧洲,"商事主体裁判商事主体"的模式受到商事争议当事人的青睐,裁判主体多是商人组成,他们活跃在市场和集市、自治城市以及商人的行会之中,其中的行会拥有相对专门化的常设机构。参见[美]哈罗德·J.伯尔曼:《法律与革命》,贺卫方、高鸿钧等译,中国大百科全书出版社 1993 年版,第427 页。

③ 商人法是中世纪的概念,按照现代的法律分类,一般将其分为海商法(maritime law)和商业法(commercial law),对应的法庭则为海商法庭(maritime courts)和商业法庭(commercial courts)。参见徐浩:《中世纪西欧商人法及商事法庭新探》,载《史学月刊》2018 年第 10 期。

性和快捷经济性,深受当事人欢迎,有效保障和促进了当时跨国商业贸易的稳定和繁荣。由此,就现代国际商事仲裁而言,允许当事人根据争议的性质和类型指定不同专业背景或从业经历的人担任仲裁员作出专业的处理,无疑是仲裁相比于诉讼更吸引当事人的优势之一。通常,实践中,当事人多会在仲裁协议中约定仲裁员须是熟悉或从事国际贸易的"商人"(commercial man),或针对海事争议的解决指定或约定从事或精通海上运输、保险等业务的船东、船长、保赔专家等。

总之,由专业人士提供专家仲裁,是商事仲裁最初就有的传统,也是国际商事仲裁立足和服务于国际商业社会的根本,更是对仲裁员了解商业实践、知晓商业规律、熟悉商业习惯、具备商业思维,除懂得遵照商事法律规则处理案件,更具备按照商业逻辑化解纠纷的能力和素质,尤其具有维护商业利益、促进商业发展的鲜明意识或强烈愿望的确保。唯其如此,商事仲裁解决国际商事、海事争议的亲商性或专业友好性才能得到有效保证和突显,尤其在当下各国国际商事法庭纷纷建立并强调商事诉讼的专业性进而对商事仲裁造成冲击和挑战的严峻形势下,保持和提升商事仲裁的专业性更显重要。

### (三) 灵活性

基于商事仲裁的协议性,商事仲裁程序可由当事人约定和安排,而为了保证商事仲裁的快捷经济性,仲裁庭在个案的程序选择及具体操作方面亦享有很大的自由裁量权,这就使得商事仲裁程序表现出相当大的弹性或灵活性,尤其强调程序安排与案件审理的实际需要相对称或成比例,不仅大胆摒除了诉讼中不必要的繁文缛节,更有效克服了诉讼程序广受诟病的刻板机械和缓慢昂贵。此外,基于当事人的信任及明确协议授权,仲裁庭还可充当友好调停人,在当事人之间斡旋沟通、推动和解,同时在实体争议的裁断上解除了严格依法的义务,而可参照现代商人法——国际商事惯例或仅依公允善良原则作出裁决,以谋求实体结果的公正性或衡平性,提升争议解决的质量和效果,即并不满足于法律形式上的公正,而看重当事人心理上的和解和友好关系的维持。

### (四)快捷性

无论是公元前 4 世纪的雅典海事法庭还是中世纪的欧洲商人法庭,均强调对商事案件审理的快捷性和所采程序的简易性或非正式性。在雅典,审理时间短是海事案件与普通民事案件最重要的区别:为保障商人和船主不因诉讼影响海上贸易活动,法律规定所有海事争议只能在冬季封海时节提交诉讼,即海事法庭受理的所有案件都为"月案"——在每年 9 月至次年 4 月不太适宜海上活动的季节受理并限期结案,以便商人们为次年的航行和即将到来的贸易周期作好准备。①在中世纪的欧洲,商人法庭或称行商法庭、泥足法庭、灰脚法庭(courts of piepowders)等,均在市场或市集举办期间或潮汐之间的海岸开庭并快速审判(speedy justice),因为风尘仆仆、奔波繁忙的商人将从一个市场赶往另一个市场,无暇等候普通法法庭的缓慢开庭;商人法庭的诉讼无需令状、仪式简便、不许拖延,接受法庭传唤者须在 1 天之内甚至 1 个小时之内到庭;集市法院的审判应在商人脚上的灰尘掉落之前完结,海商法庭的审判应在"潮汐之间"完结,行会法院和城镇法院的审判应在"一天之内"完结。②

---

① 参见陈思伟:《公元前 4 世纪雅典海事法庭初探》,载《中南大学学报(社会科学版)》2018 年第 4 期。

② 集市法院、海商法庭、行会法院、城镇法院等均为当时商人法庭的不同类型。参见徐浩:《中世纪西欧商人法及商事法庭新探》,载《史学月刊》2018 年第 10 期。

可见,对国际商事争议作出快速和简易的处理,是商人社会自古以来就有的传统,而商事仲裁的协议性,注定了商事仲裁从程序到实体均可由当事人自行协商安排和处分。为此,作为理性的经济人,当事人首先自会对其商事仲裁案件应采取的程序、可适用的规则等,作出最合理的设计和安排,以保证仲裁程序能及时启动并始终合理快捷高效地进行,避免不必要的延误和花费。另外,为防止仲裁陷入昂贵费时的司法审查程序,当事人还可通过明确协议授权仲裁庭充当友好调停人,在必要时不严格依法而仅依善良公允原则或衡平原则进行友好仲裁,以排除法院对裁决实体部分的司法审查,或者明确约定仲裁庭无须附具裁决理由从而放弃将来就裁决实体问题向法院申请或上诉的权利。总之,尽量减少或回避不必要的司法干预或审查,维护仲裁的终局性,也是仲裁快捷性得以实现的重要保障。

### (五) 保密性

商事仲裁是以当事人的协议为基础,对当事人之间争议的解决作出的一种私人性的处分和安排,因而是保密的。未经当事人同意,任何第三方不得参与仲裁程序或了解仲裁中的任何信息,即使是仲裁庭亦负有保密的义务,不得向公众或案外人披露案件信息。换言之,基于协议的私人性或相对性,建立在协议基础上的仲裁活动当然也是保密的或不公开的。这点与诉讼无疑是截然相反的,诉讼是国家提供的公共产品,法院行使的是国家公权力,耗费的是国家公共资源,因而诉讼必须公开,接受媒体大众的监督,即使某些案件因涉及国家机密或当事人隐私而不公开审理,但判决仍须公开进行。

商事仲裁的保密性不仅有利于保护当事人的商业秘密和声誉,维护其安全感和体面感,更有利于通过一个相对私密的环境营造一种友好祥和的氛围,打消当事人的顾虑和戒备,减少彼此的防范或对立,使争议在平等互信、对话合作中快速有效地解决,并消除双方的敌对误会或心理隔阂,使其在争议解决后仍能继续合作、维持良好的商业伙伴关系。

### (六)国际性

虽然关于商事或海事仲裁是否起源于公元前4世纪的雅典海事法庭或中世纪的欧洲商人法庭尚存在争议,但后两者另一个重要的共同点——邦际性或国际性则是不言而喻的:首先,争议主体具有涉外性,例如雅典海事法庭的案件当事人就不限于本邦公民,还包括异邦人、外侨甚至奴隶,[①]欧洲商人法庭则本来就是面向外地或外国行商(itinerant merchant)开设的。[②]其次,争议具有涉外性,无论是公元前4世纪以雅典为中心的地中海各地商人从事的航海贸易,还是中世纪欧洲各地行商从事的海上贸易或陆上贸易,无不超出了一定的政治边界或法律边界,所产生的商事争议尤其是海事争议也就不可避免地具有了涉外性。最后,适用的法律或裁判的依据呈现国际性或统一性,例如公元前4世纪,为能一视同仁、公平公正地处理逐渐成为一个"世界性群体"的地中海各地商人之间的案件,雅典海事法庭通过一系列的司法举措谋求适用相同或统一的法律,并通过其海上贸易立法有力推动了希腊世界迈向统一;[③]为避开不适应或不利于商业贸易发展的地方性封建法或庄园法等,中世纪欧洲商人法庭也推动发展了统一的商人法,涉

---

①③　参见陈思伟:《公元前4世纪雅典海事法庭初探》,载《中南大学学报(社会科学版)》2018年第4期。

②　参见徐浩:《中世纪西欧商人法及商事法庭新探》,载《史学月刊》2018年第10期。

及海事海商的主要有 11 世纪被意大利所有城邦采用的《阿马尔菲海商法》、12 世纪被包括英国在内的大西洋和北海的各海港城市采用的《奥列隆惯例集》、14 世纪被波罗的海国家的港口城市采用的《维斯比海事法》以及同期成为地中海各商业中心习惯法的《巴塞罗那海商法》等,这些法律被梅特兰称为"中世纪的私人国际法",维系着整个欧洲商人的商业关系。①

经过近代被各主权国家以国内法加以本土化之后的商事仲裁,②终于在当代强势回归,重新找回其固有的国际性,晚近各国在仲裁领域的激烈竞争与国际合作则进一步强化和提升了这种国际性,使得商事仲裁解决国际商事争议更具适应性和实效性。由于商事仲裁的协议性和民间性,仲裁中几乎所有事项都可由当事人协商约定,仲裁因而自始就具有一种超越主权或本土的国际性,这在现代国际商事仲裁中重点表现在以下两个方面:

1. 仲裁机构的国际性

几乎所有仲裁机构,无论是纯粹国际性仲裁机构如总部设在巴黎的国际商会国际仲裁院(The ICC International Court of Arbitration,ICA),还是隶属于一国的仲裁机构如总会在北京的中国国际经济贸易仲裁委员会(CIETAC),都是中立的民间性组织,面向世界各国供当事人选择。为加强自身的国际竞争力和吸引力,各仲裁机构尤其是国际知名仲裁机构无不努力提升自身的国

---

① 参见徐浩:《中世纪西欧商人法及商事法庭新探》,载《史学月刊》2018 年第 10 期。

② 16 世纪以后,借力社会改革的思想整合,民族国家成功地将政治、经济和法律生活全面纳入国家政府(state bureaucrats)及其地方的治理机构(local magistrates)。See Hickson and Thompson,Essays in Exploration:A New Theory of Guilds and European Economic Development,*Explorations in Economic History*,vol.28,no.2,1991,pp.131—132.

际化程度,包括聘任外籍仲裁员尤其是有国际影响力的资深仲裁员、打造优秀的国际化仲裁员队伍、制定国际高水准的仲裁规则、契合国际商事实践的发展和当事人的不同需求不断提高仲裁服务质量等,进而为仲裁机构所在地打造国际仲裁中心或国际仲裁首选地创造条件。

2. 仲裁裁决执行的国际性

由于商事仲裁的主权无涉或民间性、协议性以及解决国际商事争议的高度适应性,各国在商事仲裁领域的国际合作不仅积极有效而且成果丰硕,先后签订了一系列卓有成效的全球性或区域性国际条约,大量包含仲裁合作的双边司法协助协定也在各国间纷纷达成和订立,为商事仲裁裁决的域外承认和执行提供了强有力的法律保障。正如英国退休法官 Michael Kerr 先生的比喻,即便是太空人仲裁员在月球上作出的裁决,也可以在英国得到执行。特别是《纽约公约》截至目前已有 170 个成员国,涵盖了几乎所有重视发展商事仲裁和国际经济交往的国家,为国际商事仲裁裁决的承认与执行奠定了坚实的法律基础。仅就这点而言,域外判决承认与执行缺乏条约支撑的国际民商事诉讼就已望尘莫及,这也就是国际商事、海事争议当事人每每弃诉讼而选仲裁的根本原因之一。

# 二、我国与沿线国家海事争议仲裁解决的顶层设计与底层逻辑

"一带一路"倡议和"海洋强国"等均为我国重大发展战略,从总体部署到具体实施都有科学的顶层设计提供指引和保障。基于仲裁相比于诉讼解决国际商事海事争议显而易见的固有优势,以及目前通过诉讼解决我国与沿线国家海事争议面临的困境和仲裁

表现出来的高度适应性,选择通过仲裁解决我国与沿线国家海事争议,则不仅已为我国顶层设计所肯定,更符合沿线国家海事争议解决的底层逻辑。

**(一)我国与沿线国家海事争议仲裁解决的顶层设计**

围绕我国与沿线国家海事争议的解决,最高人民法院早在2015年即已通过及时推出的《"一带一路"司法服务和保障意见》作出了规定、指明了方向,其后又在2018年透过关于国际商事法庭建立和运行的一系列司法解释及文件进一步明确了可行的路径,无一不指向仲裁这一目前最契合国际商事海事争议解决的法律手段,体现了国家顶层设计的科学理性和客观务实。2018年12月、2019年7月,中共中央办公厅、国务院办公厅(以下简称中央两办)又先后联合印发了《关于完善仲裁制度提高仲裁公信力的若干意见》[1](以下简称《提高仲裁公信力的意见》)、《关于加快推进公共法律服务体系建设的意见》[2](以下简称《公共法律服务体系建设意见》),进一步从顶层设计的高度指明了如何大力发展仲裁以发挥其在服务国家开放和发展战略尤其是"一带一路"倡议中的积极作用。2019年12月,最高人民法院又发布了《进一步的"一带一路"司法服务和保障意见》,在2015年《"一带一路"司法服务和保障意见》的基础上继续跟进,为覆盖更大范围、形成更多共识的"一带一路"沿线国家开展更高质量、更高水准的共建与合作提供更强有力的司法服务和保障。

---

[1] 中共中央办公厅、国务院办公厅《关于完善仲裁制度提高仲裁公信力的若干意见》,载中国政府网,http://www.gov.cn/xinwen/2019-04/16/content_5383424.htm,2021年12月12日访问。

[2] 中共中央办公厅、国务院办公厅《关于加快推进公共法律服务体系建设的意见》,载中国政府网,http://www.gov.cn/zhengce/2019-07/10/content_5408010.htm,2021年12月12日访问。

1. 2015 年《"一带一路"司法服务和保障意见》的规定

为保障"一带一路"倡议的有效开展和顺利推进,2015 年《"一带一路"司法服务和保障意见》强调指出应准确把握"一带一路"倡议司法服务和保障的内涵与基本要求,积极回应"一带一路"倡议中外市场主体的司法关切和需求,大力加强涉外民商事、海事海商、国际商事海事仲裁司法审查等相关案件的审判工作,为"一带一路"倡议营造良好法治环境。①在此方向指引下,《"一带一路"司法服务和保障意见》还在第 8 条,就支持仲裁发展、促进发挥仲裁在解决涉"一带一路"沿线国家商事海事争议、服务"一带一路"倡议中的重要作用,作出了总体部署和安排,具体包括加强和完善对涉沿线国家当事人的仲裁裁决的司法审查;正确理解和适用《纽约公约》,依法及时承认和执行相关商事海事仲裁裁决,并推动与尚未参加《纽约公约》的沿线国家之间仲裁裁决的承认和执行;统一司法裁判尺度,完善我国涉外仲裁裁决不予执行或撤销制度及拒绝承认和执行外国仲裁裁决的司法审查等。总之,在《"一带一路"司法服务和保障意见》的框架下,海事仲裁是用于解决涉"21 世纪海上丝绸之路"沿线国家海事争议的重要手段并得到重点发展和支持。

2. 国际商事法庭相关司法解释及文件的规定

前已述及,关于国际商事法庭建立和运行的司法解释及文件,主要包括《设立国际商事法庭的规定》和《国际商事法庭程序规则》等。按照前者第 11 条及后者第 1、2 条的规定,国际商事法庭致力于打造诉讼、仲裁、调解有机衔接的"一站式"国际商事

---

① 参见 2015 年《"一带一路"司法服务和保障意见》第 2 条。

争议解决机制,①并尊重和支持当事人选择适当的争议解决方式。不仅如此,《国际商事法庭程序规则》还专辟一章(第七章)通过2个条文(第34、35条),就国际商事法庭支持仲裁的相关措施包括保全措施和裁决的执行或撤销等作出了规定。同时,按照《首批纳入"一站式"纠纷解决机制的机构通知》,中国国际经济贸易仲裁委员会(CIETAC)、上海国际经济贸易仲裁委员会/上海国际仲裁中心(SHIAC)、深圳国际仲裁院(SCIA)、北京仲裁委员会(BAC)、中国海事仲裁委员会(CMAC)等首批纳入"一站式"国际商事争议多元化解决机制的仲裁机构,可就其受理的国际商事案件由国际商事法庭应当事人的请求,在仲裁程序开始之前或之后及裁决作出后提供上述协助或支持。由此,在"一带一路"倡议背景下,按照顶层设计——中央深改组《关于建立"一带一路"争端解决机制和机构的意见》设立的最高人民法院国际商事法庭,亦将在尊重和鼓励当事人以仲裁作为解决涉沿线国家国际商事海事争议的重要手段方面发挥支持、引领和保障的积极作用。

3. 2018年《提高仲裁公信力的意见》和2019年《公共法律服务体系建设意见》的规定

中央两办首次在国家顶层设计的高度专门针对仲裁发布详细

---

① 最高人民法院"一站式"国际商事纠纷多元化解决平台已于2021年7月21日开始试运行。该平台的建成,实现了国际商事法庭诉讼机制与调解、仲裁机制的在线对接和信息共享。基于受理国际商事纠纷案件的数量、国际影响力和信息化建设等因素,首批被纳入"一站式"国际商事纠纷多元化解决机制的仲裁机构包括:中国国际经济贸易仲裁委员会、中国海事仲裁委员会、北京国际仲裁中心(北京仲裁委员会)、上海国际经济贸易仲裁委员会/上海国际仲裁中心、深圳国际仲裁院。该平台适应互联网时代当事人在线纠纷解决的需求,推动了国际商事纠纷多元化解决机制的落地,引起了广泛关注。见最高人民法院国际商事法庭网站,http://cicc.court.gov.cn/html/1/218/321/323/,2022年1月20日访问;参见《"2021年中国商事仲裁十大热点"名单及入围名单公告》,载微信公众号"采安律师事务所",2022年1月20日。

指引、作出战略性部署安排,无疑是以对仲裁的性质、功能、价值尤其是其在当前积极服务国家开放和发展战略方面所能发挥的重要作用的深刻认识为前提的。为此,2018年《提高仲裁公信力的意见》明确指出:仲裁是我国法律规定的争议解决制度,也是国际通行的争议解决方式,充分发挥仲裁在尊重当事人意思自治和便捷高效解决争议等方面的作用,对完善仲裁、调解、诉讼等有机衔接、相互协调的多元化争议解决机制,公正及时解决矛盾,妥善化解纠纷,维护社会稳定,促进改革开放,保障经济社会持续健康发展具有重要意义;为适应国家全面开放新格局和重大发展战略需要,还应认真研究探索仲裁工作的新方式新机制,拓宽服务领域,提升服务能力,充分发挥仲裁的服务保障作用,应认真贯彻落实中央有关建立"一带一路"国际商事争端解决机制和机构的部署要求,积极开展"一带一路"沿线国家和地区投资贸易争议解决法律制度和机制的研究,建立"一带一路"国际商事争端解决仲裁机制和组织,围绕京津冀协同发展和雄安新区建设、长江经济带发展、粤港澳大湾区建设、国家自由贸易试验区建设、海南自由贸易港建设等重大发展战略,积极探索有关仲裁工作实践,及时总结推广仲裁工作经验,为国家重大发展战略的顺利实施提供保障。

公共法律服务是政府公共职能的重要组成部分,是保障和改善民生的重要举措,也是全面依法治国的基础性、服务性和保障性工作,对提高国家治理体系和治理能力现代化水平具有重要意义。仲裁作为一种受欢迎的法律服务产品,亦是公共法律服务体系的重要组成部分,在积极服务国家重大经贸活动和全方位对外开放中发挥着不可替代的重要作用。为此,中央两办亦从国家顶层设计的高度对大力发展仲裁加快推进公共法律服务体系建设作出了规划和指引,其联合推出的2019年《公共法律服务体系建设意见》

第10条强调指出,应整合仲裁优势资源,打造国际知名仲裁机构,促进和支持仲裁机构参与国际商事争端解决,加强与"一带一路"沿线国家法律事务的交流与合作。

4.2019年《进一步的"一带一路"司法服务和保障意见》

"一带一路"倡议自2013年提出,经过6年的发展,不仅国际共识持续扩大、覆盖地区范围不断拓展、"六廊六路多国多港"互联互通更加深入、跨国经济走廊和经贸合作日益深化,所涉及的法律领域也更加广泛、法律关系更加复杂,法律体系更加多样。为推动形成更广范围以规则为基础的稳定公平透明可预期的国际化法治化便利化营商环境,继续推动高质量共建"一带一路"倡议走深走实,回应共建各方关切,最高人民法院在《"一带一路"司法服务和保障意见》基础上及时推出了升级版——《进一步的"一带一路"司法服务和保障意见》。其中,支持和保障仲裁发展,为"一带一路"倡议打造国际一流法治营商环境,仍是重点和亮点:坚持服务大局,增强自觉性主动性,为改革开放提供有针对性、实效性的法治保障;坚持需求导向,完善诉讼程序,加强诉讼服务中心建设,大力支持国际仲裁、调解发展,完善新型国际商事争端解决机制,不断满足共建"一带一路"主体的纠纷解决需求;拓展国际商事法庭"一站式"纠纷解决平台的国际商事仲裁机构、国际商事调解机构名单,适当引入域外国际商事仲裁机构、国际商事调解机构,使更多国际商事纠纷在中国获得高效解决。

### (二) 我国与沿线国家海事争议仲裁解决的底层逻辑

国际经验表明,仲裁远比诉讼更适合于解决国际商事尤其是海事争议,这一点近年来愈益深入人心并成为整个国际社会的共识,我国与沿线国家通过仲裁解决海事争议的优势也不断积聚、日益突显,构成我国与沿线国家海事争议寻求仲裁而不是诉讼解决的底层逻辑。

按照伦敦玛丽女王大学（Queen Marry University of London）和美国伟凯国际律师事务所（White & Case LLP)联合发布的 2018 年仲裁问卷调查报告——《国际仲裁的发展演进》（The Evolution of International Arbitration,以下简称《玛丽女王大学 2018 年仲裁调查报告》），压倒性多数（97%）的受访者明确表示更愿意选择仲裁作为其解决跨境商事争议（cross-border commercial disputes）的手段,其中 48% 倾向于只选择仲裁一种方式,49% 则倾向于在选择仲裁的同时还选择其他替代性纠纷解决（ADR）方式（即"仲裁 + ADR"模式）;几乎所有受访者（99%）都表示愿意在今后的跨境商事争议解决中仍继续选择仲裁;之所以选择仲裁,64% 的受访者是基于仲裁裁决的可执行性,60% 的受访者是基于可以避开特定国家或法域的法律制度或法院管辖,40% 的受访者是基于仲裁的灵活性,39% 的受访者是基于当事人有权选择仲裁员,36% 的受访者是基于仲裁的保密性,25% 的受访者是基于仲裁的中立性,16% 的受访者是基于仲裁的终局性,12% 的受访者是基于仲裁的快捷性,3% 的受访者是基于仲裁的经济性,2% 的受访者则是基于其他因素的考虑。①同样按照伦敦玛丽女王大学和美国伟凯国际律师事务所联合发布的 2021 年仲裁问卷调查报告——《让仲裁适应变动中的世界》（Adapting Arbitration to a Changing World,以下简称《玛丽女王大学 2021 年仲裁调查报告》），在后疫情时代国际仲裁依旧是各方解决跨境争议的首要选择（占比高达 90%）,其

---

① See Queen Mary University of London，White & Case LLP，*2018 International Arbitration Survey：The Evolution of International Arbitration* ，https：//arbitration.qmul.ac.uk/media/arbitration/docs/2018-International-Arbitration-Survey—The-Evolution-of-International-Arbitration-(2).PDF，last visited on December 12，2021.

中选择"仲裁＋ADR"的多达59%，①单独选择仲裁的也达31%。从项目组长期的调查看，仲裁始终是各方解决跨境争议的最佳方式，此次报告中这一论断再次得到确认。同时，较之以往的调查数据（2015年34%，2018年49%），此次调查中选择"仲裁＋ADR"的占比继续增长，并且受访者们普遍表示该选择并不会受新冠肺炎疫情全球蔓延的影响。②

仲裁在"21世纪海上丝绸之路"沿线国家也日受欢迎和重视，正逐渐成为各国用于解决国际商事海事争议的基本手段和重要方式。截至目前，沿线24个主要国家中先后按照《联合国国际商事仲裁示范法》制定或修改其国内仲裁法的已达75%，具体包括埃及、土耳其、新加坡、马来西亚、泰国、菲律宾、文莱、缅甸、柬埔寨、印度、孟加拉国、斯里兰卡、沙特阿拉伯、阿联酋、肯尼亚、韩国、意大利、希腊18国。先后加入《纽约公约》的国家则达100%，无一例外。不仅如此，在我国与沿线国家签订的11个双边司法协助协定中，除我国与阿联酋之间的双边协定未规定仲裁裁决的承认与执行，其余10个双边协定均对该问题作出了明确规定，其中我国与泰国、新加坡、韩国3国分别签订的双边协定在未规定法院判决承认与执行问题的情况下，却对仲裁裁决的承认与执行专门作出了

---

① 之所以近年来"仲裁＋ADR"愈发受到青睐，是因为在仲裁前通过ADR能够找到更便捷且效益更高的方式，虽然该方式的实现往往需要依据多层次争议解决条款，但受访者也表示即便不存在该类条款，当事人也会在争议解决中尝试使用"仲裁＋ADR"。参见冯硕：《大变局时代的国际仲裁——2021年〈国际仲裁调查报告〉述评》，载《商事仲裁与调解》2021年第4期，第143页。

② See Queen Mary University of London, White & Case LLP, *2021 International Arbitration Survey：Adapting Arbitration to a Changing World*, https：//arbitration.qmul.ac.uk/media/arbitration/docs/LON0320037-QMUL-International-Arbitration-Survey-2021_19_WEB.pdf, last visited on December 12, 2021；冯硕：《大变局时代的国际仲裁——2021年〈国际仲裁调查报告〉述评》，载《商事仲裁与调解》2021年第4期，第142—143页。

规定,足见各国对仲裁的倚赖和重视。总之,在《联合国国际商事仲裁示范法》和《纽约公约》的昭示和牵引下,沿线国家仲裁法呈国际化、统一化发展,进而形成制度趋同、价值统一、理念相近、实践协调的仲裁法治共同体:仲裁不仅被各国公认为解决涉沿线国家商事海事争议的有效手段,而且在运行中不会遭遇法律冲突的困扰,尤其仲裁裁决可在各国间实现完全自由流通。

## 三、小结:我国与沿线国家海事争议仲裁解决可探索和推进的方向——打造面向全球的国际海事仲裁中心

经过详细考察与对比,通过诉讼解决我国与沿线国家海事争议尚面临诸多困难,无论是管辖权冲突难以协调,还是文书送达和调查取证合作不力,抑或是域外法查明的困境难以突破,判决的承认与执行缺乏理据的协调统一和法据的确立与支撑;无论是国内法冲突协调的不足还是国际双边或多边合作机制的匮乏和不力,无不显示囿于主权并具有本土性的诉讼在当下并非解决我国与沿线国家海事争议的最佳方式和首选途径。相反,通过仲裁解决我国与沿线国家海事争议,则不存在上述问题亦无需面对上述困境。仲裁作为一种民间性的争议解决方式,不关乎主权只关乎当事人的愿望和利益,因而在此领域不仅国内法协调趋同、国际合作顺畅有力,在当事人之间更是深入人心、备受欢迎。在《联合国国际商事仲裁示范法》和《纽约公约》的牵引下以及我国与沿线国家双边司法协助协定的支持保障下,仲裁更应成为解决我国与沿线国家海事争议的首选。也正是基于此,我国在顶层设计上加强了对发展仲裁的支持和指引,以充分发挥仲裁的作用和优势,更好地服务"一带一路"倡议和建设"海洋强国"等国家战略。

近年来随着国际航运中心的东移及国际海事仲裁中心的全球

化扩张并向亚太地区转移，我国作为一个海洋大国、海运大国及近年来快速崛起的仲裁大国，[①]正在积极向海洋强国、海运强国、仲裁强国迈进，在广泛开展以仲裁解决我国与沿线国家海事争议的实践中，立足我国国情和已有优势，抓住机遇、积极进取，通过考察和借鉴伦敦、纽约、新加坡等已获国际航运界尤其是 BIMCO 认可的既有国际海事仲裁中心成功进阶的制度经验，在我国亦谋求打造面向全球的国际（亚太）海事仲裁中心，以抢占行业制高点，提升我国海运软实力和制度话语权，护航"21世纪海上丝绸之路"建设行稳致远，服务各项国家发展战略顺利实施，应是当前国内国际新形势下可积极探索和推进的重要方向。

---

① 自我国《仲裁法》1994年颁布实施以来，全国共依法设立组建270多家仲裁机构，累计办理仲裁案件400多万件，涉案标的额5万多亿元，解决的纠纷涵盖经济社会诸多领域，当事人涉及全球100多个国家和地区。因此，我国是名副其实的仲裁大国。参见司法部《关于〈中华人民共和国仲裁法（修订）（征求意见稿）〉的说明》，载法治网，http://www.legaldaily.com.cn/index/content/2021-07/30/content_8568147.htm，2022年1月20日访问。

# 第三章

# 伦敦海事仲裁制度考察与借鉴

英国作为传统的海运大国、海运强国,借助其地理、历史的优势,经过几百年的积累和沉淀,将伦敦打造成为全球最顶尖的国际海事仲裁中心。作为世界著名的国际经济、贸易中心、金融、航运中心以及全球城市(global city),多年来,伦敦以其先进的海事仲裁制度、丰富的海事仲裁经验、优秀的海事仲裁员、友好的海事仲裁环境等,在国际海事仲裁领域始终占据着不可撼动的领先地位。在 BIMCO 制定并推荐的航运格式合同中,伦敦基本都是位列第一的仲裁地选项。正如"伦敦海事仲裁"(London Maritime Arbitration)品牌的造就者——伦敦海事仲裁员协会(London Maritime Arbitrators' Association,LMAA)所自信标榜的那样,它是"全球商事海事争议解决的领袖"(The World-Wide Leaders in Commercial Maritime Dispute Resolution)。①

除去各种得天独厚的地理的、历史的优势,伦敦海事仲裁之所以能率先得到国际航运界的认可并助力伦敦成为世界第一大国际

---

① See http://www.lmaa.org.uk/,last visited on December 12,2021.

海事仲裁中心,制胜之处无疑在于其最契合海事仲裁实践发展需要的先进的海事仲裁制度,包括不断发展与完善的英国仲裁法和LMAA海事仲裁规则,其不仅为伦敦海事仲裁始终保持竞争优势提供了强有力的保障,更已成为当今海事仲裁的制度标杆和行业标准。

# 第一节 伦敦海事仲裁制度的立法之维:不断发展完善的英国仲裁法

英国早在1347年的一部年鉴中就有关于仲裁的记载,但囿于当时中央集权的强大,仲裁迟未获得发展,直至1697年该制度才在英国议会被正式承认。①此后经过280年左右的发展与完善,英国仲裁法无论在形式上还是内容上均不断迈向现代化和国际化,并总是力争走在国际最前列,②为英国仲裁业的蓬勃发展提供了坚实保障,伦敦因而逐渐成为全球最具竞争力和影响力的国际商事、海事仲裁中心之一,尤其是英国《1979年仲裁法》(Arbitration Act 1979)颁布实施后,③选择在伦敦进行仲裁的案件数量更是呈稳步

---

① 参见中国社会科学院法学研究所民法研究室编:《外国仲裁法》,中国社会科学院出版社1982年版,第233—234页。

② 英国仲裁法经过多年的发展演进日趋完善和成熟,在国际上极具影响力,对其他国家尤其是普通法系国家(或地区)的仲裁法产生了深刻影响。参见罗楚湘:《英国仲裁法研究》,武汉大学出版社2012年版,前言第1页。

③ 为满足现代国际商事仲裁实践发展的需要,英国推出了《1979年仲裁法》并作了重要改革,深刻诠释了使英国仲裁法与现代国际商业实践的总趋势协调一致的重要性,而《1979年仲裁法》正是表达了朝着这一方向迈进的真诚愿望。参见[英]施米托夫:《国际贸易法文选》,赵秀文选译,中国大百科全书出版社1993年版,第649页。

上升的趋势。①《1996年仲裁法》的出台,则不仅标志着英国仲裁法在现代化、国际化发展进程中率先取得重大突破,进一步巩固和增强了伦敦作为国际商事、海事仲裁中心的地位,更在世界范围内掀起了修改完善本国仲裁法的热潮。②

## 一、1996年之前的仲裁法

英国议会在承认仲裁制度后的第二年即颁布了第一部仲裁法——《1698年仲裁法》(Statute of 1698),该法虽内容简单,仅含2个条文,却开启了英国仲裁立法的先河。近200年之后,英国议会又颁布了第二部仲裁法——《1889年仲裁法》(Arbitration Act 1889)。相较于之前的立法,该法要成熟完备得多,仅条文数就增至30个,分别就仲裁协议、仲裁员的权力、证人的传唤、仲裁费用、法院支持仲裁程序享有的权力、法院延长作出裁决期限的权力、裁决的发回、撤销和执行等问题作了较为详细的规定。此后,英国基于其相继加入的两个日内瓦公约——1923年《仲裁条款议定书》和1927年《关于执行外国仲裁裁决的公约》又分别制定了两部单行法,即1924年《仲裁条款(议定书)法》[Arbitration Clauses (Protocol) Act 1924]和1930年《仲裁(外国裁决)法》[Arbitration

---

① 参见罗楚湘:《英国仲裁法研究》,武汉大学出版社2012年版,第3页。

② 正值《1996年仲裁法》颁布25周年之际,英国法律委员会近期发布公告,宣布启动对该法的审查。此次审查除对相关议题进行审议外,也会提出可能的修正案,以确保该法尽可能清晰、现代且高效,增强英国作为争议解决目的地的吸引力并让英国法作为优先选择的适用法律。据英国法律委员会介绍,此次审查将涵盖下列议题:(1)早期驳回明显缺乏法律依据的仲裁申请或答辩的权力;(2)法院享有的支持仲裁程序的权力;(3)挑战管辖权裁决的程序;(4)就法律问题进行上诉;(5)关于仲裁程序保密和隐私的法律;(6)文件的电子送达、电子仲裁裁决和线上听证。按照计划,英国法律委员会将在2022年第一季度启动审查,并计划在2022年底发布一份咨询文件。参见吴宗楠:《英国法律委员会将对〈1996年英国仲裁法〉进行审查》,载微信公众号"国际仲裁那些事",2021年12月8日。

(Foreign Award) Act 1930]。

1934 年，英国颁布了第三部仲裁法——《1934 年仲裁法》(Arbitration Act 1934)。该法无意也没有取代《1889 年仲裁法》，而仅意在"修正与仲裁有关的法律并制定其他一些与此相关的规定"，例如增加了破产、仲裁员或公断人费用的核算、提请仲裁的时限等新内容。

1950 年，英国又颁布了第四部仲裁法——《1950 年仲裁法》(Arbitration Act 1950)。该法在综合 1889 年和 1934 年两部仲裁法的基础上形成了一部完整的法典，分三编共计 44 条。该法的出台取代并废止了之前的所有仲裁立法。①此后，在 20 世纪 70 年代，英国先后颁布了《1975 年仲裁法》(Arbitration Act 1975)和《1979 年仲裁法》(Arbitration Act 1979)，两部法律均是对《1950 年仲裁法》这部"主法"的补充和修订：前者旨在规定关于承认和执行外国仲裁裁决的《纽约公约》的效力问题，后者则在两个方面对《1950 年仲裁法》作了修改，几乎完全改写了有关司法机构控制仲裁的规则，并将一个向法院提起上诉的新体系投入了应用，最根本的表现就在于减少了法院对仲裁过度的司法监督，例如对裁决实体方面的干预和审查。长期以来，英国奉行"法院管辖权神圣不可剥夺"的传统，这不仅影响了仲裁的独立性更否定了仲裁的终局性，《1979 年仲裁法》对此作了重大修改，首次明确承认了仲裁协议具有排除法院管辖权的效力。针对《1950 年仲裁法》第 21 条规定的"提交高等法院判决的案件陈述"制度，《1979 年仲裁法》在第 1 条即予以了废除，规定高等法院不再有权基于仲裁裁决事实或法律方面的明显错误将其撤销或发回。

---

① 参见英国《1950 年仲裁法》第 44 条第 3 款。

# 二、《1996年仲裁法》

英国《1996年仲裁法》(Arbitration Act 1996)出台之前,已有作为"主法"的《1950年仲裁法》和《1975年仲裁法》及《1979年仲裁法》三部立法,前者正是在后三者的基础上修订而成的。该法共计110条,分为"依据仲裁协议实施仲裁""与仲裁有关的其他规定""承认及执行某些外国仲裁裁决""一般规定"四编。自该法1997年1月31日生效之日起,之前的三部仲裁法及1988年《消费者仲裁协议法》同时废止,除《1950年仲裁法》第二编仍被保留外。英国《1996年仲裁法》自颁布之日起就备受瞩目,迄今虽已过去二十多年,仍处于国际领先地位,不仅是英国仲裁立法的杰作,更是国际社会仲裁立法改革发展的重要里程碑,开启了各国修改完善国内仲裁法的国际新潮流。

## (一)《1996年仲裁法》的出台及其目标

### 1.《1996年仲裁法》的出台

《1996年仲裁法》的出台可追溯至 Mustill 委员会[①] 1989年提交的报告,其对在英格兰和威尔士接受《联合国国际商事仲裁示范法》提出了反对意见。虽然当时《示范法》已在许多国家和地区(包括苏格兰)得到采纳和实施,但 Mustill 委员会仍坚持认为英国现行仲裁法完备而实用,采纳《示范法》将出现弊大于利的后果,尤其不必因此对英国仲裁法造成过于激烈的变动。不过,该委员会也承认现行仲裁法仍存在诸多不尽人意的地方:其一,仍有许多仲裁法规则是专家、律师才能了解和掌握的判例法;其二,仲裁法规则散见于之前的三部仲裁法及各类修订法甚至一些与仲裁几无关联

---

① 即 Mustill 勋爵主持的委员会,又被称为仲裁法咨询委员会(DAC)。

的立法中,处于碎片化的状态;其三,上述立法不仅彼此缺乏连贯性、协调性和逻辑性且大多用语晦涩难懂,难为非法律专业人士理解和运用。①为此,Mustill 委员会在其报告的第 108 节提出了如下改革建议:可采取一个折中方案,即通过颁布新法的方式对现行仲裁法作温和的调整,使其至少更容易理解和运用一些,而不必通过长久的计划、草拟阶段甚至旷日持久的国会讨论程序,新法尤其应具备以下特点:其一,新法应包含英国仲裁法(包括制定法和判例法)中较为重要的原则;其二,新法纳入的仲裁法原则应的确存在且效力上没有争议;其三,新法应逻辑严密、用语清晰准确、尽量避免采用专业术语,以使普通人更容易理解;其四,新法既适用于国内仲裁亦适用于国际仲裁,虽然基于条约义务的考虑可能会有例外;其五,新法在内容上不必受限于《联合国国际商事仲裁示范法》,但在结构、语言上可参考《示范法》,以便那些熟悉《示范法》的人理解和运用。Mustill 委员会还建议新法不必试图囊括所有英国仲裁法规,但新法也绝非仅对现行法规的简单整理和重述,因为那样可能会导致许多隐含在法律报告中的重要原则被遗漏。②

制定新仲裁法的工作是由亚瑟·马瑞特(Arthur Marriott)先生领导的律师和仲裁机构——Marriott 工作组(The Marriott Working Group)首先发起并委托一位德高望重的仲裁员和大律师巴兹尔·艾克斯莱(Basil Eckersley)先生具体实施的,但英国贸易与工业部建议仲裁法律咨询委员会(The Departmental Advisory Committee on

① See Clare Ambrose, Karen Maxwell and Michael Collett QC, *London Maritime Arbitration*(4th ed), LLP, 2017, p.21.

② See Clare Ambrose, Karen Maxwell and Michael Collett QC, *London Maritime Arbitration*(4th ed), LLP, 2017, pp.21—22.

Arbitration Law，DAC)最好委托一名专业的国会议案草拟人来拟订法案，以保证法案将来能够获得政府的支持。由于第一位接受任命的国会议案草拟人未能按照《示范法》的结构模式拟订仲裁法案，第二位草拟人又被任命并遵照指令拟订了一个法律统一方案。在此方案基础上制定的法律草案于1994年2月公布并接受了一次问卷调查，反馈的意见中批评居多，认为草案过于保守且并未增强英国仲裁法的通俗性。1994年11月，Saville勋爵就任DAC主席并率领其成员继续推进仲裁法案的制定工作。最终，他们的草案在提交给一位国会议案草拟人修改补充后形成了1995年7月的草案，并连同一份调查问卷公之于众。经过2个月的问卷调查，仲裁法案于1995年12月被公布，法案经上议院讨论后又提交给了下议院并得到了各党派的支持，最后被提交给了特别公共议案委员会程序——Jellicoe程序(The Jellicoe Procedure)①。借助这个程序，委员会能广泛听取和酌定专家们就法案所展开的论证。1996年，DAC针对仲裁议案提交了一篇报告。1996年6月17日，新法案终获女王御准；1997年1月31日，新仲裁法生效。②

2.《1996年仲裁法》的目标

DAC着手起草仲裁法案时采纳了Mustill报告第108节中的建议，但是鉴于1994年2月的草案不受欢迎，以及Mustill委员会明确反对对英国仲裁法进行整理重述，因而认为有必要对其报告的第108节重作解释。③Mustill委员会指出，如果法律需在短期内实现完善，采取美国的法律重述模式无疑会贻误时机。最终，DAC决定采取一个更大胆的尝试：透过新仲裁法的制定，力图对

---

① 该程序之前仅适用于委托立法议案。

② The Arbitration Act 1996(commencement No 1)Order 1996.

③ See Mustill Report，para 107[1990] 6 Arbitration International 36.

所有与仲裁有关的法律进行梳理和完善,虽不能推出一部详尽无遗的法典,但至少尽量做到通俗易懂。①对此,Bingham 法官曾给予高度评价:"为在伦敦开展的仲裁提供一套清楚、灵活、公正、高效、现代、通俗易懂的规则而作出的大胆尝试和改革。"②

新仲裁法意图实现的基本目标主要有以下 6 项:(1)强化当事人意思自治,大多数法律条款仅在当事人未作约定时发挥支持性的作用;(2)尊重当事人选择民间仲裁庭而非法院解决争议的决定;(3)使仲裁成为一种由中立的仲裁庭公正、快捷、经济解决争议的方式;(4)将法院的干预限制在仲裁程序明显需要协助或不公正的场合;(5)最大限度地参考《联合国国际商事仲裁示范法》的结构和内容;(6)使仲裁法具有可接近性(accessible)和用户友好性(user-friendly),鼓励采用简明直白的英文表述,拉丁文用语应尽量避免,有关时限的规定包含在其须得到适用的条款中,涉及同一议题的条款集中规定在同一个标题下,反复出现的术语集中在一个地方进行定义。③

虽然当初制定新仲裁法的动力主要来自法律界和商界,但问卷调查凸显了新仲裁法的政治意义:其一,制定通俗简明的仲裁法裨益无穷,尤其有利于增强仲裁业的竞争力;其二,1995 年的问卷调查提到了政府在简化民事司法制度、提高民事诉讼效率方面所采取的初步举措:"政府的责任在于保证商业能有效利用各种公平、恰当和高效的争议解决方式。"④根据 Woolf 勋爵 1995 年 6 月

---

①　See DAC Report,para 17.

②　See Denning Lecture[1995] 61 Arbitration 157,159.

③　See the Explanatory Memorandum accompanying the 1996 Bill, the July 1995 Consultative Paper and the DAC Report generally.

④　See July 1995 Consultative Paper.

发表的题为"通向司法正义"（Access to Justice）的报告①，新仲裁法的制定可能与司法改革一道被视为旨在推广 ADR 的双重举措。此外，商业目标也占有非常重要的地位，1995 年的问卷调查确认了维护伦敦作为全球性国际仲裁中心的地位至关重要。②为此，新仲裁法果断排除了任何不利于伦敦作为国际仲裁首选地的规则和习惯。③

**（二）《1996 年仲裁法》的基本原则**

仲裁法的基本原则是指在仲裁活动的全过程或一定阶段发挥指导性和决定性作用的重要准则，集中体现和反映了仲裁法的本质特征及立法宗旨。英国《1996 年仲裁法》在第 1 条就开宗明义地规定了其三项基本原则：（1）公正原则，即第 1 条第 1 项规定的"仲裁的目的在于通过一个公正的仲裁庭在没有不必要延误和花费的情况下使争议得到公平解决"。（2）当事人意思自治原则，即第 1 条第 2 项规定的"在维护公共利益的前提下，当事人享有就如何解决他们之间争议达成协议的自由"。（3）有限的法院干预原则，即第 1 条第 3 项规定的"除非本编另有规定，法院不得干预本编所调整的事项"。该三项原则曾被著名仲裁法专家 William W. Park 认为是新仲裁法最独到和创新之处。④的确，之前的几部仲裁法从未以专门的条款对仲裁法的基本原则作出规定，而新仲裁法独具匠心之处就在于其不同以往地规定了一系列

---

① Access to Justice: Interim Report to the Lord Chancellor on the Civil Justice System in England and Wales by the Rt Hon the Lord Woolf, published in June 1995.

② See July 1995 Consultative Paper.

③ 参见李贵英：《一九九六年英国新仲裁法评析》，载《法学丛刊》1998 年第 169 期。

④ See William W. Park, The New English Arbitration Act, *International Arbitration Report*, Vol 13, No.6, 1998, p.22.

基本原则。①

1. 当事人意思自治原则

多年前,英国著名学者施米托夫(Clive M. Schmitthoff)就明确指出,商事仲裁的首要原则是当事人意思自治原则,如果不是当事人自己同意将争议提交仲裁而非诉讼,仲裁就无从发生,法院应尊重当事人之间的这种协议并予强制执行。②可见,当事人意思自治原则在商事仲裁中的核心地位早已确立,而仲裁协议是开展仲裁的前提和基础也早成共识。

早在 1873 年的一个判例中,塞尔伯恩大法官就强调指出,如果当事人选择他们解决争议的场所而不诉诸法院,则从国会法(即1854 年《普通法诉讼程序法》)颁布以来,法院的第一要务就是准许当事人依其协议行事。③此后,英国议会颁布的几部仲裁法均有关于尊重当事人意思自治的规定,但如《1996 年仲裁法》这样将当事人意思自治原则作为首要原则予以明确则是第一次。该法还专门在第 4 条区分了强制性规定和非强制性规定,并在附件一穷尽列举了强制性条款。由此,剩余的绝大多数条款便为非强制性条款,允许当事人自由协商作出与法律规定不同的约定,几乎所有非强制性条款都是以"除非当事人另有约定"这样的表述开头的,这意味着只有在当事人没有作出不同约定的情况下才适用仲裁法中这些非强制性规定。换言之,新仲裁法中的绝大多数规定为非强制性规定,在当事人的仲裁中只起到拾遗补阙的作用,当事人可以

---

① See Arthur L. Marriott, The New Arbitration Bill, *International Arbitration Report*, Vol.11, No.2, 1996, p.25.

② 参见[英]施米托夫:《国际贸易法文选》,赵秀文选译,中国大百科全书出版社 1993 年版,第 611 页。

③ 参见[英]施米托夫:《国际贸易法文选》,赵秀文选译,中国大百科全书出版社 1993 年版,第 611—612 页。

忽略或违反,可以另行选择与仲裁法规定不同甚至冲突的某外国仲裁法或仲裁规则,或自行就仲裁程序作出设计或安排,只要他们之间能达成一致。

当然,《1996年仲裁法》中的当事人意思自治原则并非不受限制,否则当事人的"合意"就可能异化为"恣意"。为此,新仲裁法在第1条第2项规定该原则时就设定了限制条件,即不得违反"维护公共利益"的前提。具体来看,该原则主要受到以下两方面的限制:其一,对仲裁协议书面形式的硬性要求。新仲裁法第5条规定仲裁协议须采书面形式,并对"书面"形式的认定作了既原则又宽松的规定,一方面充分考虑了通信技术的发展对仲裁实践产生的影响,另一方面则合理兼顾了对当事人意思自治的尊重和对公共秩序的维护,不仅有效提升了仲裁法的适应性,更体现了对仲裁的支持和鼓励。其二,对强制性规定的遵守。新仲裁法中虽然绝大多数都是非强制性条款,但也有少量强制性规定,当事人必须遵守,不得以约定取代或违反。这些强制性规定大都涉及法院对仲裁的审查或监督,目的就在于维护仲裁的公正性及公共利益。

2. 公正原则

作为一种争议解决机制,任何时候公正都是不能偏离的目标。没有公正,争议的解决不可能达成也无从谈起。仲裁作为一种民间的争议解决机制,公正不仅是其基本的价值目标,也是其赖以存在的基础和生命力所在。

仲裁公正当然也是《1996年仲裁法》努力实现的首要目标之一,但从其第1条第1项的规定来看,其所追求和强调的显然是一种有效益的公正,即"没有不必要延误或花费"(without unnecessary delay or expense)前提下的公正。为此,新仲裁法通过相关条款的规定采取了一系列保证措施,一方面有效协调了公正与效率之间的矛盾和冲突,明确将仲裁公正定位在最低限度的程序公正,排除了法院对仲裁实体问题的审查和监督,防止对仲裁公正的错误理解和不恰当追求侵损仲裁应有的快捷高效,促进实现仲裁公正与效率之间的平衡与统一;另一方面则厘定和理顺了仲裁与法院之间的微妙关系,将仲裁中司法权的介入限定在仲裁程序不公正或不能合理高效推进的场合,以保证仲裁始终能在没有不必要延误或花费的情况下公正地进行。

### 3. 有限的法院干预原则

由于英国长期奉行"法院管辖权不容剥夺"这一原则,十分强调法院对仲裁的司法监督,既包括广泛的程序监督,也包括严格的实体监督。①不过,这种长期过宽过严的司法监督,不仅引发了当事人不满,更给英国仲裁业造成了严重损失和打击,根据 1978 年成立的以 Donaldson 勋爵为主席的一个委员会的调查评估,英国因此流失将近一半仲裁业务,保守估计每年损失约 5 亿英镑的外汇收入。②

《1996 年仲裁法》一举改变了上述被动局面。当初制定该法案时的一个重要指导思想就是尽可能减少法院在仲裁中的介入,明确法院的职能是支持仲裁而不是干预。为贯彻新仲裁法第 1 条第 3 项作为基本原则加以强调的有限的法院干预原则,该法亦通过相关条款采取了诸多配套措施,主要包括还权于仲裁庭(power

①　该原则的产生可追溯至 1628 年,明确提出这一原则的是 1746 年的 Kill v. Hollister[(1746) 1 Wils 129]判例,至 18 世纪,该原则已坚实地确立起来。施米托夫教授指出,英国法院对仲裁实体问题的监督管辖权所依据的司法原则就是所谓的不容剥夺原则。参见[英]施米托夫:《国际贸易法文选》,赵秀文选译,中国大百科全书出版社 1993 年版,第 605—608 页。

②　参见杨良宜:《国际商务仲裁》,中国政法大学出版社 1997 年版,第 46—47 页。

returning to arbitral tribunal)、实现法院从干预到支持仲裁的职能转换、严格法院干预仲裁的条件、推迟法院干预仲裁的时间等。基于该原则,英国法院也完全转变了理念和作风,在对仲裁进行司法监督时总是表现得谨慎而克制,以维护仲裁的独立性和终局性。例如,比较有代表性的是,在一系列判例①中,法院都以审慎的态度、严格的解释驳回了当事人基于《1996年仲裁法》第68条的规定提出的裁决存在"严重不规范性"(serious irregularity)的异议,并指出法院在处理裁决时不会本着扰乱或阻挠仲裁程序的目的,以一种严苛的法律视角(a meticulous legal eye)努力找寻裁决中的漏洞(pick holes)、矛盾和错误(inconsistencies and faults);法院对导致实质不公正的严重不规范行为进行审查须满足很高的门槛(门槛通常被故意设置得很高),因为《1996年仲裁法》的一个主要目的就是大幅减少法院对仲裁程序的干预;实践中须在维护裁决的终局性和保护当事人免受仲裁不公正损害之间取得平衡,为此,法院只在极端的情况下才能进行干预。②

总的来看,有限的法院干预原则与当事人意思自治原则及公正原则,不仅在逻辑上是协调一致、相辅相成的,更通过三位一体的原则组合共同建构和支撑了英国公正高效的现代化仲裁制度:

---

① 近年来比较有代表性的判例如 Kalmneft v. Glencore International AG and another, [2002] 1 All ER 76; ABB AG v. Hochtief Airport GmbH, [2006] 2 Lloyd's Rep 1; Lesotho Highlands Development Authority v. Impregilo SpA and others, [2006] 1 AC 221; Terna Bahrain HoldingCo WLL v. Bin Kamel Al Shamzi & others, [2012] EWHC 3283(Comm), [2013] 1 All ER(Comm)580, [2013] 2 CLC 1; Reliance Industries Ltd v. The Union of India, [2018] EWHC 822(Comm), [2018] 2 All ER(Comm)1090; K v. A, [2019] EWHC 1118 (Comm); Cakebread & Anor v. Fitzwilliam, [2021] EWHC 472(Comm); RAV Bahamas Ltd and another v. Therapy Beach Club Inc, [2021] UKPC 8.

② 参见张振安:《法院驳回以存在严重不规范行为为由对裁决提出的异议(英国案例)》,载微信公众号"临时仲裁 ADA",2021年6月15日。

最大限度地反映了仲裁的契约性本质,准确定位了仲裁程序公正与合理高效两个基本价值目标,并通过有限的法院干预实现两者间有效的沟通和平衡。

## 第二节　伦敦海事仲裁制度的仲裁规则之维: 不断发展完善的 LMAA 海事仲裁规则

选择到伦敦仲裁的海事争议比选择到世界上任何其他提供仲裁服务的地方去仲裁的海事争议都要多得多。夏利文律师事务所(Holman Fenwick & Willan,HFW)围绕英国脱欧(Brexit)对伦敦作为仲裁地是否会产生影响展开了调查,其对 2016 年全球几个主要的海事仲裁地如伦敦、新加坡、香港、迪拜、巴黎等受理的海事案件所作的数据统计和分析显示,全球仍有超过 80% 且超过 1 750件海事案件是选择在伦敦仲裁的,除去伦敦国际仲裁院(LCIA)和国际商会国际仲裁院(ICA)受理的以伦敦为仲裁地的少许海事案件外,其余 1 720 件都是提交给伦敦海事仲裁员协会(LMAA)仲裁的。①也就是说,不仅英国脱欧对伦敦作为国际海事仲裁首选地并无实质影响,而且在伦敦仲裁的海事案件中,仲裁员大都由LMAA 全职会员(full members)担任且一般都按照 LMAA 条款(The LMAA Terms)接受指定并使这些条款适用于仲裁程序。②

① See HFW, *The Maritime Arbitration Universe in Numbers: Will Brexit Impact London's Standing?* https://www.hfw.com/downloads/HFW-The-maritime-arbitration-universe-in-numbers-March-2018. pdf, last visited on December 13, 2021.

② https://lmaa.london/about-lmaa/, last visited on December 13, 2021.

因此,所谓伦敦海事仲裁其实绝大多数时候就是 LMAA 仲裁,而 LMAA 仲裁也几乎成为伦敦海事仲裁的名片或标签。

LMAA 虽正式成立于 1960 年 2 月 12 日波罗的海交易所核准名单上的仲裁员举行的一次会议上,但其历史其实贯穿波罗的海交易所成立 300 年以来的整个发展进程。LMAA 旨在将已在伦敦执业的优秀的仲裁员聚集和团结在一起,共同为伦敦海事仲裁业的繁荣发展而奋斗,一个主要的目标就是鼓励和帮助伦敦海事仲裁员提高专业知识,以助益仲裁程序及争议解决的快速进行。LMAA 虽不是一个严格意义上的仲裁机构(an institution),不对其会员按照 LMAA 仲裁规则开展的海事仲裁进行管理(administer arbitrations)因而也不收取任何管理费(administrative fees),仅基于当事人的申请提供必要的协助,例如在当事人协议请求或无法就 1 名独任仲裁员达成一致时为其指定仲裁员,仅一次性收取一笔极小的费用(a modest one-off fee)。①换言之,LMAA 只为临时仲裁提供服务而不作任何机构仲裁中的程序管理或案件管理。而面向国际航运界提供临时仲裁,既是 LMAA 仲裁的最大特点亦是其取得成功的秘诀。

LMAA 一个重要的贡献就在于针对不同类型海事争议解决的需要,不断制定和推出并适时修订有关仲裁规则,以实现快速低费仲裁的目标。LMAA 先后制定和推出了 LMAA 条款(The LMAA Terms)、小额索赔程序规则(The Small Claims Procedure,SCP)、快速低费仲裁规则(Fast and Low Cost Arbitration,The FALCA Rules)以及中等金额索赔程序规则(The Intermediate Claims Procedure,ICP)。

---

① https://lmaa.london/about-lmaa/, last visited on December 13, 2021.

## 一、LMAA 条款

LMAA 条款最早制定发布于 1987 年,截至目前已经过 1991 年、1994 年、1997 年、2002 年、2006 年、2012 年、2017 年、2021 年共八次修改。其中 1997 年的修改是应和《1996 年仲裁法》的出台而作出的,并于 1997 年 1 月 31 日与该法同时生效。现行有效的是最新修订并于 2021 年 5 月 1 日起生效的版本(以下简称 2021 年 LMAA 条款)。

LMAA 条款是一套涵盖仲裁程序各方面问题的详备的仲裁规则。2021 年 LMAA 条款用 33 个条文对该条款的适用,仲裁庭的组成、管辖权、费用,仲裁程序的采纳和选择及其进行中仲裁庭的权力、预备会议(apreliminary meetings)、和解(settlement)、延期审理(adjournment)、仲裁员的到位(availability)或出庭,裁决、文件送达,以及一般性问题作了全面规定,并以 6 个附件分别对仲裁庭的费用(Tribunal's Fees)、仲裁程序(Arbitration Procedure)、问题清单(Questionnaire)、检查清单(Checklist)、仲裁庭的重组(Reconstitution of the Tribunal)、进行虚拟庭审及半虚拟庭审的指导准则(Guidelines for Virtual and Semi—Virtual Hearings)6 个问题作出了详细、具体的规定。其中,附件六——进行虚拟庭审及半虚拟庭审的指导准则,是此次仲裁规则修订新增的一个附件。

一直以来,LMAA 条款的基本宗旨就在于确保海事争议在 LMAA 的协助下,以快捷经济的程序或方式得到解决。在历次仲裁规则修改中,负责修改工作的委员会(the committee responsible for revising the Terms)总是秉持小心谨慎的态度,本着"不破不修"(if it ain't broke, don't fix it)的原则,对在实践中运行良好的规则一般不作大的修改,仅在如何进一步提升 LMAA 仲裁的快速和低费方面作必要完善,同时秉承 LMAA 条款"轻微管理"(light touch)的执念,始终为当事人及仲裁庭根据案件的实际情况采取适当的程序保留充足的选择和裁量空间。①2021 年的规则修改依然延续了此前一贯的风格,整体未作大的修改或变动,只是契合近年来仲裁实践的发展变化和当事人对 LMAA 仲裁新的合理期待作了一些微调(fine tuning)。此次修改,负责修改工作的委员会一如既往得到了来自用户的支持和建议,而这些建议也得到了委员会的全盘考虑和采纳,被作为规则更新和完善(update and improvement)的依据或参考。此次修改非常务实(pragmatic and practical),除在诸多地方对相关文字表述作了细微修改(numerous minor changes of wording),亦针对用户反映或期待的一些事项如仲裁员的指定和履职、虚拟庭审或半虚拟庭审等专门作出规定,以维护 LMAA 仲裁程序的灵活快捷性及"轻微管理"的个性特征(characteristic of LMAA arbitration),并进一步深化 LMAA 最注重的快速低费仲裁目标的实现。②

**(一) 不断推进的快速低费仲裁目标及始终如一的开放性适用范围**

1. 不断推进的快速低费仲裁目标

秉持《1996 年仲裁法》的原则和精神,LMAA 条款自 1997 年以来就一直将"促使海事争议和其他争议通过一个公正的仲裁庭在没有不必要延误或花费的前提下得到公平解决"作为其

---

① See *LMAA 2017 Terms Explanatory Note*,https://lmaa.london/wp-content/uploads/2020/08/Note-on-LMAA-2017-Terms.pdf,last visited on December 13,2021.

② See *Commentary on the LMAA Terms 2021*,https://lmaa.london/wp-content/uploads/2021/05/COMMENTARY-ON-THE-LMAA-TERMS-2021.pdf,last visited on December 13,2021.

基本宗旨,①这进一步巩固了 LMAA 在国际海事仲裁领域遥遥领先、不可撼动的支配地位。LMAA 条款正是紧密围绕这一基本宗旨进行规则设计和程序搭建的,LMAA 通过不断的条款修订、规则完善、程序优化,向着快速、低费仲裁的目标不断推进。例如,为防止组庭阶段不必要的延误产生,2017 年 LMAA 条款曾特别新增 2 个条文,强调一方当事人拒绝指定或未在规定期限内指定仲裁员时《1996 年仲裁法》第 17 条的适用,以及双方当事人无法在规定期限内就独任仲裁员达成一致时可请求 LMAA 主席代为指定,针对性地解决了仲裁庭组庭时常常遭遇的困难或阻滞。②2021年 LMAA 条款则更进一步,在此基础上就仲裁员的指定和仲裁庭履职作出了更强调效率的修改或补充:

首先,在第 10 条修改 2017 年条款关于特定情形下适用《1996年仲裁法》第 17 条的规定,代之以来自 LMAA 仲裁条款(the LMAA Arbitration Clause)中设定的更简便快捷(simpler and speedier procedure)的仲裁员指定程序:③希望按照本条款第 8 条第 2 款第 1 项或第 9 条第 1 款将争议提交仲裁的一方当事人应指定其仲裁员,并向另一方当事人发出关于此指定的书面通知,要求另一方当事人在收到该通知后的 14 个日历日(14 calendar days)内指定其仲裁员,同时阐明除非另一方当事人在规定的 14 天内指定其仲裁员并发出关于此指定的通知,否则作此要求的一方当事人将会任命其指定的仲裁员为独任仲裁员;如果另一方当事人在

① 参见 1997 年、2002 年、2006 年、2012 年、2017 年、2021 年 LMAA 条款第3 条。

② 参见 2017 年 LMAA 条款第 10 条、第 11 条。

③ See *Commentary on the LMAA Terms 2021*,https://lmaa.london/wp-content/uploads/2021/05/COMMENTARY-ON-THE-LMAA-TERMS-2021.pdf,last visited on December 13,2021.

该通知规定的 14 天内未指定仲裁员亦未发出关于此指定的通知，则将争议提交仲裁的一方当事人可在不向另一方当事人发出任何进一步提前通知(prior notice)的情况下，任命其指定的仲裁员为独任仲裁员并向另一方当事人发出相应通知；按此方式被指定的独任仲裁员作出的仲裁裁决对双方当事人均有约束力(be binding on both parties)，如同该独任仲裁员是依双方当事人协议指定(appointed by agreemen)的一样。基于这一修改，将争议提交仲裁的一方当事人任命己方指定的仲裁员为独任仲裁员时，即省去了按照《1996 年仲裁法》第 17 条需满足的 7 天宽限期(grace peri-od)，①从而使仲裁庭的组庭效率大大提高。

其次，在第 12 条新增一个条文专门就替代仲裁员(a substitute arbitrator)的指定作出如下规定：如果仲裁员因辞职、去世或无法继续进行程序(conducting the proceedings)，或在已确定庭审的情况下无法出席庭审(或有合理理由怀疑该仲裁员进行仲裁程序或出席庭审的能力)，则一方或各方当事人可向主席申请指定替代仲裁员；已向其他各方当事人、受影响的仲裁员(如果适当的话)及仲裁庭其他成员发出申请通知，且主席认为一方或各方当事人在合理时间(reasonable time)内不愿或不能(unwilling or unable to)指定替代仲裁员，或在已确定庭审的情况下一方或各方当事人不愿或不能及时指定替代仲裁员以使庭审继续进行，以及在所有情况下指定替代仲裁员都是合适的，则主席可指定替代仲裁员，而该指定应对各方当事人均有约束力；为避免疑问，本条并非意图阻止一方当事人根据仲裁法的规定向法院申请撤销或替换仲裁员(removal or substitution of an arbitrator)或填补仲裁员空缺(filling

---

① 参见英国《1996 年仲裁法》第 17 条第 2 款。

of a vacancy)。显然,该条规定将特定情形下指定替代仲裁员的权力赋予了 LMAA 主席,这不仅有利于节约成本、提高效率、减少司法介入,最关键的是在仲裁庭成员出现空缺时可由主席及时提供救济,以防止或减少仲裁程序中出现不必要的延误或花费。虽然该条并不妨碍当事人向法院申请指定替代仲裁员的权利,但无疑为保障 LMAA 仲裁快速、低费进行提供了一项额外的工具(provide an additional tool)。①

最后,在第 8 条第 2 款第 5 项补充规定,如果任何一名原始仲裁员(the original arbitrators)在仲裁开始之后辞职或无法继续履职,其余两名仲裁员能就任何仲裁事项达成一致的话,则他们有权就该仲裁事项作出有关决定、命令和裁决。这就意味着在剩余的 2 名仲裁员能达成一致时就不再增补指定替代的第三名仲裁员了,这一方面可节约仲裁成本、加快仲裁程序,另一方面则可避免陷入第三名仲裁员被指定后仲裁程序应否重新进行的两难境地。

2. 始终如一的开放性适用范围

任何时候,只要当事人协议选择,LMAA 条款就能得到适用,尤其包括两种情况:一是当事人指定 LMAA 全职会员担任案件的仲裁员,二是当事人指定的仲裁员虽非 LMAA 全职会员,但仲裁员是按照 LMAA 条款接受指定的。②实践中,当事人若将争议提交给 LMAA 全职会员,后者总是基于 LMAA 条款才接受指定。也就是说,一直以来,LMAA 仲裁从仲裁员到所适用的仲裁规则

---

① 实践中,当事人申请法院及时(in time)为其指定替代仲裁员往往是不现实的(impractical)。See *Commentary on the LMAA Terms 2021*, https://lmaa.london/wp-content/uploads/2021/05/COMMENTARY-ON-THE-LMAA-TERMS-2021.pdf, last visited on December 13, 2021.

② 参见 1997 年、2002 年、2006 年、2012 年、2017 年、2021 年 LMAA 条款第 5 条。

均出自 LMAA。但是,非 LMAA 全职会员按照 LMAA 条款接受当事人指定,亦能使 LMAA 条款并入当事人的仲裁协议而在其仲裁中得到适用,这不仅无形中扩大了 LMAA 条款的适用范围,更使先进的 LMAA 条款能发挥更大作用、惠及更多仲裁,同时凸显了仲裁的契约性,即当事人才是仲裁程序的主人,适用什么仲裁规则全由当事人做主,只要他们能达成一致。还有重要的一点就是,广义的 LMAA 仲裁并不限于 LMAA 全职会员担任仲裁员的仲裁,而可扩及 LMAA 以外的其他仲裁员实施的仲裁,使 LMAA 快速低费仲裁的价值理念得以广泛传播和践行。

**(二) 对仲裁程序各环节设置严格的时限**

为保证仲裁程序始终快捷、高效、不延宕地进行,2021 年 LMAA 条款一如既往在诸多条款中保留了对仲裁程序各环节设置的严格时限。例如,该条款第 8 条第 2 款第 1 项和第 2 项、第 9 条第 1 款和第 2 款规定了关于指定仲裁员或公断人的 14 天期限;第 23 条规定了裁决一般应在程序结束之日起 6 周内作出;附件一(E)第 1 条规定了仲裁庭命令当事人在开庭前 21 天,或在书面审理的情况下仲裁庭开始为作出裁决而阅读和起草裁决书之前为其预期报酬和开销提供费用担保的期限;以及附件二第 3 条至第 5 条规定了关于送达仲裁申请书、答辩书、反请求、反请求答辩书、仲裁申请人针对答辩书或仲裁被申请人针对反请求答辩书的答辩意见等书面材料的 28 天或 14 天期限;等等。

**(三) 仲裁庭的权力不断增强**

一直以来,LMAA 条款项下仲裁庭享有十分广泛的权力,这为仲裁庭独立、公正、快捷、经济地处理案件提供了重要保障。2021 年 LMAA 条款保留了之前历次条款修订纳入和补充的仲裁庭权限,主要表现在以下几个方面。

首先,按照条款第 17 条规定,仲裁庭除享有《1996 年仲裁法》中所规定的权力,还在适当的案件中享有如下特定权力,以避免不必要的延误和花费,并为待决事项提供公平的解决方式:其一,仲裁庭可指令当事人未经准许不得提请专家证人或提交专家证据,并限制任何一方当事人提请专家证人的人数或专家证人提交报告的篇幅。其二,如果两个或更多的仲裁涉及相同的事实或法律问题,仲裁庭可指令对这两个或更多的仲裁进行同步审理;仲裁庭作出此类指令后,还可基于实现仲裁的公平、快捷、经济的考虑作出如下指令:一个仲裁中当事人披露的文件可以披露给另一个仲裁中的当事人;一个仲裁中提交的证据可以在另一个仲裁中被接受和采纳,但须给所有当事人以质证的机会。其三,如果一方当事人没有遵从仲裁庭要求其提供费用担保的强制命令,在不妨碍仲裁庭享有《1996 年仲裁法》第 41 条第 6 款所赋予权力的情况下,仲裁庭有决定(in its sole discretion)暂时搁置或部分搁置其请求的裁量权。

其次,按照条款第 13 条、第 15 条、第 18 条、第 28 条的规定,仲裁庭还享有如下广泛的权力:仲裁庭对何时以及如何处理当事人提交的争议享有完全的自由裁量权;在适当尊重当事人就有关事项达成协议的前提下,仲裁庭有权决定所有程序和证据事项,并在任何时候都对附件二中设定的一般程序有权进行调整;在当事人没有达成协议的情况下,仲裁庭有权决定是否以及在何种程度上采纳口头或书面证据;仲裁庭可以根据案件的实际情况在任何阶段决定召开预备会议,以使当事人和仲裁庭有机会共同审查案件的进展,并尽可能就下一步的开庭准备工作达成协议,如果达不成协议,仲裁庭有权作出其认为适当的指令;仲裁庭除享有《1996 年仲裁法》第 57 条中规定的权力外,还享有纠正裁决错误或作出补充裁决的权力,包括主动或应当事人的请求纠正裁决中的笔误、遗漏或计算错误,以及应当事人的请求对裁决中的某一特别问题或某一部分作出解释。

最后,自2017年LMAA条款修订以来,仲裁庭在时限控制、程序操作、费用裁定等方面被赋予更多自由裁量权:其一,为节省费用和尽量减少延误,仲裁庭有权作出指令,缩短或修改当事人提交书面材料的时限或采取其他能够提高效率的方式。①(2)如果当事人未能遵照仲裁庭的指令或指示为仲裁庭的预计费用提供担保,则仲裁庭有权根据《1996年仲裁法》第41条第5款的规定作出强制命令;如果仲裁申请人未能遵照强制命令提供担保,则仲裁庭有权根据《1996年仲裁法》第41条第6款的规定作出驳回申请人仲裁请求的裁决。②(3)在交换问题清单后,为避免不确定性和尽量减少延误,仲裁庭有权作出程序性指令或基于已提交给它的材料包括问题清单,采取其认为适当的行动。③(4)仲裁庭有权在决定费用承担及估算费用时考虑如下因素:一方当事人不合理或无效率的行为,包括未能遵守附件四检查清单的行为;一方当事人提出的除费用外的秘密和解提议;双方当事人在LMAA问题清单中提供的费用预估等。④

### (四) 不断完善的程序管理措施

LMAA仲裁虽为临时仲裁,LMAA对案件的程序不进行任何管理(administration),但为保证仲裁程序始终快捷经济地推进,避免任何不必要的延误和花费,LMAA条款引入了诸多行之有效

---

① 参见2017年LMAA条款第16条第2款第1项,2021年LMAA条款第17条第2款第1项。

② 参见2017年、2021年LMAA条款附件一(E)第8条。

③ 参见2017年、2021年LMAA条款附件二第11条第2款。

④ 参见2017年、2021年LMAA条款附件二第19条第2款。

且趋于强势的程序管理(case management)措施要求当事人遵照行事,除非特殊情况(in exceptional cases)或当事人特别约定(specifically agree otherwise)。①

在以快速低费为导向的程序设计框架内,2017年LMAA条款在完善程序管理措施方面作了较多突破,除进一步加强仲裁庭组织和推进仲裁程序的权力外,还在原有基础上新增多个条文为当事人积极合作、合理勤勉推动仲裁程序快捷高效地进行提供指引、设定责任,2021年LMAA条款则延续和保留了这些有力措施:(1)为避免不必要的书面材料提交引发时间和金钱的浪费,当事人在完成第一轮书面材料交换之后意欲提交进一步的书面材料,须征得仲裁庭的准许并向其说明提交的必要性。②(2)当事人应与仲裁庭一道积极谋求能尽可能节省仲裁程序费用和提高效率的方式,并为此认真参考附件四检查清单中提供的指引。③(3)一方当事人应迅速将其委托律师或其他代理人或相关情况的变动通知对方当事人和仲裁庭,否则除非有特殊情况,关于代理人委托的延迟或变动不得成为延误仲裁程序推进或延期开庭审理的正当理由。④(4)如果双方当事人同意将他们之间达成一致的命令或指令视为仲裁庭的命令或指令,则应就此通知仲裁庭;除非仲裁庭作出不同指令,当事人约定的命令或指令即产生作为仲裁庭命令或指令的效力,并在当事人违反时可由仲裁庭依《1996年仲裁法》第41条作

---

① See *Guidelines on procedure under the LMAA Terms 2017*,https://lmaa.london/wp-content/uploads/2020/08/Guidelines-on-LMAA-Terms-2017.pdf,last visited on December 14,2021.

② 参见2017年、2021年LMAA条款附件二第5条。

③ 参见2017年、2021年LMAA条款附件二第13条。

④ 参见2017年、2021年LMAA条款附件二第20条。

出指令或采取相应的惩罚措施。①(5)当事人有权申请仲裁庭作出与条款规定不同的指令,但须阐明采取这种不同做法的理由。②

表 3-1 历年(2002—2022)依照 LMAA 条款适用普通程序审理或
开庭审理作出的裁决数③　　　(单位:个)

| 时间 | 裁决总数 | ICP、SCP、FALCA 以外的裁决数 | ICP、SCP、FALCA 以外的开庭审理裁决数 |
| --- | --- | --- | --- |
| 2002 年 | 556 | 432 | 94 |
| 2003 年 | 523 | 405 | 53 |
| 2004 年 | 539 | 408 | 45 |
| 2005 年 | 552 | 441 | 52 |
| 2006 年 | 450 | 361 | 61 |
| 2007 年 | 421 | 344 | 42 |
| 2008 年 | 453 | 379 | 64 |
| 2009 年 | 647 | 556 | 77 |
| 2010 年 | 611 | 508 | 117 |
| 2011 年 | 592 | 510 | 143 |
| 2012 年 | 631 | 549 | 151 |
| 2013 年 | 608 | 523 | 92 |
| 2014 年 | 584 | 502 | 127 |
| 2015 年 | 553 | 438 | 93 |
| 2016 年 | 535 | 427 | 83 |
| 2017 年 | 480 | 375 | 85 |
| 2018 年 | 508 | 377 | 89 |
| 2019 年 | 529 | 401 | 74 |
| 2020 年 | 523 | 372 | 52 |
| 2021 年 | 531 | 389 | 76 |
| 2022 年 | 420 | 328 | 92 |

---

① 参见 2017 年、2021 年 LMAA 条款附件二第 21 条。

② 参见 2017 年、2021 年 LMAA 条款附件二第 22 条。

③ See https://lmaa. london/wp-content/uploads/2023/03/Statistics-up-to-2022-for-website.pdf,last visited on May 13,2023.

（6）进一步强调问题清单作为程序管理工具的重要性，向当事人阐明如何回答清单中的每个问题，以使当事人将这些问题牢记于心，助益其合理组织安排仲裁程序并实现快速、低费仲裁的目标。①

（7）新增一个附件专门就检查清单作出规定，为当事人恰当选择、严密组织并快速推进仲裁程序提供重要指引，并对当事人违反清单的行为辅以费用方面的惩罚。问题清单中列出的每个问题都紧密契合实践，尤其第一个问题更是直击要害——要求当事人在一开始就考虑其案件是否适合不开庭审理而采取更省时省钱的书面审理。②这既是一个非常有效的程序管理措施，更是 LMAA 仲裁多年成功经验的积累。实践中，基于当事人的审慎评估和理性选择，依照 LMAA 条款适用普通程序（full-scale procedure）的绝大多数案件都采取的是书面审理。据统计，2002 年至 2021 年的 20 年间，先后基于口头听审（oral hearing）或开庭审理作出的裁决只占当年裁决总数的 20% 左右，这意味着 80% 左右的案件都是通过书面审理作出的。

### （五）与时俱进引入虚拟庭审

在"互联网＋"时代，运用信息技术的支撑及时引入虚拟庭审或远程庭审（remote hearings）或在线庭审（online hearings），更好满足和适应仲裁实践的发展变化，一方面可使仲裁程序在线上更加快捷高效地进行，进一步深化快速低费仲裁的目标，另一方面则可有效缓解新冠肺炎疫情期间线下活动受限引发的仲裁困境，使得仲裁程序可以在线上重启，打破时空距离便利化地开展。为此，2021 年 LMAA 条款修订时果断增加了虚拟庭审或半虚拟庭审的

---

① 参见 2017 年、2021 年 LMAA 条款附件三。

② 参见 2017 年、2021 年 LMAA 条款附件四。

规定:依据本条款进行的庭审(此处的庭审还包括预备会议)包括全部或部分以视频会议(video conference)、电话会议(telephone conference call)或仲裁庭认为合适的其他通信方式进行的庭审,也包括结合多种此类手段(a combination of such methods)进行的庭审,凡本条款中提及的庭审均应据此诠释。①这无疑是一个重大突破,为保障虚拟庭审或半虚拟庭审顺利有效地进行,2021年LMAA条款不仅制定了专门的指引规则(Guidelines),而且集中规定在新增的附件六,以方便参考(for ease of reference),内容涉及技术准备、技术故障(technical failures)下的应变措施(contingency measures)、庭审礼仪(etiquette in-hearing)、庭审步骤等,尤其对证人作证(oral testimony from witnesses)、电子卷宗(electronic bundles)作出了详细规定,以确保程序快捷、高效、规范、有序地进行,并满足正当程序的基本要求。

虚拟庭审或半虚拟庭审中的裁决(包括对裁决的更正)可以电子方式签署(signed electronically)并通过电子邮件或其他电子方式(electronic means)通知当事人,这无疑为裁决的准备和作出(preparation and publication of awards)提供了更大的灵活性,尤其是在仲裁员的手书签名(handwritten signatures)难以获得的情况下。但考虑到电子签署的裁决在执行阶段可能遭遇阻碍,2021年LMAA条款特别规定,如果当事人意欲获得手书签名的裁决,须在裁决作出前(或裁决更正作出前)向仲裁庭提出这种请求。②同时,考虑到裁决执行时的各种不确定因素,仲裁庭有必要延续对裁决进行手书签名的实践。如此,任何时候,即便裁决是以电子方

---

① 参见2021年LMAA条款第15条第3款。
② 参见2021年LMAA条款第24条。

式通知的,但只要当事人需要,这种经手书签名的原始裁决书(an original award)均可获得(available)。①

围绕虚拟庭审和半虚拟庭审,2021 年 LMAA 条款还在附件三和附件四作了配套的补充规定。其中,附件三问题清单在第 15 条增加了两个问题:是否打算以虚拟庭审或半虚拟庭审的方式进行庭审(例如完全或部分以视频会议方式进行)? 如果是,打算怎么安排? 同时,在第 16 条增加了关于须提供费用明细(breakdowns of costs)的规定。附件四检查清单则要求各方当事人应遵从附件六中关于虚拟庭审和半虚拟庭审的指引规则,②同时在第 2 条第 1 款规定证人陈述(a witness statement)最好是采用证人自己的表述(in the witness's own words),并应限定于相关事实(relevant is-sues of fact)。③

## 二、小额索赔程序规则

LMAA 在国际上率先推出小额索赔程序(SCP)规则,旨在为海事领域中大量发生的小额争议的解决提供一套简易、快捷、费用低廉的程序。SCP 规则最早颁布于 1989 年,后经过 1994 年、1998 年、2002 年、2006 年、2012 年、2017 年以及 2021 年七次修改。SCP 规则一经推出,即受到当事人的欢迎和青睐,尤其自 1997 年新仲裁法生效以来,LMAA 仲裁中每年按照 SCP 规则处理的案件不在少数,基本占到当年裁决总数的 20% 左右。

---

①③　See *Commentary on the LMAA Terms 2021*, https://lmaa.london/wp-content/uploads/2021/05/COMMENTARY-ON-THE-LMAA-TERMS-2021. pdf, last visited on December 13, 2021.

②　但须受限于 LMAA 发出的或仲裁庭作出的任何修改。

### 表 3-2 历年(1997—2022)适用普通程序或
### 小额索赔程序作出的裁决数①　　　　（单位:个）

| 时间 | 裁决总数 | ICP、SCP、FALCA 以外的裁决数 | SCP 裁决数 |
|---|---|---|---|
| 1997 年 | 546 | 437 | 109 |
| 1998 年 | 620 | 515 | 105 |
| 1999 年 | 501 | 441 | 60 |
| 2000 年 | 576 | 480 | 96 |
| 2001 年 | 603 | 472 | 131 |
| 2002 年 | 556 | 432 | 124 |
| 2003 年 | 523 | 405 | 118 |
| 2004 年 | 539 | 408 | 131 |
| 2005 年 | 552 | 441 | 111 |
| 2006 年 | 450 | 361 | 89 |
| 2007 年 | 421 | 344 | 77 |
| 2008 年 | 453 | 379 | 74 |
| 2009 年 | 647 | 556 | 91 |
| 2010 年 | 611 | 508 | 103 |
| 2011 年 | 592 | 510 | 81 |
| 2012 年 | 631 | 549 | 82 |
| 2013 年 | 608 | 523 | 84 |
| 2014 年 | 584 | 502 | 74 |
| 2015 年 | 553 | 438 | 99 |
| 2016 年 | 535 | 427 | 94 |
| 2017 年 | 780 | 375 | 97 |
| 2018 年 | 508 | 377 | 124 |
| 2019 年 | 529 | 401 | 121 |
| 2020 年 | 523 | 372 | 138 |
| 2021 年 | 531 | 389 | 128 |
| 2022 年 | 420 | 328 | 88 |

---

① See https://lmaa. london/wp-content/uploads/2023/03/Statistics-up-to-2022-for-website.pdf，last visited on May 13，2023.

SCP 规则主要是针对标的额不超过一定金额的简单争议设计的,因此如何尽可能地节省时间和费用便成为该套程序规则的最大特点。2021 年 SCP 规则亦未在原有规则基础上作大的修改,但其在仲裁庭管辖权的保留、仲裁庭对某些事项的自由裁量权、仲裁费的缴纳、裁决的作出等问题上所作的必要调整或厘清,对于进一步优化 SCP 规则并提升其在实践中的效用所产生的积极意义,则不容忽视或低估。

**（一）在尊重当事人协议的前提下适用于不超过一定金额的简单争议**

SCP 规则自 1989 年推出以来,一直适用于不计利息和费用在内的请求(索赔)金额或反请求金额(而非两者合计)不超过 5 万美元且事实简单的案件,但 2017 年 SCP 规则将此金额提高到 10 万美元,[①]紧密契合了实践发展的需求,使得更多海事案件能够纳入 SCP 规则的适用范围,按照一种更简易的程序得到更快捷经济的解决,并与适用于标的额在 10 万美元以上、40 万美元以下中等金额案件的 ICP 实现了无缝对接,进一步提升了 LMAA 仲裁在国际上的竞争力和吸引力。此外,SCP 规则也一直适用于当事人约定适用的案件,即使标的额超过规定限额;当事人还可自行约定提交 SCP 的争议限额,只有未作约定时才默认适用规定限额。

**（二）仲裁庭管辖权的保留及自由裁量权的扩大**

为维护仲裁庭管辖权的稳定性,更为避免因仲裁程序适用的变动导致最初被指定的仲裁员(the arbitrator originally appointed)管辖权不确定而引发仲裁中出现不必要的延误或花费,2017 年 SCP 规则特别新增了几项规定,专门就特定情况下仲裁庭管辖权

---

① 参见 2017 年 SCP 规则第 1 条第 1 款。

的保留予以明确:①(1)如果当事人提出的反请求金额超过了约定或规定的 SCP 规则可适用的案件限额,因而关于适用 LMAA 条款项下的普通程序或 ICP 的主张被提出,则最初被指定的仲裁员可基于当事人的一致同意继续保留其管辖权,并决定对案件适用哪套仲裁规则;(2)即便在特殊情况下仲裁庭决定背离(depart from)或修改(vary)SCP 规则的某些规定,仲裁庭仍保留其对案件的管辖权;(3)如果基于争议的性质或重要性,仲裁庭认为或当事人一致同意案件适用 SCP 规则不合适,则除非当事人作出相反的约定,仲裁庭仍保留其对案件的管辖权并决定应依哪套仲裁规则推进仲裁程序。2021 年 SCP 规则继续保留了上述规定,只是在表述上进一步阐明保留管辖权的仲裁庭是由 1 名仲裁员组成的独任仲裁庭。②

为提升仲裁程序的灵活性和适当性,并尊重仲裁庭的自由裁量权,以及更有效地保护当事人的合法权益,2017 年 SCP 规则还特别将仲裁庭在一方当事人未在规定时限内送达仲裁申请书(serve a letter of claim)时"应当"(shall)作出驳回其仲裁请求的裁决(make an award dismissing the claim),修改为"可以"(may)作出相应裁决,③使得仲裁庭可根据案件实际情况作出更灵活、恰当的处理。例如,在仲裁程序开始后当事人即开始进行和解谈判的情况下,仲裁庭就不宜因仲裁申请书未及时送达而驳回申请方当事人的仲裁请求。④2021 年 SCP 规则亦继续保留了上述规定,

---

① 参见 2017 年 SCP 规则第 1 条第 2 款、第 9 条第 2 款和第 3 款。

② 参见 2021 年 SCP 规则第 1 条第 2 款、第 9 条第 2 款和第 3 款。

③ 参见 2006 年、2012 年 SCP 规则第 5 条第 4 款和 2017 年 SCP 规则第 5 条第 7 款。

④ See *LMAA 2017 Terms Explanatory Note*：*The Small Claims Procedure ("SCP") 2017*，https://lmaa.london/wp-content/uploads/2020/08/Small-Claims-Procedure-2017.pdf，last visited on December 15，2021.

并进一步扩大了仲裁庭的自由裁量权,规定其还可允许或要求(permits or requires)未拖延的一方当事人(the party not in default)进一步提交材料(adduce further material)。①

**（三）仲裁庭由 1 名独任仲裁员组成**

SCP 中仲裁庭都是由 1 名独任仲裁员组成的,这不仅有利于节省当事人的费用支出,亦有利于提高仲裁的效率。因为对于 SCP 当事人而言,承担一个规模过大(如仲裁庭由 2 名或 3 名仲裁员组成)的仲裁庭导致的昂贵花费显然既不合算也无必要。而对于仲裁庭而言,独任仲裁员在作出任何命令、决定或裁决时无须与他人磋商以求得一致意见,必然有利于避免延误的产生。

独任仲裁员通常是由双方当事人共同指定的,如果双方当事人不能达成协议,则可以请求 LMAA 现任主席代为指定。例如,2021 年 SCP 规则第 2 条第 2 款规定,如果当事人未在 14 日内共同指定一名独任仲裁员,任何一方当事人可向 LMAA 名誉秘书长提出书面申请,请求主席代为指定一名独任仲裁员,LMAA 主席则一般会根据争议性质指定 1 名合适的仲裁员。目前,对于 LMAA 提供的这项服务,当事人须支付 350 英镑。②

**（四）仲裁员收取一笔固定的费用**

SCP 目前的仲裁庭收费标准是 4 000 英镑,③LMAA 委员会(the Committee of the LMAA)还可以适时调整并公布具体的收费标准。这笔固定收费包括以下项目:对仲裁员的指定费、中间费用、不超过 1 天的听审费(如果开庭审理的话)、裁决书的制作费及评估费(如果有的话)。如果被申请人提出了超过申请金额的反请求,那么该被申请人还须另外支付一笔固定费用,并应在其送达

---

① 参见 2021 年 SCP 规则第 5 条第 7 款。
②③ https://lmaa.london/fees/, last visited on December 15, 2021.

答辩书和反请求材料后的 14 日内支付,否则其无权在仲裁程序中主张其反请求。①为确保这笔固定收费的按时缴纳,2021 年 SCP 规则还特别强调,缴纳费用是启动 SCP 的前提条件,这意味着费用缴纳之前程序不得推进(proceedings may not be continued)。②为进一步保障仲裁庭按劳取酬的权利,2021 年 SCP 规则亦强调,如果案件在书面裁决作出前和解或未能进行仲裁或仲裁员辞任或仲裁员无法继续处理仲裁,仲裁员可保留该笔收费中足够偿付仲裁员已提供服务的部分,剩余的部分则予返还。③

显然,当事人为 SCP 所须支付的费用是相当低廉的。LMAA 确定和公布如此低廉的收费标准,旨在以一种优质廉价的服务支持和促进本国海运业的持续发展和繁荣,这已在 LMAA 会员中达成共识,而那些接受指定担任小额索赔程序仲裁员的人,无疑都是本着服务海运业的精神,在费用和酬劳上作出了牺牲和奉献的。④

**(五) 不拘形式的审理程序**

SCP 审理程序十分灵活且不拘形式,⑤除仲裁庭认为确有必要的特殊情况外,案件一般不开庭审理。即使开庭审理,也须在 1 个工作日、5 个小时内结束。双方当事人之间的申请和答辩须快速进行,在被申请人的答辩书送达后,或在申请人就被申请人的反请求提出的答辩书送达后,仲裁庭即可向当事人宣布书面材料交换程序结束。有关宣布一经作出,当事人进一步提交的书面材料

---

① 参见 2021 年 SCP 规则第 3 条第 3 款。

② 参见 2021 年 SCP 规则第 3 条第 2 款。

③ 参见 2021 年 SCP 规则第 3 条第 4 款。

④ See *Commentary on the LMAA Small Claims Procedure 2012*,https://lmaa.london/wp-content/uploads/2020/08/2012SCPCommentary.pdf,last visited on December 15,2021.

⑤ 参见 2021 年 SCP 规则第 5 条。

将不再被考虑。除非获得仲裁庭准许或仲裁庭自己决定,不得提交专家报告。为节省时间,SCP 中的所有信息交换和通知都以书信、传真、电传或电子邮件的方式进行。

此外,SCP 中一般省去文件披露程序,但如果仲裁庭认为一方当事人没有提交相关文件,则可命令其提交,如拒不提交且不作充分说明,仲裁庭还可据此推定文件内容对其不利。此处的"相关文件"是指与争议有关的所有文件,无论该文件对持有人是否有利,但不包括不能依法披露的文件。①

为确保程序的灵活性和适当性,仲裁庭对所有程序事项均拥有完全的自由裁量权。在特殊的情况下,仲裁庭还可背离或修改 SCP 规则中的某些规定,以对程序另外作出适当的处理和安排。②

### (六)严格的时间及文书篇幅限制

为确保案件快捷不延误地进行,SCP 各个环节均设定了严格的时限。例如,关于指定独任仲裁员的 14 日期限;关于提交申请书、答辩书、反请求书、就反请求书提出的答辩书以及有关的书面材料和文件等的 14 日、21 日或 28 日的期限。如果当事人请求延长上述时限,则须在有关时限届满之前提出申请,而如果一方当事人未在规定时限内适当提交材料和文件,则仲裁庭可主动或应对方当事人请求通知拖延的一方当事人在规定时限内(最长宽限期为 14 日)完成未尽事宜,否则将仅根据已收到的材料和文件作出裁决;如果申请方未及时提交仲裁申请书,则仲裁庭可直接作出驳回其仲裁请求的裁决;对于提交某一材料或文件的时限,仲裁庭在通知中认可的期限加上当事人事先同意的任何宽限期不得超过 28 日;任何一方当事人在规定时限届满后向仲裁庭提交的任何材

① 参见 2021 年 SCP 规则第 6 条。
② 参见 2021 年 SCP 规则第 9 条第 2 款。

料都不会被采纳。仲裁庭应尽量在1个月内公布裁决,如果是书面审理,则应在收到所有相关文件和材料之日起1个月内公布,如果对案件进行了听审,则应在听审结束之日起1个月内公布。①

为节约成本、简化程序,SCP规则还对当事人提交的有关文书作了篇幅的限制。例如,仲裁申请书、答辩书、反请求书及反请求答辩书不得超过2500字,仲裁申请人针对答辩书或仲裁被申请人针对反请求答辩书的答辩意见不得超过1000字,专家报告也不得超过2500字。②

### (七) 一般无需聘请律师

在SCP中,一般无需委托律师或其他代理人介入,否则总会导致当事人费用的增加。但在有些案件中,律师的介入则可能有助于案件审理的顺利进行。例如,基于律师对案情的客观分析和评估,双方当事人可能会采纳律师的意见进行和解。即便最终未能达成和解,争议也会因此变得明朗和清晰,从而更易于得到解决。③

### (八) 可补偿的费用额受到限制

在SCP中,为防止双方当事人展开过度争斗(overfight),仲裁庭有权限定一方当事人补偿给另一方当事人的律师费,LMAA委员会目前公布的标准为不超过5000英镑,但若仲裁程序开始于2019年1月1日之前则为不超过4000英镑;如果被申请人提出了反请求,且反请求金额超过了请求(索赔)金额,则须补偿的律师费应相应增加,LMAA委员会目前公布的标准为不超过6000英

---

① 参见2021年SCP规则第5条、第7条第1款。
② 参见2021年SCP规则第5条。
③ See *Commentary on the LMAA Small Claims Procedure 2012*,https://lmaa.london/wp-content/uploads/2020/08/2012SCPCommentary.pdf,last visited on December 15,2021.

镑,但若仲裁程序开始于 2019 年 1 月 1 日之前则为不超过 4 500 英镑。①

### (九) 当事人不享有上诉权

为确保争议的解决快捷经济,SCP 排除了当事人就裁决向法院提起上诉的权利,当事人选择 SCP 本身也意味着其对上诉权的主动放弃。②但是,对于 SCP 中作出的裁决是否须附具理由,则一直存在争议。③为此,2021 年 SCP 规则在第 7 条第 2 款特别强调,除非当事人另有约定,SCP 中所作裁决须附具理由,但不影响第 4 条规定的上诉权的排除,即裁决虽附具理由,但并不能成为当事人提起上诉的依据,亦不能成为法院审查的对象,以此维护裁决的终局性和 SCP 的快捷经济。

### (十) 一个案件只作一个裁决

多年来,无论是仲裁员还是当事人,对于是否应在关于实体问题的主裁决(the main award)作出后再针对费用作出一个裁决,经历了不同实践亦持不同看法。为保证在任何可能的情况下(wherever possible),SCP 下的案件只作出一个裁决,即关于费用的裁决应包含在该裁决内而不是独立在外,④2021 年 SCP 规则在第 8 条特别阐明,在最后一轮材料送达后(the service of the last submis-

---

① https://lmaa.london/fees/, last visited on December 15, 2021.

② 参见 2021 年 SCP 规则第 4 条。See Commentary on the LMAA Small Claims Procedure 2012, https://lmaa.london/wp-content/uploads/2020/08/2012 SCPCommentary.pdf, last visited on December 15, 2021.

③ See *Commentary on the LMAA Small Claims Procedure 2021*, https://lmaa.london/ wp-content/uploads/2021/05/COMMENTARY-ON-THE-LMAA-SMALL-CLAIMS-PROCEDURE.pdf, last visited on December 15, 2021.

④ See *Commentary on the LMAA Small Claims Procedure 2021*, https://lmaa.london/wp-content/uploads/2021/05/COMMENTARY-ON-THE-LMAA-SMALL-CLAIMS-PROCEDURE.pdf, last visited on December 15, 2021.

sion)的 7 天内,应向仲裁庭提交一份不超过 500 字的费用明细或说明(breakdowns or explanations regarding such costs),以便其对实体问题和费用的裁决在一个裁决中作出。

## 三、快速低费仲裁规则

LMAA 推出快速低费仲裁规则(FALCA)旨在为那些既非大额亦非小额的中等金额海事争议的解决,提供一套快捷经济的简易程序。与 SCP 规则相比,FALCA 规则的出台整整晚了 7 年。其实在很长一段时间里,面对大量的中等金额海事争议,LMAA 早有为其设计的一套介乎于普通程序与 SCP 之间的中等型程序(intermediate procedure)。①但是最早将这一想法付诸行动的却不是 LMAA,而是联合王国保陪协会(UK Defence Club)。该协会在就中等金额海事争议的解决萌发出与 LMAA 不谋而合的想法后,即与克莱德联合律师事务所(Clyde & Co)联手起草了一套被它们称为"快速低费仲裁规则"的程序规则。在这套仲裁规则后期的制定和修改中,LMAA 提出加入这项工作并得到了联合王国保陪协会的欢迎。由此,在三个组织的共同努力下,FALCA 规则终于顺利出台并得到了 LMAA 的采纳。

对 FALCA 规则的接受和采纳,无疑是 LMAA 的又一创举,这不仅充分体现了 LMAA 立足和服务于国际航运业的宗旨,更进一步增强了 LMAA 的国际竞争力和吸引力。尽管 FALCA 规则自 1996 年推出并于 1997 年 1 月 31 日与《1996 年仲裁法》同时生效实施以来从未作过修改,其受欢迎的程度并未因此受到影响,二十余年间依此规则审理并作出裁决的案件虽然不多,但其倡导和

---

① Patrick O'Donovan, *Current Developments in London Maritime Arbitration*, May 1998, p.10.

宣示的快速低费仲裁精神却已深入人心并成为一种国际共识。

总的来看,该套规则主要通过以下几方面的程序设计和安排,①力求实现其快速低费仲裁的价值目标:

**(一) 1 名独任仲裁员组成仲裁庭**

与 SCP 一样,依 FALCA 规则进行的程序亦只允许指定 1 名独任仲裁员进行审理。如果当事人不能就独任仲裁员的人选达成一致,同样可书面请求 LMAA 主席代为指定。如果 LMAA 主席无法代为指定,亦可任命其他人(通常是 LMAA 的其他工作人员)代为指定。LMAA 主席或其他人代为指定独任仲裁员时主要是从仲裁员的素质和时间两方面考虑的,至于该仲裁员是不是LMAA 全职会员则不重要,目的是确保所指定的仲裁员有足够的时间和精力在严格规定的时限内对特定争议作出及时的处理。

**(二) 独任仲裁员享有广泛的权力**

为保证仲裁程序始终快捷、高效、紧凑地进行,避免不必要的延误或花费,FALCA 规则赋予了独任仲裁员十分广泛的权力,主要包括:其一,有权决定自身管辖权,尤其有权对合同是否存在、是否有效进行审查;其二,有权考虑任何证据而不论该证据依法是否具有严格的可采性,并要求当事人提交任何文件或任何证人证言而不论该证言是否为宣誓证言;其三,有权决定开庭审理,并可命令当事人提供超过 7 500 英镑的费用担保以及支付不可返还的听审预约费(a non-returnable booking fee),只要他认为这样做是公平的;其四,有权决定对他认为适当的费用作出裁决并对全部的审理费用和裁决费用进行核算;其五,有权在任何一方当事人未遵守

---

① See *Commentary on the LMAA FALCA Rules*,https://lmaa.london/wp-content/uploads/2020/08/Commentary-on-the-LMAA-FALCA-Rules.pdf, last visited on December 15,2021.

规则规定或仲裁员指定的期限时,限制本来有权获得费用补偿的一方当事人的权利,或完全否定该方当事人获得费用补偿的权利,或驳回当事人的仲裁请求、反请求或抗辩,或在他认为适当的时候仅根据已提交给他的文件和证据作出裁决,或采取任何其他他认为适当的措施;其六,在多方当事人争议中,如果当事人指定了同一名仲裁员,则该仲裁员有权在适当的情况下指令对争议进行合并审理以及为实现仲裁公平、经济和快捷的目标作出任何诸如此类的程序性命令。

### (三) 富于弹性的审理程序

在 FALCA 程序中,为切实保证实现快速和低费,比较费时和昂贵的程序均受到严格限制:其一,由于文件披露程序常被认为是仲裁中出现不必要延误和花费的重要原因,因此 FALCA 规则规定当事人之间应以交换文件副本的方式进行文件披露。不过,在文件披露后 2 周内,任何一方当事人可以申请仲裁员命令披露特定文件或另一方当事人之前未披露的文件,但申请方须明确所须披露的文件并阐明该文件与案件之间的关联,另一方当事人则须在申请提出后 7 日内披露文件或向申请方和仲裁员阐明拒绝披露的理由,申请方则须在收到拒绝理由后的 3 日内向仲裁员和另一方当事人作出答复,仲裁员有权在收到答复后或未收到任何答复时作出是否进行该项披露的决定。总之,由于文件披露耗时费钱,FALCA 程序中进行的文件披露谨慎而克制,不仅须具备充分的披露理由,而且披露的方式和范围严格限定,并须在限定的时间内快速完成。其二,为节省时间和费用,FALCA 程序中一般不开庭审理,除非仲裁员认为有这种必要,例如需口头询问证人或专家等。

### (四) 严格的时间限制

与 SCP 一样,FALCA 程序中亦设置了严格的时限,主要包

括：当事人协议指定或由 LMAA 主席或其任命的其他人代为指定
独任仲裁员的 14 日期限；仲裁申请人送达申请材料及副本的 14
日期限；被申请人送达答辩材料或反请求材料及作为案件主要依
据的文件副本的 28 日期限；仲裁申请人就反请求材料送达答辩书
及副本的 28 日期限；进行文件披露或特定文件披露的 14 日或 28
日期限；交换证人证言和专家报告的 42 日期限；最后一轮交换材
料和证人证言或专家报告的 28 日期限。对于未能遵守上述时限
的任何一方当事人，仲裁员都有权裁量决定采取一定的惩戒措施，
例如驳回当事人的仲裁请求或限制一方当事人的费用权利等。

对于裁决的作出，FALCA 规则区分两种情形规定了不同的
时限：在没有反请求的情况下，仲裁员应自接到指定通知后的 7 个
月内作出裁决，否则应在 8 个月内作出裁决。

**（五）费用担保额的限制**

在案件标的额较小的情况下，要求当事人为其仲裁请求或反
请求提供费用担保往往会不适当地阻碍该方当事人进行合理的追
诉。因此，FALCA 规则对当事人须提供的费用担保规定了最高
限额——不超过 7 500 英镑。当事人协议将争议提交 FALCA 程
序解决，须明确放弃要求对方当事人提供超过 7 500 英镑费用担
保的权利，只要他能有效地作出这种放弃。不过，如前所述，如果
案件需要举行口头听审，则仲裁员可命令当事人提供超过上述限
额的费用担保。

**（六）当事人上诉权利的排除**

当事人约定将争议提交 FALCA 程序解决，即意味着其对上
诉权的放弃。也就是说，FALCA 程序中作出的裁决是终局的，不
允许当事人就实体问题申请法院进行审查，以确保案件在仲裁中
的解决一锤定音，避免后续任何不必要的司法审查可能引发的延

误和花费,最终实现快速低费仲裁的目标。

## 四、中等金额索赔程序规则

2009 年,LMAA 联合波罗的海交易所(the Baltic Exchange)推出了一套中等金额索赔程序(ICP)规则,主要用于解决那些在标的额或复杂程度上而言既不适合采用 SCP 也不适合采用 LMAA 条款项下普通程序的 5 万美元以上、40 万美元以下,尤其是 10 万美元至 40 万美元之间的所谓中等金额争议(medium-sized claims)。其实,如前所述,针对中等金额争议的解决,LMAA 早在 1996 年就推出了 FALCA 规则,但显然后者的适用范围要广泛得多,前者仅适用于 5 万美元以上、25 万美元以下的争议,[①]后者因而在程序设计上要更周全和完备一些。

LMAA 之所以推出 ICP 规则,意在取代 FALCA 规则,目前 FALCA 规则虽未被废止且时有当事人选择适用 FALCA 规则的案件,但相比于 ICP 规则的适用显然要少许多。

表 3-3 历年(2009—2022)中等金额索赔程序或快速低费仲裁程序下的仲裁员委任数和裁决数[②] (单位:个)

| 时间 | FALCA 程序仲裁员委任数 | ICP 仲裁员委任数 | FALCA 程序裁决数 | ICP 裁决数 |
|---|---|---|---|---|
| 2009 年 | 4 | 1 | 0 | 0 |
| 2010 年 | 3 | 0 | 0 | 0 |
| 2011 年 | 4 | 3 | 0 | 1 |

① See *Commentary on the LMAA FALCA Rules*, https://lmaa.london/wp-content/uploads/2020/08/Commentary-on-the-LMAA-FALCA-Rules.pdf, last visited on December 15, 2021.

② See https://lmaa.london/wp-content/uploads/2023/03/Statistics-up-to-2022-for-website.pdf, last visited on May 13, 2023.

| 时间 | FALCA 程序<br>仲裁员委任数 | ICP 仲裁员<br>委任数 | FALCA 程序<br>裁决数 | ICP 裁决数 |
|------|------|------|------|------|
| 2012 年 | 0 | 7 | 0 | 0 |
| 2013 年 | 6 | 5 | 0 | 1 |
| 2014 年 | 3 | 33 | 3 | 5 |
| 2015 年 | 6 | 24 | 6 | 10 |
| 2016 年 | 4 | 23 | 4 | 10 |
| 2017 年 | 8 | 25 | 1 | 7 |
| 2018 年 | 4 | 19 | 2 | 5 |
| 2019 年 | 2 | 35 | 0 | 7 |
| 2020 年 | 3 | 43 | 2 | 11 |
| 2021 年 | 2 | 54 | 1 | 13 |
| 2022 年 | 0 | 58 | 0 | 4 |

ICP 规则自 2009 年推出以来,已先后经过 2012 年、2017 年、2021 年三次修改。ICP 规则一经推出即受到关注,在实践中受欢迎的程度也日益提升。从上表可见,对 ICP 的采用可谓渐入佳境、逐见成效。对 ICP 规则的三次修改,基本都是小修微调,重在一些文字表述上的明确或厘清。总的来看,不断完善的 ICP 程序主要具有以下特点:

**(一) 仲裁庭的组成可由当事人灵活选择**

在 ICP 中,当事人可自主决定其仲裁庭的组成形式,包括 3 人仲裁庭、2 名仲裁员和 1 名公断人组成的仲裁庭及独任仲裁庭。

1. 3 人仲裁庭的组成

在选择 3 人仲裁庭的情况下,首先由双方当事人各自指定 1 名仲裁员,再由该 2 名仲裁员在举行实质审理之前的任何时候或在他们不能就仲裁事宜达成一致时共同选定第 3 名仲裁员。如果该2名仲裁员不能在其中1名仲裁员提请另1名仲裁员选定第3名仲裁员之日起14日内完成该事宜,则LMAA主席可以应其中任何1名仲裁员或一方当事人的请求,代为指定第3名仲裁员。除非当事人另有约定,该第3名仲裁员为首席仲裁员。在第3名仲裁员被指定之前或第3名仲裁员空缺的情况下,已被指定的2名仲裁员有权就仲裁事项作出决定、命令及裁决,只要他们能就任何事项达成一致。一旦第3名仲裁员被指定,任何决定、命令或裁决应依所有仲裁员或大多数仲裁员的意见作出,如果仲裁庭不能形成一致意见或大多数意见,则以首席仲裁员的意见为准。①

2. 2名仲裁员+1名公断人之仲裁庭的组成

在2名仲裁员和1名公断人组成仲裁庭的情况下,同样首先由双方当事人各自指定1名仲裁员,再由该2名仲裁员在举行任何实质审理之前的任何时候或在他们不能就有关事项达成一致时指定1名公断人。如果该2名仲裁员不能在其中1名仲裁员提请另1名仲裁员选定公断人之日起14日内完成该事宜,LMAA主席也可以应其中任何1名仲裁员或一方当事人的请求,代为指定公断人。公断人可以参加任何实质审理,当事人须向其提交与另2名仲裁员完全相同的文件和材料。任何决定、命令和裁决应由2名仲裁员共同作出,如果他们能就仲裁事项达成一致的话,否则该2名仲裁员应立即书面通知当事人和公断人,公断人随即取代该2名仲裁员行使权力,如同1名独任仲裁员一样。②

3. 独任仲裁庭的组成

在独任仲裁庭的情况下,ICP一直都采取的是与3人仲裁庭、2名仲裁员+1名公断人之仲裁庭基本相同的组庭方式,即由双方

---

① 参见2009年、2012年、2017年、2021年ICP规则第3条。
② 参见2009年、2012年、2017年、2021年ICP规则第4条。

当事人协商指定加请求 LMAA 主席代为指定这一组合方式：如果独任仲裁员的人选未能在其中一方当事人提请另一方当事人指定独任仲裁员之日起 14 日内由双方当事人协商确定，则任何一方当事人可以书面申请 LMAA 主席代为指定，并将申请书副本抄送对方当事人，同时须按 LMAA 委员会公布的收费标准支付指定费；提出申请的一方当事人还须向 LMAA 主席就可能发生的争议及希望被指定的仲裁员所应具有的专业特长等事项作出简要说明。①

为进一步降低组庭成本、提高组庭效率，减少或避免组庭阶段不必要的延误或花费，并敦促和鼓励双方当事人及时有效地行使其指定仲裁员的权利，2021 年 ICP 规则在第 5 条稍作修改和调整，与 2021 年 LMAA 条款第 10 条保持一致，亦纳入 LMAA 仲裁条款中设定的更简便快捷的仲裁员指定程序：希望按照本规则第 3 条第 1 款或第 4 条第 1 款将争议提交仲裁的一方当事人应指定其仲裁员，并向另一方当事人发出关于此指定的书面通知，要求另一方当事人在收到该通知后的 14 个日历日内指定其仲裁员，同时阐明除非另一方当事人在规定的 14 天内指定其仲裁员并发出关于此指定的通知，否则作此要求的一方当事人将会任命其指定的仲裁员为独任仲裁员；如果另一方当事人在该通知规定的 14 天内未指定仲裁员亦未发出关于此指定的通知，则将争议提交仲裁的一方当事人可在不向另一方当事人发出任何进一步提前通知的情况下，任命其指定的仲裁员为独任仲裁员并向另一方当事人发出相应通知；按此方式被指定的独任仲裁员作出的仲裁裁决对各方当事人均有约束力，如同该独任仲裁员是依双方当事人协议指定的一样。自此，通过否定拖延的一方当事人指定其仲裁员的权利

---

① 参见 2009 年、2012 年、2017 年 ICP 规则第 5 条。

的机制,使得不拖延的一方当事人及时指定的仲裁员被任命为独任仲裁员,从而不必再如从前那样去请求 LMAA 主席代为指定 1 名独任仲裁员,这既简化了程序、提高了效率,又节省了一笔指定费(虽然不多,只有 350 英镑),更重要的是足以唤起当事人重视其指定仲裁员的权利并及时行使。

### (二)各程序环节都有明确的时间限定

为保证中等金额争议同样以快捷、经济的方式得到解决,ICP 规则也在各程序环节设定了严格的时限。例如,关于指定仲裁员的 14 日期限;关于申请人提交仲裁申请书及相关文件的 14 日期限;被申请人提交答辩书、反请求书及相关文件的 28 日期限;申请人就答辩书提交辩护材料及就反请求书提交答辩材料的 21 日期限;被申请人针对申请人就反请求书提出的答辩材料进一步提交辩护材料的 21 日期限;关于送达或交换证人证言的 28 日期限;关于送达或交换专家证据的 21 日期限;关于当事人申请仲裁庭举行听审的 14 日或 21 日期限;关于开庭审理的 1 个工作日(5 个小时)的时限;关于作出裁决的 6 周期限;等等。

为防止一方当事人拖延或敦促拖延的一方当事人(the defaulting party)及时跟进,2021 年 ICP 规则亦如 SCP 规则那样,一方面进一步强化了仲裁庭的自由裁量权,另一方面则完善了相关的应对措施,规定仲裁庭在一方当事人未在规定时限内送达仲裁申请书时可以作出驳回其仲裁请求的裁决,或仅基于一方当事人已提交的材料和文件继续仲裁直至作出裁决(proceed to its award),还可在其完全自由裁量权范围内(in its absolute discretion)允许或要求不拖延的一方当事人进一步提交材料。①

---

① 参见 2021 年 ICP 规则第 13 条。

### （三）当事人提交材料及证据的权利受到一定限制

ICP中亦无正式的文件披露程序，双方当事人须在交换申辩材料的同时交换相关文件。双方当事人可在其申辩材料中指明须披露的相关文件，如果对方当事人在双方申辩材料交换结束后的14日内未披露该文件，仲裁庭可基于该方当事人未履行其披露义务而在裁决中作出对其不利的推定。所谓"相关文件"，包括与争议有关的所有文件，无论该文件是否有利于有权占有或控制它的一方当事人，但不包括那些享受豁免因而依法不能披露的文件。①

当事人如意欲提交证人证言，须在申辩材料交换结束后14日内通知仲裁庭，此类证据须在申辩材料交换结束后28日内送达或交换。除非得到仲裁庭的允许并遵守其规定的条件，任何一方当事人不得主张补充证人证言的提交，希望补充提交此类证据的一方当事人则须在证人证言送达或交换后的14日内向仲裁庭提出申请，否则该方当事人不得提交。②

除非经申请得到仲裁庭的准许，任何一方当事人不得主张提交专家证据，当事人须在申辩材料交换结束后或证人证言交换结束后（以时间稍晚者为准）14日内向仲裁庭提出上述申请，并在申请中说明需援引专家证据的争议的性质及提供此证据的专家证人的专业领域。专家证据须在得到仲裁庭准许后的21日内送达或交换。任何一方当事人不得主张补充专家证据的提交，除非事先得到仲裁庭的准许并遵守其规定的条件。希望补充提交此类证据的一方当事人须在专家报告送达或交换后14日内向仲裁庭提出申请，否则该方当事人不得提交。未经仲裁庭准许，第一次提交的专家报告的字数不得超过3 500字，补充提交的专家报告的字数

---

① 参见2021年ICP规则第8条。
② 参见2021年ICP规则第9条。

不得超过 1 000 字。①

在不开庭审理的情况下,如果当事人提交申辩材料时未披露其他文件,也未主张提交证人证言或专家证据,则任何一方当事人不得再主张补充材料,但如果情况相反,则当事人有权再提交一份总结陈词,并按以下顺序提交:首先,由被申请人在相关程序结束后 14 日内提交;其后,由申请人在其后的 7 日内提交。总结陈词中不得提出新证据。②

**(四) 当事人申请开庭审理的权利受到适当限制**

ICP 中一般不进行开庭审理,庭审只在极例外的情况下才举行。任何一方当事人可在申辩材料交换结束后 21 日内,或证人证言送达或交换结束后 14 日内,或仲裁庭就当事人提交专家证据的申请作出决定后 14 日内,或仲裁庭准许当事人送达或交换专家证据后 14 日内,申请仲裁庭开庭审理,上述时间以稍晚者为准。如果仲裁决定开庭审理,当事人须在听审举行前提交一份辩词梗概(a skeleton argument)及双方当事人已认可事实的说明。除非得到仲裁庭的准许(当事人须在听审举行至少 14 日之前提出申请),开庭审理须限定在 1 个工作日、5 个小时(one working day of five hours)内完成,双方当事人各自最多只能获得 2 小时陈述案情的时间,交叉询问双方证人的时间也包括在这 2 小时内。剩余的 1 小时则由仲裁庭根据案件的实际情况作出公平和适当(fair and appropriate)的安排。开庭审理结束后,双方当事人有权(非义务)按照以下顺序提交一份总结陈词(closing submissions):首先,由被申请人在听审结束后 7 日内提交;其后,由申请人提交。

① 参见 2021 年 ICP 规则第 10 条。
② 参见 2021 年 ICP 规则第 12 条。

总结陈词中不得提出新证据,仲裁庭应尽可能在当事人最后的材料提交结束后 6 周内作出裁决。

**(五) 仲裁庭有权决定同步审理**

如果依 ICP 审理的两个或两个以上的案件基于的是同一事实或法律问题(common issues of fact or law),则仲裁庭可决定对有关案件进行同步审理。一旦作出这种决定,仲裁庭可基于公平、经济及快捷的目的作出以下指令:(1)在遵守仲裁庭规定条件的情况下,一个仲裁程序中当事人披露的文件须提供给另一仲裁程序中的当事人;(2)在遵守仲裁庭规定条件并给予所有当事人发表意见的适当机会的情况下,一个仲裁程序中提交的证据须在另一仲裁程序中被取得和接受。[1]

**(六) 当事人可补偿的费用额受到明确限制**

在 ICP 中,仲裁庭有权根据公平、合理、适当的原则对费用作出裁决。当事人的可补偿费用(the parties' recoverable costs)存在最高限额:任何一方当事人都无权获得超过申请人主张索赔金额的 30%;在有反请求(不包括利息和费用)的情况下,仲裁庭如果认为其为一项不同于仲裁申请的独立请求,则应加上反请求金额的 30%;在开庭审理的情况下,上述比例还应从 30%增加至 50%,但为开庭租借场地的费用及膳食费用的补偿则须另外核算,而不包括在所谓的 50%之内。上述比例是最高限额,仲裁庭可在任何时候裁量决定限定当事人将来可补偿费用的金额(cap the parties' future costs),以使可补偿费用限额低于上述比例。[2]

如果当事人请求非金钱性的救济(non-monetary relief),则仲裁庭可在申辩材料交换结束(completion of opening submissions)

---

① 参见 2021 年 ICP 规则第 19 条。
② 参见 2021 年 ICP 规则第 16 条第 2 款。

后,裁量决定将来可补偿费用采取何种限额标准。为方便仲裁庭核算可补偿费用(assess costs),当事人应在仲裁庭准备作出裁决时尽快向其提交一份不超过500字的费用明细或概要(a summary or breakdown of costs)。①

### (七) 当事人的上诉权受到必要限制

当事人选择依 ICP 仲裁,即意味着同意将其上诉权限定在以下两种场合行使:(1)仲裁裁决涉及公共利益;(2)仲裁裁决对该案所涉产业或贸易有重要影响。除此之外,当事人不享有任何其他的上诉权。不过,仲裁庭裁定自身管辖权的任何决定不受此限。②

# 第三节　伦敦海事仲裁制度的优势及借鉴

凭借先进的仲裁法及海事仲裁规则,以 LMAA 仲裁为标志的伦敦海事仲裁取得了巨大成功,并为国际海事仲裁领域贡献了可供借鉴的有益经验。

## 一、以仲裁契约性为基础的制度设计

契约性是仲裁的本质属性,一部先进的仲裁法必然以仲裁的契约性为基础进行制度设计,最大限度地突显当事人意思自治,满足当事人弃诉讼而选仲裁的合理期待。在此方面,英国《1996年仲裁法》堪称典范,这成为其有效维护伦敦作为国际仲裁首选地竞争优势的基准和指针。

---

① 参见 2021 年 ICP 规则第 16 条第 3 款和第 4 款。
② 参见 2021 年 ICP 规则第 15 条。

按照《1996年仲裁法》附件一的列举,该法第一编的第9条至第11条(诉讼程序的中止)、第12条(法院延长仲裁开始期限的权力)、第13条(《时效法》的适用)、第24条(法院撤换仲裁员的权力)、第26条第1款(仲裁员死亡的后果)、第28条(当事人对仲裁员费用和支出的连带责任和按份责任)、第29条(仲裁员的豁免权)、第31条(对仲裁庭实体管辖权的异议)、第32条(关于初步管辖权问题的决定)、第33条(仲裁庭的基本职责)、第37条第2款(视为仲裁员费用的开支项目)、第40条(当事人的基本义务)、第43条(确保证人出庭)、第56条(未付费情况下仲裁庭扣发裁决书的权力)、第60条(支付费用的协议)、第66条(裁决的执行)、第67至68条(基于实体管辖权或严重不规范抗辩裁决)、第70至71条(基于补充条款或法院命令的效力提出异议或上诉)、第72条(为未参与仲裁程序的人保留的权利)、第73条(异议权的丧失)、第74条(仲裁机构的豁免权等)、第75条(责令保证支付律师的费用),共计24条和2款为强制性条款。相比于该法第一编总共84个条款,强制性条款占比不到30%,其余超过70%均为非强制性或任意性条款,允许当事人修改或排除。由此,意思自治原则作为该法第1条确定的基本原则,的确在该法中贯彻始终,几乎涵盖了仲裁的所有方面,从仲裁地的选定(第3条)到仲裁条款的独立性(第7条),仲裁协议因一方当事人死亡受到的影响(第8条),仲裁程序何时开始(第14条),指定仲裁员方面的各项权利(第15至27条),仲裁庭决定自身管辖权的权力(第30条),仲裁庭操作仲裁程序所享有的权力(第34至41条),法院在仲裁程序中的权力(第42至45条),实体争议法律适用的确定(第46条),补救措施、利息、裁决的形式(第47至58条),仲裁费用(第59至65条),排除上诉(第69条)及通知的送达、期限的计算(第76至80条),等等,无不允许当事人另外作出约定。

在当事人意思自治原则统率的制度框架下,不仅当事人的自主性得到最大限度的尊重,秉承当事人意愿行事的仲裁庭也可获得更多授权,对仲裁程序作出合乎实际的适当处理和安排,并可有效减少或排除法院不必要的介入和干预。例如,《1996年仲裁法》第34条第1款规定,在尊重当事人有权就任何事项作出约定的前提下,仲裁庭可以决定所有程序及证据事项。当事人享有广泛的意思自治,为仲裁机构根据仲裁实践的需求制定灵活多元的仲裁规则供当事人选择也留下了广阔的空间。多年来,LMAA正是在英国仲裁法创造的自由宽松的环境下设计、推出了一套又一套契合海事仲裁实践发展的仲裁规则,为英国乃至全球海运业的健康发展作出了卓著贡献。

## 二、快速低费仲裁的价值定位

快速低费是仲裁的生命线。当事人之所以选择仲裁,既非因仲裁比诉讼更具权威性,亦非因仲裁比诉讼更公正,而是看中了仲裁的快捷经济性。英国《1996年仲裁法》第1条第1项就开门见山地规定,仲裁的目的是在没有任何不必要延误或花费的前提下通过一个公正的仲裁庭实现对争议的公平解决。也就是说,除去所有争议解决方式都追求的公正目标外,快速低费在仲裁中尤被看重和强调。受《1996年仲裁法》启示,LMAA于同年推出了FALCA规则,其与新仲裁法同日生效。一并生效的还有配合新仲裁法出台而特别修订的1997年LMAA条款。LMAA遵照新仲裁法确立的快速、低费仲裁目标首次将"促使海事争议和其他争议通过一个公正的仲裁庭在没有不必要延误或花费的前提下得到公平解决"奉为LMAA条款的基本宗旨。其后在2009年,LMAA

又推出 ICP,寻求中等金额争议亦能得到快速低费的解决。这无疑是 LMAA 自 1989 年推出 SCP 寻求快速低费解决小额争议之后采取的一系列程序改革措施,标志着其在追求快速低费仲裁目标的轨道上不断推进。

应该说,快速低费仲裁目标的设定,是英国仲裁法与伦敦海事仲裁长期密切互动与激荡的产物。将快速低费作为前提与公正一起提升到仲裁基本价值目标的高度,不仅是兼顾仲裁效益与公正的最佳模式,亦符合当事人选择仲裁的期待和初衷,更是 LMAA 仲裁始终保持竞争优势的必然选择,并为各国制定仲裁法和仲裁规则及开展仲裁实践提供了可借鉴的经验。

## 三、完善的临时仲裁

前已述及,LMAA 仲裁属于临时仲裁,即 LMAA 虽为常设的海事仲裁组织,但除在必要时应当事人的请求为其顺利开展仲裁提供帮助,例如代为指定仲裁员,其余场合 LMAA 并不介入案件的审理程序,无论案件的仲裁员是由其全职会员担任还是仅仅依 LMAA 条款接受指定的其他仲裁员担任,LMAA 绝不对案件进行管理而仅提供必要的协助或服务。正如 LMAA 自我确定的一个主要目标就是"支持和鼓励伦敦海事仲裁员提升专业水平,并通过推荐和建议,为快速推进程序及解决争议提供协助"。①负责 2017 年 LMAA 条款修改工作的委员会也坚持认为,一些机构仲裁中采用的程序如紧急仲裁员程序,并不适合于 LMAA 仲裁。②

---

① https://lmaa.london/about-lmaa/,last visited on December 13,2021.

② See *LMAA 2017 Terms Explanatory Note*,https://lmaa.london/wp-content/uploads/2020/08/Note-on-LMAA-2017-Terms.pdf,last visited on December 13,2021.

采取临时仲裁而非机构仲裁,无疑是海事仲裁不同于其他商事仲裁的重要特点,亦是海事仲裁满足国际航运界解决海事争议特殊需求的必然选择,并在国际范围内形成了海事仲裁的普遍传统。临时仲裁相比于机构仲裁,最大的优点就是没有仲裁机构的管理和约束,仲裁程序更灵活、快捷、经济,仲裁庭更独立、权力更充分,当事人更自由自治,这使得海事争议能以更快速、费用更低廉的方式得到解决,从而减少航运界当事人因等待争议解决造成的巨大损失,例如船舶及船载货物一旦被扣押,不仅本身标的额巨大,每天所产生的各项费用亦价值不菲,对船东或船舶公司造成的损失可能是致命的,因而海事争议对争议解决成本和效率的关切非一般商事争议所能比拟。正是基于此,LMAA面向国际航运界自始设计和提供的就是高度符合行业实践需求的临时仲裁,并在半个多世纪的探索改革中形成了十分完善和成熟的临时仲裁制度——虽秉持"轻微管理"的原则却为仲裁庭及当事人提供了日益强势的程序管理措施以确保快速低费仲裁目标的实现,助力成就了LMAA仲裁的国际领先地位,亦为各国海事仲裁贡献了可借鉴的经验。

## 四、限制法院不必要的干预

当事人自主选择和安排的仲裁程序,除了在必要的情况下,例如当事人没有或无法就某些事项达成一致或需要采取某种强制措施等,一般是无需且应尽量排除法院介入的,以避免不必要的延误或花费,并防止法院对仲裁独立性和公正性造成损害。因此,以《联合国国际商事仲裁示范法》为指引的现代商事仲裁法,均严格限制法院对仲裁的干预。例如,《示范法》第5条即明确规定:"由本法调整的事项,任何法院不得干预,除非本法有此规定。"尽力参考《示范法》制定的英国《1996 年仲裁法》与之前的《1950 年仲裁法》及《1979 年仲裁法》最大的不同就在于，其限制或取消了法院对仲裁不必要的干预和审查，并为此赋予了仲裁庭诸多之前只有法院才享有的权力，实现了有关权力从法院向仲裁庭的回归或转移（returning or shifting of power from court to arbitral tribunal）。

赋予仲裁庭足够的权限，打造独立的强大的仲裁庭，同时最大限度地尊重和发挥当事人的自主性，不仅有助于仲裁程序按照当事人的利益和愿望在仲裁庭的合理组织和有力推动下迅速进行，更可有效限制法院不必要的介入和干预。《1996 年仲裁法》正是按照这一逻辑搭建其制度框架的，尤其在第 1 条即开宗明义宣示了相辅相成的三项基本原则。其中，与当事人意思自治原则、公正原则相配套和呼应的有限法院干预原则规定在该条第 3 项——"除本编另有规定，法院不得干预本编所调整的事项"，与《示范法》的上述规定如出一辙。

限制法院对仲裁的干预，无疑是当今"支持和鼓励仲裁发展"这一国际共识的题中之义，而要全面贯彻这一精神，除减少干预外，更应积极发挥法院对仲裁的支持和保障性功能，即把法院的干预限定在支持和协助仲裁的范围内，例如当仲裁程序不能顺利启动或合理高效地推进甚至出现不公正的情形时。英国《1996 年仲裁法》早在制定阶段就已将此确定为其基本目标之一，而第一编的各项规定亦是紧密围绕这一目标进行设置的。正是得益于宽松友好的司法环境，LMAA 仲裁获得了广阔的发展空间：紧密契合海事仲裁实践发展的需要，LMAA 不仅在程序设计上推陈出新、精益求精，先后制定推出了多套程序规则供当事人选择，更为实现快速低费仲裁的目标，在每套程序中都赋予仲裁庭广泛的权力，并严格限制法院的司法干预，尤其在 SCP、FALCA、ICP 中均明确排除或限定当事人上诉权的行使,有效维护了仲裁的终局性。

总之,限制法院不必要的干预,首先是仲裁的契约性使然,由当事人做主并授权仲裁庭组织推进的仲裁程序除在必要时需要法院的协助,一般情况下对法院的介入和干预都是排斥和抵触的,而对于实现快速低费仲裁目标而言,法院不必要的干预更是破坏和干扰的因素,亦应谨慎防范和规制。在英国《1996 年仲裁法》下,LMAA 仲裁坚守仲裁的契约性,继续高举当事人意思自治大旗,执着追求快速低费仲裁目标,严格限制法院不必要的干预,进一步巩固了伦敦海事仲裁的国际领先地位,更为各国发展海事仲裁、谋求打造新的国际海事仲裁中心提供了有益的借鉴。

# 第四章

# 纽约海事仲裁制度考察与借鉴

相较于英国,美国借助其强大的综合实力尤其是在国际经济、贸易、金融、航运等领域的领先地位,并发挥得天独厚的地理优势及长期积累的司法及法律服务优势,在其第一大城市及第一大港口——纽约①打造了仅次于伦敦的国际海事仲裁中心。尽管近十余年来,随着国际造船业及航运中心的东移,纽约作为国际海事仲裁中心的地位及影响力日益受到新兴国际海事仲裁中心的挑战,但不可否认的是,纽约仍是 BIMCO 制定或推荐的格式航运合同中位列第二的仲裁地选项,在有些租船格式合同如纽约土产交易所(the New York Produce Exchange,NYPE)的期租格式(Time Charter)中甚至是默认或位列第一的仲裁地选项。②而造就国际公

---

① 纽约港(Port of New York)又称"纽约和新泽西港",是美国最大的海港,每年处理 500 万 Teu 以上。纽约港是北美洲最繁忙的港口之一,亦为世界天然深水港之一。在纽约的发展史上,纽约港处于最关键的地位。参见搜航网,https://www.sofreight.com/ports/us/usnyk,2021 年 12 月 18 日访问。

② 纽约作为租船格式合同中默认的仲裁地,最初就是始于 NYPE 期租格式 1913 中的设定。虽然设立于 1862 年的纽约土产交易所已不复存在,但其制定的期租格式仍在世界范围内广泛使用。See *Maritime Arbitration In New York*,https://www.smany.org/arbitration-maritime-new-york.html,last visited on December 18, 2021.

认的世界第二大国际海事仲裁中心的仲裁机构,正是著名的纽约海事仲裁员协会(Society of Maritime Arbitrators, SMA),正如其向世界所宣称的那样,依托 SMA 这个非营利性的专业组织(a professional, nonprofit organization),纽约已成为国际公认的海事和商事仲裁的首选地(an internationally recognized leading forum for the arbitration of maritime and commercial disputes)。[1]

与伦敦一样,除去经济、贸易、金融、航运等各方面的优势,纽约之所以能抢占先机,率先获得国际航运界的认可,稳居伦敦之后的第二仲裁地选项,成为国际公认的第二大国际海事仲裁中心,更重要的优势无非也就是拥有一套契合海事仲裁实践发展需要的先进的海事仲裁制度,包括不断发展完善的美国仲裁法和 SMA 海事仲裁规则,其为纽约海事仲裁始终保持应有的国际影响力和竞争力提供了坚实保障,为其他国家发展海事仲裁并打造国际海事仲裁中心亦提供了有益的经验借鉴。

## 第一节 纽约海事仲裁制度的立法之维: 不断发展完善的美国仲裁法

美国作为英国曾经的殖民地,接受并沿袭了英国普通法,[2]与英国并肩成为普通法系最具代表性的国家之一。在仲裁领域,美国与英国一样,虽为普通法国家,却非常重视仲裁法的制定。而且,几乎就是为了打破传统普通法对现代仲裁发展的束缚,美国早

---

[1] https://www.smany.org/index.html, last visited on December 18, 2021.

[2] 19世纪中叶以前,早期的美国案件仍然经常援引当时的英国判例,而随着美国逐步发展起自己的法律制度,现美国的绝大多数判例出自国内。

在 20 世纪 20 年代就一举推出其现代仲裁法①——《联邦仲裁法》
(Federal Arbitration Act，FAA)，该法从此成为美国仲裁法的基本
法(the fundamental law)。②不过，FAA 在近百年的历史实践中能与
时俱进、历久弥新，无疑得益于普通法传统下法院尤其是联邦最高
法院对其充满支持性和创造性的解释与发展。围绕 FAA 的适用形
成的一系列判例几乎已成为一套联邦仲裁"普通法"，③并成为美国
仲裁法不可或缺的重要组成部分。除此，美国作为拥有 50 个州的
联邦制国家，各州还有其本州的仲裁法，而为了推动各州仲裁法逐
步趋近或统一，统一州法全国委员会(National Conference of Com-
missioners on Uniform State Laws，NCCUSL)不遗余力推出了《统一
仲裁法》(Uniform Arbitration Act，UAA)作为范本，供各州制定或
修改本州仲裁法时参考或采纳。

## 一、制定法:《联邦仲裁法》

就仲裁制定法而言，美国虽远不及英国那么早，但作为一个仅有
二百多年历史的年轻国家，美国的现代仲裁立法却早于英国，于第一
次世界大战结束后的 20 世纪 20 年代就开始启动并顺利推出了 1925
年《美国仲裁法》，又称《联邦仲裁法》(FAA)。作为一部国会制定法，
FAA 尽管非常重要，但其实仅为仲裁实践提供了一个制度框架，④其

---

① 有学者认为，现代和非现代仲裁立法的主要区别在于，前者确认将争议特
别是将来可能发生的争议提交仲裁的协议是不可撤销和具有完全强制执行力的，
后者则并非如此。Ian R. Macneil, *American Arbitration Law*: *Reformation*, *Na-
tionalization*, *Internationalization*, Oxford University Press, 1992, pp.15—16.

②③ William F. Fox & Ylli Dautaj, The Life of Arbitration Law Has Been
Experience, Not Logic: Gorsuch, Kavanaugh, And The Federal Arbitration Act,
*Cardozo J. of Conflict Resolution*, Vol. 21:1, 2019, p.1.

④ William F. Fox & Ylli Dautaj, The Life of Arbitration Law Has Been Ex-
perience, Not Logic: Gorsuch, Kavanaugh, And The Federal Arbitration Act,
*Cardozo J. of Conflict Resolution*, Vol. 21:1, 2019, p.2.

近百年间持久稳定的效力及与时俱进的发展,不能不归功于美国联邦法院尤其是联邦最高法院秉持"支持仲裁的强有力联邦政策"(strong federal policy favoring arbitration)所作的解释、发展及续造,①FAA的实践意义及价值内涵亦在此过程中得以彰显和提升。

### (一) 与时俱进的 FAA:经由 FAA、超越 FAA

FAA是美国商业团体及美国律师协会(American Bar Association,ABA)多年起草和游说的结果,②最初的制定始于1920年纽约州颁布的一部仲裁法——意在扭转普通法对仲裁的敌意并规定仲裁协议在纽约法院具有强制性。③以该仲裁法为基础,④经由ABA下属的商业、贸易及商法委员会(committee on commerce, trade and commercial law)筹备起草,FAA于1922年被提交国会讨论,先后经过1923年参议院司法委员会的听证及1924年参众

---

① Moses H. Cone Mem'l Hosp. v. Mercury Constr. Corp., 460 U.S. 1 (1983)(The FAA signals a congressional policy favoring arbitration agreements notwithstanding any state policies to the contrary); Mitsubishi Motors Corp. v. Soler Chrysler-Plymouth, Inc., 473 U.S. 614(1985)(arbitration clauses in international commercial agreements must be honored and enforced); Shearson/ Am. Express, Inc. v. McMahon, 482 U.S. 220(1987)(applying the Mitsubishi principle to domestic contracts involving the rights of purchasers of shares of stock. Mitsubishi, 473 U.S. 614 (1985)).

② Ian R. Macneil, *American Arbitration Law:Reformation,Nationalization, Internationalization*, Oxford University Press, 1992, pp.84—101.

③ N. Y. Arbitration Law, L. 1920, C. 275, Consol. c. 72.

④ 即纽约州仲裁法(New York's state arbitration law, the New York Arbitration Act of 1920),由纽约商会及纽约州律师协会起草并于1920年颁布。See *Where Arbitration Began:History of Maritime Arbitration in New York*, https:// www.smany.org/maritime-arbitration-new-york-history.html, last visited on December 19, 2021. See also Christopher R Drahozal, *In Defense of Southland:Reexamining the Legislative History of the Federal Arbitration Act*, Notre Dame Law Review, Vol. 78:1, 2002, p.119.

两院的联合听证,在没有明显反对或修改①的情况下于 1925 年获参众两院一致通过,并于 1947 年被编入《美国法典》(United States Code)第 9 编(Title 9)。迄今,FAA 已跨越两个世纪走过近百年的发展历程,虽先后经过 1954 年、1970 年、1988 年、1990 年 8 月、1990 年 11 月、1990 年 12 月、2002 年等多次修订,但都改动不大,亦未如英国那样被一部新的立法取代。

FAA 由 3 章构成,第一章是一般规定(General Provisions),共计 16 条;第二章是承认及执行外国仲裁裁决公约(Convention on The Recognition and Enforcement of Foreign Arbitral Awards),即美国于 1970 年 9 月 30 日②加入《纽约公约》之前③颁布修正案并增加的 1 章,共计 8 条;第三章是《美洲国家国际商事仲裁公约》(Inter-American Convention on International Commercial Arbitration)④,即美国为实施其 1990 年 9 月 27 日批准加入的该公约⑤(以下简称《巴拿马公约》)而颁布修正案并增加的 1 章,⑥共计 7 条。从结构安排及内容规定来看,第一章显然是主体,由于该部分主要适用于

① 国会仅对法案作了细小修改。Ian R. Macneil, *American Arbitration Law:Reformation,Nationalization,Internationalization*, Oxford University Press,1992,pp.84—91.

② https://uncitral.un.org/en/texts/arbitration/conventions/foreign_arbitral_awards/status2, last visited on December 19,2021.

③ 在加入公约之前的 2 个月,即 1970 年 7 月 31 日,国会就颁布修正案,纳入了公约的内容并增设了第二章,为公约在国内法院的适用和执行做了充分的国内法准备,See 9 U.S.C.§201。

④ 1975 年 1 月 30 日签订于巴拿马,1976 年 6 月 16 日生效。

⑤ 美国早在 1978 年 6 月 9 日即已签署,但直到 12 年之后的 1990 年 9 月 27 日才正式批准。http://www.oas.org/juridico/english/sigs/b-35.html, last visited on December 19, 2021.

⑥ See 9 U.S.C.§301. 此外,为保证公约的更好执行,第三章还并入了第二章的诸多条文(包括第 202 条、203 条、204 条、205 条、207 条)。See 9 U.S.C. §302.

国内或本土开展的仲裁,因而常被称为"FAA 的国内部分"(the "domestic" FAA)。

由于出台得早,且后续历次修订亦未作实质性修改或增补,FAA 一直保持其简约的制度建构和语言风格,不仅条文数量少,包含的制度和规则有限,语言表述也较为抽象模糊,这使得实践中具体适用时常现歧义或留白,有赖司法的补充和解释。对此,美国联邦法院尤其是联邦最高法院总是不遗余力、乐此不疲,并认为这是它们的职责和义务。①回望百年,美国国会当初把握时机一举推出 FAA,旨在确立仲裁协议的有效性、不可撤销性及强制执行性,②以抵抗和打消法院对仲裁的司法敌意。这一目标坚定而明确,直接规定在 FAA 第 2 条,并成为其最重要的核心条款之一,实践中围绕该条款产生的分歧和争议恰是最多也是最激烈的。最有代表性的当属 Southland Corp. v. Keating 案③(以下简称 Southland 案)引发的一场关于 FAA 适用范围及隐藏背后的国会立法意图(congressional intent)的考察和争论,从中可见美国联邦最高法院对 FAA 的解释形成的判例,对简约模糊的 FAA 既是一种厘清和补充,更是一种完善和发展,即经由 FAA、超越 FAA,进而在 FAA 之外生成一套"活"的联邦仲裁普通法,真正体现法律生

---

① 从过往的判决和实践来看,一个基本的共识就是认为美国联邦最高法院有义务重新解释 FAA,以使其转变为现代仲裁法,适应实践发展的需要。See William F. Fox & Ylli Dautaj, The Life of Arbitration Law Has Been Experience, Not Logic: Gorsuch, Kavanaugh, And The Federal Arbitration Act, *Cardozo J. of Conflict Resolution*, Vol. 21:1, 2019, p.29.

② See Preston Douglas Wigner, The United States Supreme Court's Expansive Approach to the Federal Arbitration Act: a Look at the Past, Present, and Future of Section 2, 29 *U.Rich. L. Rev.*, 1995, p.1499.

③ 465 U.S. 1 (1984).

命的不是逻辑而是经验。①

1. Southland 案中的激烈争论②

虽然 FAA 第 2 条明确规定任何海事交易或涉及商事的交易（a transaction involving commerce）的合同中包含的书面仲裁条款或争议产生后达成的书面仲裁协议均是有效的、不可撤销的和可强制执行的，除非普通法或衡平法中存在可撤销的理由，但结合第 1 条中界定的"商事"仍难以确定何为"涉及商事的交易"的范围，进而引发争议可仲裁性问题、约定相关争议提交仲裁的仲裁条款或仲裁协议的有效性和强制性问题，在此问题上 FAA 是仅适用于联邦法院还是亦可适用于州法院的问题以及若州法与 FAA 相冲突时应适用何法或何者优先等一系列问题，Southland 案正是围绕这些问题展开的。

在该案中，7-Eleven 便利店的特许经营人 Southland 在加利福尼亚州法院被其他特许经营人起诉。这些特许经营人分别提起的诉讼，与另一位特许经营人 Richard D. Keating 提起的集体诉讼合并审理。Southland 依据特许经营协议中的仲裁条款主张本案应提交仲裁，初审法院批准了除涉及《特许经营投资法》（the Franchise Investment Law）事项的仲裁请求。加利福尼亚州上诉法院则推翻了初审法院就《特许经营投资法》所涉争议作出的判决，并下令将所有事项提交仲裁。上诉法院认为，作为一个州法，《特许经营投资法》没有任何规定排除将该法项下的索赔提交仲

---

① See Oliver Wendell Holmes, *The Common Law*, Boston, Little, Brown & Co., 1881, p.1.

② See Christopher R Drahozal, In Defense of Southland: Reexamining the Legislative History of the Federal Arbitration Act, *Notre Dame L. Rev*, Vol. 78: 1, 2002, pp.108—115.

裁,而且如果不这样理解的话,该法将与 FAA 及其优先适用相冲突。由此,上诉法院通过援引先例认为绝大多数规则都显示 FAA 应得到适用,并要求州法院执行仲裁条款,即便该州的法律或政策中有相反的规定。加利福尼亚州最高法院推翻了上诉法院的意见,认为《特许经营投资法》项下的索赔不能仲裁,并驳回了 Southland 关于 FAA 优先于加利福尼亚州不可仲裁规则的主张,同时指出将《特许经营投资法》项下索赔排除在仲裁之外,既没有体现对仲裁的敌意亦不构成按照联邦法要求的方式执行仲裁协议的障碍。因此,法院的结论是国会意图通过 FAA 推翻这种性质的州政策是完全不可能的。①

美国联邦最高法院不仅裁定该案在其上诉管辖范围内,而且裁定 FAA 适用于州法院并优先于加利福尼亚州法律。首席大法官伯格撰写了多数意见,奥康纳大法官持不同意见,斯蒂文斯大法官持部分不同意见。提出不同意见的法官给出的理由是不允许通过仲裁解决《特许经营投资法》项下的索赔属于一州的公共政策,而这恰是 FAA 第 2 条规定的允许撤销任何合同的法律或衡平法上理由。通过考察 FAA 的立法史(legislative history),多数意见认为,在当时,国会面临两个方面的问题:一是旧的普通法对仲裁的敌意,二是州仲裁法未能强制执行仲裁协议。由此,将 FAA 的适用限定在联邦法院寻求强制执行仲裁的范围内,将使国会打算制定一项满足重大问题解决需求的广泛适用的仲裁立法的目的落空。多数意见还认为,FAA 第 2 条规定的州际贸易要求只有在国会打算将该法适用于州法院时才有意义,而且将 FAA 限定在联邦法院的范围内会鼓励当事人择地行诉(forum shopping)。不过,多

---

① Keating v. Superior Court, 645 P.2d at 1202.

数意见也承认，FAA 并未扩充联邦事项管辖权（federal subject-matter jurisdiction），只有 FAA 第 2 条而非第 3 条或第 4 条适用于州法院。

奥康纳大法官亦认为，法案的"实施条款"第 3 和第 4 条仅适用于联邦法院，并指出 FAA 没有扩充联邦事项管辖权这一事实进一步证明，FAA 只适用于联邦法院。因此，考虑到 FAA 的立法史及联邦权力的收缩，她认为现在的判决违背了国会的意图，没有必要且令人费解，虽然仲裁对于诉讼是一个有价值的替代选择，但今天的司法修正主义走得太远了。①

2. Southland 案之后的尘埃落定②

在 Allied-Bruce Terminix Cos. v. Dobson 案③（以下简称 Allied-Bruce 案）中，美国联邦最高法院再次审议了 FAA 是否适用于州法院。该案的主要问题就是关于 FAA 在州际贸易关系中的适用。法院认为，该法的适用及于国会商业权力（Congress's commerce power）所及的范围，而且合同只需事实上涉及商业问题，无须要求当事人在签订合同时就已预料到实质性的州际活动。尽管法院也承认，新政前的国会在 1925 年通过该法时很可能认为商事条款的适用范围不会扩张到本案中的程度，但美国联邦最高法院还是基于其他判例认定 FAA 的适用范围应随商事条款权力范围的扩大而扩大。

在讨论州际贸易问题之前，联邦最高法院考虑了 20 个州的司法部长要求其驳回 Southland 案判决的请求。这些部长认为

---

① Southland，465 U.S. at 25 (O'Connor, J., dissenting).

② See Christopher R. Drahozal, In Defense of Southland: Reexamining the Legislative History of the Federal Arbitration Act, *Notre Dame L. Rev*, Vol. 78: 1, 2002, pp.116—170.

③ Allied-Bruce Terminix Cos. v. Dobson, 513 U.S. 265, 283 (1995).

FAA的立法史证明事实与Southland案的多数意见所确认的恰恰相反,该案极大地改变了联邦和州司法系统之间的平衡。然而,主审该案的布雷耶大法官撰写的意见书拒绝了这一请求,并确认了Southland案的判决。该案多数意见完全依照遵循先例的理论(the doctrine of stare decisis)来支持其判决,并指出Southland案的法院承认优先权问题(即FAA优先于州法适用)是一个困难的问题,它考虑了被告及其代理律师提出的论点和主张。在Southland案之后的10年里,司法实践没有发生任何实质性的改变,没有新判例挑战或削弱该案判决的权威性,也没有不可预见的实际问题产生。在此期间,当事人很可能就是遵照Southland案的权威判决签订合同的,而且国会无论是在Southland案之前还是之后,都颁布了扩大而不是缩小仲裁范围的立法。奥康纳法官虽然勉强同意(acquiesce)该案的多数意见,但她依旧重申了自己的观点,即国会从未打算将FAA适用于州法院,过去10年法院放弃了考察和厘清国会的意图,而是通过一系列判例重塑了FAA。①因此,她呼吁国会如果希望在州法院维护州自治权,就应对这一解释作出纠正。②

在Allied-Bruce案之后,最高法院援引Southland案排除了蒙大拿州(Montana)的一项法律——该法否定一项未经明确通知而形成的仲裁协议有效。③随后,在对FAA关于雇佣合同适用例外进行狭义解释时,法院在Circuit City Stores, Inc. v. Adams案④中驳回了一个论点——在等待仲裁结果时,州法不应被州法院排

---

① 对此,奥康纳法官称之为法院另起炉灶,建造了一座自己的大厦(edifice of its own creation)。Allied-Bruce, 513 U.S. at 283 (O'Connor, J., concurring).

② Allied-Bruce, 513 U.S. at 284 (O'Connor, J., concurring).

③ Doctor's Assocs., Inc. v. Casarotto, 517 U.S. 681 (1996).

④ 532 U.S. 105 (2001).

除适用。联邦最高法院指出,这一问题在 Southland 案和 Allied-Bruce 案中已经解决,无需再作讨论。

3. 小结

至此,围绕 FAA 第 2 条关于该法适用范围的争论终于尘埃落定。尽管从州法院到联邦法院尤其是联邦最高法院内部,意见的对立或分歧从未停止或消失过,但主张通过考察 FAA 的立法史探寻国会的立法意图,并结合现代仲裁实践的发展变化和实际需求,对 FAA 的规定及适用作更大胆的甚至超越文本的解释,以赋予其新的时代内涵,似乎总在个案的处理中占据主流并成为多数意见。虽也受到反对意见的强烈批判,但在支持仲裁发展的强有力的联邦政策的牵引下,借由法院能动、务实的司法解释,FAA 在其文本之外获得了新生,虽跨越百年仍保有最初的效力与活力。

**(二) FAA 的制度特征及优势**

FAA 虽诞生于 20 世纪 20 年代,世界尚未进入全球化时代,国际经济贸易远不如今天发达,各国间的联系也不似今天如此广泛、深入和密切,国际秩序乃至国际社会尚处在动荡、整合与重构中,但美国已在一战后迅速发展成为世界头号经济强国,世界金融中心也由伦敦转移至纽约,因而对仲裁这种快捷经济的私人性争议解决方式产生了强烈需求,FAA 的出台可谓正当其时,并在接下来的一百年里为美国仲裁业的繁荣发展及打造面向全球的国际商事海事仲裁中心提供了重要支撑。总的来看,FAA 简约但不简单、粗疏但不乏先进的理念和价值追求,主要体现在以下四个方面。

1. 简约立法突显仲裁契约性

作为一部单行的仲裁法典,FAA 虽结构完整、内容全面系统,但毕竟出台得早,后续又刻意保持了简约风格及制度的延续性和稳定性,其主体部分(即第一章)自1925年颁布以来基本未作修改或变动,除对1938年《联邦民事程序规则》(the Federal Rules of Civil Procedure)的通过有所反映及在1988年增加了第15、16条2个条文外,其余条款与最初通过时几无二致。①相比其他国家的现代仲裁立法,FAA至少对以下问题未作明确规定:仲裁条款独立性问题、处理仲裁庭管辖权争议的管辖权分配问题(及相应确立的仲裁庭管辖权/管辖权原则)、对仲裁员的异议或仲裁员回避问题、临时性救济措施的发布与执行问题、关联争议合并仲裁问题、仲裁地的选择或确定问题、仲裁程序的开始和推进问题、法律选择问题等。由此,在FAA框架下,仲裁看似缺少了许多明确具体的法律依据,实则获得了自由发展的空间,诸多未尽事宜或模糊规定留给当事人自主约定或仲裁庭自由裁量,法院也获得了灵活解释的空间,这为FAA的适用和发展提供了重要的支持和保障。

简约的立法,与仲裁的契约性本质无疑是最相契合的,可以最大限度地释放其活力和天性,反之则可能构成不必要的束缚或损害。仲裁之所以在19世纪末20世纪初在美国悄然兴起,正是源于人们对当时既有的复杂的、负荷过重的法院系统(court system)的普遍失望。②而为扭转这一局面,缓解人们在诉讼中的挫败感,司法领域亦掀起了一场广泛而深刻的程序改革运动。③面对整个社会结构和法律体系发生的历史性变革,FAA的出台既是这场程序改革运动的一项举措,亦是一个重要的改革成果,其深深浸染的

① See 1 Macneil ET AL., Federal Arbitration Law, § 5.3.1, at 5;6 n.2 (Supp. 1999).

② See Imre S. Szalai, Exploring the Federal Arbitration Act Through The Lens of History, *Journal of Dispute Resolution*, Vol. 2016, No. 1, p.130.

③ See Imre S. Szalai, *Outsourcing Justice: The Rise of Modern Arbitration Laws in America*, Carolina Academic Press, 2013, pp.166—173.

理念正是简化程序、简化规则、完善争议解决机制，授权并鼓励当事人为自己的争议解决创建程序（create procedures），直接体验甚至参与创造惯例或规则，而不是被动接受（立法中）只有借助律师的帮助才能理解的复杂程序和规则，真正实现亲近法律与通向正义的目标。①

### 2. 海事仲裁针对性强

从 FAA 的条文结构和具体规定来看，海事仲裁无疑是其规范的重点。虽然一般认为海事仲裁属于广义商事仲裁的范畴，但海事仲裁有着一般商事仲裁所不具有的专业性和技术性，却是不争的事实。FAA 第 1 章共 16 个条文，其中虽只有 3 个条文提及海事争议，却足以使 FAA 作为一个整体全面适用于所有的海事仲裁。例如，FAA 第 1 条首先对海事争议作了列举性规定：属于海事管辖权范围内的租船合同，水上承运人签发的提单，有关码头费用、船舶供给、装备或船舶修理、碰撞的协议或发生在对外贸易中的任何其他事项。可见，FAA 对其适用范围内的海事争议未作任何限制，不要求须与其适用范围内的商事争议那样满足涉及州际或国际贸易的条件。②第 2 条则进一步强调任何海事交易合同中订立的仲裁条款或争议产生后订立的仲裁协议是有效的、不可撤销的和可强制执行的，除非法律或衡平法中存在撤销任何合同的理由。

虽未对临时性救济措施作出系统和完整的规定，FAA 第 8 条

---

① See Imre S. Szalai, Exploring the Federal Arbitration Act Through The Lens of History, *Journal of Dispute Resolution*, Vol. 2016, No. 1, pp.135—136.

② 第 1 条要求 FAA 适用范围内的商事争议须是发生在不同州之间或与外国之间的贸易，或是在任何美国属地之内或哥伦比亚特区之内的贸易，或是任何此类属地与另一属地之间的贸易，或是任何此类属地与任何州或外国之间的贸易，或是哥伦比亚特区与任何州或属地或外国之间的贸易，但排除对船员、铁路雇员或任何其他类型从事对外贸易或州际贸易的工人的雇佣合同的适用。

却专门针对海事仲裁中的船舶及财产扣押作了规定:"如果仲裁管辖权的基础是提起海事诉讼的合理诉由,则无论本法有何相反的规定,主张受侵害的一方当事人可按照普通海事诉讼程序申请扣押对方当事人的船舶或其他财产,法院则有权命令当事人进行仲裁,并保留对仲裁裁决作出判决的权力。"按照该条规定,海事仲裁的顺利开展及裁决的有效执行获得了法院强有力的支持和保障。

此外,从 FAA 的整体规定来看,其应是面向临时仲裁给予当事人充分协商自由的一部立法,而这恰最符合以临时仲裁为主的海事仲裁的特点和需要。

### 3. 支持仲裁的政策和理念

前已述及,FAA 的简约模糊,为法院尤其是美国联邦最高法院提供了巨大的解释空间,通过一系列判例几乎发展出了一套仲裁普通法,而 FAA 也因此能够与时俱进。虽然遵循先例、法官造法是普通法体系最基本的传统和特征,但围绕 FAA 这部国会制定法应如何解释,法官们的意见似乎从来都没有统一过。尽管如此,美国联邦最高法院总能秉持支持仲裁的联邦政策,在激烈的争论中对 FAA 作出有利于仲裁发展的解释,这不仅支撑 FAA 顽强走过百年仍保有效力,更成就了美国仲裁业领先的国际地位。

当然,围绕 FAA 适用范围展开的争论是最具代表性的,但除问题本身,更重要的是还引发了美国联邦最高法院保守派与自由派之间关于 FAA 的解释是采原旨主义(originalism)还是实用主义(pragmatism)的方法之争。按照联邦最高法院保守派代表人物安东宁·斯卡利亚大法官的观点,无论是普通立法还是宪法,都应按照立法者所理解的字面含义解读,因为只有这样,才能避免解读者将自己的政治倾向或道德取舍掺杂其中,也才能保持法官的中立性和客观性;法官不得立法或修改法律,因而需以严格的字面含义限制他们对法条的合理解读范围。同时,法官绝不应分析所谓的立法史,并试图从中挖掘出立法者的本意(legislative intent)。因此,自由主义学派鼓吹的"活宪法"(living constitution)或"双宪法"(dualism)是不能接受的,这些理论都含有极大的主观性与模糊性,无法阻止法官按自己的个人意愿解读法条。①

然而,自由派则认为,②支持仲裁的联邦政策长期以来一直是 FAA 解释的唯一准则,也许更好的办法就是承认这一点。他们还强调,对于建立仲裁的理论框架,联邦最高法院已获国会批准或至少是得到默许。多年来,也许法官对美国仲裁法最重要的贡献就是通常所说的"联邦化"(federalization),而这一概念恰源自联邦最高法院对如今已深入人心的"支持仲裁的强有力联邦政策"的贯彻和表达。联邦化使 FAA 成为美国事实上唯一的仲裁法,使得法院能消除对支持仲裁政策的任何反对。既然 FAA 的文本规定并不清晰,法院就可以根据支持仲裁的联邦政策决定什么是明确的。③实践证明,仲裁的发展向来都是目标定位和结果导向的,以实用主义方法进行解释始终居于主导。正如霍姆斯曾指出的,法律所呈现的可能是该国历经数百年的发展史,不能把它当作只包含公式、定理和推论的数学论著。④加里·博恩(Gary Born)也指出,虽然 FAA 国内部分没有明确的优先条款,也未反映

---

① 参见[美]安东宁·斯卡利亚:《联邦法院如何解释法律》,蒋惠岭、黄斌译,张泰苏校,中国法制出版社 2017 年版,中文导读第 2—3 页。

② See William F. Fox & Ylli Dautaj, The Life of Arbitration Law Has Been Experience, Not Logic: Gorsuch, Kavanaugh, And The Federal Arbitration Act, *Cardozo J. of Conflict Resolution*, Vol. 21:1, 2019, pp.1—51.

③ See Circuit City Stores, Inc., v. Adams, 532 U.S. 105 (2001).

④ 霍姆斯还指出,要搞清楚法律,须了解它的过去,预知它的未来,这就需求诸历史和已有的立法理论。See Oliver Wendell Holmes, *The Common Law*, Boston, Little, Brown & Co., 1881, p.1.

国会想要控制整个仲裁领域的意图,但联邦最高法院多次宣布,FAA制定了一套与仲裁有关的实质性联邦规则,即国会颁布FAA时宣布了一项支持仲裁的国家政策,如果双方已约定通过仲裁解决争议,则各州无权再要求其将争议提交司法诉讼解决,结果就是,如果某一州的法律单独针对仲裁协议作出使州际和国际仲裁协议无效或可撤销的规定,则FAA优先适用。①由此,原旨主义用于宪法解释是有道理的,但若用于仲裁法的解释则可能是不合适的。

总之,正是从支持仲裁的联邦政策出发,在FAA颁布后未作经常性或实质性修改的情况下,美国联邦最高法院在其文本之外通过一系列判例有效补充和完善了FAA的内容,以适应政策目标、政治关切和全球商业实践的调整和变化。国会亦允许联邦最高法院在开放性的法律规则中发挥更大的司法解释的作用,法院因而填补了立法中的相关空白,从而建立了一个符合宪法要求的实现正义的裁判机制。②

4. 对接国际通行规则并推动建立国际统一标准

FAA不仅是国内商事仲裁立法的先驱,在对接国际通行规则方面也是积极有为,并通过联邦最高法院在实践中的解释和阐发,使得美国在国际层面推动协调并建立更有利于仲裁的国际统一标准上亦总是走在前面。

前已述及,美国先后于1970年和1990年加入了《纽约公约》和《巴拿马公约》,并以国内立法转化的方式将公约内容吸收和纳

---

① See Gary B. Born, *International Commercial Arbitration* (*2nd ed.*), Kluwer Law International, 2014, pp.160—161.

② William F. Fox & Ylli Dautaj, The Life of Arbitration Law Has Been Experience, Not Logic: Gorsuch, Kavanaugh, And The Federal Arbitration Act, *Cardozo J. of Conflict Resolution*, Vol. 21:1, 2019, p.9.

入了 FAA,分别规定在第二章和第三章。①为国际商事仲裁协议的强制执行及外国(国际)仲裁裁决的承认与执行提供了制度保障,也为两个公约的国内执行奠定了国内法基础。虽然两个公约的内容基本相同,或者说《巴拿马公约》刻意复制或深度参考了《纽约公约》的许多规则,但两者的性质、缔约国仍有很大差异。为协调两者的关系尤其是适用上可能产生的冲突,FAA 第三章第 305 条还作了如下规定:"除非另有明示约定,应按如下方式处理:(1)如果仲裁协议的多数当事人是批准或加入《美洲国家国际商事仲裁公约》并加入美洲国家组织的成员国的公民,应适用《美洲国家国际商事仲裁公约》。(2)其他情况下应适用订立于 1958 年 6 月 10 日的《承认及执行外国仲裁裁决公约》。"可见,作为一个区域性公约,在主要涉及《巴拿马公约》缔约国及美洲国家组织成员国公民之间的争议时,《巴拿马公约》优先适用,当事人另有约定的除外。这既体现了 FAA 对区域性安排的重视,也体现了对当事人意思自治的尊重,还体现了一般情况下对《纽约公约》的信任和依赖,毕竟后者是一个更具国际普遍性和影响力的全球性公约。

在公约体系下,除各缔约国国内仲裁法之间的冲突能得到应有的协调,各缔约国之间共同参照和遵守的国际统一标准亦将逐步建立。如此,一个在公约统领下的国际仲裁共同体便得以建立和形成,在此共同体中不仅仲裁协议能得到一致的尊重和维护,仲裁裁决无论在哪里作出,亦能在其他缔约国得到承认和执行,至少实现裁决在缔约国之间的自由流通,而这恰是国际商事仲裁得以蓬勃发展的关键所在。对此,FAA 的回应也是积极而明确的,其

---

① FAA 第二章和第三章属于在国内执行所加入国际条约的执行性立法。See 9 U.S.C. § 201 & § 301.

第207条规定:"公约项下的仲裁裁决作出后3年内,任何一方当事人均可向依照本章规定有管辖权的法院申请确认裁决。法院应确认该裁决,除非发现裁决存在公约规定的拒绝或延迟承认和执行的理由。"实践中,美国联邦法院更是从支持仲裁的政策和理念出发,对公约的相关规定作出解释,在满足一定条件下甚至承认和执行已被撤销的外国仲裁裁决,首开先河的当属哥伦比亚特区联邦地区法院1996年判决的 Chromalloy Aeroservices Inc. v. Arab Republic of Egypt 案①(以下简称 Chromalloy 案)。

在该案中,原告 Chromalloy 航空公司要求承认和执行在开罗作出的要求埃及共和国支付直升机维修合同赔偿金的仲裁裁决,但裁决已被开罗上诉法院以法律适用错误为由撤销。哥伦比亚特区联邦地区法院认为,按照《纽约公约》第5条的规定,法院拥有拒绝承认和执行外国仲裁裁决的自由裁量权,而公约第7条第1款的规定,又为裁决的承认和执行确立了一个法律适用上的"更优惠权利条款",该条款允许当事人援引更有利的国内法维护其裁决,而美国正拥有吸收了这一条款的法律——FAA,因为裁决被外国法院撤销并不是该法规定的撤销理由,且该案裁决因错误适用法律被撤销亦未满足美国法下显然漠视法律(manifest disregard of the law)的标准。②此外,因为双方当事人在仲裁协议中已明确裁决具有终局约束力,并约定放弃任何上诉或其他救济权利,而"美国支持商事仲裁终局性和强制约束力的公共政策是明确无误的,并得到条约、制定法和判例法的支持",所以法院承认和执行了该

---

① 939 F. Supp. 907(D.D.C. 1996).

② 参见肖永平、廖卓炜:《已撤销仲裁裁决在美国的承认与执行》,载《经贸法律评论》2019年第2期;吴宗楠:《跨国大战 | Gary Born 能让已被中国法院撤销的裁决在美国逆风翻盘吗?》,载微信公众号"国际仲裁那些事",2021年5月22日。

被撤销的仲裁裁决。在针对该案的评论中,简·鲍尔森(Jan Paulsson)教授曾提出执行法院应"漠视撤销裁决的地方标准"(disregarding Local Standard Annulment,简称 LSA)这一建议,旨在推动裁决撤销标准在国际层面的协调和统一,对后来诸多国家的司法实践都产生了一定影响。①

在 2013 年的 Corporación Mexicana de Mantenimiento Integral(COMMISA)v. Pemex—Exploracióny Producción(PEP)案②中,COMMISA 向美国纽约州南区联邦地区法院申请执行该仲裁裁决,PEP 以该裁决已被墨西哥法院撤销作为抗辩。执行法院则认为墨西哥法院溯及既往地适用了订立仲裁协议时并不存在的法律,损害了 COMMISA 的合理期待,也致使 COMMISA 因超过诉讼时效而丧失了寻求实体救济的机会。因此,墨西哥法院撤销仲裁裁决的裁判违反了美国基本的公平、正义观念,该已被撤销的裁决应得到执行。执行法院在作出判决时,注意到 Chromalloy 案的判决依旧基于"好法"(good law)。③

在 2020 年 6 月 29 日向美国哥伦比亚特区联邦地区法院申请确认(承认与执行)已被北京市第四中级人民法院撤销的中国裁决书的 UNI-TOP Asia Investment Limited v. Sinopec International

---

① 按照简·鲍尔森教授的思路,那些超出《纽约公约》第 5 条或《联合国国际商事仲裁示范法》第 34 条规定的裁决不予执行或撤销情形之外的各种地方规定,都不是能被国际社会普遍接受的国际标准,而是撤销裁决的地方标准(LSA),即使仲裁地法院按照 LSA 撤销了仲裁裁决,执行地法院也可以对此予以漠视,转而决定承认和执行已被撤销的仲裁裁决。参见王生长:《UNI-TOP 案:已撤销仲裁裁决的执行》,载微信公众号"汇仲律师事务所",2021 年 5 月 31 日。

② 962 F. Supp. 2d 642(S.D.N.Y. 2013).

③ 参见王生长:《UNI-TOP 案:已撤销仲裁裁决的执行》,载微信公众号"汇仲律师事务所",2021 年 5 月 31 日。

Petroleum Exploration and Production Corporation 案①(以下简称 UNI-TOP 案)中,UNI-TOP 亦援引 Chromalloy 案的判决,主张受理执行申请的法院有一定的自由裁量权,法院在某些令人信服的情况下,可裁定强制执行已在仲裁地国被撤销的仲裁裁决。②

从已有的实践来看,美国联邦法院承认与执行已被撤销裁决的门槛还是很高的,即已被撤销裁决一般仅在以下情形下才可能得到支持:(1)撤销存在严重的程序不公或存在其他违反诚实信用、公平正义的情况;(2)撤销基于地方公共政策标准或其他地方审查标准;(3)撤销是基于对案件进行广泛性实体审查(且双方已按合同约定排除此种审查)的结果,不符合执行地国的公共政策。③当然,不可否认的是,美国联邦法院试图突破某些狭隘的地方标准,以推动建立国际统一标准的努力已初见成效。

## 二、统一仲裁法

为推动各州法律走向统一,统一州法全国委员会(NCCUSL),也称统一法委员会(the Uniform Law Commission,ULC),在各州的支持下于 1892 年成立。在日受欢迎和重视的仲裁领域,ULC 亦顺应时势、不遗余力地推动统一法案的制定,并于 1955 年推出了统一仲裁法(Uniform Arbitration Act,UAA),旨在统一各州存

---

① (1:20-cv-01770,US District Court for the District of Columbia),https://dockets.justia.com/docket/district-of-columbia/dcdce/1:2020cv01770/219524,last visited on December 21,2021.

② UNI-TOP 认为本案与 Chromalloy 案相同,法院应做到同案同判。参见吴宗楠:《跨国大战丨 Gary Born 能让已被中国法院撤销的裁决在美国逆风翻盘吗?》,载微信公众号"国际仲裁那些事",2021 年 5 月 22 日。

③ See Sherina Petit and Ben Grant,"*Awards Set Aside or Annulled at the Seat-Zombies,Ghosts and Buried Treasure*",Norton Rose Fulbright,International Arbitration Report,May 2018.

在分歧和差异的仲裁法,同时确保仲裁协议的强制可执行性,以消除州法对仲裁的敌意。①在推出的第二年即1956年,UAA即得到一次修订,此后直至2000年,UAA才得到第二次也是较为显著的一次修订,以适应四十余年间仲裁发生的深刻变化。

## (一) 从 UAA 到 RUAA

面对州法的冲突,ULC有权决定是采统一法(uniform law)还是示范法(model law)的形式推动统一,这两种形式虽有很大的相似性和相通性,但也存在差异:前者旨在谋求大多数州的仲裁法走向统一,后者则有所不同,虽然推动各州法律走向统一亦是其目的之一,但其主要目的还是为各州立法或修改提供一种示范或可参考的范本,以推动各州法律冲突的减少及统一性的提升,即使相当数量的州并不接受该示范法,亦不影响该示范法目的或初衷的实现。②但无论何者,其规则文本并无法律约束力,也就是说,两者并非立法机构制定或颁布的法律,并非可直接适用的法律文件,除非得到州立法的接受或采纳。③由此,UAA,无论从其名称还是制定目标来看,无疑采取的是统一法的形式,即以谋求推动各州仲裁法实现统一为主旨。

UAA的制定,重点解决了两个方面的问题,一是允许当事人在争议实际产生之前约定将争议提交仲裁解决,突破了传统普通法的禁止和束缚;二是为仲裁的开展提供了基本的程序规则。自

---

① Uniform Arbitration Act(Last Revisions Completed Year 2000),Prefatory Note,https://www.uniformlaws.org/viewdocument/final-act-1?CommunityKey=a0ad71d6-085f-4648-857a-e9e893ae2736&tab=librarydocuments,last visited on December 21,2021.

② *What is a Model Act*? https://www.uniformlaws.org/acts/overview/modelacts,last visited on December 21,2021.

③ https://www.uniformlaws.org/aboutulc/overview,last visited on December 21,2021.

推出六十余载,UAA 可谓成效卓著,已基本实现既定目标,成为 49 个法域的立法基础,其中 35 个法域直接采纳了 UAA,14 个法域则按照 UAA 的文本制定了本州(特区)仲裁法。①自 UAA 于 2000 年完成修订之后,许多州又按照新修订的版本制定或重新制定了本州(特区)的仲裁法。②

从时间上看,UAA 的出台比 FAA 晚了整整 30 年,虽吸收和采纳了许多与 FAA 相似的规则,但也增加了 FAA 颁布时尚未考虑和包含的规则,主要反映了仲裁法发展中越来越支持扩大仲裁运用的趋势。近几十年来,随着仲裁日益发展成为当事人欢迎、法院支持的主要争议解决机制,ULC 决定成立一个起草委员会对 UAA 进行修订,以满足现代仲裁实践新的发展需要,并最终推出了《统一仲裁法(修订版)》(Revised Uniform Arbitration Act, RUAA)。

### (二) RUAA 的制度及变革

RUAA 共计 33 条,主要对以下问题作了规定,具体包括:相关概念的定义、文书送达、法律开始适用的时间、仲裁协议的有效性、不能排除的条款、(申请)司法救济、仲裁协议的效力、(动议)强制仲裁或中止仲裁、临时救济措施、仲裁程序的启动(开始)、不同仲裁程序的合并、仲裁员的指定、仲裁员的中立性要求、仲裁员的披露、仲裁员的多数意见、仲裁员责任豁免、作证资格、律师费及成

---

① Uniform Arbitration Act(Last Revisions Completed Year 2000), Prefatory Note, https://www.uniformlaws.org/viewdocument/final-act-1? CommunityKey = a0ad71d6-085f-4648-857a-e9e893ae2736&tab = librarydocuments, last visited on December 21, 2021.

② 包括内华达州、新墨西哥州、夏威夷州、哥伦比亚特区等 23 个州(特区)。https://www.uniformlaws.org/committees/community-home?CommunityKey = a0ad71d6-085f-4648-857a-e9e893ae2736, last visited on December 22, 2021.

本、仲裁程序、律师代理、证人及传票、宣誓证言、证据开示、仲裁员先行裁决的司法执行、仲裁裁决、仲裁员对裁决的修改、救济措施、仲裁程序的费用及开销、裁决的确认及撤销、裁决的修改及更正、基于裁决的判决、律师费及诉讼开销、管辖权、仲裁地、上诉、（法律）适用及解释的统一、与全球及国内商法中电子签名的关系、生效日期、法律的废止、保留条款等。

　　显然，修订前的 UAA 缺少了许多应对现代仲裁实践新问题的规定，出现了一定的滞后性或不适应性，其在适用中主要出现了以下问题：（1）谁来决定争议的可仲裁性，按照什么标准？（2）法院或仲裁员是否可以发布临时救济措施？（3）当事人应如何启动仲裁程序？（4）仲裁程序能否合并？（5）是否要求仲裁员披露可能影响其中立性的信息？（6）仲裁员或仲裁机构在多大程度上享有民事诉讼豁免？（7）是否可以要求仲裁员或仲裁机构代表在另一个程序中作证？（8）仲裁员是否享有下令证据开示、发布保护性命令、对简易处置动议作出决定及召开庭前会议或采取其他程序管理方式的自由裁量权？（9）法院什么时候可以执行仲裁员作出的先行裁决？（10）仲裁员可以裁决什么救济措施，尤其是关于律师费、惩罚性赔偿或其他惩罚措施？（11）法院什么时候可以裁决仲裁员和仲裁机构的律师费及成本补偿？（12）在裁决上诉程序中，法院什么时候可以裁决胜诉方的律师费及成本补偿？（13）UAA的哪些条款是不能排除的，以确保一方当事人尤其是议价能力明显处于弱势的一方当事人获得基本的公平正义？（14）电子信息及其他现代科技手段在仲裁程序中如何运用？

　　起草委员会在对 UAA 进行修订时，首先就以下原则达成了一致：其一，仲裁是一种协议性程序，基于当事人意思自治达成的仲裁协议应受到应有的尊重，只要该协议不违反基本的公平理念。

这就意味着当事人可以根据实际需要对程序作出设计和安排,而在大多数时候如果当事人没有就特定事项作出约定,则 RUAA 提供的是一种拾遗补阙的机制。其二,很多当事人之所以选择仲裁是因为看中了仲裁的快速、低费及高效,RUAA 应对这些因素予以考虑和吸收。其三,在大多数案件中,当事人都希望裁决是终局的且仲裁将法院的介入限制到最低,除非出现了明显不公或违反正义的情形。仲裁的契约性,决定了第 23 条规定的裁决撤销理由是有限的。同理,第 21 条规定了仲裁员可以裁决律师费、惩罚性赔偿及其他惩罚措施,第 14 条规定了仲裁员免受诉讼指控,以保证其独立行使权力并享有责任豁免。可见,在 RUAA 下,不仅当事人的意思自治凸显,仲裁庭的权限也空前扩大,从可受理的争议范围到可行使的权力和可采取的措施以及可享有的豁免等,仲裁庭的地位几乎能与法官比肩(on the same footing as judges),[①]这无形中大大减少了法院介入和干预的机会。此外,其余新增的条款则主要反映了仲裁法的最新发展及保障仲裁程序的公正性。例如,第 12 条要求仲裁员须对当事人作重要的信息披露,第 8 条允许法院在特定情形下发布临时性救济措施以维护仲裁程序的连贯性,第 17 条规定了有限的证据开示以确保仲裁程序快捷高效地进行。

鉴于美国联邦最高法院已处理涉及 FAA 的一系列案件并形成判例,按照先占理论(the doctrine of preemption),对 UAA 所作的任何修订,都应遵守 FAA 已确立的标准尤其是法院解释 FAA 所秉持的支持仲裁的政策标准。这些既有标准,不仅适用于联邦

---

① Uniform Law Commission: *The Revised Uniform Arbitration Act*(2000)— *A Summary*, https://www.uniformlaws.org/HigherLogic/System/DownloadDocumentFile.ashx?DocumentFileKey = 640c4891-81bb-bc1f-e1f9-9bf62cfd52ff&forceDialog = 0, last visited on December 22, 2021.

法院亦适用于州法院。一直以来,联邦最高法院都是从仲裁程序的两端介入以提供司法保障:一是仲裁程序的前端(the front end of the arbitration process)。在一系列判例中,法院保证了仲裁协议的强制执行。①此种(联邦)判例法为各州采纳 RUAA 时确立了一项原则或标准——任何对仲裁协议的限制应让位于 FAA 第 2 至 4 条规定的支持仲裁的公共政策。二是仲裁程序的后端(the back end of the arbitration process),主要涉及裁决的撤销、确认及修改的程序和标准等问题,规定在 FAA 第 9 至 12 条。由于后端不像前端那样有联邦最高法院的一系列判例提供指引,加之联邦巡回上诉法院的大多数意见认为 FAA 第 10 条第 1 款规定的裁决撤销理由并非排他性的,州法院在此问题上应遵循何种既有标准的问题变得有些复杂:如果联邦最高法院认为 FAA 第 10 条第 1 款规定的撤销理由是唯一的,则其在后端的法律规定优于州法的适用便是确定不疑的,其所追求的依该款规定实现裁决撤销的一致性也才能实现;如果联邦最高法院不认为该款规定的撤销标准是唯一的,则 FAA 优于州法的适用就只能限于州法不得取消、限制或修改该款规定的 4 项理由的范围内,联邦最高法院围绕该款规定形成的联邦"普通法"(federal "common law")也优于州法中的相反规定。但同时,既然 FAA 下的撤销标准并非唯一,那么州法应可纳入其他撤销理由。②

---

① Prima Paint Corp.v. Flood & Conklin Mfg. Co., 388 U.S. 35(1967); Moses H. Cone Mem'l Hosp. v. Mercury Constr. Corp., 460 U.S. 1(1983); Southland Corp. v. Keating, 465 U.S. 2(1984); Perry v. Thomas, 482 U.S. 483(1987); Allied-Bruce Terminix Cos. v. Dobson, 513 U.S. 265(1995); Doctor's Assocs. v. Cassarotto, 517 U.S. 681 (1996).

② Uniform Arbitration Act (Last Revisions Completed Year 2000), Prefatory Note, https://www.uniformlaws.org/viewdocument/final-act-1? CommunityKey = a0ad71d6-085f-4648-857a-e9e893ae2736&tab = librarydocuments, last visited on December 21, 2021.

由于 RUAA 未专门针对国际商事仲裁作出规定,各州便以不同方式进行了这方面的立法。其中,12 个州出台了专门的国际商事仲裁法,7 个州按 1985 年《联合国国际商事仲裁示范法》制定了州仲裁法,①1 个州按 2006 年修订后的《示范法》制定了州仲裁法,②其他州则在部分采纳《示范法》、部分采纳《纽约公约》的基础上进行了仲裁立法,还有州在其仲裁法中设计和制定了专门的国际仲裁法条款。由于州法很少适用于国际仲裁案件,州法院也很少处理此类案件,起草委员会于是决定不在修订 UAA 时纳入对国际仲裁的专门性规定,但仍在 RUAA 的条款中参考了《示范法》《纽约公约》及英国《1996 年仲裁法》的表述。③

总之,UAA 的推出及 RUAA 的跟进,不仅使存在冲突和歧异的州仲裁法逐步走向统一,更使参差不齐的州仲裁法向 FAA,以及美国联邦最高法院秉持支持仲裁的政策和理念在一系列判例形成的仲裁普通法中确立的更高水准看齐和靠拢。这既可避免州仲裁法与 FAA 之间可能存在的冲突,亦可有效消除州仲裁法对仲裁的敌意,尤其是对支持仲裁的联邦政策的违反。如此,不仅在联邦法层面,在州法层面仲裁的发展也能获得先进的立法保障和司法支持,为美国仲裁业的持续发展进步及国际竞争优势的保持和提升提供助力。

---

① 分别是加利福尼亚州(1988 年)、康涅狄格州(1989 年)、得克萨斯州(1989 年)、俄勒冈州(1991 年)、伊利诺伊州(1998 年)、路易斯安那州(2006 年)、佐治亚州(2012 年)。http://www. uncitral. org/uncitral/zh/uncitral _ texts/arbitration/1985Model_arbitration.html, last visited on December 22, 2021.

② 佛罗里达州(2010 年)。http://www. uncitral. org/uncitral/zh/uncitral _ texts/arbitration/1985Model_arbitration.html, last visited on December 22, 2021.

③ Uniform Arbitration Act (Last Revisions Completed Year 2000), Prefatory Note, https://www.uniformlaws.org/viewdocument/final-act-1? CommunityKey = a0ad71d6-085f-4648-857a-e9e893ae2736&tab = librarydocuments, last visited on December 21, 2021.

## 第二节　纽约海事仲裁制度的仲裁规则之维：不断发展完善的 SMA 海事仲裁规则

纽约作为仅次于伦敦的第二大国际海事仲裁中心，其海事仲裁业从兴起走向繁荣，直接得益于 SMA 多年的努力与奉献。早在1963 年，一小群资深并活跃于纽约海事仲裁界的仲裁员[1]认识到，有必要成立一个由专业精通、经验丰富、严格遵守高道德标准[2]的海事商事专业人士（maritime and commercial professionals）组成并致力于促进优质仲裁实践开展的机构。为此，他们发起成立了 SMA——一个非营利性的专业性组织。[3]

与其他仲裁机构不同，SMA 要求其仲裁员只能作出附具充分理由的裁决，并通过裁决订阅服务（subscription to its Awards Service）及 Lexis-Nexis 和 Westlaw 等信息检索系统向国际航运界发布。[4]同样，区别于其他仲裁机构的做法，SMA 并不向当事人收取任何服务费，也不监督和管理仲裁程序，而是将此重任（crucial

---

[1]　据说当时主要包括 9 名租船经纪人、船舶代理人。参见刘书剑：《美国的海事仲裁制度评介》，载《中国海商法年刊》1991 年卷。

[2]　SMA 制定了专门的仲裁员道德规范，要求仲裁员（即便是一方当事人指定的仲裁员）应是中立的，行事不偏不倚、没有党派偏见，外在形象亦如此，涉及仲裁员行为的投诉调查由 SMA 的职业行为委员会（Committee on Professional Conduct）负责。See *Maritime Arbitration In New York*, https://www.smany.org/arbitration-maritime-new-york.html, last visited on December 18, 2021.

[3]　See *About The SMA*, https://www.smany.org/about.html, last visited on December 22, 2021.

[4]　截至目前，SMA 已全文（full text）发布超过 4 200 个裁决。See *Maritime Arbitration In New York*, https://www.smany.org/arbitration-maritime-new-york.html, last visited on December 18, 2021.

task)交给仲裁庭自由裁量和负责。为提供优质的仲裁服务,SMA制作并发布其会员/仲裁员名册(a roster of its members)①供当事人选择,按照 FAA 制定仲裁规则并适时修改,如果当事人选择适用州法或其他国家的法律,亦会得到尊重和满足。某些时候 SMA 仲裁规则虽未被订入合同,当事人仍可约定也经常特别约定适用该规则。此外,SMA 还根据航运界当事人的实际需要推出了简易程序(Shortened Arbitration Procedure)和海难救助仲裁程序(Salvage Arbitration Rules),以满足当事人对不同程序的需求。

## 一、SMA 仲裁规则

SMA 自 1963 年成立后即推出了自己的海事仲裁规则(Maritime Arbitration Rule,MAR),后于 1983 年作了一次修订。1994年,SMA 与美国海商法协会(the Maritime Law Association)下属的仲裁及 ADR 委员会合作,对仲裁规则作出重要修订以提高仲裁程序的效率,主要涉及三个方面:一是增加了合并仲裁,当然如果当事人不愿合并仲裁,也可在其仲裁条款中予以排除(opt out),二是规定了强制被申请人参加仲裁的更有效方式,三是授权仲裁庭对一方当事人合理支出的律师费或其他费用的补偿作出裁决。②

---

① 名册中包含对每位仲裁员一般背景和专长的简要介绍,SMA 的会员须是商业人士(commercial people),在各自行业是担任过至少 10 年商业负责人职位(responsible commercial positions)的业界领袖(recognized as leaders)。要取得SMA 的会员资格,须经会员资格委员会审查并获理事会和大会批准,只授予具备最高专业水准和人品的人,通常来自船舶经营管理、租船及代理、保赔协会(P&I Clubs)、保险、索赔管理、装卸、银行、勘测、工程、造船、码头运营等行业。See *Maritime Arbitration In New York*,https://www.smany.org/arbitration-maritime-new-york.html,last visited on September 20,2022.

② See *Maritime Arbitration In New York*,https://www.smany.org/arbitration-maritime-new-york.html,last visited on September 20,2022.

为应对日益激烈的市场竞争并维持其第二大国际海事仲裁中心的地位,SMA 近 10 余年来修订仲裁规则的频率明显增加,先后于 2003 年、2009 年、2010 年、2013 年、2016 年、2018 年和 2022 年作了修订,使仲裁规则能紧跟实践的发展不断完善。SMA 仲裁规则下的仲裁程序,通常被称为标准程序或普通程序(Standard Arbitration)。①现行有效的 SMA 仲裁规则,是 2022 年 6 月 1 日起生效实施的仲裁规则,共 38 条及 3 个附件②,依旧延续和凸显了 SMA 海事仲裁的鲜明特色和程序优势。以下将主要围绕 2022 年 SMA 仲裁规则(以下简称 SMA 规则)考察和分析 SMA 海事仲裁的特点。

**(一) 以临时仲裁为基础的程序设计**

SMA 虽是一个专司海事仲裁的专业组织,但并不介入或管理案件,而旨在聚集最优秀的海事仲裁员,为当事人提供最专业的海事仲裁服务。因此,在 SMA 海事仲裁中,当事人及秉持当事人意旨行事的仲裁庭才是最关键的要素,SMA 只在案件审理需要时提供必要且免费的服务或协助。这正是国际航运界需要并习惯的临时仲裁,SMA 规则亦是以此为基础进行的程序设计,着力张扬的是对当事人意愿的尊重及对赋予仲裁庭足够权限的支持。

1. 对当事人意愿的尊重

在 SMA 规则下,当事人才是仲裁程序的主人,即便当事人在合同中约定按 SMA 规则仲裁,除那些授权仲裁庭管理仲裁程序的

①　See *Practical Guide Initiating an Arbitration*, https://www.smany.org/arbitration-practical-guide.html, last visited on September 23, 2022.

②　附件 A(Appendix A)是宣誓(Oaths),附件 B(Appendix B)是传票(Subpoena),附件 C(Appendix C)是作为仲裁员报酬和开销担保的 SMA 独立账户存款基金管理的标准条款(Standard Terms for the Administration of Funds Deposited in Escrow with the Society of Maritime Arbitrators, INC. (SMA) as Security for Arbitrators' Fees and Expenses)。

规定外,当事人仍可约定变更或修改 SMA 规则在其仲裁中的适用;对裁决的公布,也只有在当事人没有事先作出相反约定的前提下才能实施。①面对涉及相同事实或法律问题以及涉及相同交易或同一系列交易的争议,所有相关当事人亦可达成约定对争议进行合并仲裁。②

在没有仲裁机构进行案件管理的临时仲裁中,仲裁程序基于一方当事人向另一方当事人发出其已申请仲裁并指定仲裁员的书面通知而启动。在其仲裁请求中,申请方当事人应阐明争议性质、所涉金额及其寻求的救济。直到程序终结前,当事人都享有变更或增加仲裁请求的自主权。③如果当事人明确约定了指定仲裁员的方法,则此种约定应得到遵守并具有优先于 SMA 规则不同规定适用的效力。④在仲裁程序中,任何一方当事人都享有委托律师或其他适当代理人的权利,⑤若各方当事人一致申请延期审理,仲裁庭亦应准许。基于案件的实际情况,当事人还可书面约定仅进行书面审理。⑥在仲裁过程中,当事人一旦达成和解,便可请求仲裁庭依其和解协议作出裁决。⑦

2. 对赋予仲裁庭足够权限的支持

在 SMA 仲裁中,正是由于没有仲裁机构提供案件管理,相关权力得以集中交给仲裁庭,而这也恰是仲裁庭基于当事人的协议授权并按当事人意愿行事所必需的权力,否则其难以独立有效地实施对案件的审理和裁判。

---

① 参见 2022 年 SMA 仲裁规则第 1 条。
② 参见 2022 年 SMA 仲裁规则第 2 条。
③ 参见 2022 年 SMA 仲裁规则第 6 条。
④ 参见 2022 年 SMA 仲裁规则第 10 条。
⑤ 参见 2022 年 SMA 仲裁规则第 14 条。
⑥ 参见 2022 年 SMA 仲裁规则第 27 条。
⑦ 参见 2022 年 SMA 仲裁规则第 31 条。

在当事人仲裁条款未作相反约定的情况下,仲裁庭经征求当事人意见后可确定仲裁庭审在纽约城的某个地点举行。当然,仲裁庭也可决定在任何其他地点进行庭审,以便查验实物证据(physical evidence)或接受非代表任何一方当事人的证人(non-party witness)提交的证据及/或文件。如果仲裁庭认为适当,还有权决定通过视频会议(video conference)或其他类似电子手段提交证据。证据的相关性和实质性亦应由仲裁庭来审查和认定。① 在一方当事人经合理通知仍无故不到庭或亦未有效申请延期审理的情况下,仲裁庭可决定进行缺席审理。② 一旦所有材料提交完毕,仲裁庭即可宣布庭审结束,但仍可要求当事人为其主张或抗辩作出说明。此外,在裁决作出前的任何时候,仲裁庭基于当事人申请且亦认为确有正当理由存在时,可命令再次开庭。③

仲裁庭有义务在收到当事人提交的最后一轮证据或总结陈词并通知他们庭审程序已结束后的 120 日内作出裁决。当然,此项规定未被遵守并不构成当事人挑战裁决的理由。④ 仲裁庭有权采取它认为公平公正的任何补偿或救济措施,包括但不限于针对部分或全部仲裁请求或反请求采取的实际履行和提供担保等措施。仲裁庭还有权在裁决中估算和决定 SMA 规则第 15、36、37、38 条项下规定的各种仲裁费用和支出,并对当事人的律师费用作出处理——裁决补偿一方当事人为聘请律师支出的合理费用和花销。仲裁庭还享有为纠正明显的文字或计算错误而修改裁决的权力。⑤ 对于 SMA 规则项下的时限或期间,仲裁庭在有正当理由的

---

① 参见 2022 年 SMA 仲裁规则第 23 条。
② 参见 2022 年 SMA 仲裁规则第 22 条。
③ 参见 2022 年 SMA 仲裁规则第 26 条。
④ 参见 2022 年 SMA 仲裁规则第 28 条。
⑤ 参见 2022 年 SMA 仲裁规则第 30 条。

情况下亦有权决定延长或缩短并告知当事人。①仲裁庭还有权就其自身的费用和支出作出裁决和分配。对于仲裁庭的报酬,每位仲裁员可基于案件的复杂性、紧急性及所投入的时间据实确定自身的费用。如果当事人在仲裁过程中就争议达成了和解,仲裁庭已付出的工作仍应得到偿付。②

### 3.仲裁机构协助而非管理

SMA规则下的海事仲裁,虽为不依托仲裁机构进行案件管理的临时仲裁,但为能给国际航运界提供更高效满意的仲裁服务,SMA秉持奉献精神在仲裁过程中提供各种必要且免费的支持和协助,则是其他海事仲裁难以企及和比肩的:

首先,SMA吸收和聚集了一批资历深厚的优秀的海事仲裁员,并在此基础上制定了自己的仲裁员名册向当事人公布。在个案中,当事人意欲申请仲裁启动仲裁程序时,SMA总是会应当事人的请求向其提供当时有效的仲裁员名册,以便其在名册中指定适格的仲裁员。③

其次,在决定对关联争议进行合并仲裁时,如果出于某种原因未能在一方当事人提出合并仲裁请求后的30日内完成组庭,则应任何一位利益相关方当事人的请求,SMA的时任主席或在有利益冲突的情况下时任副主席,应根据案件的实际需要在其仲裁员名册中为当事人指定适当的仲裁员,以协助完成合并仲裁庭的组建。同时,如果当事人就一项争议是否应提交合并仲裁发生分歧,亦应立即将此门槛性问题交由SMA时任主席或副主席进行解决,所作出的决定可采取附具理由的裁决形式而且是终局的和

---

① 参见2022年SMA仲裁规则第34条。
② 参见2022年SMA仲裁规则第37条。
③ 参见2022年SMA仲裁规则第10条。

有约束力的。①

最后，除非当事人预先作出了相反约定，SMA 的一项例行服务是向社会大众尤其是国际航运界公布其裁决，需要者可通过裁决订阅服务或 Lexis-Nexis 和 Westlaw 等信息检索系统获取，这大大提升了 SMA 仲裁的透明度、可预见性和可亲近性。这些裁决虽非有法律约束力的先例，但的确有助于当事人研判和预见类似案件的裁决结果，同时可为未来的商事交易活动提供借鉴和指引。②

### （二）以效益为价值导向的制度架构

除了公正，效益是仲裁的又一重要价值目标，亦是仲裁在诉讼外蓬勃兴起、脱颖而出的取胜之处。SMA 规则下的仲裁亦毫不例外地注重效益、强调程序的快捷经济，并围绕这一价值目标进行规则设计和制度架构。

### 1. 合并仲裁

在海事仲裁中，涉及同一事实或法律问题的多方多合同争议③十分常见，某些时候相关争议在某种程度上涉及的可能就是同一交易或同一个系列的交易。例如，船舶所有人（原始船东）将船舶出租给承租人，承租人又将船舶转租给第三人，第三人又将船舶再转租，若在此租船链条上继续延伸，将可能出现涉及同一标的物（船舶）的系列交易（船舶出租与转租）引发的关联争议——虽涉及多个不同的租船合同及不尽相同的多方当事人，但无疑争议的

---

① 作出该裁决的主席或副主席可收取一定的合理费用并在当事人之间进行分摊。参见 2022 年 SMA 仲裁规则第 2 条。

② See Why Arbitration In New York Under SMA Rules? https://www.smany.org/arbitration-why-sma-new-york.html, last visited on September 24, 2022.

③ 此类争议通常产生于日益增多的多方多合同交易，即一项交易同时牵涉两个以上当事人和一份以上合同。参见池漫郊：《多方多合同仲裁的主要法律问题研究》，厦门大学出版社 2006 年版，第 1 页。

事实或法律问题是相同或相关的。若各租船合同中均包含一项 SMA 仲裁条款,则将此关联争议按照 SMA 规则进行合并仲裁应是最佳选择。

早在 1993 年,主要负责对纽约仲裁进行司法监督的第二巡回区上诉法院(Court of Appeals for the Second Circuit)一反已确立近 20 年的规则,明确未经当事人同意不得将关联争议强制提交同一仲裁庭进行合并仲裁。而在此之前,纽约州南区联邦地区法院与第二巡回区上诉法院均将合并仲裁作为避免分别仲裁可能引发的额外花费及不一致裁决的重要手段。①为将合并仲裁的优势引入海事仲裁,以更好地服务于国际航运界的争议解决需求,SMA 于 1994 年修订其仲裁规则时便在第 2 条增加了合并仲裁条款,一直沿用至今。这不仅成为 SMA 海事仲裁的一大特色和优势,更为 SMA 海事仲裁国际竞争力的提升提供了助力。

引入合并仲裁的一个最显著优点就在于,多方当事人的索赔可在同一个仲裁庭的主持下通过同一个仲裁程序,从关联争议尤其是同一交易链条上的连锁争议(如连锁租船合同中船舶的出租和多层次转租引发的争议)的一端,依次传递到另一端实现追索到底。同样,被申请人的抗辩或反请求亦可循此链条依次传递回来。如此,不仅节省了仲裁资源,减少了分别仲裁中重复程序引发的人力、物力、时间、金钱的浪费,更可有效避免矛盾裁决的产生。

2. 时限与弃(失)权

为防止仲裁程序中出现不必要的延误,SMA 规则与诸多仲裁规则一样,在仲裁程序的许多环节设定了时限,并辅以失权制度作

----

① See Why Arbitration In New York Under SMA Rules? https://www. smany.org/arbitration-why-sma-new-york.html, last visited on September 24, 2022.

为配套。

（1）关于仲裁员的指定。在组庭阶段，当事人若不及时指定仲裁员，很容易造成延误。对此，SMA 规则首先是尊重当事人在仲裁协议中约定的合理时限，若无约定，则要求被申请人应在收到申请仲裁的一方当事人要求其指定仲裁员的通知之日起的 20 日内指定 1 名仲裁员，否则申请仲裁的一方当事人可在完成其仲裁员指定后又指定第 2 名仲裁员，该名仲裁员具有与第 1 名被指定的仲裁员完全相同的权力和效力，仿佛其就是被申请人指定的一样。[1]这无疑有利于督促被申请人在仲裁申请人启动仲裁程序后，按时间规定及时行使自己的权利指定 1 名仲裁员，否则将面临失权的不利结果。

（2）关于开庭审理。如果开庭审理的日程已定，则每位仲裁申请人应在第一次开庭前不少于 20 个工作日内提交庭前陈述，被申请人应在其后不超过 10 个工作日内提交庭前答辩陈述（包括反请求，如果有的话）。准备在某一轮开庭审理中出示的任何文件、证据、账目等，应在该次开庭前至少 10 个工作日内提交给对方当事人或其律师甚或仲裁庭。[2]

（3）关于裁决的作出。为保证裁决及时作出，SMA 规则规定仲裁庭负有在接受当事人提交的最终证据及总结陈词并通知当事人仲裁程序已结束之后不迟于 120 日内作出裁决，尽管该时限未被仲裁庭遵守并不构成挑战裁决的理由。[3]

（4）关于弃权

为确保当事人明确自己享有的权利并及时行使，SMA 规则还

---

[1]　参见 2022 年 SMA 规则第 10 条。

[2]　参见 2022 年 SMA 规则第 21 条。

[3]　参见 2022 年 SMA 规则第 28 条。

专门用1条规定了弃权制度:任何一方当事人明知本规则的规定未被遵守仍继续仲裁而未向仲裁庭正式提出异议,则视为其已放弃任何异议的权利。①

尽管在相关程序环节设置了时限要求,SMA规则仍在第34条专门规定,当事人可一致约定并经仲裁庭同意修改任何时限,仲裁庭亦可基于正当理由延长或缩短任何期间并告知当事人。由此,在尊重当事人自由约定并结合案件实际需要的基础上灵活调整时限或期间,无疑有利于促进对仲裁程序灵活性与稳定性的兼顾与平衡。

### 3. 灵活的庭审调查及书面审理

在SMA仲裁中,虽然程序操作一般都是参照诉讼程序展开和推进的,但基于仲裁的契约性及对效益的强调,无论是在庭审调查方面(主要涉及证据的提交、质证、采信、认定等)还是在决定是否开庭审理方面(即审理方式的选择),仲裁都更加务实并更具个性化,尤其注重发挥仲裁庭在组织推进仲裁程序高效开展方面的自由裁量权和积极作用。

按照SMA规则第21条的规定,在SMA仲裁的庭审中,仲裁庭的裁量权是比较大的,能基于案件的实际情况灵活安排、快速推进,不必照搬诉讼中的某些程序和规则,尤其在证据的处理上非常灵活、充满个性,与仲裁追求效益的目标十分契合。同样,基于效益目标的指引,对于案件是开庭审理还是不开庭仅基于文件进行书面审理,SMA规则允许并鼓励当事人自行协商约定,以作出最恰当、最实际的选择。一旦当事人达成不开庭审理的书面约定,案件的审理只需按照当事人一致同意的日程安排并在当事人提交的

---

① 参见2022年SMA规则第33条。

书面材料及证据的基础上进行。如果当事人无法就日程安排达成一致，则由仲裁庭来确定。

### （三）最低限度的正当程序

仲裁作为一种可与诉讼比肩的解决争议的法律手段，由于有着与诉讼相似的程序结构和实现公正的价值目标，因此亦须遵守源自诉讼的程序公正或正当程序原则。当然，同样基于仲裁的契约性及对效益的兼顾和倚重，仲裁只须满足最低限度的正当程序即可，而不必对标诉讼程序的公正要求以免陷入严格或复杂程序。对此，SMA 规则主要从以下方面作了相应规定或控制。

1. 仲裁庭的中立性：仲裁员的披露与回避

中立的仲裁庭，无疑是正当程序的前提和基础。只有仲裁庭中立，才能确保其不偏不倚、平等地对待双方当事人，而要保证仲裁庭的中立性，则须设立完善的仲裁员披露和回避制度。对此，SMA 规则规定，任何与仲裁结果存在财务或个人利益方面联系的人，或已从利益相关渠道获取到诸多争议详情的人，不得担任案件的仲裁员；一待仲裁庭组庭完毕，所有仲裁员均须按要求披露可能妨碍其基于客观公正地采信和认定当事人提交的证据作出公正裁决的情形。①

一旦收到仲裁员的披露声明，当事人既可选择接受亦可提出异议。若对仲裁员提出异议，应将异议的理由告知仲裁员，以便其主动退出仲裁庭并由更合适的仲裁员替补或取代。但是，如果被异议的仲裁员认为异议缺乏实质依据因而拒绝退出，则仲裁程序应继续进行但保留当事人的异议权，以便其在裁决作出后向适当的联邦地区法院寻求救济。

---

① 参见 2022 年 SMA 仲裁规则第 8 条和第 9 条。

2. 仲裁程序操作的妥当性：快捷经济公正

有了中立的仲裁庭，还须在具体案件中公正行事，合理勤勉地组织推进仲裁程序。按照 SMA 规则的要求，仲裁庭一旦得到当事人的接受，每位仲裁员都须按附件一的规定宣誓就职，即便是采取不开庭的书面审理，仲裁员亦须立下书面誓言。仲裁员在接受当事人的口头或书面指定后，①应立即通知当事人或其代理律师，仲裁庭已组庭完毕并为推进仲裁程序准备就绪。

为公平起见，所有证据都须在仲裁庭和所有当事人在场时当庭提交，除非是采取宣誓证言或一方当事人无正当理由缺席或放弃出庭以及双方已约定通过邮寄或其他方式提交证据。所有提交给仲裁庭的证据，连同其与任何一方当事人之间的书面交流，都应向所有当事人公开。仲裁庭可以接受宣誓证据，并在对方当事人进行质证的基础上认定此类证据适当的证明力。

# 二、简易仲裁程序

为满足一定金额标准以下的简单争议或小额争议快速低费解决的需要，SMA 在其标准程序或普通程序的基础上进行简化，推出了一套简易仲裁程序（以下简称简易程序）。该程序最早推出于1989 年，后经 1991 年、2001 年、2007 年、2010 年、2022 年 5 次修订。现行有效的是自 2022 年 6 月 1 日起生效实施的程序规则，主要具有如下特点：

## （一）当事人约定适用

按照 SMA 补充仲裁条款（Supplement to the Arbitration Clause）的规定，尽管本规则（简易程序规则）作出了与普通仲裁规

---

① 仲裁员若以口头方式接受指定，还须尽快以书面方式确认。

则不同的规定,但只要仲裁申请人的索赔金额不超过本条款空白处填入的争议金额(不包括索赔的利息、仲裁费用及律师费),则该争议就应按简易程序处理。由此,简易程序基于当事人在仲裁条款中的约定而得到适用,即其是否适用取决于当事人在仲裁条款空白处填入的争议金额,凡索赔金额不超过该空白处约定的金额标准,争议即应适用简易程序。

### (二) 采独任仲裁庭

一旦当事人按简易程序规则申请仲裁,即应在 SMA 仲裁员名册中指定 1 名独任仲裁员,并要求对方当事人接受或同意。如果被申请人在此后的 10 日内未予回复,则该已被指定的仲裁员即成为案件的独任仲裁员,并立即按 SMA 规则第 9 条的规定向当事人提交披露声明。如果被申请人不同意该仲裁员成为独任仲裁员,则应从 SMA 仲裁员名册中另外指定 3 名仲裁员拟任独任仲裁员。

一旦当事人不能就独任仲裁员达成一致,则任何一方当事人都可请求 SMA 主席代为指定 1 名独任仲裁员,其指定对双方当事人均有约束力。

### (三) 简易快捷的书面审理

独任仲裁员被指定后,即应在 15 日内首先为申请人提交案件陈述及所有支持性文件,确定书面的日程安排。被申请人则须在收到申请人提交的材料之日起 20 日内提交答辩、反请求及所有支持性文件。经仲裁员裁量准许,双方当事人还可同时就对方提交的材料连续作出简短的书面回复。为此,仲裁员总是有权对事先的日程安排作出几日的调整。

简易程序下只采取不开庭的书面审理且不进行证据开示,除非仲裁员认为有必要。当事人双方提交简易程序的争议事项不得超过 4 个,争议总额不得超过当事人在合同中约定的金额,但仲裁员有权对上述限制作适当调整。当事人可委托律师或商业代理人,仲裁员亦可对一方补偿另一方的律师费及在申辩过程中产生的时间、费用等进行裁定,但总额不得超过 6 000 美元。

### (四) 限期裁决及限额收取仲裁费

在简易程序下,裁决应在收到当事人提交的最后一次回复或仲裁员宣布仲裁程序终结之日起 30 日内作出。应偿付给仲裁员的报酬和开销不得超过 5 000 美元,除非被申请人提出了反请求,但也不得超过 6 000 美元。

## 三、海难救助仲裁程序

为能给海难救助过程中产生的海事争议提供更具针对性的仲裁程序,SMA 亦在其标准程序或普通程序基础上制定了一套海难救助仲裁规则(Salvage Arbitration Rules,SMASALV)。海难救助仲裁程序推出于 1994 年,先后于 1997 年、2010 年、2017 年、2022 年作了修订,现行有效的仲裁规则自 2022 年 6 月 1 日起生效实施。该套程序目前仅适用于索赔金额不超过 25 万美金的争议,亦以简易、快捷、经济为其基本特征和优势。

### (一) SMA 主席协助下的快速组庭

为减少延误,海难救助仲裁程序在组庭阶段就采取了积极有效的措施,以使组庭能快速紧凑地完成:申请人在提请仲裁的同时,即应书面通知对方当事人其已指定 1 名仲裁员,如果双方当事人在此后的 15 日内无法就指定 1 名独任仲裁员达成一致,则可分别在 SMA 名册中指定 3 名仲裁员提交给 SMA 主席,由其立即在这 6 名仲裁员中随机指定 1 名独任仲裁员。虽然海难救助仲裁程序中主要采取独任仲裁员,但亦允许当事人约定采取 3 人仲裁庭。

### （二）简易快捷的书面审理

面向不超过 25 万美金的海难救助案件，海难救助仲裁程序设计的亦是简易快捷的书面审理程序：自独任仲裁员被指定或 3 人仲裁庭组庭完毕之日起 15 日内，仲裁员（庭）须为书面证据材料的提交确定日程安排。这些书面证据材料应包括所有能支持当事人仲裁请求的文件，例如但不限于海难救助报告、评估报告、保险凭证（insurance certificates）、照片、调查报告、维修费用估算及收据等，以及与案件相关的宣誓证据。经仲裁员（庭）裁量准许，双方当事人均可申请一次延期，但所延时长则仍由仲裁员（庭）决定。双方当事人在完成其书面证据或文件材料提交后的 15 日内，仍可提交一份简短的书面总结陈词，仲裁程序随即终结。仲裁员（庭）在任何时候都有权对审理程序进行调整，如果根据争议的性质需要开庭审理，或出现了超出上述所列证据材料范围的更多复杂的证据，则仲裁员（庭）应允许开庭审理。

### （三）限期作出裁决

仲裁员（庭）应在仲裁程序终结之日起 30 日内作出裁决，并应在裁决中扼要阐明所认定的事实及所作出的裁定。在 3 人仲裁庭的情况下，任何 2 名仲裁员的裁决意见即为终局裁决，同时记载另 1 名仲裁员的不同意见。仲裁员（庭）还有权对仲裁中的费用（包括当事人的律师费及仲裁员的报酬和开销）进行裁定，并要求一方当事人部分或全部补偿另一方当事人的律师费。裁决一经作出即是终局的，但仲裁员（庭）仍有权对一些明显的文字或计算错误进行纠正。

### （四）低廉的仲裁员（庭）费用及担保

1 名独任仲裁员的报酬不得超过 5 000 美元，3 人仲裁庭中每位仲裁员的报酬不得超过 3 750 美元，首席仲裁员可获得 1 250 美元的额外补偿。这些费用的计算是以当事人提交的书面证据材料为基础的,并不包括开庭审理的费用。此外,仲裁员(庭)还有权要求偿付其在仲裁中的开销,包括电话费、传真费、打印费、邮寄费等。不过,仲裁员(庭)也可以收取 100 美元费用包干的方式取代逐项计算收取的复杂方式。

仲裁员(庭)在公布裁决之前,可以要求各方当事人为其预估的仲裁庭费用和开销提供全额担保。当事人一旦收到此种要求,即应迅速将特定金额的款项存入 SMA 管理的第三方独立账户作为担保,也可以仲裁员(庭)能够接受的方式提供担保。此种费用担保不代表仲裁员(庭)最终裁定的费用金额及费用分摊。

## 四、SMA 仲裁操作指南

在 SMA 海事仲裁中,一个普遍存在的事实是,双方当事人是有着长期友好合作关系的商业伙伴,彼此一旦发生争议,总是寻求通过中立的、专业的海事仲裁员以仲裁方式解决,而这正是 SMA 为国际航运界提供的一种快捷经济的争议解决方式。争议解决之后,双方当事人的商业合作伙伴关系仍能友好保持和继续。

为方便当事人开展仲裁,提升 SMA 仲裁的用户体验及非同一般的友好性和亲和力,针对实践中当事人常问(frequently-asked)的问题,SMA 制作推出了一个仲裁实务指南(Guide To Maritime Arbitration In New York),概括总结了近 30 个常被问起的问题,并从当事人的角度给出简明实用、针对性强的解析和回答,意图通过该实务手册为当事人尤其是国际用户(international users)熟悉、了解、接受、采用 SMA 仲裁提供最直接可靠的指引。[①]结合

---

① See *Guide To Maritime Arbitration In New York*, https://www.smany.org/new-york-maritime-arbitration-guide.html, last visited on December 25, 2021.

SMA 对常见问题的回答,不难看出 SMA 海事仲裁所具有的独特优势及鲜明特色:

### (一) 程序灵活、收费低廉的临时仲裁

纽约海事仲裁中绝大多数案件采取的都是临时仲裁,只有少部分美国仲裁协会(American Arbitration Association,AAA)管理下的海事仲裁是机构仲裁,且当事人须缴纳案件管理费。SMA 海事仲裁则从不收取案件管理费,SMA 也从不管理案件,因为其开展的只有临时仲裁。不仅如此,SMA 从不收取仲裁员指定费,这亦是 SMA 仲裁不同于其他仲裁之处。

### (二) 国际性和中立性凸显

国际海事仲裁本就是面向国际航运界提供争议解决服务的,国际性是其最突出的特征之一。纽约作为国际公认的全球城市及第二大国际海事仲裁中心,其国际性亦不容争辩。仅从仲裁语言来看,SMA 仲裁优越的国际资源及不同一般的国际地位就可见一斑。

SMA 仲裁亦以其公平公正著称于世,而公正的仲裁须以中立的仲裁员作为保证。按照 SMA 极为严格的仲裁员道德法典(Code of Ethics),SMA 仲裁员无论其是否为某一方当事人指定,均须是中立的,因为 FAA 的规定亦适用于 SMA 仲裁员,其所作裁决可基于"明显不公正"而被撤销。

### (三) 仲裁庭可裁决补偿律师费

按照美国法律和实践,如果当事人未在仲裁条款中特别约定,仲裁员是否有权裁决律师费是不明确的,但如果当事人在仲裁程序中请求仲裁庭裁决律师费,则仲裁庭可以这样做。在 SMA 规则下,仲裁员有权裁决律师费并常被鼓励这样去做,这亦是 SMA 仲裁的独特之处。在很多裁决中,SMA 仲裁员不仅裁决败诉方当事

人全部或部分补偿胜诉方当事人的律师费,而且裁决败诉方当事人补偿胜诉方当事人在仲裁程序中的其他费用支出。

### (四) 裁决的终局性及可执行性

SMA 裁决一般都是终局的和有约束力的。在 FAA 框架下,撤销裁决的理由非常有限且总是作限缩解释。SMA 裁决虽无先例的约束力,但作为早期裁决还是有重要的影响力,尤其在案件事实相似的情况下,仲裁员通常会遵循先前所作裁决,如果他们赞同裁决说理的话。

按照 FAA 的规定,一旦当事人胜诉但败诉方当事人不履行裁决,则胜诉方可向法院寻求确认并执行。一旦法院对裁决作出确认,则裁决便转化为一项判决并以执行判决的相同方式得到执行。确认裁决的请求须在裁决作出之日起 1 年内提出,如果是一项国际裁决,则须在 3 年内提出。由于美国是《纽约公约》及《巴拿马公约》的成员国,则纽约海事仲裁裁决可在任何公约成员国请求承认和执行。

### (五) SMA 会员所作裁决的例行公布

SMA 公布其会员所作裁决,不仅是其提供裁决服务的一个例行步骤,更是其率先开启的一种实践。当然,在具体公布时,SMA 亦会尊重当事人的意见:如果双方当事人均不希望 SMA 公布裁决,则须在仲裁程序一开始就作出这样的声明;如果一方当事人不希望裁决中某些保密信息被泄露,则仲裁员通常会满足其提出的此类请求。

### (六) 引入并鼓励 ADR 的使用

即便已进入仲裁程序,对于协商、谈判、和解、调解等其他更灵活、更友好、成本更低、效率更高的 ADR 方式,仍建议和鼓励当事人尝试和采用,以实现争议的更优解决。为此,早在 1988 年,SMA

就按照《联合国国际贸易法委员会调解规则》（UNCITRAL Conciliation Rules）制定推出了一套调解规则（Conciliation Rules）。其实，无论是和解还是调解（mediation），均是非约束性的，但非常有助于解决彼此之间存在长期商业合作伙伴关系的当事人之间全部或部分争议，因而1999年，SMA又跟进引入了一套调解规则（Rules for Mediation），力图为SMA仲裁当事人提供更多更恰当的选择。

## 第三节　纽约海事仲裁制度的优势及借鉴

### 一、仲裁立法的合理限度：少胜于多

自有民族国家的历史以来，仲裁作为一种争议解决方式，就逐渐从以当事人（商人）自治为基础的民间模式转化为以法律规范为基础的法定模式。①或者说，自近代以来，产生于中世纪地中海沿岸跨国商人社会民间自治的商事仲裁，在被各民族国家纳入国内法进行国内化的过程中，就走上了一条规范化、制度化、法律化的道路。在此期间，仲裁不可避免地向诉讼靠拢——模仿诉讼的程序设计、吸收司法中的经验技巧、借鉴或移植诉讼中的规范和制度、接受和服从法院的司法审查和监督。这当然是一种进步，是仲裁现代化、法治化的成果和标志，但从仲裁的契约性出发，这种制度化或法律化无疑不能过度，而应谨慎防范和努

---

① 参见杨玲：《国际商事仲裁程序研究》，法律出版社2011年版，第3页。

力克制。①否则,便可能弄巧成拙、过犹不及,出现一种无意义甚至有害的"立法过剩"。

相比之下,FAA 简约的框架、稀少的条文、模糊的语言,为其保持仲裁的本色、坚守仲裁与诉讼的界限、维护仲裁固有的程序优势,创设或预留了足够的空间,消除了对规则太多导致立法过剩以及仲裁迷失契约性本质落入司法化的窠臼的担忧。究其缘由,无非是 FAA 本就产生于美国社会推动程序复杂、负荷沉重的司法系统进行改革,以谋求更灵活自由、快捷经济的争议解决机制构建之时,而作为以契约自由为基础、程序民主为导向、没有积案负累的私人性争议解决方式,仲裁不仅成为司法的替代性首选,更直接被纳入一场以司法改革为重心的更广泛的程序改革运动中,从一开始就基于简化程序、简化规则的价值追求采取了简约立法,这既是一个新的历史选择和时代开启,更是一种争议解决文化的进步或重塑。由此,在主要针对仲裁外部程序立法,厘定仲裁与法院之间关系尤其是在法院对仲裁协议强制执行、仲裁程序顺利推进、仲裁裁决撤销与执行等提供司法保障的基础上,将仲裁内部程序问题主要交给当事人、仲裁庭或仲裁机构的仲裁规则去约定或规定,FAA 最大限度释放了仲裁的个性与活力、灵性与自由,并为美国联邦最高法院灵活解释、推动其与时俱进提供了机会和空间。FAA 以其简约的立法诠释了仲裁立法的合理限度,即规制仲裁外部程序的强制性规则不宜多、不必多,涉及仲裁内部程序的任意性规则可通过立法为当事人的协议拾遗补阙或兜底供给,亦可留白

① 正如有学者所言,仲裁的发展须在寻求制度化和避免诉讼化的悖论之间求得平衡。参见宋连斌:《比照适用抑或特别规定:从国际商事仲裁的法律适用谈起——兼及中国国际私法立法及研究的"诉讼中心主义"》,载《时代法学》2004 年第5 期。

给当事人的协议或仲裁规则去补充。

总之,面向仲裁程序的立法,仲裁界早有警示——仲裁员不必模仿法院,司法化的结果将使仲裁面临"恐龙的命运"(the fate of the dinosaur),商事争议解决中越少"法律工作"(lawyering)就越好。①也就是说,从仲裁的契约性出发,仲裁立法中的规则其实应是少胜于多(less is more)的,且应尽量避免司法化倾向。

## 二、支持仲裁发展的国家政策及社会共识

FAA 的诞生,是美国仲裁改革运动的直接成果。制定一部现代仲裁法的信念,早在一战后就已在美国生根发芽,反映了当时社会普遍存在的一种和平友好解决经济纠纷的愿望和渴求。②同时,自南北战争结束到 20 世纪 20 年代,美国进入一个社会发展进步的时代,经历了历史上前所未有的变化,国民经济不断增长,工业化、城市化、移民速度加快,由此产生了一种信念和共识——将争议解决的决策权交给专家有助于提升社会应对重大变故的管理能力和治理水平。③FAA 正是一个国家在追求转型发展的过程中,授权专家处理社会复杂问题的历史性产物,从一开始就浸润和凝聚了支持仲裁发展的国家政策和社会共识。

FAA 的出台不仅是为了纠正法院对仲裁的司法敌意,更有一个重要目的就是使仲裁协议具有强制可执行性。虽然对于仲裁裁决的

---

① See Fali S. Nariman, The Spirit of Arbitration, *Arbitration International*, Vol. 16 No. 3, 2000, pp.263—264, 268. 参见宋连斌:《比照适用抑或特别规定:从国际商事仲裁的法律适用谈起——兼及中国国际私法立法及研究的"诉讼中心主义"》,载《时代法学》2004 年第 5 期。

② See Imre S. Szalai, Exploring the Federal Arbitration Act Through The Lens of History, *Journal of Dispute Resolution*, Vol. 2016 No. 1, p.137.

③ See Imre S. Szalai, *Outsourcing Justice：The Rise of Modern Arbitration Laws in America*, Carolina Academic Press, 2013, pp.173—179.

强制可执行性早就形成共识,但对于仲裁协议的强制可执行性则是在 1925 年 FAA 颁布之后才确立的。正如纽约州商会仲裁委员会主席 Bernheimer 所言,一旦当事人达成仲裁协议,即须确保其具有强制约束力,这样当事人就无法再如他们之前在大多数州和州际贸易中那样,当发现案件对他们不利时选择在最后一刻退出仲裁。[①]在此基础上,虽然对于 FAA 适用的案件范围及是否适用于州法院等关键问题仍存在诸多分歧,但随着美国联邦最高法院判例的不断更新及国会商事权力的逐渐扩张,FAA 不仅适用于全部的海事领域,亦适用于涉及外国及州际贸易,范围之广几乎涵盖所有类型的非刑事案件(all types of non-criminal disputes)。[②]同时,FAA 不仅适用于联邦法院,还适用于州法院,尤其当州法与 FAA 发生冲突时,后者优先适用。

可见,植根于商业发展和社会进步的实践需要,并在商业团体的直接推动和参与下出台的 FAA,从一开始就承载了国家迅速发展、社会民主化进程中各个层面的期待和共识,有着深厚的社会基础和强有力的政治支持。而依托美国判例法的传统资源,借助美国联邦最高法院法官灵活、务实的解释,FAA 成为一部虽历经百年仍为有效的"活"的仲裁普通法。美国在仲裁领域的积极政策和实践,不仅促进了世界上其他许多地方类似的支持仲裁的创新发展,更直接成为一种可参考的国际模式或经验。[③]

---

① See Christopher R. Drahozal, In Defense of Southland: Reexamining the Legislative History of the Federal Arbitration Act, *Notre Dame Law Review*, Vol. 78:1, 2002, p.143.

② See Imre S. Szalai, Exploring the Federal Arbitration Act Through the Lens of History, *Journal of Dispute Resolution*, Vol. 2016, No. 1, p.117.

③ William F. Fox & Ylli Dautaj, The Life of Arbitration Law Has Been Experience, Not Logic: Gorsuch, Kavanaugh, And The Federal Arbitration Act, *Cardozo J. of Conflict Resolution*, Vol. 21:1, 2019, p.1.

## 三、面向国际航运界的临时仲裁

面向国际航运界提供海事仲裁服务时,临时仲裁无疑是公认的主流模式。面对激烈的国际竞争,纽约之所以能紧随伦敦之后脱颖而出成为第二大国际海事仲裁中心,取胜之处无非也在于其专业的海事仲裁机构——SMA能面向国际航运界提供其熟悉和习惯的临时仲裁服务。在FAA框架下,临时仲裁得到了充分的关切和回应;在SMA规则下,临时仲裁则是唯一的仲裁模式,不仅SMA自身的定位就是免费为临时仲裁提供必要的支持和服务,绝不介入或管理案件,其规则更是以临时仲裁为基础进行程序设计——着力彰显的是对当事人意愿的尊重及对赋予仲裁庭足够权限的支持,旨在打造一套最契合海事争议仲裁解决实践需要的程序模式。

由此,一国要在国际海事仲裁竞争中胜出以打造面向全球的国际海事仲裁中心,得到国际航运界的认可无疑是最关键的,而要达此目标,临时仲裁无疑是重要抓手。这就意味着一国仲裁立法应对临时仲裁给予充分的关切和回应,为临时仲裁的有效开展构建良好的法治环境。同时,一国还应有专门或专业的海事仲裁机构,制定出专业的海事仲裁规则,尤其应以临时仲裁为基础展开程序设计或制度安排。在司法监督层面,一国还应有理解和支持海事仲裁的专业法院甚至专门法院,为以临时仲裁为主的海事仲裁实践提供有力的司法保障。

总之,抓住了临时仲裁,就抓住了海事仲裁发展的命脉,立足临时仲裁进行仲裁立法、制定仲裁规则、完善司法监督,打造符合国际航运界需要的海事仲裁服务产品,正是SMA海事仲裁能得到BIMCO认可而取得成功的经验,当然也是其能贡献给致力于发展海事仲裁并打造国际海事仲裁中心的国家可参考的经验。

## 四、能动的司法保障与有限的司法监督

能动的司法保障与有限的司法监督,其实是一个问题的两个方面,两者相辅相成、相得益彰,共同指向同一个目标,即最大限度地支持仲裁,或将对仲裁的司法监督限定在支持和协助的范围内。这是仲裁领域全球公认的国际政策,也是现代国际商事仲裁文化的基本内涵,亦是美国支持仲裁的联邦政策。在 FAA 框架下,美国联邦最高法院通过在个案中的能动司法与一系列判例中的灵活解读,贯彻并发展了这一原则或政策,不仅拓展了可仲裁事项的范围,确立了仲裁条款独立性原则、管辖权/管辖权原则等,更严格限定了裁决撤销的理由,特定情形下支持国外已被撤销裁决的承认与执行,为仲裁的发展打造了友好的司法环境。

### (一) 拓展了可仲裁事项的范围

FAA 第 1 条虽以列举的方式规定了该法适用范围内的争议事项,即所有海事争议与特定范围内的商事争议,也规定了排除在该法适用范围外的争议事项,但对争议的可仲裁性问题未作出规定,将其留给其他制定法或公共政策加以限制。然在其他制定法对此问题亦少有规定的情况下,便只能交由法院在实践中作出解释和界定。近几十年来,美国联邦法院通过一系列判例大大拓展了可仲裁事项的范围。①

---

① 之所以扩大可仲裁事项的范围,主要考虑的是三个方面的因素:(1)尊重当事人的协议;(2)尊重仲裁的自主性;(3)尊重同样强调国际商业和贸易独特性的先例. Mitsubishi Motor Corp. v. Soler Chrysler-Plymouth, Inc., 473 U.S. 614 (1985); Scherk v. Alberto-Culver Co., 417 U.S. 506 (1974), reh'g denied, 419 U.S. 885 (1974); M/S Bremen v. Zapata Off-Shore Co., 407 U.S. 1 (1972). See Gary B. Born, *International Commercial Arbitration* (*2nd ed.*), Kluwer Law International, 2014, pp.635, 668.

### （二）确立了仲裁条款独立性原则及管辖权/管辖权原则

仲裁条款独立性原则是自 20 世纪 30 年代之后逐渐在各国得到普遍接受和采纳的一项原则，但 FAA 一直未予回应。美国联邦最高法院通过一系列判例弥补了这一缺憾，确立了该项原则，最有代表性的当属 Robert Lawrence Co. v. Devonshire Fabrics, Inc.案①和 Prima Paint Corp. v. Flood & Conklin Mfg. Co.案②。

与仲裁条款独立性原则密切相关的一项原则是管辖权/管辖权原则，在 FAA 下还与可仲裁性问题联系紧密。尽管 FAA 对管辖权/管辖权原则亦一直保持沉默，但美国联邦最高法院在判例中从未否认该原则，甚至向前更进一步作出重大突破，在著名的 First Options of Chicago，Inc. v. Kaplan案③中阐明，在有明确无误的证据显示当事人同意或约定将可仲裁性问题亦交由仲裁庭决定时，仲裁庭即享有终局决定权或主要决定权，法院则尊重该决定，只作非常有限的司法审查。在 2021 年新近判决的 Daniel Zeevi v. Citibank，N.A.案④中，联邦最高法院再次重申了这一原则。⑤

### （三）限定裁决撤销理由及承认与执行外国已被撤销裁决

FAA 第 10 条规定了撤销裁决的理由，虽然并不清楚该条是否为排他性或穷尽性的规定，但其中没有任何措辞允许法院审查裁决的实体问题或作与裁决有关的事实调查，则是非常明确的。

---

① 271 F. 2d 402(2d Cir. 1959).

② 388 U. S. 395(1967).

③ 514 U.S. 938 (U.S. Supreme Court 1995).

④ No. 2:19-cv-02206-GMN-BNW (D. Nev. Feb.16, 2021).

⑤ 参见张振安：《20210907 仲裁早新闻：法院认定关于仲裁条款是否合理的争议应提交仲裁（美国案例）》，载微信公众号"临时仲裁 ADA"，2021 年 9 月 7 日。

考虑到 FAA 颁布时,仲裁远不如后来那样受到尊重,法院对仲裁也远不够支持,美国联邦法院在判例中逐步确立了一套普通法上的裁决撤销理由,使裁决的撤销受到日益严格的限制,主要包括以下三个方面的理由:(1)显然漠视法律;(2)任性、武断或不合理的裁决;(3)违反法定的公共政策(a statutory public policy)。①这看起来削弱了法院对仲裁的司法审查权并有损司法权威,实则是法院遵照支持仲裁的联邦政策作出的权力让渡和理性选择,既有效维护了裁决的终局性,更避免了当事人陷入漫长昂贵的裁决撤销程序。循此目标,美国联邦法院在实践中还建立了一种裁决阐明机制(clarify an arbitral award),以使存在轻微错误(如打印错误)的裁决可通过法院启动该机制发回仲裁庭给出解释或澄清,而不是被整体搁置或撤销。②

虽然无论是在《纽约公约》还是《巴拿马公约》下,裁决被裁决作出地国或裁决依其法律作出国法院撤销,是执行地国法院拒绝承认和执行的理由之一,FAA 也将此纳入其中,但这并未妨碍美国联邦法院在实践中突破"裁决一旦被撤销即不具备可执行性"这一传统观念③的束缚。秉持支持仲裁的联邦政策及维护公平正义的公共政策,美国联邦法院灵活解释、能动司法,通过 Chromalloy 案开创了承认与执行外国已被撤销裁决的先例,并对其他国家的

---

① 一般认为,这些理由主要来自有关劳动仲裁的判例。See Tibor Varady et al., International Commercial Arbitration, A Transnational Perspective(6th ed.), *West Academic*, 2009, pp.943—960. William F. Fox & Ylli Dautaj, The Life of Arbitration Law Has Been Experience, Not Logic: Gorsuch, Kavanaugh, And The Federal Arbitration Act, *Cardozo J. of Conflict Resolution*, Vol. 21: 1, 2019, p.37.

② See Hardy v. Walsh Manning Sec., LLC, 341 F.3d 126 (2d Cir. 2003).

③ See Albert Jan van den Berg, When Is an Arbitral Award Nondomestic under the New York Convention of 1958, *6 PACE L. REV*. 25, 1985, pp.41—42.

实践亦产生了潜移默化的影响,法国、英国、德国、荷兰、比利时等多国先后出现已被撤销裁决复活的个案。在历经 2 年并引发高度关注的 UNI-TOP 案中,当事人援引的先例仍是 Chromalloy 案,并指出尽管不同法院对已被撤销裁决执行问题的看法仍有差异,但 Chromalloy 案的判决不失为基于"好法",因为在后续的几个重要司法判例中该案所确立的原则并没有被否定。①加里·博恩也认为,《纽约公约》第 7 条第 1 款的规定,不仅使各缔约国有义务在某些案件中承认仲裁裁决,而且明确无误地表明在其他某些情况下,各缔约国有权决定承认仲裁裁决,所以真正的问题是,在一项仲裁裁决已在裁决作出地国被撤销时,内国法院什么时候可以承认该裁决,什么时候必须承认。②当然,前提是该被请求承认与执行的法院须对案件享有管辖权。③此外,如何有效兼顾和平衡对他国的司法礼让,亦是不容忽视的,毕竟一项裁决已在他国法院被撤销,让其"起死回生"不仅须有正当合法的理由,在处理方式上亦须谨慎克制,否则便有可能造成对他国司法主权的不尊重甚至侵犯,进而影响两国间的良好国际关系。

---

①　参见王生长:《UNI-TOP 案:已撤销仲裁裁决的执行》,载微信公众号"汇仲律师事务所",2021 年 5 月 31 日。

②　参见上海国际经济贸易仲裁委员会商事仲裁研究中心:《申请执行被撤销的仲裁裁决:案例与分析》,载《上海律师》2016 年第 12 期。

③　针对 UNI-TOP 案,美国哥伦比亚特区联邦地区法院已于 2022 年 4 月 22 日判决驳回申请人关于承认与执行已在中国被撤销裁决的申请,理由正是其对该案并无地域管辖权。而此前该法院亦已于 2022 年 1 月 26 日初步判决认定,中国的国有企业并不构成中华人民共和国的政治分支,并据此部分驳回了申请人提出的"允许进行管辖权调查的动议"。参见万邦仲裁:《美国案例:中国被撤销仲裁裁决在美申请承认与执行被驳回,央企胜诉!》,载微信公众号"万邦法律",2022 年 4 月 29 日。

# 第五章
# 新加坡海事仲裁制度考察与借鉴

近年来,随着国际航运、造船业重心的不断东移,国际海事仲裁中心也不断向亚太地区扩张和转移。在激烈的国际竞争中,新加坡异军突起、后来居上,不仅在 2012 年经 BIMCO 认可,一举成为继伦敦、纽约之后的世界第三大国际海事仲裁中心,且发展势头和国际影响力日益增强而成为国际航运界青睐的新的国际海事仲裁优选地。

新加坡地处亚太重要区域,不仅是全球著名的国际经济、贸易、金融中心,更在近年来超过伦敦成为稳居世界第一的国际航运中心,①同时也是"21 世纪海上丝绸之路"沿线的重要国家,其先进的海事仲裁制度、不断上升的国际海事仲裁中心地位以及强大的国际竞争力和影响力,对我国海事仲裁业的发展无疑带来了挑战和压力。如何正确面对,取其之长、补己之短,化压力为动力、化挑

---

① 从新华·波罗的海国际航运中心发展指数历年排名来看,自 2014 年起新加坡就已超过伦敦,十年来一直稳居榜首。参见《十载征程再起航,指数见证上海国际航运中心迈向"全面建成"》,载中国日报网,https://baijiahao.baidu.com/s?id=1777732574180861248&wfr=spider&for=pc,2023 年 9 月 23 日访问。

战为机遇,无疑是一个既考验智慧又不容回避的现实问题。

总的来看,新加坡之所以能在关键时候抓住机遇、脱颖而出,除去其优越的地理条件、高水平的国际化程度、充足的人才储备、发达的航运业及配套的服务设施和产业集群等优势外,拥有与国际接轨的先进的海事仲裁制度及支持海事仲裁发展的积极政策和优质环境,则更是其取得成功的关键所在。而与伦敦、纽约海事仲裁制度一样,新加坡海事仲裁制度亦由其不断发展完善的仲裁法及专门的海事仲裁机构——新加坡海事仲裁院(Singapore Chamber of Maritime Arbitration,SCMA)不断发展完善的海事仲裁规则构成。出于历史的、现实的原因,新加坡无论是仲裁法还是仲裁规则,均受到伦敦海事仲裁制度的深刻影响,并一直努力向其看齐和靠拢,这促使新加坡海事仲裁迅猛发展并一举成为全球第三大、亚太地区第一大国际海事仲裁中心。

## 第一节 新加坡海事仲裁制度的立法之维: 不断发展完善的新加坡仲裁法

新加坡作为英国曾经的殖民地,不仅将英语纳入其官方语言,[①]更全面接受了英国普通法,成为一个典型的以英语为主的普通法国家。追根溯源,新加坡仲裁法亦渊源于英国仲裁法,并在整个发展演进过程中一直受到后者全方位的深刻影响。

---

① 新加坡自 1824 年正式成为英国殖民地至 1942 年被日本占领方告结束,前后延续一个多世纪,现采用的官方语言有英语、马来语、华语和泰米尔语,但出于内在和外在因素的考量,以英语为主要的通行语和教学语。

## 一、新加坡仲裁法的起源与发展：
## 国际仲裁法与国内仲裁法的分与合

如前所述，早在 17 世纪，英国就已制定颁布其第一部仲裁法——《1698 年仲裁法》，但英国现代商事仲裁制度显然发端于《1950 年仲裁法》，而新加坡仲裁法正是从这部仲裁法发展起来的。

1953 年，参照英国《1950 年仲裁法》，新加坡颁布了其第一部仲裁法——《1953 年仲裁条例》（Arbitration Ordinance 1953），内容不分国内仲裁和国际仲裁，所有仲裁活动均按照此条例开展和进行。此后，该条例先后于 1955 年、1964 年、1969 年、1970 年、1980 年、1985 年、2001 年、2002 年、2003 年、2005 年、2009 年、2012 年、2016 年、2019 年、2020 年经过多次调整或修订，①其间国内仲裁法与国际仲裁法经历了由合到分、从单一制向双轨制的转变。这些调整或修订也见证和成就了新加坡仲裁业的繁荣和发展，现行有效的是 2020 年经过微修后于 2021 年 12 月 31 日起开始施行的版本。

此外，不容忽视的是，新加坡于 1986 年 8 月 21 日加入《纽约公约》②并于 1994 年参照《联合国国际商事仲裁示范法》修订仲裁法③，这对新加坡仲裁法快速迈向现代化和国际化起到了重要的

---

① See *legislative history*：*Arbitration Act 2001*，https：//sso.agc.gov.sg/Act/AA2001?WholeDoc＝1，last visited on March 16，2022.

② 公约自 1986 年 11 月 19 日起对新加坡生效。See https：//uncitral.un.org/en/texts/arbitration/conventions/foreign_arbitral_awards/status2，last visited on December 25，2021.

③ https：//uncitral.un.org/en/texts/arbitration/modellaw/commercial_arbitration/status，last visited on December 25，2021.

助推作用,也在一定程度上催化了国内仲裁法与国际仲裁法走向分立。

### (一) 国际仲裁法与国内仲裁法形式上的分

为顺应国际商事仲裁发展潮流,更好地满足当事人争议解决的实践需求,保障和促进本国对外经贸合作的顺利开展,新加坡不仅于 1986 年加入了《纽约公约》,更乘势于 1990 年成立了专门的国际商事仲裁机构——新加坡国际仲裁中心(Singapore International Arbitration Centre, SIAC)。该仲裁机构于 1991 年 7 月开始投入运营,对仲裁法的发展也提出了更高的要求,而当时有效的仲裁法也明显暴露出难以适应国际商事仲裁发展的滞后性与不足。为此,新加坡于 1994 年全面参考《联合国国际商事仲裁示范法》修订其仲裁法,并借机推出了专门的《国际仲裁》(第 143A 章)[International Arbitration Act(Chapter 143A), IAA],在国际商事仲裁领域取代之前的《仲裁法》(Arbitration Act, AA)。自此,新加坡仲裁法一分为二,对国际商事仲裁和国内商事仲裁区别对待,对前者以更宽松自由、更国际化的仲裁法进行调整,以谋求发展成为重要的区域性国际仲裁中心(a major hub for international arbitration in the region)。①

### (二) 国际仲裁法与国内仲裁法实质上的合

尽管在 1994 年之后,新加坡选择对国际商事仲裁单独立法,将其从之前统一的仲裁法中独立出去,但其实分立后的 AA 和 IAA 之间从未真正分离,而是在发展完善的过程中融会贯通、携手共进,这点仅从两部法律基本重合的修订轨迹就可见一斑。在内容结构上,两者亦高度接近甚至完全一致——均深度参考《联合

---

① Leslie Chew, *Introduction to the Law and Practice of Arbitration in Singapore*, Utopia Press Pte Ltd, 2010, p.8.

国国际商事仲裁示范法》,秉持相同的理念和原则,制定或采纳了相似或相同的规则,IAA甚至直接纳入《示范法》(第八章除外),赋予其与之相同的法律效力。①两者唯一的区别可能就是AA保留了法院对仲裁裁决的实体审查,而IAA则与《示范法》保持一致,将法院的监督权限定在程序审查的范围内,以维护仲裁裁决的终局性,同时避免过多司法介入引发不必要的延误或花费。②不过,值得注意的是,AA对当事人就裁决实体问题向法院提起上诉作出了极其严格的限制,基本复制或移植了英国《1996年仲裁法》的相关规定,③例如须先用尽仲裁程序内部的上诉、复审或其他救济措施,须通知其他所有当事人和仲裁庭并征得他们的同意或准许,可约定排除法院的实体审查权,如果约定仲裁庭的裁决无需附具理由亦应视为对法院实体审查权的排除,等等。④这使得法院对仲裁裁决进行实体审查的机会几乎微乎其微,也使得AA与IAA在此方面的区别几近消失。

此外,即便是在双轨制的仲裁法体例下,对于何为国际仲裁,在何种情况下适用IAA抑或AA,仍是十分灵活的,完全取决于当事人的意愿或约定。结合IAA第5条第1款、第2款及第15条第1款的规定,不难看出:首先,对于何为国际仲裁,IAA在《示范法》的基础上作了更为广义和灵活的界定,例如只要当事人在仲裁协议中约定或按照仲裁协议确定的仲裁地,或当事人商事关系主要义务的履行地,或与争议标的有最密切联系的地点位于当事人营业所所在地以外的国家,或者当事人明确约定其仲裁协议标的

---

① 参见1994年新加坡《国际仲裁法》第3条第1款。

② 参见2020年新加坡《仲裁法》第49条、2020年新加坡《国际仲裁法》第24条及《示范法》第34条。

③ 参见英国《1996年仲裁法》第69条、第70条。

④ 参见2020年新加坡《仲裁法》第49条、第50条。

与一个以上的国家有联系等情形,均可被认为是国际仲裁而适用 IAA 和《示范法》;其次,尽管有关仲裁并非国际仲裁,但如果当事人书面约定其仲裁应适用 IAA 第二编或《示范法》,则应遵照其约定予以适用。同样,如果当事人明确约定其仲裁不适用 IAA 第二编或《示范法》而应适用 AA,亦应遵照其约定。由此,一个仲裁是国际仲裁还是国内仲裁,应适用 IAA 和《示范法》还是 AA,并不是截然对立或泾渭分明的,而是可由当事人自由选择和切换的。换言之,新加坡的仲裁法双轨制下,其国际仲裁法与国内仲裁法只是一种形式上的分立,实质上仍是融会贯通的,如何适用仅在当事人的一念之间。

最后,堪称新加坡仲裁法之"母法"的英国仲裁法一直采取了区分国际仲裁和国内仲裁的双轨制,尤其英国《1996 年仲裁法》第 85 至 87 条还专门就国内仲裁协议的相关问题作了不同规定,这对新加坡采取双轨制一定程度产生了潜移默化的影响。但是,按照《1996 年仲裁法》第 88 条的规定,国务大臣有权命令撤销或修改(repeal or amend)第 85 至 87 条,而在广泛征询公众意见后,这几条当初在国会审议仲裁法案时就备受争议的规定最终被取消,① 亦即这些区分国内仲裁和国际仲裁的规定并未随《1996 年仲裁法》其他条文一同生效,英国仲裁法下的双轨制就此终结,国内仲裁制度和国际仲裁制度终于合二为一。这一重大改变,使得新加坡是继续维持哪怕形式上的仲裁法双轨制还是改弦易辙追随英国采取单一制,成为一个引发高度关切的问题。当然,鉴于新加坡

---

① 参见陈安:《再论中国涉外仲裁的监督机制及其与国际惯例的接轨》,载《国际经济法论丛》第 2 卷,法律出版社 1999 年版,第 151—153 页;邓杰:《伦敦海事仲裁制度研究》,法律出版社 2002 年版,第 122—123 页;罗楚湘:《英国仲裁法研究》,武汉大学出版社 2012 年版,第 58 页。

仲裁法一直采取的是一种极其柔性的双轨制,未来新加坡国际仲裁法与国内仲裁法是分还是合,对于其稳步发展的仲裁业尤其是国际商事仲裁业而言,其实已不那么重要了。

## 二、IAA:融合西方理念和东方经验

IAA 于 1994 年颁布后,自 1995 年 1 月 27 日起生效实施,并在其后于 1995 年、2001 年、2002 年、2005 年、2009 年、2012 年、2016 年、2019 年、2020 年经过多次调整或修订,现行有效的是 2020 年经过微修①后于 2021 年 12 月 31 日起开始施行的版本。② IAA 分四编共计 35 条及 2 个附件,其中第二编是关于"国际商事仲裁"的规定。

前已述及,为与国际接轨,一步到位实现国际商事仲裁法的现代化和国际化,IAA 直接纳入了《示范法》(第八章除外)并赋予其法律效力,使得两者可以并行适用,前者仅在少数问题上对《示范法》作了必要的补充和修改。虽然 IAA 并未如英国《1996 年仲裁法》那样,明确宣示当事人意思自治、公正以及有限的法院干预等三项原则,但众所周知该三项原则早已是现代国际商事仲裁法普遍遵循的基本原则,而从 IAA 及《示范法》的具体规定来看,其也深入贯彻和体现了这三项基本原则。首先,基于当事人意思自治原则,大多数条款都采取了诸如"除非当事人另有约定"或"当事人

---

① 此次修改提出的《国际仲裁法(修正案)2020》[International Arbitration (Amendment) Act 2020],主要在两个方面作了修改和完善:一是新增了第 9B 条,完善了当事人为多数时默认的仲裁员委任方式;二是在第 12 条第 1 款下新增第 j 项,赋予了仲裁庭执行保密义务的权力。参见一裁仲案组:《一裁:新加坡修订〈国际仲裁法〉》,载微信公众号"一裁仲裁",2020 年 12 月 14 日。

② See *legislative history*: *International Arbitration Act 1994*, https://sso.agc.gov.sg/Act/IAA1994? WholeDoc = 1 ♯ xv-, last visited on March 16, 2022.

可自由约定"之类的表述,赋予了当事人广泛的自主权。其次,关于公正原则,将仲裁中的公正定位在最低限度的程序公正,以避免不必要的延误或花费。例如,《示范法》第18条规定:当事人应获得平等待遇,并应被给予充分陈述案情的机会。最后,基于有限的法院干预原则,一方面仲裁庭被赋予对程序事项和证据事项作出命令或决定的广泛的权力,以排除或减少法院不必要的干预;另一方面法院对仲裁的监督权被限定在支持和协助仲裁的范围内,以保证仲裁程序及时启动、顺利推进并防止或纠正仲裁中出现的程序不公正或违反公共政策的现象。

应该说,上述基本原则是起源于西方商人社会的商事仲裁制度发展完善过程中形成的价值理念的具体体现,凝聚了各国对于商事仲裁的基本共识。IAA在全盘接受这些来自西方的先进理念的基础上,还引入了代表"东方经验"的仲裁中调解制度。例如,IAA第17条规定:如果所有当事人均书面同意且无任何一位当事人书面撤回其同意,则仲裁员或公断人可以充当调解人,并有权与当事人进行集体或单独(collectively or separately)的交流,以及对在调解过程中从一方当事人那里获知的信息进行保密,除非当事人另有约定或当事人未能达成和解,仲裁员或公断人应在仲裁程序恢复之前将其认为对仲裁程序构成实质影响的信息披露给所有其他当事人;不得仅仅以其在之前的调解程序中担任过调解人为由反对任何人继续在恢复的仲裁程序中担任仲裁员或公断人推进仲裁程序。由此,西方国家普遍认为与程序公正原则存在冲突而不敢采用或无法驾驭的仲裁中调解制度,在处于东西方文化交流和碰撞前沿阵地的新加坡,似乎既不存在文化上的障碍亦不存在操作上的困难,因而被大胆引入和成功采用。

## 第二节　新加坡海事仲裁制度的仲裁规则之维： 不断发展完善的 SCMA 海事仲裁规则

在新加坡，虽然著名的 SIAC 每年受理的案件中始终有 15% 左右的海事案件，但处理海事案件无疑不是 SIAC 的专长也不是其发展重点，而且 SIAC 主要开展的机构仲裁也不太适合于海事案件的处理。众所周知，新加坡唯一、专门的海事仲裁机构就是 SCMA，其不断发展完善的海事仲裁规则亦构成新加坡海事制度的核心内容。

### 一、SCMA 的成立与发展

SCMA 最早成立于 2004 年 11 月，原本是 SIAC 下设的一个专门负责处理海事案件的部门，后为满足行业发展的需求，于 2009 年 5 月进行重组（reconstitute），作为一个担保有限责任公司（a company limited by guarantee）开始独立运营（function independently）。SCMA 旨在为国际航运界打造最符合行业特点和需求的海事仲裁制度，其会员也是来自国际航运界不同行业、不同国家，且彼此在会员资格及头衔上没有任何差别——毕竟国际航运界各行业都是 SCMA 的用户，理应享受平等待遇。①

SCMA 自独立运营以来，业绩突飞猛进、声名鹊起，在国际航运界备受关注、广受欢迎。SCMA 在 2009 年独立之初仅受理了 6

---

① https://scma.org.sg/，last visited on December 27，2021.

件案件,2010 年就飙升至 14 件,2011 年 16 件、2012 年 20 件、2013 年 20 件、2014 年 25 件、2015 年 37 件、2016 年 46 件。2017 年受航运市场不景气的影响,SCMA 的受案量也下滑至 38 件,但 2018 年迅速回升至 56 件,2019 年则又下滑至 41 件。①2020 年,尽管受新冠肺炎疫情的影响,SCMA 采用线上线下审理手段,逆势实现了受案量 5% 的增长(增长 2 件,共 43 件)。此外,SCMA 近年来在受案总金额上也成绩斐然,例如 2013 年仅为 55 万美元,2014 年则飙升至 7 390 万美元,2015 年跌至 2 730 万美元,2016 年上升至 3 800 万美元,2017 年持续上升至 5 300 万美元,2018 年升至历史最高点 8 870 万美元,2019 年再创历史新高达到 1 亿 2 000 万美元,2020 年则下滑至 4 937 万美元。②

尽管 SCMA 的受案量及受案金额远不及许多老牌知名仲裁机构如 ICC、LCIA 等,与 LMAA 相比更是相去甚远、不可同日而语,③但作为一个仅有十余年发展历程的非常年轻的仲裁机构,其成长速度无疑是快的,受案量及受案金额的上升速度及幅度都是飞跃性的,足见其在国际航运界已迅速得到认可。尤其在 2012 年,BIMCO 文件委员会(BIMCO's Documentary Committee)还在其于哥本哈根举行的秋季会议上决定将新加坡纳入 BIMCO 标准仲裁条款作为与伦敦和纽约并列的可选择的仲裁地之一,④并在此基础上协同 SCMA 制定和引入了新的仲裁条款——SCMA-

---

①② 　https://scma.org.sg/about-us♯YearInReview, last visited on December 27, 2021.

③ 　Nicholas Woo, "*Singapore far from a threat to London on arbitration front*", https://scma.org.sg/SiteFolders/scma/387/Events/seminar201309SFFThreat.pdf, last visited on December 27, 2021.

④ 　https://scma.org.sg/SiteFolders/scma/387/Events/seminar20121116.pdf, last visited on December 27, 2021.

BIMCO仲裁条款2013(SCMA-BIMCO Arbitration Clause 2013)。①
至此,SCMA在短短不到5年间即已发展成为BIMCO选定的亚太地区海事仲裁首选地,一跃成为继伦敦、纽约之后的世界第三大国际海事仲裁中心。

为在国际航运界始终保持竞争力和吸引力,SCMA主要从以下几个方面着力打造和凸显其所提供海事仲裁的优势:(1)省钱高效。SCMA不在仲裁案件中进行管理、不收取管理费(management fees),当事人可自由协商和解并对仲裁员的费用作出约定。(2)"轻微管理"模式下的弹性程序。SCMA采取了一种糅合机构仲裁和临时仲裁优点的混合型仲裁模式(hybrid model of arbitration),即既采取国际航运界习惯和接受的临时仲裁模式又积极为其提供便利的机构仲裁服务或协助。(3)可资援引的仲裁规则。SCMA一方面制定和提供快捷高效的临时仲裁规则,另一方面又严格恪守非当事人请求不介入仲裁的原则。(4)拥有非常优秀的海事专家仲裁员名单(distinguished panel of maritime expertise)可供当事人选择和指定。(5)使用方便。SCMA和新加坡均是新加坡船舶销售格式合同(Singapore Ship Sale Form)和新加坡船舶加油作业标准守则(Singapore Standard Code of Practice for Bunkering)中争议解决的默认选项,同时也是BIMCO法律和仲裁条款2020(BIMCO's Law and Arbitration Clause 2020)和NYPE期租格式2015(NYPE Time Charter 2015)中默认的海事仲裁服务及仲裁地选项。(6)得到国际航运界的支持和认可。②

---

① https://scma.org.sg/SiteFolders/scma/387/rules/rules_201510_eng.pdf, last visited on December 27, 2021.

② https://scma.org.sg/, last visited on December 27, 2021.

目前，虽然在世界范围内，SCMA 远非 LMAA 的竞争对手，按照夏利文律师事务所对 2016 年相关海事仲裁数据的调查分析，选择在新加坡仲裁的海事案件量不足 LMAA 受案量的 10%，[①]但在亚太地区处理与亚洲相关的案件，SCMA 无疑占据得天独厚的区位优势，例如拥有不断东移的巨大的国际航运市场，便于亚洲其他国家低成本、近距离前往；与亚洲其他国家文化相近、语言相通、仲裁经验或理念相似，在时间上属于亚洲时区。等等。

## 二、SCMA 不断发展完善的仲裁规则

SCMA 之所以能在如此短的时间内得到国际航运界的高度认可并脱颖而出、迅速崛起，除具备上述各种优势外，其不断发展完善的仲裁规则无疑功不可没。与 LMAA 不同，SCMA 并未制定和推出多套独立的仲裁规则，而是一直只保有一套仲裁规则，不过这并不影响其根据实践需要在该套仲裁规则中适时纳入多套不同程序，以满足不同类型案件当事人的多元选择和需求。SCMA 自 2004 年推出其仲裁规则以来，已先后完成 2009 年、2013 年、2015 年、2021 年四次修改，其中 2009 年和 2013 年修订推出的均为第二版，2015 年修订推出的为第三版，现行有效的是 2021 年修订并于 2022 年 1 月 1 日起实施的第四版——2022 年 SCMA 仲裁规则（SCMA Arbitration Rules）。

2022 年 SCMA 仲裁规则包含 50 个条文、1 个附件（问题清

---

① See HFW, *The Maritime Arbitration Universe in Numbers：Will Brexit Impact London's Standing？*, https：//www.hfw.com/downloads/HFW-The-maritime-arbitration-universe-in-numbers-March-2018.pdf, last visited on December 13, 2021.

单)及2个文件范本①,在普通程序的基础上设立了快速程序(Expedited Procedure,EP),SCMA碰撞索赔快速仲裁决定程序(SCMA Expedited Arbitral Determination of Collision Claims,SEADOCC Terms)、新加坡燃料仓索赔程序(Singapore Bunker Claims Procedure,SBC Terms)。其中,关于燃料仓索赔争议,仲裁规则特别提示当事人可协商约定提交新加坡标准理事会(Singapore Standards Council)SS600:2014号文件所规定的SBC条款进行处理和解决,而不再另行针对此类争议制定一套程序。②2022年SCMA仲裁规则继续列示了4项示范仲裁条款——SCMA仲裁条款(SCMA Arbitration Clause)、SCMA燃料仓仲裁条款(SCMA Bunker Arbitration Clause)、SCMA仲裁-调解-仲裁条款(SCMA Arb-Med-Arb Clause)、SCMA-BIMCO法律和仲裁条款2020(SCMA-BIMCO Law and Arbitration Clause 2020),供当事人选择或参考。显然,在目前公布的示范仲裁条款中,SCMA-BIMCO法律和仲裁条款2020早已取代之前的SCMA-BIMCO法律和仲裁条款2013。同时,SCMA还别出心裁地推出了一项准据法示范条款(Applicable Law Clause),建议当事人将此条款纳入其仲裁条款,并提请当事人注意他们有权排除默认的新加坡法[the laws of (Singapore)],而代之以约定的任何其他司法管辖区的法律。③

①　即SCMA仲裁-调解-仲裁协议范本(SCMA Arb-Med-Arb Protocol,SCMA AMA Protocol)和SCMA仲裁员委任标准条款(SCMA Standard Terms of Appointment)。

②　新加坡燃料仓索赔程序条款(SBC Terms)是经授权允许(with permission from SPRING Singapore)对新加坡标准理事会SS600:2014号文件的复制和发布,可从新加坡标准e商店(Singapore Standards eShop)的网站(www.singaporestandardseshop.sg)上获取。https://scma.org.sg/rules, last visited on December 27, 2021.

③　https://scma.org.sg/model-clauses, last visited on December 27, 2021.

对于此次仲裁规则的修订,SCMA 可谓酝酿已久。早在 2020 年 6 月,SCMA 就在网站上发布了关于修订 2015 年 SCMA 仲裁规则的征求意见单[Consultation Paper:Possible amendments to the SCMA Rules 2015(3rd ed)],邀请其会员、仲裁员、用户和潜在用户(potential users)及其他对海事和商事仲裁感兴趣的个人和组织(persons and organisations)对规则修订提出意见或建议,起止时间是 2020 年 6 月 16 日至 8 月 31 日。此次仲裁规则的修订,无疑也是对 LMAA 仲裁规则修订的及时跟进,并在很大程度上借鉴和参考了后者在新规则中所作的改革和创新,进一步向 LMAA 仲裁规则看齐和靠拢(align closer to),最有代表性的就是也引入了虚拟庭审或在线庭审或远程庭审。按照 SCMA 自己的宣示,此次修订的核心理念在于提升仲裁规则的用户友好性(user-friendly)、快捷经济性、灵活便利性等优势。①总的来看,2022 年 SCMA 仲裁规则虽在框架结构及主要内容上保持稳定,但在许多方面也不乏修改亮点,有较显著的进步和突破,可望为 SCMA 海事仲裁的发展提供更专业更强有力的支持和保障。

**(一) 普通程序**

普通程序一直是 SCMA 仲裁规则的主体内容,其他特殊程序如 EP、SEADOCC 都是在普通程序基础上作了必要的变通设计和调整,以适应特定类型案件处理的需要。

相比于 2015 年仲裁规则,2022 年仲裁规则除引入了电子送达、虚拟庭审等新的仲裁实践模式外,在尊重当事人的意思自治、

---

①　See Andrew Lee and Iain Kennedy, *Update on The Singapore Chamber of Maritime Arbitration（SCMA）Arbitration Rules fourth edition*, https://www. lexology.com/library/detail.aspx?g = f34bebfd-99fd-4910-9407-7aa8a6964bd9, last visited on December 28, 2021.

赋予仲裁庭更多权力、深化快速低费仲裁目标等方面亦不遗余力。

### 1. 尊重当事人的意思自治

在 SCMA 仲裁规则下,当事人的意思自治始终是受到最大限度的尊重的,从仲裁规则本身的适用到仲裁程序中的诸多具体事项无不首先由当事人自行决定或约定。例如,2022 年 SCMA 仲裁规则第 2 条第 1 款即规定,本规则在当事人约定予以适用的任何时候适用于其仲裁协议,并随之适用于该仲裁协议项下的仲裁程序,除非本规则中的某些规定与仲裁地法(any law of the seat of the arbitration)中不允许当事人减损的规则存在冲突,这种情况下后者的适用优先。此外,对于仲裁员的资格,仲裁员的指定、回避,仲裁程序①或实体争议应适用的法律,仲裁地及仲裁语言,是否开庭审理还是仅依文件进行书面审理,是否追加其他当事人或针对产生于同一事实或法律事项的争议进行同步或连续开庭(heard concurrently or consecutively),等等,亦均按当事人的决定或约定安排或行事。给予当事人的意思自治最大的尊重,不仅是仲裁契约性的本质要求,更使仲裁程序能按当事人的意愿恰当地设计、灵活地安排、及时地推进、有效地开展,而这正是当事人选择仲裁所期待的。因此,凡有吸引力或竞争力的仲裁一定是以当事人的意思自治为基础,彰显程序自主性、灵活性、快捷经济性的仲裁。

### 2. 设定严格的时限

为保证仲裁程序始终快捷高效地进行,不因当事人拖延或仲裁庭懈怠而延误,SCMA 仲裁规则在诸多程序环节都设置了严格

---

① 按照 2022 年 SCMA 仲裁规则第 32 条第 1 款的规定,如果仲裁地在新加坡,则仲裁程序应适用《国际仲裁法》(第 143 章),除非当事人另有约定。这意味着允许当事人在默认适用的仲裁地法——新加坡《国际仲裁法》之外,约定适用其他司法管辖区的仲裁法。

的时限,要求当事人和仲裁庭遵守,否则可能遭受失权或惩罚的不利后果,2022 年 SCMA 仲裁规则继续保留了这些规定。总的来看,无论是当事人还是仲裁庭须严格遵守的时限主要有:被申请人须在收到仲裁通知书之日起 14 日内提交答辩书;一方当事人须在收到另一方当事人要求其指定仲裁员的通知之日起 14 日内指定仲裁员;双方当事人各自指定的 2 名仲裁员须在无法就仲裁事项达成一致时毫不延迟或在 14 日内共同指定第三名仲裁员;在仲裁涉及 2 名以上当事人的情况下,收到仲裁通知的各当事人亦须遵守共同指定(jointly appoint)仲裁员的 14 日时限;申请仲裁员回避的通知须在该仲裁员被指定之日起 14 日内或回避事由①被知悉之日起 14 日内提交给仲裁庭;仲裁申请人须在仲裁员全部被指定后的 30 日内向仲裁庭提交并向被申请人送达案情陈述书;被申请人须在申请人送达其案情陈述书后的 30 日内向仲裁庭提交并向申请人送达案情陈述答辩书或反请求书(如果有的话);申请人如意欲对被申请人的案情陈述答辩书或反请求书提出异议,须在被申请人送达其案情陈述答辩书后的 30 日内向仲裁庭提交并向被申请人送达申请人答辩书或反请求答辩书(如果必要的话);仲裁庭须在仲裁程序终止之日起的 3 个月内以书面形式作出裁决;在收到裁决后的 30 日内,一方当事人经通知另一方当事人,可请求仲裁庭对其在仲裁程序中主张但被漏裁的事项作出补充裁决;仲裁庭须在其收到一方当事人请求后的 7 日内通知各方当事人其将作出补充裁决,并在收到请求后的 60 日内完成补充裁决;等等。

3. 赋予仲裁庭广泛的权力

为使仲裁庭有足够的能力合理组织并高效推进仲裁程序,实

---

① 例如对仲裁员的公正性(impartiality)或独立性(independence)存在合理怀疑,或仲裁员不具备当事人约定的资格。参见 2022 年 SCMA 仲裁规则第 11 条第 1 款。

现当事人快速低费解决争议的愿望和期待,SCMA仲裁规则一直赋予仲裁庭广泛的权力。2022年SCMA仲裁规则在形式和内容上都作了较大调整,对仲裁庭享有的广泛权力进行了梳理和整合,重点以3个条文作了集中和分类规定。

首先,在第28条关于仲裁庭的职责和权力(Duty & Powers)的规定中强调,保证争议得到公正、快捷、经济和终局的解决是仲裁庭的职责,其享有当事人仲裁协议项下仲裁地允许仲裁庭对所有事项(all matters)享有的最广泛的自由裁量权(the widest discretion)。为此,除本规则其他条文或适用于仲裁程序的任何现行有效的法律赋予仲裁庭的相关权力外,仲裁庭还享有以下权力:(1)决定所有程序及证据事项;(2)延长或缩短本规则中设置的任何时限;(3)允许任何一方当事人按照它决定的条件(有关费用或其他),变更或补充仲裁请求或反请求、修改任何案情陈述书;(4)命令或指示任何一方当事人进一步陈述案情;(5)进行仲裁庭认为必要或有利于案件顺利审理的质询;(6)命令当事人提供任何财产或物品以供查验;(7)命令任何一方当事人向仲裁庭及另一方当事人提供为其占有、保管或掌控的仲裁庭认为与案件相关的任何文件或文件组副本以供调查;(8)命令对属于或构成争议标的一部分的任何财产进行取样、监视或实验;(9)接受或考虑任何其认为相关的书面或口头证据;(10)作出任何其认为适当的命令或指示;(11)在任何一方当事人未能或拒绝遵守本规则或仲裁庭作出的书面命令或指示或行使其陈述案情的权利的情况下,经书面告知该方当事人其意图后继续仲裁直至作出裁决。①

其次,在第29条赋予仲裁庭追加当事人及同步或连续开庭的

---

① 参见2022年SCMA仲裁规则第28条第3款。

权力:如果当事人如此约定,则仲裁庭有权追加其他当事人(在他们同意的前提下)并就所有争议作出一项终局裁决(a single final award);在两个或多个仲裁中提出相同事实或法律问题的情况下,仲裁庭有权命令相关仲裁同步或连续开庭,并基于公正、经济、快捷的考虑作出如下指示:(1)按照仲裁庭决定的条件,一个仲裁中披露的文件应提供给其他仲裁中的当事人;(2)在满足所有当事人进行评论的合理要求及仲裁庭可以决定的其他条件的前提下,一个仲裁中提交的证据应在其他仲裁中得到接受和采纳。

最后,在第30条赋予仲裁庭更多管辖权,包括决定自身管辖权的权力,处理产生于或与交易或仲裁事项有关的所有争议的管辖权,无论该争议产生于仲裁程序开始前或开始后,总是与仲裁协议的范围或产生于仲裁的任何法律问题相关。

除上述权力外,2022年SCMA仲裁规则还在原有基础上进一步拓展了仲裁庭在其他场合或其他方面享有的权力:一方当事人在仲裁庭组建成立后对其授权代理人所作的任何变动须得到仲裁庭的准许,如果仲裁庭认为此种变动将产生有损于仲裁程序进行或裁决执行的实质性风险则可不予准许;①除非当事人另有约定,2名分别由当事人指定的仲裁员在任何实质性庭审举行之前可自由决定何时指定第3名仲裁员,但在他们无法就任何事项达成一致时则应毫不延迟地指定第3名仲裁员;②未经仲裁庭准许,任何一方当事人不得援引专家证据;③按照仲裁庭作出的命令或指示,专家证据可以报告(可以是1份经签署的书面陈述,也可以是经立誓或确认的书面陈述)的形式提交,仲裁庭应对其认为合适的任何

---

① 参见2022年SCMA仲裁规则第4条第4款。
② 参见2022年SCMA仲裁规则第8条第4款第3项。
③ 参见2022年SCMA仲裁规则第24条第1款。

专家所提供的证据的可采性、相关性、重要性和分量作出决定；①仲裁庭有权决定是否开庭审理或仅依文件进行书面审理，除非一方当事人要求开庭；②如果当事人未选定实体争议的准据法，则仲裁庭有权直接适用其认为可适用的实体法，③而无需像之前那样间接适用其认为可适用的冲突规范指引的准据法；④如果第 3 名仲裁员尚未被指定或出现空缺，其余 2 名仲裁员能就任何事项达成一致的话有权作出决定、命令及裁决；⑤等等。

4. 采取有效的程序管理措施

SCMA 在独立运营之前主要采取的是 SIAC 下的机构仲裁模式，2009 年之后才开始针对海事争议的特点采取国际航运界所熟悉和习惯的更灵活的仲裁模式——给予当事人更多的意思自治，且仲裁院不对仲裁程序进行任何的干预或管理也不收取任何管理费，亦即 LMAA 为国际航运界量身打造并久已确立的临时仲裁模式而非 ICC 在商事仲裁中采取的管理型机构仲裁模式。⑥但是，这不意味着 SCMA 仲裁中不存在以仲裁庭和当事人为主导的自治性程序管理措施：为保证仲裁程序高效经济紧凑地进行，SCMA 在2009 年修订其仲裁规则时即引入了 2 项有力的程序管理措施——预备会议和问题清单，在实践中收到了良好效果。2022 年SCMA 仲裁规则在继续保留这些有效措施的基础上将预备会议改为程序管理会议（case management meetings），进一步强化程序管

---

① 参见 2022 年 SCMA 仲裁规则第 24 条第 4 款。

② 参见 2022 年 SCMA 仲裁规则第 25 条第 1 款。

③ 参见 2022 年 SCMA 仲裁规则第 31 条。

④ 参见 2009 年 SCMA 仲裁规则第 21 条，2015 年 SCMA 仲裁规则第 21 条。

⑤ 参见 2022 年 SCMA 仲裁规则第 33 条第 2 款。

⑥ *Commentary on the 3rd Edition of the Rules of SCMA*，https://www. scma. org. sg/SiteFolders/scma/387/rules/rules _ 201510 _ commentary. pdf，last visited on December 28，2021.

理的效果,以满足实践发展的需要。

关于程序管理会议,2022 年 SCMA 仲裁规则第 17 条规定:仲裁庭可以决定在程序进行的任何阶段召开程序管理会议,以实现以下目的:使当事人和仲裁庭对仲裁程序作出规划;重新检视仲裁的进度;尽可能就任何庭审准备达成协议;在未就任何事项成一致之前,使仲裁庭作出它认为适当的指示。为使程序管理会议顺利召开,仲裁庭应确定会议日期、时间和地点,并提前向当事人作适当通知。程序管理会议可通过亲自(in person)、电话、视频会议等仲裁庭认为适当的任何其他方式举行。除非当事人另有约定,程序管理会议亦应私下保密进行。

对于与程序管理会议配套的问题清单,2022 年 SCMA 仲裁规则继续在附件 A 作了专门规定,列举了一系列程序问题提请当事人在仲裁程序一开始就尽可能协商一致并作出明确回答,以使后续仲裁程序能始终聚焦争点并按照预期顺利高效地推进。①不仅如此,2022 年 SCMA 仲裁规则还就问题清单新增了 1 条规定,以进一步突显和强化问题清单作为一项程序管理措施的重要性及其功效:除非当事人同意仲裁案件仅依已提交的书面材料进行审理并作出裁决,否则应填写附件 A 所列的问题清单,并于规定的送达仲裁申请人的回复陈述书(the statement of the claim mant's reply)之日后的14 日内提交给仲裁庭及另一方当事人。②

---

① 面对问题清单,附件 A 给出的指引是:如果仲裁庭尚未作出指示,则双方当事人及其代理人应彼此协商,就仲裁程序的流程(procedural course)达成一致并提交给仲裁庭允准;如果当事人尚未能达成一致,则各方当事人应分别将其关于仲裁程序如何进行的提议及所填写的问题清单提交给仲裁庭考虑和决定;当事人及其代理人应勤勉(diligently)回答问题清单中的问题,按要求提供相关信息并通力合作(co-operatively to the fullest possible extent)。

② 参见 2022 年 SCMA 仲裁规则第 22 条第 1 款。该条第 2 款还强调问题清单末尾的声明书(the declaration)应由当事人正式授权的职员(a properly authorized officer)进行签署。

### 5. 引入电子送达与虚拟庭审

在互联网+时代,为适应仲裁实践的发展变化及当事人的实际需求,同时与 LMAA 仲裁规则及实践保持一致,2022 年 SCMA 仲裁规则亦及时引入了电子送达与虚拟庭审,为有效突破全球性疫情造成的线下活动及跨境旅行受限,并保持 SCMA 仲裁的竞争力,提供了规则依据和制度保障。虽然 2015 年 SCMA 仲裁规则就已承认电子送达,但相比于传统的送达方式,仍是后者优先:在无损于任何其他形式的书面沟通内容有效性的情况下,书面沟通内容可通过传真、电子邮件或任何其他电子传输方式(electronic transmission)传输或发送至对方的号码、地址或所在地;本规则中所称的任何通知,包括通告、交流内容或提议,如已被亲自递送至收件人或被送达该方的惯常居所(habitual residence)、营业地或邮寄地址,或经合理查询后无法找到前述各种地址,递送至最后一个为人所知的住所或营业地,即视为已收到通知。①2022 年 SCMA 仲裁规则则完全突破了 2015 年仲裁规则中的谨慎和保守,将电子送达与其他传统送达方式共同列为有效的送达方式之一:在本规则项下,任何通知及交流应以书面形式进行,若以如下方式送达均视为有效送达:(1)亲自送达到被送达人住址;(2)送达到被送达人惯常居所、营业所或物理空间的通信地址(physical mailing address);(3)送达到被送达人指定的电子通信地址(designated electronic mailing address)。②

为保证虚拟庭审或远程庭审顺利有效地开展,2022 年 SCMA 仲裁规则还对借助网络技术举行程序管理会议及开庭作了规定:程序管理会议或开庭可通过当面进行、电话、视频会议等仲裁庭认

---

① 参见 2015 年 SCMA 仲裁规则第 3 条第 1 款和第 2 款。
② 参见 2022 年 SCMA 仲裁规则第 3 条第 1 款。

为适当的任何其他方式举行。①

### （二）快速程序

在普通程序的基础上对程序进行压缩或简化推出小额程序或快速程序，以降低成本、提高效率，更好实现快速低费仲裁的目标，不仅是 SCMA 追随 LMAA 在海事仲裁领域的先行示范（exemplified by the LMAA），②更是 SCMA 契合国际航运界的实际需求保持和提升自身在行业内竞争优势的必然选择。SCMA 早在其 2004 年制定的第一版仲裁规则中就针对小额争议设计了简易快捷的小额索赔程序（SCP）并一直延续至 2015 年的第三版，2022 年 SCMA 仲裁规则则通过拓展适用范围、修改相关规则推出了快速程序（EP）以取代 SCP，这一方面进一步深化了 SCMA 追求快速低费仲裁的宗旨和目标，另一方面引入国际通行概念和规则以更好地与国际通行实践接轨并与其最新发展保持同步。2022 年 SCMA 仲裁规则在第 44 条对 EP 作了非常详细的规定，主要表现出以下程序特点或优势：

1. 弹性的适用范围

相比于之前的 SCP，EP 的适用范围大大拓展，毕竟前者是小额索赔程序，仅默认适用于仲裁请求（索赔）金额和反请求金额合计（利息和费用不计在内）少于或不超过 15 万美元的争议，③后者则将这一金额标准调高至 30 万美元，即在规定的送达仲裁通知回复书（response to the notice of arbitration）之日，仲裁请求（索赔）

---

① 参见 2022 年 SCMA 仲裁规则第 17 条第 3 款、第 25 条第 3 款。

② *Commentary on the 3rd Edition of the Rules of SCMA*，https://www.scma.org.sg/SiteFolders/scma/387/rules/rules＿201510＿commentary.pdf，last visited on December 28，2021.

③ 参见 2015 年 SCMA 仲裁规则第 46 条第 1 款。

金额和反请求金额合计(the aggregate amount,利息和费用不计在内)少于或不超过(equal to or less than)30万美元的任何争议,①均应通过EP快速解决。如此,可适用的争议金额标准足足翻了1倍,可适用的争议数量当然也就可能大大增加。

与SCP一样,除默认适用于一定金额以下的争议,EP亦可基于当事人的约定得到适用,即只要当事人书面约定将其争议提交EP解决,则不受30万美元的限制。②这无疑是在尊重当事人的意思自治的基础上确定的一种非常灵活的适用方式,这无形中使EP得以适用于所有争议,只要当事人同意。EP因而不只是面向特定范围争议的一种程序,而是更具普适性的一种程序,正符合SCMA追求快速低费仲裁的目标。但是,与SCP不同的是,EP取消了当事人排除或退出适用(opt out)的机制,这就意味着对于30万美元及以下的争议,EP的适用不仅是默认的而且是强制的,当事人不得通过协议排除;而对于30万美元以上的争议,一旦当事人约定适用EP,就只能坚持到底而不能退出,即便是在特别复杂的案件中亦不例外。③

2. 进一步缩短的时限

EP区别于普通程序的重要特点就是其更为快捷经济,因而控制程序节奏的时限就相应地被缩短了。其一,普通程序中关于送达案情陈述书的30日期限被缩短为14日;④其二,仲裁庭作出裁

---

① 参见2022年SCMA仲裁规则第44条第1款第1项。
② 参见2022年SCMA仲裁规则第44条第1款第2项。
③ See Andrew Lee and Iain Kennedy, *Update on The Singapore Chamber of Maritime Arbitration (SCMA) Arbitration Rules fourth edition*, https://www.lexology.com/library/detail.aspx?g=f34bebfd-99fd-4910-9407-7aa8a6964bd9, last visited on December 28, 2021.
④ 参见2022年SCMA仲裁规则第44条第2款。

决的期限亦被缩短,即仲裁庭须在收到所有当事人的案情陈述书之日起 21 日内或在开庭审理时自听审结束之日起 21 日内作出裁决。①

3. 原则上采取独任仲裁庭并限定其费用

为控制成本、提高效率,EP 中原则上只指定 1 名仲裁员组建独任仲裁庭,②但也不排除 3 人仲裁庭。③与 SCP 一样,EP 中也控制了仲裁员的费用(the fees of the arbitrator)。但两者又有不同,前者是直接明确每名仲裁员费用的最高限额,例如 2015 年 SCMA 仲裁规则规定的就是 5 000 美元,如有反请求则为 8 000 美元,④而 2022 年 SCMA 仲裁规则未对 EP 中仲裁员的费用规定明确、固定和统一的最高限额,而是概括地规定不能超过收费表(the schedule of fees)中列出的收费标准。⑤

4. 简易的审理程序

设计和推出 EP 的出发点是满足中小额争议快速低费解决的需要,在普通程序的基础上对程序进行必要的压缩和简化,采取的是简单明了、快审速决的审理方式。按照 2022 年 SCMA 仲裁规则第 44 条第 3 至 6 款的规定,在 EP 下,仲裁庭一经组建成立即应在切实可行的情况下及时作出指示,对争议事项作出简易的处理和决定;除非仲裁庭要求,EP 中不举行听审(oral hearing),如果举行听审,则只能用于口头辩论(for arguments only),且仲裁庭可以分配和限定听审时间(allocate and limit the time);除非仲裁庭要求提交其认为与待决争议事项相关的任何文件或文件组,任何一

---

① 参见 2022 年 SCMA 仲裁规则第 44 条第 7 款。
② 参见 2022 年 SCMA 仲裁规则第 44 条第 9 款。
③ 参见 2022 年 SCMA 仲裁规则第 44 条第 10、11 款。
④ 参见 2015 年 SCMA 仲裁规则第 46 条第 12 款。
⑤ 参见 2022 年 SCMA 仲裁规则第 44 条第 12 款。

方当事人不得寻求仲裁庭作出证据提交(production of evidence)、进一步披露详情(further particulars)或进行质询(interrogatories)的命令;仲裁庭可就已披露或未披露的文件作出其认为适当的推断。

5. 限定可补偿的费用

为控制成本,同时防止当事人滥用程序或权利,与 SCP 一样,EP 中仲裁庭可就一方补偿另一方当事人的律师费或其他费用(legal or other costs)作出限定。但两者不同的是,前者明确规定可补偿的律师费不得超过 7 000 美元,有反请求的话不得超过 10 000美元,①而后者亦只是概括地规定不得超过收费表中列出的收费标准。②

6. 限制当事人的上诉权

应该说,追求争议的快审速决、一裁终局,是 EP 与 SCP 的相同意旨。但两者稍有不同的是,SCP 下仲裁庭作出裁决无需附具理由,意在排除当事人针对裁决实体问题的上诉权,③而在 EP 中,仲裁庭作出裁决需附具简要理由(brief reasons),为当事人提起上诉保留了一定的权利或机会,虽然这种权利或机会可能受到严格限制。

**(三) SCMA 碰撞索赔快速仲裁决定程序**

SCMA 碰撞索赔快速仲裁决定程序(SEADOCC)是 2015 年 SCMA 仲裁规则专门针对船舶碰撞索赔争议的处理最新引入的一套程序,④体现了 SCMA 紧密契合国际航运界的需求,提供海

---

① 参见 2015 年 SCMA 仲裁规则第 46 条第 13 款。
② 参见 2022 年 SCMA 仲裁规则第 44 条第 13 款。
③ 参见 2015 年 SCMA 仲裁规则第 46 条第 10 款。
④ 参见 2015 年 SCMA 仲裁规则第 47 条。

事仲裁服务更加专业化和精细化,尤其在如何进一步提高效率、降低成本方面极尽考虑和回应。2022 年 SCMA 继续保留了 SEADOCC,且未作任何修改。稍有不同的是,后者不再如前者那样将 SEADOCC 作为一个附件加以规定,①而是通过一个单独的文件——SEADOCC 条款(The SEADOCC Terms)集中规定,以供援引,但无论采取哪种形式,SEADOCC 都是隶属于 SCMA 仲裁规则的一个重要组成部分。

1. 仅适用于船舶碰撞事件

按照 SEADOCC 条款第 3 条的规定,SEADOCC 旨在为那些无法通过其他争议解决方式适当确定双方当事人责任分摊(apportionment of liability)问题的船舶碰撞事件提供一种公正、快速低费(timely and cost-effective)的责任确定方式。

2. 指定 1 名专家仲裁员

为保证争议能快速低费、高水准地得到解决,SEADOCC 中不仅采取独任仲裁员,且极为强调仲裁员的专家素质及其适当的收费标准。

按照 SEADOCC 条款第 4 至 5 条、第 7 至 8 条及第 14 条的规定,SEADOCC 中的当事人只能共同选定 1 名仲裁员对发生在两船或多船之间的碰撞引发的责任分摊问题作出有约束力的决定,且当事人就这名独任仲裁员的身份和任命及 SEADOCC 的开始达成书面约定是他们采此程序的前提条件;虽然当事人可自由协商选定任何人担任他们的独任仲裁员,但最终被任命的仲裁员大多是来自新加坡航运界在处理船舶碰撞事件方面具有丰富的法律和实践经验的专家,SCMA 亦备有一份 SEADOCC 仲裁员名

---

① 即 2015 年 SCMA 仲裁规则附件 B。

单(the SEADOCC Panel)供当事人参考,列入其中的仲裁员都须参加过 SEADOCC 仲裁且至少作出过 1 项关于责任分摊的裁决;一旦仲裁员接受指定,就会向当事人出具一份书面协议(the engagement letter)并列明不高于其平常收费标准的小时收费标准(hourly rates)及条件。

3. 处理程序简单明快

如果当事人约定应对船舶碰撞责任分摊问题作出决定或对船舶之间的索赔进行评估,则有关争议的处理即依 SEADOCC 条款而非任何国家法院的司法程序进行。为控制成本和效率,实现争议解决的快速低费,独任仲裁员一旦接受指定,便会立即召开一个启动会议或电话会议(an initial meeting or telephone conference),以会同当事人确定争议的性质及其可能涉及的范围,以及制备文件的标准和所需要的服务。①

为防止程序膨胀和拖延,SEADOCC 中的证据包括相关文件和材料的提交也是受到合理限制并须快速进行的:②首先,各方当事人须在仲裁员被指定后 14 日内提交其相关证据,关于案件背景事实(the background facts of the case)的简要陈述篇幅不应超过 6 页 A4 纸。其次,当事人欲提交的重要文件也不得超过一个拱形文件夹的容量,即所谓的仲裁包(the arbitration bundles),也可以电子形式提交,主要包括导航图(navigation charts)、甲板和轮机日志摘要、甲板和发动机警铃日志、发动机参数记录仪数据、航程记录仪摘要、天气预报和报道(如果相关)、与事件中涉及的职员或评级相关的 STCW 船员证书、证人掌握的任何照片或笔记、与本案有关的其他船只的文件或记录、各方当事人法律顾问向他们提

---

① 参见 SEADOCC 条款第 12 条。
② 参见 SEADOCC 条款第 18 至 28 条。

出的任何关键建议、国家海事部门的任何刑事或民事报告、任何调查员的报告和/或任何可调取的数据。在完成上述证据的提交后，各方当事人应迅速作出适当安排以便同时相互交换（simultaneous exchange）仲裁包。再次，仲裁员应在当事人向其提交仲裁包后 14 日内对证据进行审查，并就是否需要提交补充证据（additional evidence）作出决定及向当事人开列补充证据清单，当事人须在仲裁员开列清单后的 14 日内按要求提交补充证据。尽管当事人并无提交补充证据的义务，但若当事人未能提交，仲裁员可就此作出其认为适当的推断。当事人在向仲裁员提交补充证据的同时还应向对方当事人送达证据副本以完成相互间补充证据的交换，并就此作出适当安排。最后，仲裁员通常会在当事人提交补充证据后 6 周内拟出附具理由的裁决书草案发送当事人核实确认，当事人须在收到裁决书草案后 21 日内向仲裁员补充提交其想要提交的更多书面材料，但篇幅不得超过 4 页 A4 纸，并同时就这些补充证据的相互交换迅速作出安排，仲裁员将在此后的 4 周内作出附具理由的正式裁决书。当事人约定一旦裁决书公布即受其约束并向仲裁员领取裁决书，除非当事人之间已实现早期和解（an early settlement），其是否针对裁决书草案提交进一步的补充证据在所不论。

总之，SEADOCC 中的程序设计和安排非常简明和紧凑，几乎每个程序环节都有明确的时限，且当事人提交证据、陈述案情的权利受到必要限制，不仅提交证据的范围、篇幅受到限制，提交次数亦受到限制。这样的话，除非特殊情况，裁决书一般自仲裁员被指定之日起 5 个月或更短的时间内就能作出并公布。①

---

① 参见 SEADOCC 条款第 29 条。

### 4.注重当事人协商和解

虽然当事人将争议提交 SEADOCC 旨在寻求仲裁解决,但其在任何时候达成和解都是被鼓励的,不仅因为和解更快捷经济,更因为和解是一种更友好更具建设性的争议解决方式。同时,为保证和解协议切实有效的执行,还可应当事人的请求将和解协议转化为裁决固定下来。

按照 SEADOCC 条款第 6 条、第 16 条、第 30 至 32 条的规定,当事人在指定仲裁员后的任何阶段达成和解都应尽快通知仲裁员,而应当事人的请求,仲裁员可对碰撞船舶间的索赔标的额进行审查,并依照当事人之间达成的责任分摊协议作出一项有约束力的终局裁决,即所谓的和解裁决(the settlement award),以保证当事人之间因船舶碰撞提起的索赔最终能得到支付和兑现。

### 5.当事人平摊仲裁员的费用

在 SEADOCC 中,无论最终的裁决结果如何,仲裁员的费用(the arbitrator's costs)均由双方当事人平摊(shared equally between the parties),双方对此承担连带或按份支付责任,并应在收到寄给他/她的发票之日起 30 日内尽快付清,否则仲裁员有权就未支付的部分收取每年 5%的利息。[①]

### (四)新加坡燃料舱索赔程序

与 SEADOCC 一样,新加坡燃料舱索赔程序(SBC)亦是 2015 年 SCMA 仲裁规则新引入的一套程序,专供销售和/或供应燃料舱合同(contract for the sale and/or supply of bunkers)当事人解决其合同项下争议参考和采用。不过,2015 年 SCMA 仲裁规则第 48 条就特别提示,当事人可直接约定按照新加坡标准理事会

---

① 参见 SEADOCC 条款第 34 条。

SS600:2014 号文件所规定的 SBC 条款(SBC Terms)解决争议, SCMA 不再另行制定一套程序规则。

2022 年 SCMA 仲裁规则继续保留了这一模式,并在第 46 条作出了更开放也更明确的规定:销售和/或供应燃料舱合同的当事人,无论是否约定其争议适用 SCMA 仲裁规则,均可约定依 SBC 条款解决其合同项下争议;销售和/或供应燃料舱合同项下任何争议,只要请求(索赔)金额和反请求金额合计不超过 10 万新元(SGD),则主簿(registrar)可基于一方当事人的申请指示争议依 SBC 条款解决。可见,SBC 条款亦旨在为产生于销售和/或供应燃料舱合同的小额争议提供一套简易、快捷、经济且专业的争议解决程序。SBC 条款由新加坡航运协会(Singapore Shipping Association,SSA)、新加坡海事及港务局(Maritime and Port Authority of Singapore,MPA)及 SCMA 共同制定(jointly formulat),主要具有以下特点:

1. 明确的基本原则

SBC 条款下的仲裁程序有着非常明确的宗旨和价值取向,并通过基本原则作了系统表述:[1](1)本条款未明确规定的事项,主簿及仲裁庭应按照本条款的精神行事,尽最大可能保证争议得到快捷、公正的解决,所作出的裁决能得到有效执行。(2)本条款旨在为产生于销售或供应燃料舱合同的争议以及请求或反请求金额不超过 10 万新元且仅涉及单一事项(a single issue)的争议,提供一套简单、快捷、廉价的争议解决程序。(3)在争议请求或反请求金额超过 10 万或涉及复杂事项(complex issues)时,则主簿可以(如果当事人同意,应当)指示按照 SCMA 现行有效的仲裁规则中

---

① 参见 SBC 条款附件 N 第 12 条第 1、2 款。

的普通程序进行审理。

2. 当事人选择适用

SBC 条款的推出,旨在为燃料舱销售或供应合同争议解决提供多一种选择。争议产生后,是否通过仲裁解决、是否适用 SBC 条款,完全取决于当事人的约定和选择。

当事人如果因燃料舱的数量或质量产生争议,船方应在燃料舱交付后(after the bunker delivery)的 14 日或 30 日(或双方当事人约定延长的时间)内,向 SSA 的执行董事(Executive Director)、海事服务部(Marine Services Department)的负责人(Officer in-charge)或 MPA 提交 1 份燃料舱交货单(Bunker Delivery Note,BDN)副本及拒付声明或投诉书副本。[①]一旦收到这种声明或投诉,SSA 即会提请双方当事人在 14 日内协商确定恰当的争议解决方式。

3. 简易的仲裁程序

前已述及,确保争议得到快速低费公正的解决是 SBC 条款的核心意旨。为此,采取简易的仲裁程序并快速推进便成当然选择。为使争议第一时间迅速解决,任何一方当事人可在仲裁通知送达之后,双方就仲裁员的指定达成一致之前,请求主簿或其指定的人对争议作出简单快捷的处理(be disposed off summarily)。[②]不过,在以下情形下简易程序不予适用:(1)请求(索赔)金额和反请求金额合计超过 10 万新元,除非当事人另有约定;(2)在主簿看来,不可能通过限期 2 天内的简易庭审对争议作出裁决。[③]如果争议无

---

① 参见 SBC 条款附件 M 第 3 条和第 4 条。

② 此种实践后来被称为"请求的简易程序"(request for summary proceed-ings)。参见 SBC 条款附件 N 第 4 条第 1 款。

③ 参见 SBC 条款附件 N 第 4 条第 6 款。

法通过简易庭审予以解决,则主簿或当事人约定组建的仲裁庭可作出进一步的指示,将争议提交快速程序解决。①

4. 仲裁庭广泛的权力

在 SBC 条款下,仲裁庭被赋予足够广泛的权力,从而能快捷高效地组织和推进仲裁。除依本仲裁规则其他规定或所适用的仲裁程序法享有的权力外,仲裁庭还享有诸如决定可适用于合同或双方当事人之间争议事项的准据法,在其他当事人明确同意的情况下将其加入仲裁程序并就他们之间所有争议作出 1 项终局裁决的广泛权力。②

5. 有约束力的终局裁决

在 SBC 条款下,通过简易程序审理后作出的裁决应是书面的,并且是终局的、有约束力的和可强制执行的,当事人向法院提起上诉的任何权利都是被明确排除的(expressly excluded)。③仲裁庭应在听审结束后或在书面审理的情况下所有文件或书面材料最后完成提交之日起 14 日内作出裁决,裁决书应提交给主簿并由其将经核准的裁决书副本送达给当事人、SSA 及 MPA,但这不适用于燃料舱销售或供应合同项下的争议发生于新加坡港以外区域的情况。④

6. 必要的费用担保

为保证程序顺利进行及裁决的有效执行,SBC 条款下设置了费用担保机制:被申请人一般可向 SSA 提供不少于索赔金额110%的担保,关于担保额的通知应送达给所有当事人及主簿;⑤

---

① 参见 SBC 条款附件 N 第 5 条第 1 款。
② 参见 SBC 条款附件 N 第 6 条第 1 款。
③ 参见 SBC 条款附件 N 第 8 条第 3 款。
④ 参见 SBC 条款附件 N 第 8 条第 4 至 6 款。
⑤ 参见 SBC 条款附件 N 第 9 条第 1、2 款。

在提供适当担保后,任何基于合同或法律规定主张的留置权或收费或其他索赔应视为已完全放弃(fully discharged)。①

已提供的担保(不包括其后产生的利息),应相当于程序的信用担保,并按该程序下所作裁决的裁定进行支付。因担保款项产生的利息,应提交给 SSA 作为偿付其行政管理成本(administrative costs)的捐献。②

### (五) SCMA 仲裁-调解-仲裁程序(SCMA AMA)

为鼓励并协助当事人和解结案,SCMA 仲裁规则在 2015 年修订时推出了一套极富创意的仲裁-调解-仲裁程序(AMA 程序),即将仲裁和调解两种争议解决方式穿插进行,既保持仲裁程序和调解程序的相对独立性,又将两者完美衔接起来,糅合各自优势,发挥争议解决的系统效应。

2015 年 SCMA 仲裁规则在附件 C 以 12 个条文对 AMA 程序作了集中和专门的规定,2022 年 SCMA 仲裁规则完全保留了这一规定且未作任何修改,并以一个 SCMA 仲裁-调解-仲裁协议范本(SCMA AMA Protocol)提供给当事人选择或参照。由此,意图根据 AMA 程序解决争议的当事人应先依 SCMA 仲裁规则提起仲裁,待仲裁程序启动或当事人约定依"SCMA AMA"条款行事后的 4 个工作日(working day)内,就已启动的仲裁案件通知调解中心③并向其发送 1 份仲裁通知书副本。仲裁庭应依 SCMA 仲裁规则及当事人的仲裁协议组建成立,并应在交换仲裁通知书和仲裁

---

①② 参见 SBC 条款附件 N 第 9 条第 3 款。

③ 包括新加坡调解中心(Singapore Mediation Centre, SMC)、新加坡国际调解中心(Singapore International Mediation Centre, SIMC)或任何其他被承认的调解机构(recognized mediation institution)。参见 SCMA 仲裁-调解-仲裁协议范本第 1 条。

通知回复书后暂停仲裁程序,当事人则应将仲裁通知书及回复书发送调解中心以便其启动调解程序。一旦调解程序启动,仲裁中所有后续步骤(all subsequent steps)即应暂停,以等待调解中心的调解结果。若争议无法在 8 周内以调解方式部分或全面得到解决,则任何一方当事人可通知仲裁庭恢复(resume)仲裁程序并依 SCMA 仲裁规则继续仲裁,但若经调解达成了和解,则当事人亦可请求仲裁庭以和裁(a consent award)方式将其和解协议记录并固定下来。

# 第三节　新加坡海事仲裁制度的优势及借鉴

在全面参考《联合国国际商事仲裁示范法》、深度借鉴英国《1996 年仲裁法》、紧密追随 LMAA 仲裁规则的基础上,新加坡海事仲裁制度获得了巨大的后发优势,造就了新加坡目前在世界范围内仅次于伦敦和纽约的国际海事仲裁中心地位,并随着国际航运中心的东移在处理与亚洲有关的海事案件中占尽区位优势,当仁不让地成为亚太地区第一个国际海事仲裁中心。

一般来讲,面对共同的国际航运界,不同国家海事仲裁发展不力的原因可能各有不同,但取得成功的原因可能是相同或相似的。能否取得成功在很大程度上取决于是否采取了国际航运界所习惯和熟悉的海事仲裁制度,新加坡海事仲裁取得成功的原因就在于此,即追随伦敦海事仲裁的发展进步,并参考借鉴其制度经验完善自身的海事仲裁制度,最大限度地契合国际航运界争议解决的实际需求。

# 一、以仲裁契约性为基础的制度设计

在新加坡,无论是 AA 还是 IAA 的制定,均全面借鉴和参考了《联合国国际商事仲裁示范法》和英国《1996 年仲裁法》,IAA 更是直接纳入《示范法》,将其作为新加坡的国内法加以适用。而如前所述,一定程度参考《示范法》制定的英国《1996 年仲裁法》,前所未有地高举意思自治大旗,在第 1 条即明确宣示了仲裁的契约性,规定在不违反公共利益的前提下,当事人有权就其争议解决方式自由协商和约定,并以占到该法第一编近 70%的任意性条款保障了当事人所享有的这些自由。以《示范法》及英国《1996 年仲裁法》为蓝本的新加坡仲裁法,不仅秉承了这一原则和精神,更直接采纳了诸多规则。例如,IAA 第 5 条基本就是《示范法》第 1 条第 3 款的复制和翻版,并在此基础上进一步拓展了当事人意思自治的权利,即当事人不仅可通过协商约定"其仲裁协议标的与一个以上的国家有联系"来自由决定其争议的性质,还可在其争议并非具有国际性的情况下仍书面约定其仲裁不适用国内仲裁法而适用国际仲裁法。换言之,当事人之间的争议是否具有国际性及其仲裁是适用国内仲裁法还是国际仲裁法,均由当事人自己约定,这在最基础的问题上赋予了当事人自由协商和选择的权利,最大限度地彰显了仲裁的契约性。

作为仲裁的本质属性,契约性无疑是衡量一部仲裁法水准的试金石。也就是说,一部仲裁法是否先进、是否可取,关键在于其是否反映了仲裁的本质、释放了仲裁的天性,促进了仲裁的健康发展。新加坡仲裁法正是在《示范法》和英国《1996 年仲裁法》的昭示和引领下,在仲裁契约性的基础上进行的制度设计,并为仲裁中程序公正、快捷经济及限制法院干预等目标的设定及实现提供了指引和保障。

## 二、快速低费仲裁的价值定位

前已述及,快捷经济或者说快速低费,是仲裁相比于诉讼的重要优势,也是仲裁契约性的本质特征。当事人弃诉讼选仲裁,恰是对仲裁快速低费特质的看重。英国《1996 年仲裁法》第 1 条第 1 项就明确设定了快速低费仲裁的目标,并为此严格限制了法院对裁决的实体审查,将仲裁公正基本定位为程序公正,以免盲目追求公正与快速低费仲裁目标发生冲突或对该目标的实现造成不必要的负累。LMAA 虽一贯的宗旨就是为国际航运界提供廉价优质的海事仲裁服务,并不惜为此奉献和牺牲,但在《1996 年仲裁法》的指引下,LMAA 进一步找准了努力的方向,其 1997 年之后的LMAA 条款更是直接将在快速低费前提下公正解决争议奉为首要目标,而除 SCP 外,其 FALCA 及 ICP 等程序的推出与完善无非都是在快速低费仲裁轨道上的持续推进。

受 LMAA 的启示和引领,SCMA 不甘落后、奋起改革,自2009 年独立运营以来,先后 3 次修订其仲裁规则,尤其 2009 年修订推出第二版仲裁规则时即果断引进 LMAA 条款中的预备会议、问题清单等程序管理措施,以配合其仲裁模式从机构仲裁向临时仲裁的重大转变,大大提升了仲裁效率,为 SCMA 成功跻身国际航运界奉献契合海事争议解决需要的仲裁服务,并打造面向全球的亚太海事仲裁中心奠定了坚实的基础。

## 三、完善的临时仲裁

多年来,国际航运界已习惯和接受的是 LMAA 为其海事争议解决量身打造的临时仲裁而非机构仲裁,实践也证明 ICC 等仲裁机构提供的机构仲裁更适合在商事仲裁而非海事仲裁中采用。换言之,通过临时仲裁解决海事争议已成为国际航运界的惯例,要面向国际航运界提供海事仲裁并争得一席之地,采取临时仲裁是不二选择。

正是为了面向国际航运界提供其熟悉和习惯的海事仲裁服务,SCMA 于 2009 年脱离偏重案件管理的 SIAC 独立运营,并从此改弦易辙,追随 LMAA 采取临时仲裁。除一如 LMAA 那样致力于制定灵活高效的临时仲裁规则供当事人参照和选择,实践中亦对案件仅进行"轻微管理",即遵守非当事人请求不介入仲裁的原则,通常只在当事人指定仲裁员出现困难或拖延时应当事人的请求代为指定——充当指定仲裁员的指定机构(appointing authority),为仲裁中的及时组庭提供必要的协助。

正是因为对临时仲裁的大胆采纳和践行,SCMA 得以迅速赢得国际航运界的接受和认可,并使得新加坡一举成为紧随伦敦、纽约之后新兴的国际海事仲裁中心。

## 四、限制法院不必要的干预

前已述及,堪称各国现代国际商事仲裁法之母的《联合国国际商事仲裁示范法》,专门在第 5 条明确宣示了有限的法院干预原则,即除非法律规定,法院不得干预仲裁事项。而以《示范法》为指引的英国《1996 年仲裁法》则更进一步,在第 1 条即从基本原则的高度确立并强调有限的法院干预原则,为一度因司法监督过严遭受重创的英国仲裁业带来重大转机。

应该说,限制法院不必要的干预,是仲裁契约性的必然要求或题中之义,如果当事人享有广泛的意思自治的权利,受命执行当事人意志的仲裁庭亦享有广泛的权力,则法院在仲裁中的介入或干预自然就会减少或受限。为此,从《示范法》到英国《1996年仲裁法》再到新加坡的AA和IAA,均秉持仲裁的契约性,围绕有限的法院干预原则进行的制度设计如出一辙。其中,新加坡IAA一方面在第11条规定"除非违反公共政策(public policy),当事人依其仲裁协议约定提交仲裁的任何争议均应通过仲裁解决;任何成文法(any written law)规定法院对任何事项享有管辖权但未规定这些事项可通过仲裁决定,并不当然意味着有关这些事项的争议就不能通过仲裁解决",赋予当事人约定仲裁的广泛选择权并配以最广泛的可仲裁范围,另一方面则在第12条赋予仲裁庭在案件审理中作出命令及对当事人作出指示的广泛权力,打造独立和强大的仲裁庭,同时在第24条结合《示范法》第34条第2款将法院撤销裁决的审查事由限定在程序范围内,包括是否存在有效的仲裁协议、是否遵守程序公正、是否违反可仲裁性及公共政策,以及裁决的作出是否受到欺诈或腐败的引诱或影响、违反自然公正(natural justice)作出的裁决是否损害了当事人的权利等等。

总之,正是从仲裁的契约性出发,赋予当事人广泛的意思自治权及仲裁庭广泛的自由裁量权,并以有限的法院干预作为配套和支撑,新加坡成功打造了"仲裁友好型"国家,尤其在海事仲裁中成为仅次于伦敦和纽约的亚太地区首选地,尽管在市场份额上新加坡还有很大的努力空间。

## 五、灵活的仲裁与调解相结合模式

新加坡作为地处亚太的东方国家,受到东方传统文化的深刻影响,但同时作为典型的普通法国家,亦接受了西方现代文化的价值理念。面对东西方文化的冲突与碰撞,SCMA采取了不同于新加坡IAA关于仲裁与调解相结合模式立法设计的实践方案,即未采取 IAA 第 17 条规定的仲裁与调解在程序及主体上的合二为一——仲裁员或公断人在仲裁中可充当调解人进行调解,调解不成再恢复仲裁员或公断人的身份继续仲裁,而是按照其 AMA 程序中确定的将仲裁与调解在程序和机构及人员上分离并保持各自独立,由当事人先启动仲裁程序,然后在某个阶段暂停仲裁(stay the arbitration)并转向调解机构由专门的调解人员进行调解,在一定期限内调解不成,则当事人再回到仲裁程序由之前的仲裁员或公断人继续仲裁的做法。这样做,既有机糅合了仲裁与调解的程序优势,又避免了两种程序在合二为一的情况下与西方国家秉持的自然公正、正当程序等价值理念发生冲突,为将来仲裁裁决的承认与执行解除了后顾之忧。

总之,重视调解,鼓励当事人协商和解,在仲裁中仍不忘引入调解,努力将仲裁与调解相结合,发挥争议解决的系统效应,体现了新加坡对东方文化传统资源的珍惜和利用。同时,SCMA 通过其 AMA 程序扬长避短,协调和平衡了与西方文化价值理念的冲突,既为国际航运界贡献了理想的争议解决模式,亦为其自身赢得了重要的竞争优势。

# 第六章

# 上海打造国际海事仲裁中心的
# 机遇与挑战

既然对于我国与"21世纪海上丝绸之路"沿线国家海事争议的解决，无论是顶层设计还是底层逻辑，无论是国际经验还是国内现实，无论是司法实践所遭遇的困境还是仲裁表现出来的优势，均显示仲裁是更恰当的选择，则积极推动我国海事仲裁发展、谋求打造国际海事仲裁中心，应是可探索和进取的方向。

上海作为我国最大和最发达的港口城市，设有全国第一个自贸试验区，①并积极探索建设自由贸易港。2021年4月，中共中央、国务院明确提出支持浦东新区打造社会主义现代化建设引领区。②基于上海已有的法治优势和仲裁优势，中央自2015年以来

---

① 2013年9月29日，中国（上海）自由贸易试验区正式成立，是我国建立的首个自由贸易试验区；2014年7月25日，上海市人大常委会第十四次会议高票通过《中国（上海）自由贸易试验区条例》，亦是我国首部关于自由贸易试验区的地方性法规。

② 参见2021年4月23日《中共中央　国务院关于支持浦东新区高水平改革开放　打造社会主义现代化建设引领区的意见》（2021年7月15日发布），载中国政府网，http://www.gov.cn/zhengce/2021-07/15/content_5625279.htm，2021年12月30日访问。

就从顶层设计上作出了在上海打造面向全球的亚太仲裁中心的战略部署,而上海也积极响应和跟进,围绕打造面向全球的亚太仲裁中心作出了诸多规划和安排。在致力建设"五个中心"和打造卓越全球城市的目标指引下,①上海国际经济、金融、贸易、航运中心已于 2020 年基本建成,经济实力保持全球城市前列,全球金融中心指数、新华·波罗的海国际航运中心发展指数排名均升至世界第三。②2020 年 11 月,中国海事仲裁委员会(CMAC)上海分会升级为上海总部,并于 2021 年 10 月 1 日起实施新修订的海事仲裁规则。2021 年 1 月和 7 月先后发布的《上海市国民经济和社会发展第十四个五年规划和二〇三五年远景目标纲要》(以下简称《上海"十四五"规划纲要》)及《上海国际航运中心建设"十四五"规划》,首次明确提出建设亚太海事仲裁中心。③凡此种种,无不显示上海打造面向全球的亚太海事仲裁中心④正面临重大机遇,各种有利条件或优势不断聚集和提升,为上海在打造面向全球的亚太仲裁中心的战略背景下率先打造亚太海事仲裁中心夯实基础。当然,机遇总是伴随着挑战,上海打造面向全球的亚太海事仲裁中心亦面临诸多困难和压力,但抓住机遇、不惧挑战,乘势而上作出正确

① 参见《上海市城市总体规划(2017—2035 年)》第 13 条。载上海市规划和自然资源局网站,https://ghzyj.sh.gov.cn/cmsres/1c/1c3ad7e8ebf5486c898c02f06616fb8c/1bc3674ead17e0e475c5f1a3b5982ead.pdf,2021 年 12 月 30 日访问。

② 参见《2020 年上海"五个中心"建设实现重大目标》,载搜狐网,https://www.sohu.com/a/446443578_120988533,2021 年 12 月 30 日访问。按照《上海市城市总体规划(2017—2035 年)》第 13 条的规定,上海在 2020 年要实现的发展目标正是"基本建成国际经济、金融、贸易、航运中心",这一目标已如期实现。

③ 参见《上海"十四五"规划纲要》(2021 年 1 月 27 日上海市第十五届人民代表大会第五次会议批准)、《上海国际航运中心建设"十四五"规划》(沪府发〔2021〕7号,2021 年 7 月 8 日发布)。

④ 本书以下如非特指,上海打造国际海事仲裁中心即指打造面向全球的亚太海事仲裁中心。

的选择和安排,应是可探索尝试和积极作为的。

# 第一节 上海打造国际海事仲裁中心的机遇

上海打造国际海事仲裁中心的机遇,主要源自各种有利条件或优势的积聚和提升。具体来讲,要打造国际海事仲裁中心,应具备相关条件或优势:从内在逻辑看,应具备国际性或全球性的城市品质,应具备显著的仲裁优势,应具备航运及相关元素,应具备商事海事仲裁发展所需的专业性司法支持和监督;从外在表现看,应具备与伦敦、纽约、新加坡及香港等国际海事仲裁中心相同或相似的要素或特征,例如国际化的全球城市,国际公认的国际经济、贸易、金融、航运中心,国际仲裁尤其是海事仲裁优选地,支持商事海事仲裁发展的司法环境等。从目前来看,已基本建成国际经济、金融、贸易、航运中心并力争在 2035 年基本建成卓越全球城市的上海,打造国际海事仲裁中心至少已具备以下三个方面的优势:一是打造面向全球的亚太仲裁中心发展战略可提供的依托和支撑,二是上海国际航运中心基本建成与 CMAC 上海总部的落地运行为海事仲裁的发展带来了新的契机,三是专业的"仲裁友好型"司法环境日益健全和完善。

## 一、打造面向全球的亚太仲裁中心的发展战略: 顶层设计与地方响应

作为全国改革开放排头兵、创新发展先行者,四十余年来上海

始终勇立潮头、积极探索,不仅在经济建设中奋勇当先、贡献卓著,在法治建设中亦锐意进取、敢于创新,形成自己的优势,尤其在仲裁发展中亦抢占先机,努力创造并提升自己的优势。也正是基于此,中央首先从顶层设计上决策部署,推动上海打造面向全球的亚太仲裁中心,而上海也勇担重任,积极响应、努力进取。

**(一) 顶层设计:政策推动、赋权赋能**

为推动上海打造面向全球的亚太仲裁中心,中央在先后出台的一系列政策文件中均专门规定或强调,并依托自贸试验区、临港新片区(以下简称新片区)、浦东新区等特定区域①给予政策支持、赋权赋能。

1. 2015 年国务院《进一步深化中国(上海)自由贸易试验区改革开放方案》②

2015 年 4 月,国务院发布《进一步深化中国(上海)自由贸易试验区改革开放方案》(以下简称《进一步深化上海自贸区改革开放方案》),首次明确提出:进一步对接国际商事争议解决规则,优化自贸试验区仲裁规则,支持国际知名商事争议解决机构入驻,提高商事仲裁国际化程度;探索建立全国性自贸试验区仲裁法律服务联盟和亚太仲裁机构交流合作机制,加快打造面向全球的亚太仲裁中心。由此,依托自贸试验区的先行先试,中央从顶层设计上为上海打造面向全球的亚太仲裁中心明确了战略发展目标和实施路径。

---

① 有学者提出"特定区域"概念,意指那些经中央政府明确批示,一方面获得了相应法律地位而与自然形成的区域相区别,另一方面获得了更多优惠政策,特别是税收、土地开发利用、人才引进、贸易便利化等方面的优惠政策,从而获得了更多发展动力和助力的区域,具体包括自由贸易试验区、各类开发区、跨省际的大区域等。参见王春业:《论我国"特定区域"法治先行》,载《中国法学》2020 年第 3 期。

② 国发〔2015〕21 号,2015 年 4 月 20 日发布。

2. 2019 年国务院《中国(上海)自由贸易试验区临港新片区总体方案》①

2019 年 8 月,国务院发布《中国(上海)自由贸易试验区临港新片区总体方案》(以下简称《新片区总体方案》),在政策上进一步突破,首次提出允许境外知名仲裁及争议解决机构入驻新片区设立业务机构,就国际商事、海事、投资等领域产生的民商事争议开展仲裁业务,依法支持和保障中外当事人在仲裁前或仲裁中关于财产保全、证据保全、行为保全等临时措施的申请和执行。由此,依托新片区的制度型开放及"实行更大程度的压力测试",主动开放仲裁市场引入国际竞争,允许境外仲裁机构入驻设立业务机构开展仲裁业务活动,并承诺提供相应的司法保障,为上海吸引全球优质仲裁资源打造面向全球的亚太仲裁中心打开了国际通道。

《新片区总体方案》还提出"新片区参照经济特区管理""赋予新片区更大的自主发展、自主改革和自主创新管理权限,在风险可控的前提下授权新片区管理机构自主开展贴近市场的创新业务。新片区的各项改革开放举措,凡涉及调整现行法律或行政法规的,按法定程序经全国人大或国务院统一授权后实施",这就使新片区获得了两个方面的授权:一是申请调整或停止法律适用的授权,二是参照经济特区立法的授权。对于前者,可就《新片区总体方案》规定的所有改革措施涉及法律调整的部分,申请全国人大及其常委会授权国务院、最高人民法院等进行调整,并适时争取上海市人民代表大会(以下简称上海市人大)及其常务委员会(以下简称常委会)获得授权;对于后者,则可请求全国人大根据《新片区

---

① 国发〔2019〕15 号,2019 年 8 月 6 日发布。

总体方案》授权上海市人大及其常委会为新片区比照经济特区进行立法。①基于上述授权,新片区即可成为法治先行先试的"试验田",为上海打造面向全球的亚太仲裁中心提供强有力的法治支撑。

### 3. 2021年《中共中央　国务院关于支持浦东新区高水平改革开放打造社会主义现代化建设引领区的意见》

2021年7月,中共中央、国务院发布《中共中央　国务院关于支持浦东新区高水平改革开放打造社会主义现代化建设引领区的意见》(以下简称《浦东新区意见》),为浦东新区确立了更高的战略定位②并给予更高水平的政策支持。《浦东新区意见》虽未直接规定上海打造面向全球的亚太仲裁中心这一问题,但依托包含其内的自贸试验区和新片区的政策供给和制度外溢,打造面向全球的亚太仲裁中心战略亦应是浦东新区打造社会主义现代化建设引领区的题中之义:更好发挥自贸试验区及新片区"试验田"作用,对标最高标准、最好水平,实行更大程度的压力测试,在相关重点领域率先实现突破,取得的成果具备条件后率先在浦东全域推广实施;加强商事争端等领域与国际通行规则接轨,允许境外的服务提供商在满足境内监管要求的条件下,以跨境交付或自然人移动的方式提供更多跨境专业服务。③由此,打造社会主义现代化建设引领

---

① 参见郑少华:《中国(上海)自贸试验区新片区立法保障论》,载《东方法学》2020年第3期。

② 即要将浦东新区打造为更高水平改革开放的开路先锋、自主创新发展的时代标杆、全球资源配置的功能高地、扩大国内需求的典范引领、现代城市治理的示范样板,发展目标是"到2035年,浦东现代化经济体系全面构建,现代化城区全面建成,现代化治理全面实现,城市发展能级和国际竞争力跃居世界前列。到2050年,浦东建设成为在全球具有强大吸引力、创造力、竞争力、影响力的城市重要承载区,城市治理能力和治理成效的全球典范,社会主义现代化强国的璀璨明珠"。参见《浦东新区意见》。

③ 参见《支持浦东新区打造社会主义现代化建设引领区的意见》。

区的浦东新区,不仅可为上海打造面向全球的亚太仲裁中心提供更广阔的试验场,可采取的路径亦更灵活多元,例如境外仲裁机构不仅可通过入驻新片区设立业务机构开展仲裁业务活动,亦可不通过入驻设立业务机构,仅基于当事人的约定以跨境交付或自然人移动的方式提供跨境仲裁服务或进入我国开展仲裁业务活动。

《浦东新区意见》还规定:建立完善与支持浦东大胆闯、大胆试、自主改相适应的法治保障体系,比照经济特区法规,授权上海市人大及其常委会立足浦东改革创新的实践需要,遵循宪法规定以及法律和行政法规基本原则制定法规,可对法律、行政法规、部门规章等作变通规定后在浦东实施;对暂无法律法规或明确规定的领域,支持浦东先行制定相关管理措施并按程序报备实施,探索形成的好经验、好做法可适时通过法规规章等形式固定下来;《浦东新区意见》提出的各项改革措施,凡涉及调整适用现行法律、行政法规的,按法定程序办理。由此,比照经济特区立法,浦东新区获得了比新片区更直接和明确的立法及法律适用授权。尤其是关于立法权,直接授权上海市人大及其常委会根据浦东新区改革创新发展的实际需要进行变通立法,这就使得浦东新区可能成为上海对标国际最高标准、最好水平,探索制定与国际通行规则相衔接的地方仲裁法规的法治“试验田”,为上海打造面向全球的亚太仲裁中心夯实了法治基础。

按照《浦东新区意见》的上述授权,2021年6月10日第十三届全国人大常委会第二十九次会议即通过了《全国人民代表大会常务委员会关于授权上海市人民代表大会及其常务委员会制定浦东新区法规的决定》(以下简称《全国人大常委会关于授权制定浦东新区法规的决定》),2021年6月23日上海市第十五届人大常委会第三十二次会议则通过了《上海市人民代表大会常务委员会关于加强浦东新区高水平改革开放法治保障制定浦东新区法规的决定》(以下简称《上海市人大常委会关于制定浦东新区法规的决定》)。至此,面向浦东新区的立法授权已迅速落地,而用好该立法授权率先推动浦东新区仲裁法规制定,将使上海打造面向全球的亚太仲裁中心获得地方立法保障。

4.2021年司法部《全国公共法律服务体系建设规划(2021—2025年)》①

2021年12月30日,司法部发布《全国公共法律服务体系建设规划(2021—2025年)》(以下简称《法律服务建设规划》),在总结"十三五"时期全国公共法律服务体系建设成果的基础上,规划了"十四五"时期的建设目标和任务及2035年远景目标,特别强调了仲裁在公共法律服务体系建设中的重要地位和作用。《法律服务建设规划》全文提及"仲裁"多达43次,特别指出在"十四五"时期要实现的一个主要目标就是:完善我国仲裁制度,提升仲裁国际化水平;推进我国《仲裁法》修改,加强配套制度建设,完善仲裁制度体系;支持面向全球的国际仲裁中心建设,培育面向区域的国际仲裁中心,努力将我国打造成新的国际仲裁目的地。显然,推动上海打造面向全球的亚太仲裁中心亦在上述目标规划中。

**(二) 地方响应:联动发展、先行先试**

打造面向全球的亚太仲裁中心,不仅是新时期的国家发展战略,更是中央交给上海的重要任务。为此,上海作出了一系列规划和安排,采取了诸多行动和举措,并与上海深化和推进自贸试验区和新片区建设、服务"一带一路"倡议、"五个中心"建设及打造卓越全球城市等发展战略联动贯通,取得了卓著成效。

---

① 2021年12月22日司法部第17次部长办公会议审议通过。

1. 2016 年上海市人民政府《"十三五"时期上海国际贸易中心建设规划》①

2016 年 8 月,上海市人民政府发布《"十三五"时期上海国际贸易中心建设规划》,从推进自贸试验区制度创新,打造贸易制度环境新高地,完善国际贸易中心建设法治环境的角度,对上海打造面向全球的亚太仲裁中心作出了回应和规划:打造亚太国际商事争议解决中心,加大对本市商事仲裁、调解机构的培育,提升其专业服务能力和国际影响力,吸引和集聚国际知名商事争议解决机构,构建面向国际的商事争议解决平台。显然,在打造亚太国际商事争议解决中心的框架内,商事仲裁是最成熟也最具活力的。因此,打造以商事仲裁为主力和重点的亚太国际商事争议解决中心,既是上海建设国际贸易中心所需法治保障的重要支撑,亦是其优化国际贸易制度环境尤其是法治营商环境的题中之义。

2. 2017 年上海市人民政府《上海服务国家"一带一路"建设发挥桥头堡作用行动方案》②

2017 年 10 月,上海市推进"一带一路"建设工作领导小组办公室经上海市人民政府批准发布《上海服务国家"一带一路"建设发挥桥头堡作用行动方案》(以下简称《上海服务"一带一路"建设桥头堡方案》),确立了依托自贸试验区建设发挥服务"一带一路"倡议桥头堡作用的行动方案,并与"五个中心"建设等发展战略联动贯通,发挥战略叠加效应。为推动贸易投资便利化,可采取的专项行动包括以上海自贸试验区为载体,加强与"一带一路"沿线国家或地区制度和规则对接,加快推进上海自由贸易港(区)建设等。

---

① 沪府发〔2016〕60 号,2016 年 8 月 5 日发布。
② 2017 年 10 月 11 日发布。

对于打造国际仲裁中心,也是面向"一带一路"倡议,依托本土已有的仲裁资源,进一步吸引和汇聚境外仲裁资源,力争打造国际化仲裁服务品牌,为沿线国家或地区提供专业化的商事、海事仲裁服务。

3. 上海市全面依法治市的战略目标和工作重点

推动上海努力打造面向全球的亚太仲裁中心,也是上海全面依法治市委员会成立后首先明确的战略目标和工作重点之一。2019年2月12日,上海市委全面依法治市委员会举行组建后的首次会议,强调要深入学习贯彻习近平总书记关于全面依法治国的重要论述,紧密结合上海超大城市的实际,找准发力点、提高针对性,全力以赴推动法治成为上海核心竞争力的重要标志,并特别指出要对标国际最高标准、最好水平,强优势、补短板,努力使法治成为上海核心竞争力的重要标志;要提升仲裁服务的专业化和国际化水平,努力打造面向全球的亚太仲裁中心;要立足改革发展,有效引导预期,构建一视同仁的法治环境,更好服务市场主体。①

4. 2019年上海市人民政府《中国(上海)自由贸易试验区临港新片区管理办法》②

2019年7月,上海市人民政府发布《中国(上海)自由贸易试验区临港新片区管理办法》(以下简称《新片区管理办法》),以贯彻和响应国务院《新片区总体方案》,推动和保障新片区高水平建设和高质量发展。在开放仲裁市场引入国际竞争、优化法治营商环境方面,《新片区管理办法》遵照《新片区总体方案》的决策部署作

---

① 参见《上海市委全面依法治市委员会组建后首次会议举行》,载看看新闻 Knews 网, https://www.kankanews.com/a/2019-02-12/0038751084.shtml, 2022年1月20日访问。

② 上海市人民政府令第19号(沪府令19号),2019年7月30日上海市人民政府第60次常务会议通过,自2019年8月20日起施行。

出的具体安排是:境外知名仲裁及争议解决机构经市司法行政部门登记并报国务院司法行政部门备案后,可入驻新片区设立业务机构,就国际商事、海事、投资等领域产生的民商事争议开展仲裁业务。

5.2019年上海市委办公厅、市政府办公厅《关于完善仲裁管理机制提高仲裁公信力 加快打造面向全球的亚太仲裁中心的实施意见》

为贯彻执行中央两办发布的《提高仲裁公信力的意见》,落实党中央、国务院关于仲裁事业改革发展的方针政策,上海市委全面深化改革委员会(以下简称上海市深改委)于2019年1月2日举行第一次会议,审议通过了《关于完善仲裁管理机制提高仲裁公信力加快打造面向全球的亚太仲裁中心的实施意见》(以下简称《加快打造亚太仲裁中心的实施意见》或《实施意见》),上海市委办公厅、市政府办公厅印发了该《实施意见》。这是全国首个关于仲裁的省级重大改革性文件,标志着上海仲裁从此开启了现代化、国际化的改革创新发展的新征程,所要实现的目标就是对标国际最高标准、最好水平,完善仲裁管理机制、提升仲裁公信力,着力增强上海仲裁整体实力和竞争力并着力提升其国际影响力,着力发挥仲裁在多元化争议解决机制中的重要作用,把上海建设成为面向全球的亚太仲裁中心,在全国仲裁事业改革发展中发挥开路先锋、示范引领、突破攻坚的作用。为此,需完成的任务主要有:

(1)完善仲裁工作管理体制,包括建立司法行政机关行政管理与仲裁协会行业管理相结合的管理体制(以下简称"两结合"管理体制);组建上海仲裁协会加强仲裁行业自律管理;进一步健全完善仲裁登记管理制度及措施,规范、加强仲裁工作管理等。

(2) 推进仲裁行业有序开放,包括适度扩大上海仲裁对外开放与合作;设立上海国际争议解决中心,鼓励本土仲裁机构、境外仲裁机构及其他争议解决机构驻上海的代表机构、各类法律服务机构及其他相关服务机构进驻,打造国际争议解决平台。

(3) 推进仲裁机构体制机制改革,包括:稳步推进仲裁机构与行政机关脱钩,明确仲裁机构的性质为非营利法人,仲裁机构不设行政编制,原由政府机关组建的仲裁机构须在3年内完成脱钩改制工作,公务员担任或兼任仲裁机构决策机构组成人员的须在3年内全部退出,仲裁机构依法享有决策及管理自主权;改革仲裁机构的人事制度及经费管理制度;创新仲裁机构的内部管理制度。

(4) 完善仲裁与诉讼、调解的衔接机制,包括:建立健全人民法院、司法行政机关、仲裁协会与仲裁机构的沟通协调和资源共享机制,健全完善对仲裁的司法支持和监督机制;积极探索仲裁与诉讼、调解之间的多种衔接方式等。

(5) 加强仲裁专业人才队伍建设,包括加大仲裁专业人才培养的力度,加强仲裁专业人才培养的国际合作。

(6) 提高仲裁信息化水平,包括:积极探索"互联网＋仲裁",利用大数据、云计算、人工智能等新技术手段,采取网络远程仲裁及仲裁案件信息化管理等方式,不仅提升仲裁效率,更便利各方当事人,提升仲裁公信力;建立上海仲裁协会网络平台,建立健全仲裁信用信息平台。

6. 上海市司法行政部门强有力的支持举措和行动方案

为满足上海打造面向全球的亚太仲裁中心发展战略的需要,上海市司法局率先成立了全国首家仲裁工作处,为上海仲裁行业的改革开放、创新发展提供专门化、专业化、规范化的行政支持、管理和服务。①仲裁工作处自成立以来,紧密围绕上海打造面向全球的亚太仲裁中心的战略目标积极探索,先后推出了几个重要文件,对推动上海仲裁行业转型升级、创新发展,培育本土具有国际公信力和竞争力的仲裁机构,支持和服务境外仲裁机构入驻新片区设立业务机构开展仲裁业务,打造国际仲裁新高地,创立上海仲裁服务品牌和打造上海法治名片,发挥了支持引领作用并取得了卓著成效。

(1) 2019 年《打响"上海仲裁"服务品牌行动方案(2019—2021 年)》②

2019 年 6 月,上海市司法局发布了《打响"上海仲裁"服务品牌行动方案(2019—2021 年)》,以加快打造面向全球的亚太仲裁中心为目标引领,积极推动上海仲裁专业化、国际化、高端化、信息化建设,构建全业务、全时空的仲裁法律服务网络,全力打造上海仲裁服务模式,将"上海仲裁"打造成为国内外有较大影响力的高端法律服务品牌。为此,需重点完成的任务有:一是改革完善仲裁体制机制,激发行业发展活力,包括完善仲裁机构内部治理结构、依法保障仲裁机构自主决定权、加强仲裁行业自律管理、建立健全"两结合"管理体制;二是规范行业发展秩序,提升仲裁公信力,包括规范仲裁登记管理、推进多元化争议解决、主动服务基层社会治理、优化仲裁司法监督、强化仲裁服务社会评价和监督;三是着力

---

① 仲裁工作处主要负责以下工作:负责拟订仲裁行业发展规划、指导措施和制度规范并组织实施;负责全市仲裁机构和境外仲裁机构业务机构的日常登记管理工作,组织仲裁机构检查和规范化建设;指导本市仲裁委员会换届工作;指导本市仲裁行业对外交流合作和宣传推广;指导、监督、协调市仲裁协会开展行业管理;协助推进仲裁行业党建工作;推进仲裁工作信息化建设;完成局领导交办的其他工作。载上海市司法局网站,http://sfj.sh.gov.cn/2020glgk_jgsz/20201215/abe27f7bc3a9474cbd8d790d1716d32a.html,2022 年 1 月 21 日访问。

② 沪司发〔2019〕68 号,2019 年 6 月 3 日发布。

打造四个高地,即仲裁规则创制高地、仲裁人才集聚高地、仲裁特色品牌高地、数字仲裁应用高地;四是加强对外交流合作,提升国际影响力,包括推动仲裁对外开放合作、打造国际争议解决平台、提升上海仲裁国际化水平。

(2) 2019年《境外仲裁机构在中国(上海)自由贸易试验区临港新片区设立业务机构管理办法》①

2019年11月8日,在第二届中国国际进口博览会(以下简称进博会)上海国际仲裁高峰论坛上,上海市司法局发布了《境外仲裁机构在中国(上海)自由贸易试验区临港新片区设立业务机构管理办法》(以下简称《境外仲裁机构设立业务机构管理办法》或《管理办法》)。这是全国首个由省级司法行政机关制定发布的支持和服务境外仲裁机构入驻设立业务机构的管理办法,为后续亦获国务院批准允许境外仲裁机构入驻设立业务机构的其他地方制定类似管理办法提供了示范引领。②《管理办法》共25条,明确了境外仲裁机构入驻新片区设立业务机构的条件、登记程序、业务范围、管理措施、法律责任等。

《管理办法》的出台,无疑是对《新片区总体方案》和《新片区管理办法》在新片区对仲裁行业对外开放进行的压力测试,是对标国际最高标准、最好水平发展仲裁,支持上海打造面向全球的亚太仲裁中心的决策部署的贯彻和执行。为此,遵照《提高仲裁公信力的意见》和上海《加快打造亚太仲裁中心的实施意见》,《管理办法》要求申请入驻设立业务机构的境外仲裁机构须是非营利法人。③同

---

① 沪司规〔2019〕5号,2019年11月8日发布。
② 例如北京市司法局2020年12月28日发布的《境外仲裁机构在中国(北京)自由贸易试验区设立业务机构登记管理办法》(京司发〔2020〕91号)。
③ 参见《境外仲裁机构设立业务机构管理办法》第3条。

时,按照《新片区总体方案》和《新片区管理办法》的规定,要求境外仲裁机构须是满足相应条件的具有较高国际知名度的仲裁机构,①并限定其入驻设立的业务机构只能就国际商事、海事、投资等领域产生的民商事争议开展涉外仲裁业务及相关管理活动,非涉外仲裁业务则被排除在外。②对于境外仲裁机构入驻是设立分支机构还是独立机构,《管理办法》并未作强制性规定,而是给予一定的灵活度和开放性,由境外仲裁机构根据其内部管理架构、运行机制以及在我国开展仲裁业务的实际需要,自主选择设立业务机构的性质和形式,这显然既符合国际通行做法,亦便于境外仲裁机构设立登记。对于业务机构具体可开展何种涉外仲裁业务,《管理办法》也规定得非常灵活,允许境外仲裁机构在特定范围内自主设定和选择,包括案件受理、庭审、听证、裁决、案件管理和服务,以及业务咨询、指引、培训、研讨等。③《管理办法》还支持和鼓励业务机构与本土仲裁机构在业务上广泛合作交流,④以实现共同发展进步。

7. 2021 年上海市人民政府《中国(上海)自由贸易试验区临港新片区发展"十四五"规划》⑤

2021 年 7 月,上海市人民政府发布《中国(上海)自由贸易试验区临港新片区发展"十四五"规划》(以下简称《新片区发展"十四五"规划》),以贯彻执行《新片区总体方案》和《上海"十四五"规划纲要》,加快推进新片区高水平建设和高质量发展。在完善制度创新、强化法治保障方面,《新片区发展"十四五"规划》强调要"引进

---

① 参见《境外仲裁机构设立业务机构管理办法》第 6 条。
② 参见《境外仲裁机构设立业务机构管理办法》第 2 条、第 14 条。
③ 参见《境外仲裁机构设立业务机构管理办法》第 14 条。
④ 参见《境外仲裁机构设立业务机构管理办法》第 16 条。
⑤ 沪府发〔2021〕13 号,2021 年 8 月 12 日发布。

一批国内外知名的仲裁、调解等法律服务机构,打造法律服务集聚区",这正是上海打造面向全球的亚太仲裁中心的题中之义和必由之路。

8. 2022年《中国(上海)自由贸易试验区临港新片区条例》①

2022年2月,上海市人大常委会通过了《中国(上海)自由贸易试验区临港新片区条例》(以下简称《新片区条例》),以更好贯彻实施《新片区总体方案》,不仅将新片区建设两年多来已取得的改革创新成果固定下来,更为进一步的政策制度创新突破留下余地。②在争议解决与法治保障方面,《新片区条例》明确要在新片区建设一站式争议解决中心,加强新片区国际商事争议审判组织建设,完善涉外商事争议调解、仲裁、诉讼一站式争议解决机制,同时申明本市制定的浦东新区法规和管理措施,在新片区的浦东新区范围内亦可适用。③这就使得新片区与浦东新区在其重叠区域内实现了法治与政策的融合对接,一旦浦东新区仲裁法规推出,新片区仲裁改革开放、创新发展的政策落地实施将获得有效的法治保障,进而在上海打造面向全球的亚太仲裁中心中真正发力。

**(三) 已取得的积极成效**

在中央顶层设计决策部署、赋权赋能,上海地方政府勇挑重担、先行先试的积极响应下,上海打造面向全球的亚太仲裁中心已步入正轨,并呈加速度发展,取得了卓著成效。

1. 成立全国首家地方仲裁协会

按照上海《加快打造亚太仲裁中心的实施意见》的规划,对上

---

① 2022年2月18日上海市第十五届人民代表大会常务委员会第三十九次会议通过,自2022年3月1日起施行。

② 参见《首部综合性地方性法规对临港新片区意味着什么?》,载搜狐网,https://www.sohu.com/a/524695571_120044982,2022年2月22日访问。

③ 参见《新片区条例》第52、54条。

海仲裁行业首先采取的重要改革措施之一就是实行"两结合"管理体制①并建立仲裁协会进行行业自律管理。为此,在上海市司法局的筹建推动下,全国首个地方仲裁协会——上海仲裁协会②于2019年11月8日第二届进博会上海国际仲裁高峰论坛上正式宣布成立,以期通过不断强化自身管理与服务机制,不断增进国内外仲裁机构和法律服务行业交流合作,积极宣传和推广中国仲裁,促进上海仲裁现代化、国际化发展,推进法治营商环境建设,助力打造面向全球的亚太仲裁中心。

2021年3月25日,上海仲裁协会理事会审议通过了《仲裁员聘任与行为准则指引》(以下简称《指引》),这是上海仲裁协会发布的首个行业规范性指引,也是我国仲裁界首个行业规则指引。《指引》依据《仲裁法》,开创性地对不同仲裁机构的内部规范进行梳理与整合,为仲裁机构的内部规范完善提供参考,确保仲裁机构的行为有源可溯、有据可依,形成一个关于仲裁员履职行为的参考标准,通过全体仲裁员的行为自律,全面提升仲裁行业的公信力。③

---

①　上海市司法局2021年10月29日发布了《关于完善仲裁行政指导和行业自律相结合工作机制的实施意见》(沪司发〔2021〕74号)。

②　上海仲裁协会是依法设立的专业性非营利社会团体法人,于2019年10月获得上海市民政局颁发的社会团体法人登记证,会员包括仲裁机构、仲裁员、调解员以及其他从事仲裁实务工作、理论研究和专业服务的组织和人员,依法实施行业自律管理。参见《上海仲裁协会宣布成立》,载微信公众号"上海仲裁协会",2019年11月10日。

③　建立仲裁从业人员守则,强化仲裁从业人员准入和退出管理制度是仲裁行业发展的必然要求,也是上海面向全球的亚太仲裁中心建设中制度建设的重要部分。《指引》立足于为仲裁机构在选聘和管理仲裁员方面提供参考,作为仲裁行业示范性规则,本身并非强制性规定,不直接适用于仲裁机构、仲裁员或具体案件,各仲裁机构自行决定是否采用《指引》,具体处理时按我国《仲裁法》及仲裁机构的仲裁规则为准。参见《上海仲裁协会发布国内首个仲裁行业规则指引》,载微信公众号"上海仲裁协会",2021年3月29日。

2. 汇聚了丰富和优质的仲裁资源

自 2015 年以来,国务院先后发布《进一步深化上海自贸区改革开放方案》和《新片区总体方案》,从允许境外仲裁机构入驻自贸试验区设立代表处到允许其入驻新片区设立业务机构开展仲裁业务,中央支持上海先行先试对标国际标准打造面向全球的亚太仲裁中心的政策力度越来越大,已为上海成功吸引到境外优质的仲裁资源,集聚效应初步显现。截至目前,香港国际仲裁中心(HKIAC)、SIAC、ICC 国际仲裁院、韩国商事仲裁院(KCAB) 4 家境外仲裁机构已先后入驻自贸试验区设立代表处;世界知识产权组织仲裁与调解中心作为首家申请入驻新片区的境外仲裁机构,已于 2019 年 10 月设立其业务机构——世界知识产权组织仲裁与调解上海中心(以下简称 WIPO 仲调上海中心)并开展实质化运作。此外,上海还有 4 家优秀的本土仲裁机构——CIETAC 上海分会、CMAC 上海总部、SHIAC、上海仲裁委员会(SHAC),将在与境外仲裁机构竞争与合作中不断提升国际公信力和竞争力,共同为上海打造面向全球的亚太仲裁中心贡献智慧和力量。按照《玛丽女王大学 2021 年仲裁调查报告》公布的结果,上海已跻身全球十大最受欢迎国际仲裁地,位列第八。①

3. 打造上海国际争议解决中心②

自 2015 年以来,随着上海自贸试验区不断扩大开放,越来越

---

① 其中,伦敦和新加坡位列第一和第二,香港位列第三,巴黎位列第四,日内瓦位列第五,纽约和北京位列第六和第七,上海位列第八,斯德哥尔摩位列第九,迪拜位列第十。See Queen Mary University of London, White & Case LLP, *2021 International Arbitration Survey: Adapting Arbitration to a Changing World*, https://arbitration.qmul.ac.uk/media/arbitration/docs/LON0320037-QMUL-International-Arbitration-Survey-2021_19_WEB.pdf, last visited on December 12, 2021.

② 上海国际争议解决中心是依法登记设立的非营利性社会组织。参见《上海国际争议解决中心机构简介》,载上海国际争议解决中心网站,http://www.shidrc.org/cn/guanyuwomen,2022 年 1 月 30 日访问。

多的国际争议解决机构落户上海设立代表处,为上海的国际争议解决市场注入了新的动能与活力。日益成熟的法律服务市场、法治化营商环境,使上海有能力为境内外商事主体提供便利、高效、多元的争议解决服务,同时也为国际多元化争议解决机构提供商事争议解决及合作交流的专业服务平台。在此背景下,2018年4月17日,SHIAC协同上海世界贸易中心协会不失时机地设立了名为"上海国际争议解决中心"的平台,旨在为国际多元化争议解决机构提供各类服务。境内外仲裁机构、调解机构及争议解决机构的在沪办事处,可通过入驻上海国际争议解决中心的统一办公场所,实现便利化办公、规模化宣传,以形成争议解决机构集聚的综合效应。上海《加快打造亚太仲裁中心的实施意见》则将此作为推进上海仲裁行业有序开放,打造面向全球的亚太仲裁中心的重要举措,即在适度扩大上海仲裁对外开放合作基础上打造国际争议解决平台:设立上海国际争议解决中心,鼓励本土仲裁机构、境外仲裁机构及其他争议解决机构驻上海代表机构、各类法律服务机构及其他相关服务机构进驻;鼓励境内外当事人选择上海作为争议解决地,为仲裁机构审理案件提供开庭支持和服务,满足境内外当事人多元化、便利化的争议解决服务需求,充分发挥上海国际争议解决中心的集聚效应。

由此,打造上海国际争议解决中心,便成为上海市司法局同年推出的《打响"上海仲裁"服务品牌行动方案(2019—2021年)》纳入规划和安排的工作重点,同时也是构筑和打响"上海仲裁"服务品牌行动的重要举措和步骤。自成立并开展实质化运作以来,上海国际争议解决中心始终秉持开放态度,欢迎更多国际知名仲裁、调解机构及多元化争议解决机构汇聚上海,满足中外当事人对争议解决服务的多元化需求,推动争议解决机构间积极合作交流,促进国际仲裁、调解及多元化争议解决事业的不断发展,更好助力上海加快打造面向全球的亚太仲裁中心。①

### 4. 首次推动完成仲裁机构体制机制改革

基于仲裁的契约性,还原仲裁机构的民间性,推进仲裁机构体制机制改革,明确仲裁机构为非营利法人并依法享有决策和管理自主权,是上海进行仲裁行业改革、培育本土优秀的仲裁机构,提升其国际公信力和竞争力,打造面向全球的亚太仲裁中心的重要举措和必由之路。对此,上海《加快打造亚太仲裁中心的实施意见》制订了明确的时间表和路线图:稳步推进仲裁机构与行政机关脱钩,仲裁机构不设行政编制,原由政府机关组建的仲裁机构须在3年内完成脱钩改制工作,公务员担任或兼任仲裁机构决策机构组成人员的亦须在3年内全部退出,改革仲裁机构人事制度及经费管理制度,创新仲裁机构内部管理制度。

2020年11月20日,上海市深改委举行第八次会议,审议通过了全国首个主流仲裁机构退出事业单位体制的改革方案——《上海仲裁委员会深化改革总体方案》(以下简称《上仲深化改革总体方案》或《总体方案》),②明确改革后的上海仲裁委员会退出事业单位序列,注销事业编制,成为市政府组建、由市司法局登记管理、面向市场提供仲裁服务的非营利法人。③为推动《总体方案》落地见效,2021年3月4日,上海仲裁委员会召开深化改革动员大会,明确指出要紧密围绕市委市政府提出的"体制松绑、机制做优、队

---

① 参见《上海国际争议解决中心机构简介》,载上海国际争议解决中心网站,http://www.shidrc.org/cn/guanyuwomen,2022年1月30日访问。

② 参见《上海仲裁委员会如何深化改革?上海市委深改委审议了这些重大改革事项》,载微信公众号"上海市司法局",2020年11月21日。

③ 参见《春风一缕:上海仲裁行业对外开放迈上新台阶》,载微信公众号"上海市司法局",2021年11月8日。

伍做专、业务做强"16字改革方针,坚持市场化、法治化、专业化、国际化发展方向,将上海仲裁委员会打造成为具有国内引领性和国际知名度的一流仲裁机构,成为上海加快打造面向全球的亚太仲裁中心的一张靓丽名片。①2021年7月,上海仲裁委员会改革任务基本完成,新一届委员会由15名境内外仲裁专家组成,初步建立起国际化的现代法人治理结构,明确委员会作为决策机构、秘书处作为执行机构,监事会作为监督机构,实行决策权、执行权、监督权相互分离、有效制衡的治理机制,并明确公务员不得担任或兼任委员会成员;同年10月,上海仲裁委员会获得了联合国国际贸易法委员会观察员席位,成为参与第一工作组"中小企业"国际商事立法工作的首家中国仲裁机构。②

作为全国首个启动并完成仲裁机构体制机制改革的仲裁机构,上海仲裁委员会不仅为全国其他仲裁机构改革提供了示范引领,更将以与国际接轨的去行政化、民间性的非营利法人专业服务机构的身份,在实现体制松绑后全面释放活力,面向市场参与国际竞争与合作,面向全球用户不断提升专业与服务,在推动上海加快打造面向全球的亚太仲裁中心进程中开拓创新、作出更多积极贡献。

## 二、上海国际航运中心基本建成与CMAC 上海总部落地运行

作为国际海事仲裁中心,无论是伦敦、纽约还是新加坡和香港,都是著名的国际航运中心,集聚了丰富的航运资源要素和发展

---

① 参见《上海仲裁委员会改革正式拉开大幕》,载上海市司法局网站,https://sfj.sh.gov.cn/zwyw_ggflfw/20210308/bae3b436c583454e8e14fdec201e9eee.html,2022年1月30日访问。

② 参见《春风一缕:上海仲裁行业对外开放迈上新台阶》,载微信公众号"上海市司法局",2021年11月8日。

海事仲裁的资源和动力。随着国际航运中心的东移,国际海事仲裁中心也在东移。顺应这个发展逻辑,上海在推动国际航运中心基本建成并向全面建成迈进的同时,打造国际海事仲裁中心应是题中之义、势在必行,相关资源要素也在集聚和增长。

## (一)上海国际航运中心基本建成

按照 2016 年发布的《"十三五"时期上海国际航运中心建设规划》,①上海将依托自贸试验区平台全力推动航运领域改革创新和扩大开放,充分利用"一带一路"倡议等国家战略实施促进航运资源要素集聚,以及"全球城市"建设提升上海国际航运中心辐射服务能力等重要机遇,力争在 2020 年实现"基本建成航运资源高度集聚、航运服务功能健全、航运市场环境优良、现代物流服务高效,具有全球航运资源配置能力的国际航运中心"。而按照《上海市城市总体规划(2017—2035 年)》的规划部署,上海亦将在 2020 年基本建成包括国际航运中心在内的"四个中心"。为确保 2020 年基本建成上海国际航运中心战略目标的实现,上海市人民政府办公厅还于 2018 年专门发布了《上海国际航运中心建设三年行动计划(2018—2020)》。②由此,自 2013 年在上海建立自贸试验区及提出共建"一带一路"倡议以来,上海依托自贸试验区建设和"一带一路"尤其是"21 世纪海上丝绸之路"建设,遵照上述《"十三五"时期上海国际航运中心建设规划》和《上海国际航运中心建设三年行动计划(2018—2020)》的指引,上海国际航运中心建设顺利推进,在新华·波罗的海国际航运中心发展指数历年排名前 10 榜单(Top 10)上,上海的排名不断上升,自 2020 年起已连续 4 年超过香港稳居第三,仅次于新加坡和伦敦,基本建成国际航运中心的目标已如

① 沪府发〔2016〕71 号,2016 年 8 月 30 日发布。
② 沪府办〔2018〕40 号,2018 年 7 月 13 日发布。

期实现并向全面建成迈进。①

2021年,在国家和上海"十四五"规划实施第一年,《上海国际航运中心建设"十四五"规划》亦出台和跟进,提出了新的五年发展规划和目标:全力支撑上海打造国内大循环的中心节点、国内国际双循环的战略链接,形成枢纽门户服务升级、引领辐射能力增强、科技创新驱动有力、资源配置能级提升的上海国际航运中心发展新格局,至2025年基本建成便捷高效、功能完备、开放融合、绿色智慧、保障有力的世界一流国际航运中心。与此同时,该规划还在《上海"十四五"规划纲要》首次提出建设"亚太海事仲裁中心"的基础上,进一步强调要建设亚太海事仲裁中心,引导鼓励市场主体选择上海作为首选仲裁地;依托新片区政策优势,加快吸引汇聚境内外知名海事仲裁机构,完善诉讼、仲裁、调解一站式争议解决功能;支持"一带一路"沿线国际商事仲裁业务开展,鼓励与沿线国家合作建立联合仲裁机制;推进海事法律与仲裁服务信息化、智慧化发展,建立外国法数据库,实现证据电子化传递与认证、远程立案、开庭与调解,深入挖掘海量数据并应用于海事司法工作,支持开展网络仲裁服务。至此,上海国际航运中心在从基本建成向全面建成迈进之际,需有国际海事仲裁中心建设配套跟进,两者相辅相成、相得益彰,不仅与上海国际航运中心自身发展逻辑相符,亦与国际实践经验一致。由此,在打造国际海事仲裁中心服务国际航运中心建设的目标牵引下,依托自贸试验区和新片区及"一带一路"倡议的推进,上海将汇聚境内外更多优质的海事仲裁资源,搭建并优化海事争议解决平台和机制,促进和提升上海海事仲裁的国际化和

---

① 参见《十载征程再起航,指数见证上海国际航运中心迈向"全面建成"》,载中国日报网,https://baijiahao.baidu.com/s? id = 1777732574180861248&wfr = spider&for = pc,2023年9月23日访问。

现代化,为上海打造面向全球的亚太海事仲裁中心奠定坚实基础。

## (二) CMAC上海总部落地运行

支持和服务上海国际航运中心建设,一直是CMAC的工作重点。为更好满足和适应上海国际航运中心从基本建成向全面建成迈进的实践需要,在司法部的大力支持下,经中国国际贸易促进委员会(简称中国贸促会)和上海市人民政府同意、上海市司法局核准,①CMAC上海分会于2020年11月6日正式升级更名为上海总部,旨在优化组织架构、功能定位和发展目标,全面提升服务能级和核心竞争力。②CMAC上海总部将继续秉持专业化、国际化的发展理念,以"创新驱动、转型升级"为导向,立足上海、服务全国、面向世界,积极推动以上海为重心的中国海事仲裁业务的升级发展,加速促进以上海为重心的我国海事仲裁法律服务体系的完善。③

自落地运行以来,CMAC上海总部对标和紧跟上海国际航运中心和亚太仲裁中心("两个中心")建设的实施推进,积极进取、开拓创新,取得了不俗的成绩:积极参与新片区建设,发挥上海航运资源集聚优势,进一步巩固与上海海事法院现有的合作成果,积极参与打造一站式争议解决平台——在2021年CMAC总部与上海海事法院之间建立委托调解机制10周年之际共同发布《海事案件

---

① 上海市司法局《关于同意设立中国海事仲裁委员会上海总部的复函》,沪司函〔2020〕204号,2020年10月28日发布。

② CMAC上海总部将成为CMAC业务核心、海事仲裁品牌重心以及核心业务的宣传窗口和创新平台,与位于北京的总会相呼应,形成"北京＋上海"跨区域联动的双总部发展格局。参见《中国海事仲裁委员会上海总部揭牌仪式在沪隆重举行》,载中国海事仲裁委员会网站,http://www.cmac.org.cn/index.php?id=105,2022年1月30日访问。

③ 参见《中国海事仲裁委员会上海总部揭牌仪式在沪隆重举行》,载中国海事仲裁委员会网站,http://www.cmac.org.cn/index.php?id=105,2022年1月30日访问。

委托调解白皮书(2011—2021)》①；2021 年,CMAC 上海总部还迈出了综合服务长三角区域海事争议解决的重要一步,与南京海事法院签署了《海事司法与海事仲裁合作框架协议》,②共同打造合作交流平台,创新海事争议多元化解决机制,共同营造法治化营商环境,提升海事司法与海事仲裁的国际影响力。③2021 年 10 月 1日,CMAC 新修订的海事仲裁规则生效实施,这亦将为 CMAC 上海总部在上海处理航运或海事争议提供更优的规则供给,并提升其国际竞争力和吸引力,为上海打造面向全球的亚太仲裁中心注入新动能,亦为在此框架内推动打造面向全球的亚太海事仲裁中心夯实基础。

## 三、"仲裁友好型"司法环境日益健全完善

上海打造面向全球的亚太仲裁中心,离不开良好司法环境的

---

① 白皮书集中展示了 10 年来双方合作开展委托调解工作的发展历程、总体情况、建立的工作机制、取得的成功经验,并精选出了 10 个典型案例,是双方合作取得的丰硕成果,便于业界更好了解海事争议委托调解工作,更好推动多元化争议解决机制建设。参见《海事案件委托调解白皮书(2011—2021)》,载中国海事仲裁委员会网站,http://www.cmac.org.cn/data/upload/image/20211108/1636354894478258.pdf,2022 年 1 月 30 日访问。

② 根据协议,对于海上、通海水域货物运输合同争议等九种类型的海事争议案件,南京海事法院可以委派、委托、邀请 CMAC 上海总部进行调解,CMAC 上海总部应遵循依法自愿、规范操作、公平公正等原则进行调解,以利矛盾纠纷妥善解决,协议明确了委托调解程序、调解员确定方式以及调解期限等内容,对仲裁保全、仲裁裁决执行以及业务交流和重大学术论坛等合作机制作出了安排。协议的签署,标志着南京海事法院与 CMAC 海事争议仲裁调解机制的规范化、常态化运行,有助于推动海事海商案件快捷、公正处理和解决,提升江苏地区航运贸易服务软环境。参见《中国海仲上海总部与南京海事法院签署〈海事司法与海事仲裁合作框架协议〉》,载中国海事仲裁委员会网站,http://www.cmac.org.cn/index.php?id＝258,2022 年 1 月 30 日访问。

③ 参见《中国海仲上海总部与南京海事法院签署〈海事司法与海事仲裁合作框架协议〉》,载中国海事仲裁委员会网站,http://www.cmac.org.cn/index.php?id＝258,2022 年 1 月 30 日访问。

支撑,尤其在政策先行、立法尚未及时跟进之际,司法支持和保障尤显重要。为此,最高人民法院充分发挥司法政策的灵活性,每在中央为上海特定区域给予更大力度的改革开放政策支持时,总会同步出台司法服务和保障意见,其中不乏支持和保障仲裁改革开放、创新发展的司法政策和意见,不仅优化了仲裁的司法环境,更为特定区域打造了国际一流的法治化营商环境。根据世界银行(World Bank Group)发布的《2020 年营商环境报告》(Doing Business 2020),在营商环境 10 项一级评价指标中,作为"执行合同"项下二级指标的"司法程序质量指数",上海全球排名第一,在满分18 分中得 16.5 分。①成立于 1984 年的上海海事法院多年来亦为在上海进行的海事仲裁提供了专业高效的司法支持和监督,而推动以此为基础的更专业高效的司法支持和监督体系的建立健全,亦是上海打造"仲裁友好型"司法环境的题中之义和现实举措。

**(一) 2016 年最高人民法院《自贸区司法保障意见》**

2016 年最高人民法院《自贸区司法保障意见》,除强调完善司法审查、司法确认制度,鼓励自贸试验区争议的多元化解决,进一步探索诉讼与非诉讼相衔接的多元化争议解决机制的构建与完善,更强调自贸试验区仲裁制度的创新发展,主要在两个方面做了重要突破:(1)在总结发生在上海自贸试验区的西门子国际贸易(上海)有限公司与上海黄金置地有限公司申请承认和执行外国仲

---

① 报告显示,我国营商环境全球排名(DB rank)已跃升至第 31 位,在营商环境 10 项一级评价指标中,由法院牵头负责的有"执行合同"(enforcing contracts)和"办理破产"(resolving insolvency)两项,上海的"执行合同"指标全球排名第 3,"办理破产"指标全球排名第 51,"司法程序质量指数"是"执行合同"项下的二级评价指标。See World Bank Group, Doing Business 2020(Economy Profile China), https://www.doingbusiness.org/content/dam/doingBusiness/country/c/china/CHN.pdf, last visited on January 30, 2022.

裁裁决案①(以下简称"黄金置地案")的基础上,提出要正确认定仲裁协议效力,规范仲裁案件的司法审查:双方均为自贸试验区注册的外商独资企业约定彼此商事争议提交域外仲裁的,不得仅以争议没有涉外因素而认定仲裁协议无效;一方或双方均为自贸试验区注册的外商投资企业,在商事争议发生后按照约定将争议提交域外仲裁,但在裁决作出后却以仲裁协议无效为由主张拒绝承认、认可或执行裁决的,人民法院不予支持;另一方当事人在仲裁程序中未对仲裁协议效力提出异议,却在裁决作出后以争议没有涉外因素主张仲裁协议无效,并以此为由主张拒绝承认、认可或执行裁决的,人民法院亦不予支持。由此,法院不仅对仲裁协议有效性的认定强调采取更支持和包容的态度,对不具有涉外因素的争议提交域外仲裁亦依禁止反言原则予以支持和包容,这为仲裁的发展创造了更宽松和自由的环境,当事人意思自治得到前所未有的尊重和满足,仲裁中的不诚信和权利滥用也受到必要规制。(2)确认自贸试验区注册的企业相互间约定在内地特定地点、按照特定仲裁规则、由特定人员对有关争议进行仲裁的协议有效,法院若认定仲裁协议无效,则须逐级上报至最高人民法院裁定核准。这就确立了所谓的"三特定"仲裁,意味着在一定限度内对临时仲裁的尝试。

**(二) 2019 年《最高人民法院关于人民法院为中国(上海)自由贸易试验区临港新片区建设提供司法服务和保障的意见》②**

2019 年《最高人民法院关于人民法院为中国(上海)自由贸易试验区临港新片区建设提供司法服务和保障的意见》(以下简称

---

① (2013)沪一中民认(外仲)字第 2 号。
② 法发〔2019〕31 号,2019 年 12 月 13 日发布。

《新片区司法服务和保障意见》),除进一步强调新片区多元化争议解决机制的构建和完善,强调将非诉讼争议解决机制挺在前面,尊重当事人的争议解决方式选择权,更强调新片区仲裁制度的改革创新,支持上海打造面向全球的亚太仲裁中心:支持境外仲裁机构经登记备案后入驻新片区,就国际商事、海事、投资等领域产生的民商事争议开展涉外仲裁业务,依法支持保障中外当事人在仲裁前或仲裁中关于财产保全、证据保全、行为保全等临时措施的申请和执行,依法对仲裁裁决进行司法监督,支持在新片区注册的企业相互间约定进行"三特定"仲裁等。

### (三) 2022 年《最高人民法院关于人民法院支持和保障浦东新区高水平改革开放打造社会主义现代化建设引领区的意见》①

2022 年《最高人民法院关于人民法院支持和保障浦东新区高水平改革开放打造社会主义现代化建设引领区的意见》(以下简称《最高人民法院支持和保障浦东新区意见》),在强调充分尊重当事人的争议解决方式选择权,创新浦东新区多元化争议解决机制,打造诉讼、仲裁、调解相衔接的"一站式"争议解决平台的基础上,基本复制和移植了新片区保障仲裁创新发展的司法政策和制度,助力上海打造面向全球的亚太仲裁中心,推动浦东新区打造具有国际竞争力和吸引力的国际商事争议解决中心,即支持境外知名仲裁机构入驻浦东新区设立业务机构,就国际商事争议开展仲裁业务,依法支持和保障当事人关于财产保全、证据保全、行为保全等临时措施的申请和执行。

为贯彻落实《最高人民法院支持和保障浦东新区意见》,充分发挥司法职能,2022 年 3 月 9 日,上海市高级人民法院紧随其后发

---

① 法发〔2022〕1 号,2022 年 1 月 10 日发布。

布了《上海市高级人民法院关于支持和保障浦东新区高水平改革开放打造社会主义现代化建设引领区的实施方案》（以下简称《上海高院支持和保障浦东新区实施方案》），浦东新区人民法院则同步出台了《上海市浦东新区人民法院关于服务保障浦东新区高水平改革开放打造社会主义现代化建设引领区的实施办法》（以下简称《浦东法院服务保障浦东新区实施办法》）。①围绕争议解决，《上海高院支持和保障浦东新区实施方案》遵照《最高人民法院支持和保障浦东新区意见》的原则和精神，提出了更具体的实施方案和路径，除亦强调深化"一站式"多元化争议解决机制建设，进一步优化"上海法院一站式多元解纷平台"功能，坚持将非诉争议解决机制挺在前面，健全完善开放共享、多元共治的诉讼前端争议解决机制，充分发挥司法的引领、推动和保障作用，亦更强调在此基础上充分尊重当事人对争议解决方式的选择权，积极支持境外知名仲裁机构在浦东新区设立业务机构，就国际投资贸易等领域产生的民商事争议开展涉外仲裁业务，依法支持保障当事人关于财产保全、证据保全、行为保全等临时措施的申请和执行，支持浦东打造国际一流的商事争议解决中心。以上述两个文件为指引，《浦东法院服务保障浦东新区实施办法》则提出了更全面细化的实施办法，极力发挥法院的司法服务和保障功能，助力完善具有浦东引领区特色的法治保障体系，亦为上海加快打造面向全球的亚太仲裁中心提供直接的司法支持。

---

① 参见《上海高院发布支持保障浦东引领区建设实施方案　上海浦东法院同步出台服务保障实施办法》，载上海市高级人民法院网站，http://www.hshfy.sh.cn/shfy/web/xxnr.jsp?pa＝aaWQ9MjAyNjczOTYmeGg9MSZsbWRtPWxtMTcxz&zd＝xwxx，2022 年 3 月 15 日访问。

## 第二节　上海打造国际海事仲裁中心的挑战

上海打造国际海事仲裁中心虽具有得天独厚的优势和不容错过的机遇,但也不乏困难和挑战,既有传统的亟待突破的瓶颈和障碍,亦有新增的竞争和压力。

### 一、竞争更加激烈:
### 第四大国际海事仲裁中心的兴起

受惠于"一带一路"倡议尤其是"21 世纪海上丝绸之路"建设推动,十年来香港不仅在新华·波罗的海国际航运中心发展指数前 10 排行榜上稳居前列,①更紧随新加坡之后于 2020 年亦获BIMCO 认可,晋级世界第四大国际海事仲裁中心之一,成为亚太地区第二个面向全球的海事仲裁首选地,这无疑为上海打造面向全球的亚太海事仲裁中心带来了新的竞争和压力。

香港作为我国特别行政区,亦为"21 世纪海上丝绸之路"沿线重要节点城市及粤港澳大湾区核心区域,我国自 2013 年提出"一带一路"倡议以来,就一直强调支持香港发展成为区域性航运和争议解决枢纽,支持香港建设成为亚太区国际法律及争议解决

①　2014 年至 2017 年,香港的排名一直稳居第三,2018 年至 2019 年甚至超过伦敦排名第二,2020 年至 2023 年,香港虽被上海反超,但仍位居第四。参见《十载征程再起航,指数见证上海国际航运中心迈向"全面建成"》,载中国日报网,https://baijiahao.baidu.com/s?id = 1777732574180861248&wfr = spider&for = pc,2023 年 9 月 23 日访问。

服务中心。①香港作为全球公认的国际经济、金融、贸易、航运中心，于2019年推动原为香港国际仲裁中心（HKIAC）一部分的海事仲裁机构——香港海事仲裁协会（Hong Kong Maritime Arbitration Group，HKMAG）独立运营。②HKMAG于2017年尚未独立之时就直接复制了LMAA当年新修订的仲裁规则，包括2017年HKMAG条款（HKMAG Terms）和2017年HKMAG小额索赔程序规则（HKMAG Small Claims Procedure，HKMAG SCP）。③独立仅一年后，香港便得到BIMCO的认可，被纳入其新制定的BIMCO法律和仲裁条款2020（BIMCO Law and Arbitration Clause 2020），成为与伦敦、纽约、新加坡并列的四个仲裁地选项之一。④2021年，紧跟LMAA仲裁规则修改的脚步，HKMAG又在复制2021年LMAA条款及SCP规则的基础上修改推出了自己新的仲裁规则——2021年HKMAG条款和2021年HKMAG小额索赔程序规则，二者于2021年9月1日起生效实施。⑤有一点值得注意的是，不同于伦敦、纽约、新加坡的海事仲裁，HKMAG除提供临

---

① 例如，香港中联办法律部部长刘春华就曾明确指出，国家支持香港打造亚太区国际法律及争议解决服务中心，发挥香港法律所长，把握"一带一路"和"粤港澳大湾区"建设机遇，为香港与内地航运业携手合作、并船出海，提供法治保障。参见《国家支持港建国际法律及争议解决服务中心》，载大公网，http://www.takungpao.com/231106/2019/1121/377144.html，2022年1月30日访问。

② HKMAG于2000年2月成立，原属HKIAC的一部分，于2019年3月成为独立的组织。See https://www.hkmag.org.hk/home-1, last visited on January 30, 2022.

③ 2017年HKMAG条款及小额索赔程序规则，基本都是在复制2017年LMAA条款和SCP规则的基础上修改并适用香港仲裁程序法而成的，有关使用得到了LMAA的许可。See https://www.hkmag.org.hk/home-1, last visited on January 30, 2022.

④ BIMCO法律和仲裁条款2020，首次将香港与伦敦、纽约和新加坡包括在内，并取得所有四个仲裁地点的一致同意。See https://www.hkmag.org.hk/resources-1, last visited on January 30, 2022.

⑤ 有关使用亦得到了LMAA的许可。See https://www.hkmag.org.hk/resources-1, last visited on January 30, 2022.

时仲裁,还提供机构仲裁,即允许当事人选择依 HKMAG 仲裁规则进行机构仲裁并为其提供案件管理和服务。①虽然机构仲裁并非海事仲裁主流,但在临时仲裁之外提供机构仲裁,无疑可为当事人提供更多选择,有助于提升仲裁机构竞争力和吸引力。在临时仲裁与机构仲裁的区别日益缩小的趋势下,重服务、轻管理的混合型仲裁日益兴起,HKMAG 提供的多元服务无疑更符合实践发展的需要,也体现了仲裁领域一种新的发展趋势。

与新加坡相比,香港虽为亚太地区国际海事仲裁中心的后起之秀,但其起源发展的历史轨迹、成功经验却与新加坡极其相似,即在东西方文化交汇的区域承袭、吸收、融合了国际通行规则与本土经验。与伦敦、纽约、新加坡一样,虽为普通法区域,香港亦十分重视仲裁法的制定与完善,于 1963 年 7 月 5 日颁布了第一部仲裁条例——香港《仲裁条例》(Arbitration Ordinance)②,此后经过了1977 年、1982 年、1989 年、1990 年、1996 年、2000 年、2011 年、2021年多次修订,在国际化、现代化的过程中亦融入本土文化和资源不断创新和发展,为香港打造亚太区国际仲裁中心提供了重要的法治支撑。具体来看,以下几次修订影响较为重大。

1977 年的修订,《仲裁条例》在纳入《纽约公约》的基础上增订了第四部分"公约裁决的执行"(Enforcement of Convention Awards)。1982 年的修订,除吸收英国《1979 年仲裁法》的精华外,③

---

① HKMAG 还专门制定了根据 HKMAG 仲裁规则进行的仲裁管理程序。See https://www.hkmag.org.hk/resources-1,last visited on January 30, 2022.

② 在 1963 年香港《仲裁条例》颁布之前,香港虽已有仲裁制度存在,但并无一部专门的仲裁法。参见赵秀文:《香港仲裁制度》,河南人民出版社 1997 年版,第11—12 页;王则左:《2011 年香港仲裁条例第 609 章——评论及指南》,洪亮、许伊音译,法律出版社 2015 年版,第 1 页。

③ 例如废除了案件陈述制度,赋予了当事人订立排除协议(exclusion agreement)的权利,即允许仲裁当事人在协议中排除对仲裁裁决的司法审查,从而完全改变了法院对仲裁过度的司法监督。

亦不乏自身的创新和发展,例如引入了仲裁中调解、合并仲裁等制度。①1989 年的修订,《仲裁条例》采取了本土仲裁与国际仲裁分立的模式,为次年(1990 年 4 月 6 日)香港将《联合国国际商事仲裁示范法》纳入《仲裁条例》作好了准备,②并使香港成为当时世界上少有的已采纳《示范法》的区域之一。③纳入《示范法》,虽旨在使《仲裁条例》适用于国际仲裁,却允许当事人自主选择,即当事人可通过明确的书面协议约定在其国际仲裁中放弃适用《示范法》而适用本土仲裁制度,反之亦然,④这就在国际仲裁和本土仲裁的法律适用上确立了对《示范法》和本土仲裁制度的自由选择机制,亦符合《示范法》第 1 条第 3 款第 3 项⑤中的主观标准和自由精神。4 年后新加坡在将《示范法》纳入其 IAA 时,亦作出了相同的制度设计和选择。正所谓理念相同,选择便相同。

1996 年的修订,尝试推动实现本土仲裁与国际仲裁的制度统一。⑥此外,1996 年《仲裁条例》还借鉴吸收了英国《1996 年仲裁法》第 1 条第 1 项规定的公正原则——在没有不必要花费的前提

---

① 参见 1982 年《仲裁条例》第 2A 条、第 6B 条。

② 即对满足《联合国国际商事仲裁示范法》第 1 条第 3 款下"国际"仲裁协议标准的国际仲裁适用《示范法》。参见莫石、郑若骅编著:《香港仲裁实用指南》,法律出版社 2004 年版,第 16—17 页。

③ 从采纳《示范法》的时间先后来看,当时已采纳《示范法》的国家和法域不足 20 个。See https://uncitral.un.org/en/texts/arbitration/modellaw/commercial_arbitration/status,last visited on January 30,2022.

④ 按照 1990 年《仲裁条例》第 2L 条,本土仲裁的当事人可放弃适用《仲裁条例》第 II 部分而选择适用第 IIA 部分;按照第 2M 条,国际仲裁的当事人可放弃适用国际仲裁制度而选择适用本土仲裁制度。参见莫石、郑若骅编著:《香港仲裁实用指南》,法律出版社 2004 年版,第 18 页。

⑤ 《联合国国际商事仲裁示范法》第 1 条第 3 款第 3 项规定"当事各方明确同意,仲裁协议标的与一个以上的国家有关"亦满足国际仲裁的标准。

⑥ 英国《1996 年仲裁法》的一个重大改革就是取消了国内仲裁与国际仲裁的区别,实现了两者的制度统一。

下促进以仲裁方式公正迅速地解决争议,①并进一步限制了法院对仲裁的干预,②扩大了仲裁庭的权限,将原本属于法院享有的一部分权力转移给了仲裁庭,使得仲裁庭有权指令提供仲裁费用保证、指令采取中间措施和发出有关证据的指令、允许一方延展开始仲裁的时限、驳回怠于追讨的请求、在其认为合适的时候主动查明事实和法律。③

2000年的修订,旨在纳入1999年6月21日签署的《关于内地与香港特别行政区相互执行仲裁裁决的安排》(以下简称《安排》),④以妥善解决香港回归后两地间处理裁决承认与执行的问题。此外,2000年《仲裁条例》还修订了第2GG条,澄清了该条规定的执行裁决、命令和指令的简易程序,对在香港或境外作出的裁决、命令及指令同样适用。因此,香港法院有权通过简易程序执行在非《纽约公约》成员国或《安排》不适用的地方作出的仲裁裁决。⑤

2011年的修订,是以2006年修订过的《联合国国际商事仲裁示范法》为基础进行的。相比于之前以1985年《示范法》为基础的

---

① 参见1996年《仲裁条例》第2AA条第1款。

② 按照1996年《仲裁条例》第2AA条第2款第2项的规定,只有在本条例明文规定的情况下,法院才能对仲裁实施干预。

③ 参见1996年《仲裁条例》第2GB条第1款、2GD条第2款、2GE条第2款的规定;参见莫石、郑若骅编著:《香港仲裁实用指南》,法律出版社2004年版,第19页。

④ 法释〔2000〕3号。该《安排》由最高人民法院和香港特别行政区政府律政司分别代表两地签署,在香港被纳入2000年《仲裁条例》第ⅢA部分作为法律生效并于2000年2月1日起施行,在内地则于1999年6月18日由最高人民法院审判委员会第1069次会议通过并以司法解释的形式予以公布,亦自2000年2月1日起施行。

⑤ 参见莫石、郑若骅编著:《香港仲裁实用指南》,法律出版社2004年版,第20页。

《仲裁条例》,这无疑是个巨大变化。①2011 年《仲裁条例》主要在以下几个方面实现了重要突破:一是以 2006 年修订后的《示范法》为基础,消除本土仲裁与国际仲裁之间的区别,建立统一的仲裁制度,②以限制或减少司法对仲裁程序的干涉和管理,促进香港仲裁制度与国际仲裁的实务和发展保持和谐一致,以吸引更多国际仲裁汇聚香港,无论当事人是来自大陆法系还是普通法系的司法管辖区。③二是规定附件二中的条文可供当事人明确选择(expressly for opt-in)或自动适用(automatically apply),④以满足当事人继续适用关于本土仲裁的某些规定的愿望。⑤三是进一步提高仲裁的保密性,规定与仲裁有关的司法程序须以非公开的方式

---

① 1996 年,官方首次提出对《仲裁条例》(第 341 章)进行改革,经过长达 14 年的咨询和立法过程,最终旧条例被废除,代之以新的《仲裁条例》(第 609 章)。参见王则左:《2011 年香港仲裁条例第 609 章——评论及指南》,洪亮、许伊音译,法律出版社 2015 年版,第 5 页。

② 参见 2011 年《仲裁条例》第 5 条第 1 款。

③ 参见王则左:《2011 年香港仲裁条例第 609 章——评论及指南》,洪亮、许伊音译,法律出版社 2015 年版,第 6 页。

④ 参见 2011 年《仲裁条例》第十一部分(第 99 至 103 条)。附件二共有 7 个条文,具体就以下问题作出了规定:独任仲裁员、仲裁的合并处理、原讼法庭对初步法律问题的决定、以严重不当事件为理由质疑仲裁裁决、就法律问题针对仲裁裁决提出上诉、就法律问题针对仲裁裁决提出上诉的许可的申请、有关对仲裁裁决提出质疑或针对仲裁裁决提出上诉的增补条文。

⑤ 附件二的条文主要来源于香港建造商会(HKCA)于 2005 年 6 月 22 日提交给立法会的陈词中提出的担忧。HKCA 认为,本土仲裁与国际仲裁在实施的时候是有差别的,在香港,几乎所有与建造业有关的仲裁都是本土仲裁,这一行业早已习惯将仲裁作为本土仲裁进行,目前本土仲裁享有一些基本的重要权利,包括上诉至法院的权利、法庭对初步法律问题的决定权、法庭对(相互关联的)多个仲裁合并处理或审理的命令权,以及在没有约定仲裁员人数的协议时决定由 1 名仲裁员独任仲裁的权利。在 2003 年香港仲裁法委员会报告书倡导单一仲裁制之后,HKCA 建议对上述基本权利进行打包,供合同双方自由选择,于是这些过去仅限于香港本土仲裁的基本权利就重新出现在本《仲裁条例》附件二的第 1 条、第 2 条、第 3 条、第 5 条中。参见 2005 年 6 月 22 日立法会 CB(2)2049/04-05(01)号文件;王则左:《2011 年香港仲裁条例第 609 章——评论及指南》,洪亮、许伊音译,法律出版社 2015 年版,第 20 页。

进行,相关的报道亦受到限制,关于仲裁程序及裁决的资料亦禁止披露,除非当事人另有约定。①2011年《仲裁条例》的出台,大大提升了香港仲裁制度使用的便利性,亦提升了香港作为区域国际仲裁中心的吸引力和竞争力。

2021年的修订,主要源于《关于内地与香港特别行政区相互执行仲裁裁决的补充安排》(以下简称《补充安排》)的签署,②旨在纳入《补充安排》中的新规定:取消了认可内地仲裁裁决的仲裁机构名单制,并允许当事人同时向内地和香港的法院申请执行仲裁裁决。③如此,不仅使更多内地仲裁机构及在内地开展仲裁业务的境外仲裁机构作出的裁决能在香港得到认可和执行,从而使胜诉方当事人的权益得到更强有力的保障,而且在一定程度上对被执行人转移资产的恶意行为作出了限制,加强了两地仲裁裁决的执行效率和执行力度。④总之,2021年《仲裁条例》虽只作了微修,产生的意义却是重要而深远的,将不仅保证《补充安排》全面贯彻实施,更有利于香港作为亚太地区法律服务枢纽及国际仲裁中心其竞争力和影响力的提升,亦有利于吸引当事人选择内地为仲裁地并吸引境外仲裁机构入驻开展仲裁业务,为内地尤其是上海汇聚优质仲裁资源、吸引全球当事人以打造仲裁优选地提供助力。

---

① 参见2011年《仲裁条例》第16至18条。

② 法释〔2020〕13号。该《补充安排》由最高人民法院和香港特别行政区政府律政司分别代表两地于2021年11月27日签署,在香港被纳入2021年《仲裁条例》第2部分。由于《补充安排》第1条和第4条的有关内容在香港已有法律规定,无需再完成有关程序,于签署当日施行;第2条和第3条此前在香港并无相关法律规定,系一国内两地间达成的更深层次合作,故需经香港完成有关程序后,在两地同步施行。《补充安排》在内地则于2020年11月9日由最高人民法院审判委员会第1815次会议审议通过并以司法解释的形式予以公布,2021年5月19日起施行。

③ 参见2021年《仲裁条例》第10部第3分部(第92至98条),其中第93条(不允许当事人同时向内地和香港的法院申请执行仲裁裁决的限制性规定)和第97条(认可内地仲裁裁决的仲裁机构名单制)已被废除(repealed)。

④ 参见《香港〈2021年仲裁(修订)条例〉将于5月19日全面生效》,载微信公众号"史蒂文生黄律师事务所",2021年4月14日。

可见,在"21世纪海上丝绸之路"建设背景下,香港作为亚太地区继新加坡之后的第二大国际海事仲裁中心,既有与新加坡相同或相似的历史逻辑和法治基础,亦有不同于新加坡的法律地位和本土资源。其一,就历史逻辑和法治基础而言,香港亦在承袭和参考英国仲裁法制度的基础上,融合国际通行规则和本土优势、贯通西方理念和东方经验,打造了国际领先的仲裁制度:(1)强调当事人意思自治,彰显仲裁契约性;(2)率先甚至早于英国和新加坡纳入《联合国国际商事仲裁示范法》,与国际通行规则衔接;(3)《仲裁条例》从本土仲裁与国际仲裁分立重回统一,即便分立期间也通过赋权当事人灵活选择适用实现实质贯通,造就了香港仲裁制度的高度国际化与内在统一性;(4)受东方文化的滋养,与新加坡一样重视调解资源的利用,引入东方经验、采纳仲裁中调解,即在当事人同意的前提下,仲裁员主持调解未果后可继续担任仲裁员;(5)强调仲裁的快速低费,即在没有不必要花费的同时快速公正地解决争议,限制法院不必要的干预,即除非《仲裁条例》有明文规定,法院不得干预;(6)HKMAG复制SCMA独立运营并面向国际航运界提供临时仲裁的成功经验,复制代表国际最高水准的LMAA仲裁规则。其二,就法律地位和本土资源而言,香港作为我国特别行政区和粤港澳大湾区的核心区域,其打造亚太区国际仲裁中心,不仅得到了中央的政策支持,更与内地建立了仲裁领域的紧密交流与合作,包括签署上述《安排》《补充安排》及《关于内地与香港特别行政区法院就仲裁程序相互协助保全的安排》(以下简称《保全安排》)①等。HKMAG除提

---

① 法释〔2019〕14号。根据《中华人民共和国香港特别行政区基本法》第95条的规定,最高人民法院与香港特别行政区政府经协商,达成《保全安排》并于2019年4月2日签署。此前,《保全安排》已于2019年3月25日由最高人民法院审判委员会第1763次会议通过并以司法解释的形式予以公布。根据双方一致意见,《保全安排》自2019年10月1日起生效。

供临时仲裁还引入了机构仲裁,在很大程度上就是为了与内地合作机制更好对接,①充分利用和发挥与内地资源共享的优势,更快提升香港海事仲裁在亚太地区的竞争力和吸引力,同时也为HKMAG 适应内地仲裁制度并入驻内地尤其是在上海设立业务机构开展海事仲裁业务奠定基础。

总之,香港作为全球第四大、亚太地区第二大国际海事仲裁中心,其兴起对上海打造面向全球的亚太海事仲裁中心既带来了更激烈的竞争,亦提供了可探索的方向和路径及可参考的成功经验。

## 二、国内仲裁法治环境有待进一步完善

上海要打造面向全球的亚太仲裁中心,无疑须开放仲裁市场、引入国际竞争,培育本土优秀的仲裁机构、吸引境外知名的仲裁机构入驻设立业务机构开展仲裁业务、吸引当事人以此为仲裁地前来寻求优质的仲裁资源及服务,这就需要对标国际标准,对接国际通行规则,融入本土资源和优势,打造国际化、便利化、公平性、友好性、可预期的仲裁法治环境。基于中央的政策推动和最高人民法院司法保障的跟进,上海仲裁法治环境不断优化,但囿于立法的滞后,上海打造面向全球的亚太仲裁中心所需的制度供给和法治保障尚显不足。

其一,从现行《仲裁法》和《民事诉讼法》及相关司法解释来看,其不足之处主要表现在以下几个方面:一是尚未以《联合国国际商事仲裁示范法》为基础进行仲裁立法,与国际通行规则存在一定距

---

① 在 HKMAG 下,大多数海事争议都是通过临时仲裁解决的,但在某些情况下,如果双方当事人愿意以机构仲裁解决其争议,尤其希望通过《保全安排》向内地法院申请保全,HKMAG 是该安排下适格的仲裁机构。See https://www.hkmag.org.hk/resources-1, last visited on January 30, 2022.

离;二是《仲裁法》中强制性规则过多,允许当事人自由约定和选择的任意性规则相对较少,不仅与国际通行实践存在差异,与仲裁的契约性本质亦不相符;三是《仲裁法》对海事仲裁缺乏必要的关切和回应,尤其是临时仲裁的缺失,致使我国海事仲裁一直无法融入国际主流并得到国际航运界的接受和认可;四是《仲裁法》下法院、仲裁机构、仲裁庭之间的关系没有理顺,各自的定位不够准确:仲裁庭的主体地位不够明确、权限不够充分,仲裁机构的管理职能过重,侵占了仲裁庭的一部分权限,法院介入仲裁程序的权力过多,影响了仲裁庭的独立性;五是缺乏仲裁地概念,以仲裁机构所在地为基础的仲裁制度体系难以适应我国仲裁国际化发展的实践需要,尤其无法应对境外仲裁机构入驻设立业务机构开展仲裁业务或依当事人约定以我国内地为仲裁地开展仲裁活动所产生的相关问题——如裁决的性质或籍属的确定及仲裁司法审查或裁决承认与执行等问题的处理;六是法院对仲裁的司法监督过严,与国际通行实践或趋势存在差距,主要表现为仍保留"内外有别"的双轨制司法监督及对国内仲裁的实体监督两个方面。

其二,按照《浦东新区意见》《全国人大常委会关于授权制定浦东新区法规的决定》《上海市人大常委会关于制定浦东新区法规的决定》等政策和法律文件,中央对上海市人大及其常委会"比照经济特区法规"制定浦东新区法规适用于浦东的立法授权已迅速落地,为浦东新区仲裁法规的探索制定和推出提供了立法依据。自 2023 年 3 月 15 日起施行的《中华人民共和国立法法》(第二次修正)①(以

---

① 2000 年 3 月 15 日第九届全国人民代表大会第三次会议通过,根据 2015 年 3 月 15 日第十二届全国人民代表大会第三次会议《关于修改〈中华人民共和国立法法〉的决定》第一次修正,根据 2023 年 3 月 13 日第十四届全国人民代表大会第一次会议《关于修改〈中华人民共和国立法法〉的决定》第二次修正。

下简称《立法法》)第 84 条亦确认了这一立法授权,并在第 11 条第 10 项将只能制定法律事项中的"仲裁制度"修改为"仲裁基本制度"。《立法法》的这一修改和回应,无疑为上海结合本地高水平改革开放、创新发展的实际需要尤其是打造面向全球的亚太仲裁中心的法治需求,用好中央立法授权或放权,探索推动地方仲裁立法释放了空间。为此,上海先后探索制定了《浦东新区仲裁若干规定》(暂定名)①、《上海市推进国际商事仲裁中心建设条例》②,力争在地方立法层面为上海打造面向全球的亚太仲裁中心提供及时和必要的制度供给和法治保障,以突破现有立法的不足和滞后。当然,制度的构建和法治环境的培育是一个长期积累的过程,不可能一蹴而就,与上海打造面向全球的亚太(海事)仲裁中心配套的法治环境,无疑还需在进一步的实践和探索中逐步健全和完善。

## 三、业界认可尚需突破

无论是伦敦、纽约、新加坡还是我国香港,其打造国际海事仲裁中心,无一不得到了国际航运界尤其是 BIMCO 的支持和认可,并被纳入 BIMCO 制定或推荐的海事标准格式合同或仲裁条款而成为可被选择的仲裁地之一。上海要打造面向全球的亚太海事仲裁中心,亦须得到国际航运界及 BIMCO 的支持和认可,而这在目前无疑还有待突破。CMAC 上海总部的及时成立并落地运行,除

---

① 按照 2022 年 2 月 16 日发布的《上海市人民政府 2022 年立法工作计划》,《浦东新区仲裁若干规定》(暂定名)被列入 2022 年立法工作计划正式项目中的地方性法规项目(共 18 件)。参见《上海市人民政府办公厅关于印发上海市人民政府 2022 年立法工作计划的通知》(沪府办〔2022〕9 号)。

② 2023 年 3 月 31 日上海市人民政府办公厅印发的《上海市人民政府 2023 年立法工作计划》(沪府办发〔2023〕4 号),已将《推进国际商事仲裁中心建设条例》(暂定名)列入拟提请上海市人大常委会审议的地方性法规项目(共 20 件)。

旨在促进我国海事仲裁的快速发展,更致力于构建和完善以上海为重心的海事仲裁体系,以服务上海国际航运中心建设及打造面向全球的亚太海事仲裁中心建设。由此,参照国际经验和共识,面向国际航运界提供其熟悉和习惯的海事仲裁服务,争得 BIMCO的支持和认可,应是上海在推动仲裁法治环境不断优化和完善、进一步汇聚和整合更多优质海事仲裁资源基础上谋求突破的长期目标和现实任务。

# 第七章

# 上海打造国际海事仲裁中心的
# 可行路径和制度支撑

　　在"21世纪海上丝绸之路"建设背景下,国际航运中心加速东移,国际海事仲裁中心亦呈全球化扩张并向亚太地区转移,香港继新加坡之后成功晋级第四大国际海事仲裁中心即是明证。这亦为上海打造国际海事仲裁中心带来了前所未有的机遇,并与中央支持上海打造面向全球的亚太仲裁中心的国家战略融合交汇。由此,在上海国际航运中心基本建成并向全面建成迈进之际,上海发挥优势、抓住机遇、积极进取,亦谋求打造面向全球的亚太海事仲裁中心,应是当下务实可行的选择,也是我国发展海事仲裁,抢占行业制高点,提升海运软实力和制度话语权的必然选择。

　　上海打造面向全球的亚太海事仲裁中心,不仅须经由可行路径,更需要强有力的制度支撑。为此,一方面可依托"21世纪海上丝绸之路"建设谋求政策指引、战略支持和资源整合,以确定可行路径,另一方面则可参考借鉴打造国际海事仲裁中心的国际经验或域外经验,推动我国海事仲裁制度改革完善,提升海事仲裁服务水准及国际竞争力和吸引力,谋求业界认可,使上海在区域性乃至全球性国际海事仲裁中心建设中脱颖而出,护航"21世纪海上丝绸之路"建设行稳致远、走深走实,推动构建海洋命运共同体及人类命运共同体。

# 第一节 上海打造国际海事仲裁中心的可行路径

要打造国际海事仲裁中心,汇聚优质和充足的海事仲裁资源,面向全球当事人提供优质的海事仲裁服务,并获得国际认可、树立国际公信力和影响力,应是最基本的前提。这就意味着在"21世纪海上丝绸之路"建设背景下,上海要打造面向全球的亚太海事仲裁中心,现实可行的路径应是面向沿线国家甚至全球开放本土仲裁市场,引入国际竞争,推动本土仲裁机构改革转型升级,加快实现民间化、市场化、国际化,同时吸引境外仲裁机构入驻设立业务机构开展仲裁业务,带动本土仲裁机构迅速成长,推动本土仲裁法治环境不断优化与完善,吸引沿线国家及全球当事人前来寻求优质的仲裁资源及服务。在此基础上,不失时机搭建统一的(海事)争议解决平台,鼓励和保障境内外海事仲裁机构积极进驻、公平竞争、友好合作、互学互鉴、资源共享,形成并发挥集聚效应,适时推动建立国际海事仲裁联盟甚至统一的海事仲裁机制或机构,面向国际航运界提供其熟悉和习惯的海事仲裁服务并得到接受和认可。

# 一、汇聚全球优质的海事仲裁资源打造
# 新的海事仲裁首选地

前已述及,依托"一带一路"倡议尤其是"21世纪海上丝绸之路"及上海自贸试验区建设,自2015年以来,中央已明确将上海打造为面向全球的亚太仲裁中心的国家战略。从支持境外知名仲裁机构入驻自贸试验区设立代表处到鼓励其入驻新片区设立业务机构开展仲裁业务,吸引并汇聚全球优质仲裁资源的国际通道就已建立和打通。在制度型开放背景下,自贸试验区、新片区乃至浦东新区作为法治先行"试验田"的"特定区域",已率先推动仲裁行业对外开放,引入境外仲裁机构和国际竞争,推动本土仲裁机构改革、培育和成长,加快实现民间化、市场化和国际化,使本土仲裁机构不仅能与境外仲裁机构争锋和比肩,更能携手境外仲裁机构共同打造优质的仲裁法律服务高地和新的海事仲裁首选地,既可为我国当事人包括"走出去"的企业选择在我国以上海(或上海特定区域)为仲裁地获得熟悉、便利和优质的仲裁服务,赢得并发挥"主场"优势,扭转境外海事仲裁"十案九败"的被动局面,[①]更可吸引沿线国家甚至全球当事人前来寻求优质的海事仲裁资源和服务,在为本地带来显著经济效益的同时,还因仲裁地选择在本地而使我国《仲裁法》域外适用的机会增加进而提高其在国际上的影响力。

截至目前,上海已吸引境外4家知名仲裁机构入驻自贸试验区设立代表处和1家国际仲裁机构入驻新片区设立业务机构,加上本土4家优秀的仲裁机构,上海已成为国内仲裁资源最集中最

---

① 参见《海事仲裁:解决航运贸易纠纷重要途径》,载微信公众号"中国贸易报",2017年10月11日。

丰富的地区,未来还需进一步吸引国际知名海事仲裁机构或组织,如 LMAA、SMA、SCMA、HKMAG 等入驻新片区或浦东新区,设立业务机构开展海事仲裁业务活动,并强化和提升以 CMAC 上海总部为代表的本土仲裁机构的海事仲裁服务能级和国际竞争力。①境内外优质海事仲裁资源的汇聚,不仅直接优化本地仲裁行业结构体系、提升服务能级和层次,更可推动本地仲裁制度改革发展及仲裁法治环境健全完善,助力上海全面开放格局下法治营商环境不断优化,促进和保障中央各项改革开放、创新发展战略举措在上海落地见效、稳步实施。

## 二、打造统一的海事争议解决平台发挥集聚效应

当入驻设立代表处或业务机构的境外仲裁机构日益增多,汇聚的境内外优质海事仲裁资源日益充足和丰富,吸引前来仲裁的境内外当事人不断增多,打造统一的海事仲裁服务平台或以海事仲裁为重心的诉讼、仲裁、调解有机衔接的多元化海事争议解决平台,有效发挥集聚效应,便是顺理成章、水到渠成的了。在此基础上,适时推动进驻平台的境内外海事仲裁机构②建立海事仲裁联盟或统一的海事仲裁机制或机构,不仅现实可行,亦是中央将上海打造为面向全球的亚太仲裁中心规划和指引的路径,更是中央关于"一带一路"争议解决机制构建的决策部署和实践指引。

早在 2015 年,国务院发布的《进一步深化上海自贸区改革开

---

① 目前,除 CMAC 上海总部作为专门的海事仲裁机构(分支机构)受理海事案件,其他 3 家仲裁机构虽非专门的海事仲裁机构,但受案范围亦包括海事案件,只要当事人约定并提交仲裁申请。其中,上海仲裁委员会还设有专门的国际航运仲裁院受理海事案件。参见上海仲裁委员会网站,http://www.accsh.org/story.html?id=35,2022 年 10 月 7 日访问。

② 包括亦开展海事仲裁业务的商事仲裁机构。

放方案》就明确提出,"探索建立全国性的自贸试验区仲裁法律服务联盟和亚太仲裁机构交流合作机制,加快打造面向全球的亚太仲裁中心"。[①]上海《加快打造亚太仲裁中心的实施意见》亦强调,"鼓励我市仲裁机构与境外知名仲裁机构以及其他知名争议解决机构探索开展多种形式的业务合作"。[②]2019年上海市司法局《境外仲裁机构设立业务机构管理办法》第16条则进一步作出具体规定,支持和鼓励境外仲裁机构设立的业务机构与本土仲裁机构交流合作、互学互鉴互助、资源共享、携手共进,包括签署合作协议,相互推荐仲裁员、调解员,相互提供实习、交流岗位,相互为庭审、听证等仲裁业务活动提供便利,联合举办培训、会议、研讨、推广活动等。2019年上海市司法局《打响"上海仲裁"服务品牌行动方案(2019—2021年)》亦明确"鼓励仲裁机构加强与国际仲裁组织和境外仲裁机构交流合作,积极参与国际仲裁规则、国际调解和国际商事法律规则制定"。由此,为便利和促进境内外仲裁机构更好交流合作、公平竞争、良性互动,在打造面向全球的亚太仲裁中心的目标指引下携手共进、共谋发展,有效发挥集聚效应,按照《加快打造亚太仲裁中心的实施意见》的部署及《打响"上海仲裁"服务品牌行动方案(2019—2021年)》的规划和安排,2018年成立的上海国际争议解决中心被打造为以仲裁为重心的诉讼、仲裁、调解有机衔接、融合发展的一站式、多元化、国际化、信息化争议解决平台,并开展实质化运作,取得了预期的积极效应,且将发挥更大作用。

对于"21世纪海上丝绸之路"沿线国家海事争议的解决,我国作为共建"一带一路"倡议发起国和"21世纪海上丝绸之路"沿线

---

① 参见《进一步深化上海自贸区改革开放方案》第二(一)节第11条。

② 参见2019年《加快打造面向全球的亚太仲裁中心的实施意见》第三(二)节第1条。

最大的国家,理应发挥主要作用、承担更多责任,推动沿线国家海事仲裁机构①交流合作,在共商共建共享的基础上建立符合沿线国家需要并受沿线国家欢迎的争议解决机制或机构。2018年中央深改组审议通过的《关于建立"一带一路"争端解决机制和机构的意见》,亦对此思路予以肯定并作出规划和安排:(1)研究借鉴现行国际争议解决机制的有益做法,设立符合"一带一路"倡议参与国国情特点并被广泛接受的国际商事争议解决新机制和机构,公正高效便利解决"一带一路"倡议过程中产生的跨境商事争议;(2)通过建立"一带一路"国际商事争议解决机制和机构,营造稳定、公平、透明、可预期的法治化营商环境;(3)支持"一带一路"国际商事争议通过调解、仲裁等方式解决,推动建立诉讼、仲裁、调解有机衔接的多元化争议解决机制,形成便利、快捷、低成本的"一站式"争议解决中心,为"一带一路"倡议参与国当事人提供优质高效的法律服务。②此前,上海通过其2017年《上海服务"一带一路"建设桥头堡方案》,早已将上海打造面向全球的亚太仲裁中心的发展战略与服务"一带一路"倡议有机对接,提出依托本土仲裁机构推进实施国际通行争议解决方式,探索本土仲裁机构与境外仲裁机构的多元化合作模式,打造国际化仲裁服务品牌,建设"一带一路"仲裁中心,为沿线国家提供专业化的商事、海事仲裁服务。由此,在推动与沿线国家海事仲裁机构交流合作的同时,亦支持和鼓励

---

① 沿线除我国内地和香港、新加坡、印度、阿联酋、韩国、希腊等国有专门的海事仲裁机构外,其他国家大多并无专门的海事仲裁机构,因而此处所称海事仲裁机构是广义的,亦包括基于当事人的仲裁协议统一受理其提交的商事和海事争议的仲裁机构。

② 参见《中共中央办公厅、国务院办公厅印发〈关于建立"一带一路"国际商事争端解决机制和机构的意见〉》,载中国政府网,http://www.gov.cn/zhengce/2018-06/27/content_5301657.htm,2022年1月31日访问。

其入驻特定区域设立代表处或业务机构并进驻上海国际争议解决中心,依托现有的统一平台开展更紧密的交流合作并协调行动、整合资源,以此推动建立统一的海事仲裁机制或机构甚至统一的海事争议多元化解决机制或机构,不仅是可以进取和期待的,亦符合共建"21世纪海上丝绸之路"推动构建海洋命运共同体及人类命运共同体的目标和理念。

当然,建立统一的争议解决机制或机构不可能一蹴而就,而须逐步积累、循序渐进,即在不同阶段尝试不同的合作模式及相应的争议解决机制。例如,可先尝试推动建立海事仲裁联盟及联合仲裁机制,这方面恰有可供参考的有益经验。① 由 CMAC 上海总

---

① 在此方面,商事仲裁领域可谓先行一步,值得跟进。例如,早在2017年5月,北京仲裁委员会/北京国际仲裁中心(BAC/BIAC)就与吉隆坡区域仲裁中心(KLRCA)、开罗地区国际商事仲裁中心(CRCICA)率先联合发起"一带一路仲裁行动计划",旨在"加强仲裁机构之间的互动与交流""推动仲裁智力资源、案件管理、硬件设施等多层次共享机制""适时建立统一的仲裁规则与仲裁员名册,甚至最终可以共同发起成立一个具有独立性的争议解决平台"。继2019年11月联合40余家境内外仲裁机构共同发布《"一带一路"仲裁机构北京联合宣言》之后,CIETAC又于2021年9月14日发布了由其发起并由32家境外仲裁机构和组织及15家国内仲裁机构共同达成的《"一带一路"仲裁机构北京联合宣言合作机制》,旨在深化国际合作,推进"一带一路"仲裁法治建设,推动构建"一带一路"仲裁法律共同体。地处粤港澳大湾区的中国广州仲裁委员会亦不甘落后,早在2015年9月就牵头发起成立中国互联网仲裁联盟,携手国内各商事仲裁机构共同打造统一的互联网仲裁平台,为实现共享互联网仲裁技术、相互承认仲裁员名册、互为线下体验点作出安排,并统一互联网仲裁程序规则,统一规范互联网争议法律适用,共建案例大数据,高效、快捷、低成本地解决互联网争议。有此经验和基础后,中国广州仲裁委员会又于2018年9月携同广东省9家仲裁机构与香港、澳门特别行政区2家仲裁机构共同倡议发起在"一国两制三法域"的三地之间成立了粤港澳大湾区仲裁联盟,不仅助力大湾区打造更加市场化、国际化、法治化的营商环境,亦为"一带一路"倡议尤其是"21世纪海上丝绸之路"提供了强有力的法治保障,更为推动沿线国家商事或海事仲裁机构建立仲裁联盟提供了可参考的经验和模式。参见《深入探索仲裁机构联结机制,共同构筑"一带一路"仲裁大厦——"一带一路"仲裁行动计划成立仪式暨马来西亚、埃及投资环境与争议解决研讨在北仲成功举办》,载北京仲裁委员会网站2017年5月10日,https://www.bjac.org.cn/news/view?id=2964;参见《2021中国仲裁高峰论坛暨第二届"一带一路"仲裁机构高端论(转下页)

部、SHAC、SHIAC 及南京、苏州、杭州、宁波、合肥、马鞍山仲裁委员会 9 家仲裁机构共同发起组建的长三角仲裁一体化发展联盟,①于 2020 年 11 月 6 日宣告成立并签署《长三角仲裁一体化发展联盟合作协议》这不仅体现了上海打造面向全球的亚太仲裁中心向周边地区产生的强大辐射效应和集聚效应,②更为在此框架内建立面向沿线国家甚至全球的海事仲裁联盟创造了可能,亦符合《关于建立"一带一路"争端解决机制和机构的意见》中的路径安排:(1)支持具备条件并在国际上享有良好声誉的国内仲裁机构开展涉"一带一路"国际商事仲裁,鼓励国内仲裁机构与"一带一路"倡议参与国仲裁机构合作建立联合仲裁机制,吸引更多境内外优秀仲裁员为"一带一路"倡议参与国当事人提供优质仲裁法律服务;(2)支持相关单位联合"一带一路"参与国商协会、法律服务机

(接上页)坛成功举办》,载中国国际经济贸易仲裁委员会网站,http://www.cietac.org/index.php?m = Article&a = show&id = 18014;《中国互联网仲裁联盟在穗成立》,载新浪网,https://news.sina.com.cn/c/2015-09-25/doc-ifxieynu2256538.shtml;《粤港澳大湾区仲裁联盟第一次工作会议召开》,载央广网,https://www.cnr.cn/gd/gdkx/20190223/t20190223_524519934.shtml?from = groupmessage&isappinstalled = 0,2022 年 10 月 7 日访问。

①　该联盟旨在建立和完善长三角地区仲裁机构的协同机制,引导和规范长三角地区仲裁机构健康发展,探索一体化发展制度创新的合作路径,提高仲裁行业的整体效能和核心竞争力;联盟设立联络处作为常设联络机构,委托上海仲裁协会处理联络处的日常运行工作,并构建长效工作机制;联盟成员将在制度改革创新、信息技术互助等多个方面进行全方位合作与交流;联盟将大力加强仲裁科技创新,探索在线仲裁的应用路径与发展方向,进一步运用大数据、区块链、云计算、人工智能、5G 等前沿技术,从各个层面完善网络在线仲裁的合规性与高效性,鼓励和支持在联盟成员内部形成远程庭审设施共用、软硬件技术共享、专业技术人员相互支持机制,切实提升长三角仲裁一体化信息化水平。参见《中国海仲打造南北双总部发展格局　长三角仲裁机构携手一体化并进》,载搜狐网,https://www.sohu.com/a/429993859_123753,2022 年 1 月 31 日访问。

②　截至目前,长三角地区 43 家仲裁机构中,已有 36 家仲裁机构加盟。参见《第三届上海国际仲裁高峰论坛举行　长三角仲裁一体化发展联盟再扩圆》,载搜狐网,https://www.sohu.com/a/500240644_120823584,2022 年 1 月 31 日访问。

构等共同建立非政府组织性质的国际商事争端预防与解决机制。一旦海事仲裁联盟达成,沿线各国海事仲裁机构即有望在行业或职业共同体内部开展业务上更紧密的交流与合作。①

值得注意的是,推动建立沿线国家统一的海事仲裁机制和机构,并非是要强制涉沿线国家的海事争议必须通过该机构和机制来解决。反而,基于仲裁的契约性,仲裁机制和机构可任由当事人协商选择。因此,构建沿线国家统一的仲裁机制和机构,只是针对性、适应性地增加一种争议解决资源的供给和服务的配置,打造沿线国家用户友好型仲裁机制和平台。对此,《关于建立"一带一路"争端解决机制和机构的意见》亦持肯定态度:保持开放包容心态,尊重当事人选择国内外法律专家解决争议的权利,使"一带一路"国际商事争议解决机制凸显国际化特征、体现共商共建共享精神。成立于2020年10月15日的国际商事争端预防与解决组织,亦表明其旨在"为国际商事争端预防与解决提供新选项"。②一旦沿线国家统一的海事仲裁机制或机构建立,便可在统一的海事仲裁或海事争议解决平台上统一海事仲裁服务标准和要素,包括仲裁员名单、仲裁规则、可适用的仲裁法、仲裁场所和设施、可采取的技术手段等,面向沿线国家海事争议当事人尤其是国际航运界提供优质的海事仲裁服务。

总之,依托上海国际争议解决中心,无论是推动沿线国家海事

---

① 例如,相互协助查明或提供本地仲裁法、本机构仲裁规则、相关仲裁案例或资讯,相互推荐仲裁员,相互开放仲裁场地或设施,共同开展仲裁员培训、业务推广或市场开发等活动,相互学习和借鉴仲裁规则、仲裁实务操作经验和技巧,共同探索仲裁立法与仲裁规则的改革和创新,并在此基础上逐步实现仲裁制度的趋同化和统一化,为最终建立沿线国家统一的海事仲裁机制和机构创造条件。

② 参见《国际商事争端预防与解决组织正式成立》,载中国政府网,http://www.gov.cn/xinwen/2020-10/15/content_5551655.htm,2022年1月31日访问。

仲裁联盟的建立还是统一海事仲裁机制和机构的建立,都是上海服务和对接"21世纪海上丝绸之路"建设,打造面向全球的亚太海事仲裁中心的题中之义及可行路径。

## 三、谋求国际航运界尤其是 BIMCO 的支持和认可

按照国际经验和共识,谋求国际航运界尤其是 BIMCO 的支持和认可,是打造国际海事仲裁中心的必由之路。作为全球知名的国际航运组织,BIMCO 虽非政府间国际组织(NGO),却在国际航运界掌握重要话语权,占据举足轻重的地位。成立一个多世纪以来,为全球航运业的健康发展打造公平竞争的环境,始终都是 BIMCO 追求的目标。为此,BIMCO 一直致力于促进全球范围内行业标准和规则的建立和统一,并长期专注于各类海事标准格式合同及条款的制定和推广,业内广泛采用的合同有多达四分之三是来自 BIMCO 制定和推荐的标准格式。[①]由此,仲裁地凡经 BIMCO 批准纳入其海事标准格式仲裁条款中,就足以视作该地成为被国际航运界接受和认可的国际海事仲裁中心的标志。

在 BIMCO 制定或推荐的标准格式合同或条款中大多含有一项允许当事人约定或选择以伦敦或纽约为仲裁地的 LMAA 仲裁条款或 SMA 仲裁条款,2012 年和 2020 年之后则又增加了以新加坡或香港为仲裁地的 SCMA 仲裁条款或 HKMAG 仲裁条款。最具代表性的如波尔的姆 1939(BALTIME 1939)统一定期租船合同(Uniform Time Charter)2001 年修订版(As Revised 2001)第 22条规定的首选仲裁条款就是提交伦敦仲裁的 LMAA 仲裁条款:"本租约应受英国法支配并按其规定解释,产生于本租约或与本租

---

① 目前,BIMCO 已制定和拥有超过 300 项世界领先的海事标准格式合同及条款。See https://www.bimco.org/, last visited on January 31, 2022.

约有关的任何争议应按照英国《1996年仲裁法》或其后修改或重新制定的法律在认定本条款有效的前提下提交伦敦仲裁。仲裁应按照仲裁程序开始时有效的 LMAA 条款进行。"位于第二顺位的选项则是提交纽约仲裁的 SMA 仲裁条款。①除此,国际航运界普遍采用的 NYPE 定期租船格式合同(或简称 NYPE 期租格式,Time Charter NYPE Form),虽最初插入的是一个提交纽约仲裁的 SMA 仲裁条款,即所有产生于租约或与租约有关的争议应按照租约订立时有效的 SMA 仲裁规则提交纽约仲裁,但自1993年起,修订后的 NYPE 1993 期租格式即增加了一项提交伦敦仲裁的 LMAA 仲裁条款。现行有效的 NYPE 2015 期租格式则在继续保留 LMAA 仲裁条款的基础上又增加了一项提交新加坡仲裁的 SCMA 仲裁条款:"本租约应受新加坡/英国法支配并按其规定解释,产生于本租约或与本租约有关的所有争议,包括有关租约存在、效力、终止的任何问题,均应按照新加坡《国际仲裁法》(第143A章)或其后修改或重新制定的法律在认定本条款有效的前提下在新加坡提交仲裁并得到终局的解决(finally resolved by arbitration)。仲裁应按照仲裁程序开始时有效的 SCMA 仲裁规则进行。"②而在 BIMCO 法律和仲裁条款 2020 中,香港则首次成为与伦敦、纽约和新加坡并列的四个仲裁地选项之一。

多年来,CMAC 一直致力于谋求国际航运界的支持和认可。经过长期不懈的努力,CMAC 终于在2011年获得 BIMCO 独家授权,其仲裁条款被准许载于 BIMCO 标准新造船合同(中国版)中:

---

① 参见 BALTIME 1939(AS REVISED 2001)第22条,https://www.bimco.org/contracts-and-clauses/bimco-contracts/baltime-1939-as-revised-2001#,last visited on January 31,2022。

② 参见 NYPE 2015 期租格式第54条,https://www.bimco.org/contracts-and-clauses/bimco-contracts/nype-2015,last visited on January 31,2022。

"凡因本合同产生的或与本合同有关的任何争议,均应提交中国海事仲裁委员会按照申请仲裁时该会现行有效的仲裁规则在中国海事仲裁委员会进行仲裁。仲裁裁决是终局的,对双方当事人均有约束力。如不同意提交上述规定仲裁机构,则双方同意在＿＿(地点或机构)适用＿＿仲裁规则进行仲裁。"[①]2013 年 2 月 25 日,我国首家由国际性行业组织设立的民办非企业组织——BIMCO 上海中心在浦东揭幕。借助 BIMCO 的国际影响力,我国航运业在业内的国际话语权有望提升,尤其是在国际航运标准制定和交易规则设置等方面的影响力有望进一步加强。[②]而随着上海国际航运中心在 2020 年基本建成并向全面建成迈进,以及 CMAC 上海总部的落地运行和积极作为,CMAC 仲裁条款亦将在国际航运界得到更多接受和认可,借此逐步提升我国海事仲裁的国际竞争力和影响力并最终赢得 BIMCO 的认可,为上海打造面向全球的亚太海事仲裁中心打通最重要也是最根本的一条路径。

## 第二节 上海打造国际海事仲裁中心的制度支撑

应该说,上海打造面向全球的亚太海事仲裁中心,无论处于哪一阶段,以何路径实施,无不需要对标国际标准率先推动仲裁行业

---

① 参见 BIMCO 标准新造船合同(中国版)第 42 条第 3 款,载中国海事仲裁委员会网站,http://www.cmac.org.cn/index.php?catid＝7&page＝1,2022 年 1 月 31 日访问。

② 参见《增强中国航运业国际"话语权"》,载中国新闻网,http://www.chinanews.com.cn/cj/2013/02-26/4595668.shtml,2022 年 1 月 31 日访问。

改革开放,主动引入国际竞争,推动本土仲裁机构改革,加快实现民间化、市场化,培育本土优秀并具国际公信力和竞争力的海事仲裁机构;开放本土仲裁服务市场,允许境外海事仲裁机构基于当事人约定在上海尤其是以上海为仲裁地开展仲裁,支持和吸引境外海事仲裁机构入驻设立业务机构开展仲裁业务,打造"仲裁友好型"司法环境,构建国际一流的仲裁法治环境。凡此种种,无不需要配套的先进的海事仲裁制度,提供强有力的支撑,以保障中央推动上海率先发展仲裁以打造面向全球的亚太仲裁中心的决策部署和发展战略能落地实施、顺利进行。

正所谓重大改革于法有据,法治引领改革、保障创新,①无论是在最初的自贸试验区还是在之后的新片区及浦东新区,中央给予的政策日益宽松,划出的"试验田"更加广阔,赋予的权能不断扩大,这都亟须法治的探索和跟进,而法治的核心要素当然是制度的供给和支持。党的二十大报告指出要"推进高水平开放""稳步扩大规则、规制、管理、标准等制度型开放""加强重点领域、新兴领域、涉外领域立法"。在我国《仲裁法》修订深入推进、CMAC上海总部积极有为并启用新海事仲裁规则之际,立足我国国情及上海打造面向全球的亚太海事仲裁中心的实践需要,参考借鉴既有国际海事仲裁中心的制度经验,对标国际标准、对接国际通行规则,进一步推动我国海事仲裁制度包括《仲裁法》、海事仲裁规则的改革完善,应是题中之义和当务之急。与此同时,亦可积极推动地方仲裁法治先行先试,用好中央立法授权或放权,探索推动上海地方仲裁立法,为上海打造面向全球的亚太(海事)仲裁中心提供更具适应性或针对性的制度供给和法治保障。

---

① 参见刘晓红:《改革于法有据 法治引领改革》,载文汇报网站,http://www.whb.cn/zhuzhan/guandian/20161016/72512.html,2022年1月31日访问。

## 一、推进《仲裁法》修订并推动上海地方仲裁立法

我国《仲裁法》自 1994 年颁布、1995 年实施以来，①国内国际仲裁实践发生了深刻变化，《仲裁法》却未作过任何实质性的修改，②越来越难以适应新的国际潮流以及我国新形势下仲裁实践发展的需要，更难以适应上海打造面向全球的亚太仲裁中心的战略发展需要。我国《民事诉讼法》中一直有关于仲裁裁决司法审查及承认与执行的规定，但自 1991 年以来的三十余年间，该法虽经多次修订，涉及仲裁的规定却变动不大。③由此，我国关于仲裁的现行立法，相对快速发展的仲裁实践已明显滞后和不适应，④亟待修改。终于在 2018 年 9 月，十三届全国人大常委

---

① 《仲裁法》于 1994 年 8 月 31 日第八届全国人民代表大会常务委员会第九次会议通过，并于 1995 年 9 月 1 日起施行。

② 其间，《仲裁法》仅于 2009 年和 2017 年对个别条款（例如第 13 条关于仲裁员任职资格的要求或表述）作过微修。参见 2009 年 8 月 27 日第十一届全国人民代表大会常务委员会第十次会议通过的《全国人民代表大会常务委员会关于修改部分法律的决定》第 95 条，2017 年 9 月 1 日第十二届全国人民代表大会常务委员会第二十九次会议通过的《全国人民代表大会常务委员会关于修改〈中华人民共和国法官法〉等八部法律的决定》第 6 条。

③ 仅在 2012 年修订时对涉及依法设立的仲裁机构的裁决裁定不予执行的审查事由作了微修。参见 2012 年修正的《民事诉讼法》第 237 条第 1 款第 4 项和第 5 项。

④ 《仲裁法》的滞后和不适应主要表现在五个方面：一是法律规定可以仲裁的范围较窄，很多伴随新经济新业态涌现的新类型纠纷无法被纳入仲裁范围，影响仲裁作用的发挥；二是对仲裁机构的性质定位及其治理结构规定不明确，不利于仲裁机构和整体行业的改革发展；三是仲裁法实施 27 年来的大量仲裁实践经验和成熟可行的司法解释规范，需要及时总结上升为法律规范；四是司法支持与监督仲裁制度需要进一步完善；五是我国现行仲裁法在一些制度规则设计上与发展中的国际仲裁衔接不够，影响我国仲裁的国际竞争力和我国《仲裁法》的域外适用。这些问题制约了我国仲裁的高质量发展和仲裁在提升国家治理与社会治理能力方面作用的发挥，亟须修改完善。参见司法部《关于〈中华人民共和国仲裁法（修订）（征求意见稿）〉的说明》，载法治网，http://www.legaldaily.com.cn/index/content/2021-07/30/content_8568147.htm，2022 年 1 月 20 日访问。

会将修订《仲裁法》纳入立法规划,①司法部则于2019年正式启动《仲裁法》修订工作,②并于2021年7月30日完成并公布《中华人民共和国仲裁法(修订)(征求意见稿)》(以下简称《意见稿》)。面对理论界和实务界提出的诸多中肯意见和建议,《仲裁法》的修订无疑还须进一步深入推进。

《仲裁法》作为适用于全国范围的一般性立法,须兼顾各地仲裁发展水平的不均衡,因而难以紧密契合上海尤其是依托特定区域法治"试验田"对标国际标准打造面向全球的亚太仲裁中心的实践需求。由此,协调呼应《仲裁法》修订,用好中央立法授权或放权,探索推动上海地方仲裁立法,已势在必行。无论是变通③制定浦东新区仲裁法规适用于浦东,还是在仲裁基本制度之外探索制定一般地方性仲裁法规适用于上海市全域,立足上海打造面向全球的亚太(海事)仲裁中心的实践需求,制定推出一部支持性、保障性、促进性的地方仲裁法规,应是推动上海地方仲裁立法不变的和可行的选择方向。

---

① 参见《十三届全国人大常委会立法规划》第二类项目第46项。载中国人大网,http://www.npc.gov.cn/npc/c30834/201809/f9bff485a57f498e8d5e22e0b56740f6.shtml,2022年1月31日访问。

② 司法部在2019年3月召开的首次全国仲裁工作会议上进行了部署,并于2019年5月面向全国征求《仲裁法》修改的议题和意见、委托教学科研机构进行专项课题研究,2020年3月对涉外仲裁问题进行了专项课题研究,2020年9月选调仲裁理论界和实务界人员组建工作专班,起草形成了《修改草案》(讨论稿)。参见司法部《关于〈中华人民共和国仲裁法(修订)(征求意见稿)〉的说明》,载法治网,http://www.legaldaily.com.cn/index/content/2021-07/30/content_8568147.htm,2022年1月20日访问。

③ 变通是浦东新区法规区别于一般地方性法规的特质,但对于浦东新区法规是否必须变通、如何变通、变通的限度等问题,尚存在不同认定。当然,对于《立法法》第11条规定的中央专属立法事项,地方立法不能触碰亦不能变通,则属共识。参见姚建龙、俞海涛:《论浦东新区法规:以变通权为中心》,载《华东政法大学学报》2023年第3期。

### （一）参考《联合国国际商事仲裁示范法》

截至目前,已有88个国家(States)共121个法域(jurisdictions)参照《联合国国际商事仲裁示范法》制定或修改其国内或域内仲裁法。①也就是说,全球已有近半数国家采纳了《示范法》,而这个数字还在不断增长。早在20世纪80年代中期,联合国国际贸易法委员会制定和推出《示范法》,恰旨在推动国际范围内各国商事仲裁法走向统一,考虑到采取谈判和磋商以达成国际条约的方式实现统一尚存在困难且耗时费力,其便采取了一种更温和灵活的"软法"模式潜移默化地推动各国商事仲裁法逐步靠拢和趋近并最终实现统一。这无疑是一种更尊重各国政治意愿及社会经济发展水平差异的更恰当也更具智慧的做法。同时,考虑到商事仲裁作为一种民间性争议解决方式,由于社会基础、本质属性具有跨国性,因而理论逻辑、制度构成及运行当然也具有国际共通性或相似性,由联合国推出《示范法》为各国制定商事仲裁法提供统一范本以供参考或采纳,既有助于节约各国的政治磋商成本和国内立法成本,更有助于从立法源头上消除或减少各国仲裁法的差异或冲突,大大加快各国仲裁法趋同化和统一化的进程。

如前所述,"21世纪海上丝绸之路"沿线24个主要国家中采纳或参考《示范法》的国家已达到75%,我国已实际处于采纳或参考《示范法》的国家的包围之中,尤其作为国际海事仲裁中心的伦敦、新加坡、香港无不是在参考甚至直接纳入《示范法》的基础上制定或修改国内或域内仲裁法。因此,参考《示范法》修订我国《仲裁法》并推动地方仲裁立法,应是顺应国际潮流并契合国内国际仲裁实践发展形势的务实选择。否则,推动上海加快打造面向全球的

---

① https://uncitral.un.org/en/texts/arbitration/modellaw/commercial_arbitration/status,last visited on July 31, 2023.

亚太海事仲裁中心便缺乏先进、可靠的制度支撑和法治保障。我国现行《仲裁法》的颁布,虽旨在以与国际接轨的现代商事仲裁制度取代之前的行政仲裁体制,并开启了我国仲裁制度迈向现代化和国际化的新时代,但从其制度构成及规则设计来看还明显具有行政化的色彩和烙印,不仅与各国商事仲裁的普遍立法与实践差距较大,更基本没有吸收或参考《示范法》。二十多年来,《仲裁法》在实施过程中已于诸多方面暴露出与现代商事仲裁实践不相适应的问题或缺陷,对我国商事仲裁尤其是海事仲裁的发展造成了不利影响和束缚。也正是基于此,借鉴《示范法》并参考英国、美国、新加坡等国及我国香港、澳门地区仲裁法的最新立法成果,成为我国《仲裁法》修订的一个基本思路和重要依据。①

毋庸置疑,参考《示范法》继续推进我国《仲裁法》修订,不仅可有效推动我国《仲裁法》加快实现国际化和现代化,使我国《仲裁法》在《示范法》框架内与沿线国家仲裁法趋于一致,避免或减少法律冲突,为彼此在仲裁领域更顺畅更紧密地交流与合作创造条件,更有助于释放我国商事仲裁尤其是海事仲裁应有的活力,迅速提升国际公信力和竞争力。而参考《示范法》推动地方仲裁立法,则是对标国际标准、对接国际通行规则构建国际一流仲裁法治环境,为上海加快打造面向全球的亚太(海事)仲裁中心提供可靠法治保障的必然要求。

(二)明确仲裁契约性及快速低费仲裁目标

前已述及,无论是《示范法》还是英国《1996 年仲裁法》,还是美国 FAA、新加坡 IAA 或香港《仲裁条例》,都彰显仲裁的契约性

---

① 参见司法部《关于〈中华人民共和国仲裁法(修订)(征求意见稿)〉的说明》,载法治网,http://www.legaldaily.com.cn/index/content/2021-07/30/content_8568147.htm, 2022 年 1 月 20 日访问。

本质,并以此为基础在立法中制定以任意性条款为主的法律规则或留白给仲裁机构、仲裁庭及当事人去填充,即一般除涉及国家公共政策,几乎所有问题都允许当事人自由协商约定,这样既可防止和减少法院对仲裁不必要的干预,又有利于仲裁程序按照当事人的约定安排和运行,避免拖延或不公正的情形产生,满足当事人选择仲裁的期待和初衷——享有最大限度的程序自主权,并自我控制和监督仲裁程序在公正的轨道上快速低费地推进和完成。相比之下,我国《仲裁法》似乎没有充分考虑到这一点,而是采纳了较多强制性条款,表现出较浓厚的行政化和诉讼化色彩,这无疑是对仲裁的契约性本质缺乏准确认识所致。由此,顺应国际商事仲裁的发展潮流、坚守商事仲裁的本质属性、忠于当事人选择仲裁的愿望和初衷,在我国《仲裁法》中明确仲裁的契约性及快速低费仲裁目标,当为必要的明智选择和改革举措。而推动地方仲裁立法,亦应秉持仲裁的契约性及快速低费仲裁目标,对标国际标准、对接国际通行规则,作出最有利于保障和促进仲裁发展的制度选择和安排,为上海打造面向全球的亚太(海事)仲裁中心注入新动能。

从《意见稿》的规定来看,在深化仲裁契约性及快速低费仲裁目标方面显有进步,但仍不乏进一步完善的空间。例如,对于仲裁程序,《意见稿》在第四章以多达 48 个条文①作出了近乎详尽的规定,其中一些问题如仲裁申请书应载明的事项、送达方式等,其实是可以交由当事人约定、仲裁机构的仲裁规则规定抑或仲裁庭自由裁量决定的,而不必在立法中一一列明或交待。同时,上述规定本身与《意见稿》第 30 条第 1 款和第 2 款允许当事人或仲裁庭在不违反强制性规定的前提下约定仲裁程序或采取适当的仲裁程序

---

① 参见《意见稿》第 29 至 76 条。

的规定存在一定冲突。由此,《意见稿》似应进一步统一立法逻辑,
秉持仲裁的契约性,对相关部分作必要的制度"瘦身"或实现规则
"转型"①。此外,《意见稿》虽在第 30 条第 4 款明确"仲裁程序应
当避免不必要的延误和开支",但其在相关条文设计中似乎体现得
不够充分,例如第 58 条规定"仲裁应当开庭进行",即以开庭审理
为原则、(当事人协议)不开庭审理为例外。大多数仲裁尤其是海
事仲裁发达的国家或地区的仲裁实践则与此不同甚至相反,无非
是考虑到开庭审理比不开庭审理要昂贵费时得多。鉴于目前我国
仲裁尤其是海事仲裁的发展水平及仲裁员队伍的整体水平,虽不
一定一步到位对接国际通行实践,但不在立法中明确硬性规定应
开庭审理,而留给当事人或仲裁庭根据案件实际情况灵活约定或
选择,应是更符合仲裁契约性也更有利于实现快速低费仲裁目标
的制度安排。

**(三) 以仲裁地为基础对接国际规则推动仲裁行业改革开放**

应该说,我国《仲裁法》与当今国际商事仲裁普遍立法与实践
的一个重要不同之处就在于,前者是以仲裁机构所在地为基础进
行制度建构的,表现出行政化、诉讼化的本土性特征,后者则是以
仲裁地为基础进行制度安排的,彰显仲裁的契约性、自治性的国际
化特征。立足仲裁机构所在地的本位主义,《仲裁法》主要面向我
国仲裁机构在我国仲裁进行了立法,基本没有考虑到境外仲裁机
构应当事人的约定在我国(以我国为仲裁地)开展仲裁的情形,亦
未考虑到境外仲裁机构入驻我国设立业务机构在我国(以我国为
仲裁地)开展仲裁的情形,客观上造成了只有我国仲裁机构能依我
国《仲裁法》在我国有效开展仲裁的单一格局。这当然是当时我国

---

① 即以更多任意性规定取代强制性规定。

社会主义市场经济建设初期制定的《仲裁法》现代化、国际化水平还不够高所决定的,更是当时我国仲裁行业尚未明确对外开放的落后实践所导致的。二十余年后的今天,我国仲裁实践与社会经济条件已发生深刻变化,特别是上海依托自贸试验区、新片区、浦东新区等特定区域,率先推动仲裁行业改革开放、主动引入国际竞争,推动仲裁制度现代化、国际化发展,以打造面向全球的亚太仲裁中心。由此,《仲裁法》修订尤其是上海地方仲裁立法,当然应一改传统仲裁机构所在地本位主义,转而引入国际通行的仲裁地概念,以仲裁地而不是仲裁机构及其所在地为确定仲裁法律法规适用范围的依据,以确立尊重当事人约定的契约性、国际性制度基础和保障仲裁市场开放的法治环境,为本土仲裁机构的民间化改革及境外仲裁机构的市场准入提供法治保障,同时扩大我国《仲裁法》(甚至先进的地方仲裁法规)的域外适用并提升其国际影响力。

1. 我国仲裁机构的民间化改革

多年来,我国仲裁机构的性质定位及治理结构等问题在法律层面一直付诸阙如、含糊不清,实践中各仲裁机构的体制机制也各不相同,致使对于我国仲裁机构究竟属于国家行政机关还是行政事业单位抑或是民间机构的问题,一直存在争议。这不仅有碍我国仲裁机构明确法律定性,统一实现民间化和市场化,释放竞争和发展活力,更不利于我国仲裁市场对接国际市场,实现国内仲裁机构作为与境外仲裁机构性质相同的平等市场主体开展竞争与合作。由此,唯有秉持仲裁的契约性,明确并还原仲裁机构的民间性,推动仲裁机构体制机制改革,才可能加快培育本土优秀并具国际公信力和竞争力的仲裁机构,同时吸引境外仲裁机构入驻设立业务机构参与本土仲裁市场的公平竞争,并吸引全球当事人前来寻求优质的仲裁资源和服务,以打造国际仲裁新高地。上海目前就是这么做的。

按照《意见稿》的规定,仲裁机构的性质已被明确为"为解决合同纠纷和其他财产权益纠纷提供公益性服务的非营利法人,包括仲裁委员会和其他开展仲裁业务的专门组织。"①其中,仲裁委员会应是指名称为仲裁委员会的国内仲裁机构,其他开展仲裁业务的专门组织则是指境外仲裁机构经允许入驻设立的业务机构。无论何者,经登记均取得法人资格,②并按照决策权、执行权、监督权相互分离、有效制衡、权责对等的原则制定章程,建立非营利法人治理结构。③如此,在《意见稿》下,国内各仲裁机构及业务机构或组织作为民间性市场主体的性质定位及治理结构,已然确定。这便为我国尤其是上海继续深入开展仲裁机构体制机制改革,培育本土优秀的仲裁机构,汇聚全球优质的仲裁资源,面向全球提供优质的仲裁服务,形成现代化、国际化的仲裁市场,打造面向全球的亚太仲裁中心奠定了重要的法治基础。

2. 境外仲裁机构的市场准入及业务范围

(1) 境外仲裁机构的市场准入

前已述及,自2015年以来,中央为推动上海打造面向全球的亚太仲裁中心,在相关文件中明确提出支持境外仲裁机构入驻自贸试验区或新片区设立代表处或业务机构,为上海自主开放仲裁市场引入国际竞争,有效推动仲裁行业改革开放,提供了重要的政策指引。

---

① 《意见稿》第13条第1款。

② 参见《意见稿》第13条第2款。同时,《意见稿》第12条分别对三类仲裁机构的登记作了如下规定:(1)仲裁机构的设立,应经省、自治区、直辖市的司法行政部门登记;(2)中国国际商会设立组建的仲裁机构,由国务院司法行政部门登记;(3)外国仲裁机构在我国领域内设立业务机构,办理涉外仲裁业务的,由省、自治区、直辖市的司法行政部门登记,报国务院司法行政部门备案。

③ 参见《意见稿》第15条。

这无疑是为服务国家战略所作的政策突破或政策先行,但政策的落地见效离不开法治的跟进、引领和保障。在《仲裁法》对境外仲裁机构市场准入问题缺乏考虑和规定的情形下,利用《仲裁法》修订及推动地方仲裁立法的契机,及时填补制度空白,为境外仲裁机构的市场准入提供法律依据和配套制度保障,应为当务之急。

境外仲裁机构的市场准入,①除允许境外仲裁机构通过入驻设立业务机构等商业存在(commercial existence)的方式开展仲裁业务活动,更常见、更灵活的一种方式则为境外仲裁机构应当事人的约定在一国境内(以该国为仲裁地)开展仲裁。对此,尽管我国《仲裁法》未作规定,实践中却时有发生,司法实践层面对相关实践合法性、有效性的认定则不尽一致、常见分歧。例如,在2013年申请人安徽省龙利得包装印刷有限公司与被申请人 BP Agnati S. R. L 申请确认仲裁协议效力案②(以下简称"龙利得案")中,当事人约定"争议应被提交国际商会仲裁院""管辖地应为中国上海"的仲裁条款被最高人民法院认定为有效;在2020年大成产业气体株式会社、大成(广州)气体有限公司诉普莱克斯(中国)投资有限公司申请确认仲裁协议效力案③(以下简称"大成产业案")中,当事人约定"争议交由新加坡国际仲裁中心根据其仲裁规则在上海仲裁"的仲裁协议亦被上海市第一中级人民法院认定为有效;在2013年神华煤炭运销公司与马瑞尼克船务公司确认之诉仲裁条

---

① 市场准入,一般是指市场主体和交易对象被政府准许进入市场的程度和范围。参见陈升、李兆洋等:《市场准入负面清单:理论、实践与前瞻》,中国社会科学出版社2018年版,第4—5页。由此,境外仲裁机构的市场准入,应是指境外仲裁机构被允许在一国开展仲裁业务的程度和方式。

② 参见《最高人民法院关于申请人安徽省龙利得包装印刷有限公司与被申请人 BP Agnati S.R.L 申请确认仲裁协议效力案的请示的复函》,(2013)民四他字第13号。

③ (2020)沪01民特83号。

款问题案①(以下简称"神华公司案")中,最高人民法院则认为我国《仲裁法》下的仲裁委员会并不包括境外仲裁机构,因而实际否定了《仲裁法》成为境外仲裁机构在我国仲裁的法律依据的可能性;在2017年爱耳时代医疗科技(北京)股份有限公司与领先仿生医疗器械(上海)有限公司买卖合同纠纷案②(以下简称"爱耳公司案")中,当事人约定的将争议提交国际商会仲裁院,以上海为仲裁地进行仲裁的仲裁协议,被上海市第二中级人民法院以案涉法律关系不具备涉外因素为由认定为无效。总结来看,人民法院相关司法裁判的分歧主要集中在两个方面:一是境外仲裁机构是否属于我国《仲裁法》规定的仲裁委员会,即当事人约定境外仲裁机构在我国开展仲裁的仲裁协议是否符合《仲裁法》关于选定"仲裁委员会"的规定;③二是无典型涉外因素的案件能否选择境外仲裁机构在我国仲裁,即当事人约定将非涉外案件提交境外仲裁机构在我国开展仲裁的仲裁协议是否符合我国相关法律规定及其允许的范围。

对于境外仲裁机构能否仅基于当事人约定进入我国开展仲裁,是否涉及市场准入的问题,理论层面也一直存在争论,主要有三种主张和观点:一是基于传统的正面清单④下的审批制,主张需获市场准入。在"龙利得案"中,一审合肥市中级人民法院即认为仲裁在我国是需经过行政机关特许才能提供的专业服务,而我国政府并未向境外开放我国仲裁市场,故境外仲裁机构依法不能在

---

① 参见《最高人民法院关于神华煤炭运销公司与马瑞尼克船务公司确认之诉仲裁条款问题的请示的复函》,(2013)民四他字第4号。

② (2017)沪02民终9941号。

③ 即我国《仲裁法》第16条和第18条规定仲裁协议必须明确约定的"仲裁委员会"是否包括或涵盖境外仲裁机构。

④ 在2018年以前,我国一直采取正面清单管理模式。

我国境内仲裁。①学界亦有观点认为境外仲裁机构在我国仲裁属于《服务贸易总协定》（以下简称 GATS）项下的法律服务贸易并涉及市场准入，结合我国所作的具体承诺②提出因我国未允许境外仲裁机构准入所以其不得在我国市场开展仲裁。③由于一国只对其作出具体承诺的服务部门负有市场准入义务且给予准入后国民待遇，所以 GATS 采取的是正面清单管理模式。在这一模式下，境外仲裁机构获得市场准入需先得到我国对整体仲裁市场准入的正面许可，再得到我国司法行政部门对具体境外仲裁机构准入的批准，否则便会面临不能进入、进入后面临过度监管以及进入无效的风险。④二是基于仲裁的契约性主张不涉及市场准入，因为仲裁作为一种契约性、民间性的争议解决方式，无所谓中外仲裁市场之分，只要当事人协商选择，境外仲裁机构就可在我国仲裁，我国仲裁机构亦可在境外仲裁。⑤"大成产业案"的裁定书亦表达了这一观点：仲裁是当事人自愿解决争议的方法之一，就当事人自愿解决争议的实质而言，并不涉及我国仲裁市场是否开放的问题；认为境

---

① （2011）合民四初字第 00005 号。

② 中国加入 GATS 时就法律服务的准入作了如下具体承诺：对商业存在只承诺一定条件下外国律师事务所的市场准入，对跨境提供和境外消费不设限制，对自然人流动仅作水平承诺。See GATS, THE PEOPLE'S REPUBLIC OF CHINA Schedule of Specific Commitments,（GATS /SC /135），14 February 2002, pp.5—7. 此处的水平承诺具体是指我国在法律服务领域对于自然人流动所作的承诺以商业存在为依托，且仅有允许其高级雇员入境和临时居留的国际义务。

③ 参见康明：《我国商事仲裁服务市场对外开放问题初探——兼与生长同志商榷》，载《仲裁与法律》2003 年第 6 期；李健：《外国仲裁机构在中国内地仲裁不可行》，载《法学》2008 年第 12 期。

④ 参见王利明：《负面清单管理模式与私法自治》，载《中国法学》2014 年第 5 期，第 37 页。

⑤ 参见宋连斌、王珺：《国际商会在中国内地仲裁：准入、裁决国籍及执行——由宁波中院的一份裁定谈起》，载《西北大学学报（哲学社会科学版）》2011 年第 3 期；李庆明：《境外仲裁机构在中国内地仲裁的法律问题研究》，载《环球法律评论》2016 年第 3 期。

外仲裁机构不得管理仲裁地在我国的仲裁的观点,缺乏我国明令禁止性法律规定的依据,且与国际商事仲裁发展趋势相悖。①三是基于负面清单②下的备案制主张可自主开放市场。尽管在 GATS 项下我国并无必须开放仲裁市场的国际法义务,但是否开放、如何开放应属于我国自行行使的权利,完全取决于我国的立法与政策,且商事仲裁作为一项专业服务,理应属于我国积极开放服务贸易的范围。③此观点在支持仲裁市场开放的同时肯定国家允许准入作为其前提条件,对于满足特定条件的境外仲裁机构,只需登记备案即可获得准入。这一理念亦符合我国目前对外资广泛采取的"准入前国民待遇+负面清单模式"下的非禁即入原则。

显然,目前允许境外仲裁机构入驻设立业务机构开展仲裁业务,依据的就是第三种理论主张,即在制度型开放背景下,我国自主开放仲裁市场,在一些特定区域④先行先试,通过负面清单下的备案制模式赋予了境外仲裁机构入驻设立业务机构的准入资格。同时,在浦东新区则更进一步,一举推出了境外仲裁机构(包括开展临时仲裁的仲裁员)不依托商业存在亦可进入我国开展仲裁的市场准入,即通过"允许境外服务提供商在满足境内监管要求条件下,以跨境交付或自然人移动的方式提供更多跨境专业服务",⑤

---

① (2020)沪 01 民特 83 号。

② 根据 2015 年 10 月国务院颁布的《关于实行市场准入负面清单制度的意见》,我国从 2018 年起正式实行全国统一的市场准入负面清单制度。

③ 参见刘晓红、冯硕:《制度型开放背景下境外仲裁机构内地仲裁的改革因应》,载《法学评论》2020 年第 3 期;王婧:《外国仲裁机构或将撕开中国仲裁市场一角?》,载《法制日报》2009 年 6 月 25 日第 6 版。

④ 除上海自贸试验区临港新片区外,北京、海南、深圳等地也先后获准允许境外仲裁机构入驻特定区域设立业务机构开展仲裁业务。参见 2020 年 8 月《国务院关于深化北京市新一轮服务业扩大开放综合试点建设国家服务业扩大开放综合示范区工作方案的批复》、2021 年 1 月《最高人民法院关于人民法院为海南自由贸易港建设提供司法服务和保障的意见》、2021 年 9 月国务院《全面深化前海深港现代服务业合作区改革开放方案》。

⑤ 参见《浦东新区意见》。

为境外仲裁机构仅基于当事人约定以跨境交付或自然人移动的方式,突破我国在 GATS 下对自然人流动所作的水平承诺障碍进入我国(以我国为仲裁地)开展仲裁,提供了市场准入的政策依据。

在立法层面,为弥补《仲裁法》对境外仲裁机构无论是仅依当事人约定还是通过入驻设立业务机构在我国开展仲裁的整体性制度缺失,《意见稿》不仅引入了仲裁地概念,[①]而且以仲裁机构取代了仲裁委员会这一狭隘的本土概念,[②]以涵盖境外仲裁机构入驻设立的业务机构等,为境外仲裁机构依托商业存在进入我国开展仲裁的市场准入提供了明确的法律依据。但是,对于境外仲裁机构不依托商业存在仅基于当事人约定进入我国开展仲裁的市场准入,《意见稿》则缺乏相应规定。虽然按照仲裁的契约性及私权领域"法无禁止即可为"的原则,即便修改后的《仲裁法》亦不作规定,并不必然构成境外仲裁机构应当事人约定在我国开展仲裁的市场准入障碍,但实践中如果缺少《仲裁法》上必要的立法指引和其他相关政策法律上的制度配套,[③]仍可能遭遇操作层面的法律障碍。由此,《仲裁法》修订似应对此问题作出回应,为境外仲裁机构应当事人约定在我国开展仲裁提供明确的法律依据,这样既可为特定区域政策先行的经验推广预留必要的法治空间,亦可为相关制度配套提供指引,消除目前实践中的制度掣肘和司法分歧。上海地方仲裁立法更应对此问题作出规定,包括对税收、外汇、签证等方面的制度配套作出支持性规定,以确保境外仲裁机构以跨境交付

---

① 参见《意见稿》第 27 条。

② 参见《意见稿》第二章。

③ 例如,在出入境管理方面能否为仲裁中的境外仲裁员和当事人等人员提供签证便利,在税收方面能否为一些境外的非居民仲裁员提供优惠待遇,在数据联通方面能否为在中国开庭的境外当事人及仲裁员提供连接各种仲裁工作所需数据库的技术支持。参见陈福勇:《如何打造有国际影响力的仲裁品牌》,载微信公众号"海事界",2021 年 11 月 15 日。

或自然人移动的方式在上海开展仲裁的市场准入政策落地实施。

（2）境外仲裁机构的业务范围

依托特定区域的政策先行自主开放仲裁市场、引入国际竞争，明确境外仲裁机构无论是不依托商业存在仅依当事人约定还是通过入驻设立业务机构在我国开展仲裁的市场准入后，保障境外仲裁机构或其业务机构与本土仲裁机构作为平等的市场主体公平竞争，应是促进本土仲裁机构改革，吸引和汇聚全球优质仲裁资源打造面向全球的亚太仲裁中心的题中之义和必然举措。但是，从目前的政策规定及多年的司法实践来看，将境外仲裁机构的业务范围限定在涉外争议，似乎已成共识。例如，《新片区总体方案》即规定境外仲裁机构所设业务机构可就国际商事、海事、投资等领域发生的民商事争议开展仲裁业务，《新片区管理办法》亦作如是规定。上海市司法局《境外仲裁机构设立业务机构管理办法》第18条更直接规定：业务机构不得开展不具有涉外因素争议案件的仲裁业务。前述"爱耳公司案"中，上海市第二中级人民法院正是以案涉法律关系没有涉外因素为由认定相关仲裁协议无效，从而否定境外仲裁机构依当事人约定在我国仲裁非涉外案件的。此种情形并非个案，在《仲裁法》缺乏明确规定的二十余年中几已成为默认的实践，并形成一种历史惯性延伸至境外仲裁机构的业务机构可开展的业务范围。由此，业务机构只能受理具有涉外因素的案件，而不能如本土仲裁机构那样受理不具有涉外因素的纯国内案件。如此规定，有何现实意义，是否具有可操作性，仍有待观察。有学者认为，限定境外仲裁机构设立的业务机构的受案范围，符合有序开放的客观规律和现实要求，可有效防止出现棘轮效应。[1]这无疑有

---

① 参见刘晓红、王徽：《论中国引入国际商事仲裁机构的法律障碍与突破进路——基于中国自贸区多元化争议解决机制构建的几点思考》，载《苏州大学学报（法学版）》2016年第3期。

一定的道理,但这是否会在一定程度上影响境外仲裁机构入驻设立业务机构的积极性以及国内仲裁市场公平竞争机制的建立,仍须在先行先试的摸索中及时总结经验教训并及时调整。

从国际通行实践来看,似乎少有国家作上述方面的限制,原因有二,一是不符合仲裁的契约性本质,毕竟将何种争议提交哪一仲裁机构仲裁,完全取决于当事人的约定,人为限定哪一类仲裁机构只能受理哪一类争议——涉外争议或非涉外争议,在法理上似无依据;二是在实际操作层面本身也存在困难。目前,各国虽仍有涉外争议和非涉外争议的概念区分,但实践中两者的界限日益模糊,主观色彩日益浓厚。例如,《联合国国际商事仲裁示范法》第1条第3款第2项对何为"国际仲裁"本就作了非常宽泛灵活的规定,该款第3项更是直接规定如果"当事各方明确同意仲裁协议的标的与一个以上的国家有关"亦属国际仲裁,这就在国际仲裁与非国际仲裁的认定中引入了"当事各方明确同意"这项完全主观的标准。在我国,《〈涉外民事关系法律适用法〉司法解释(一)》第1条第5项,对涉外民事关系的认定亦引入了一个开口式的兜底性规定——"可以认定为涉外民事关系的其他情形",《民事诉讼法司法解释》第520条第5项对认定涉外民事案件的规定则如出一辙。在"黄金置地案"中,最高人民法院即是按《涉外民事关系法律适用法司法解释(一)》第1条第5项的规定认定涉外因素的。这就为我国对涉外争议的认定注入了灵活的不确定性因素。由此,仍强调境外仲裁机构设立的业务机构只能受理涉外争议,似无太大实际意义。

目前,从《意见稿》的规定来看,①其亦沿袭了对境外仲裁机构业务范围的限制,即默认境外仲裁机构在我国设立的业务机构只

---

① 参见《仲裁法修订征求意见稿》第12条第3款。

办理涉外仲裁业务。对此,上海地方仲裁立法应如何选择,是遵循既有实践继续保留对境外仲裁机构及其分支机构业务范围的限制,以确保有序开放,并为本土仲裁机构的改革、培育和发展赢得必要的时间和空间,还是基于仲裁的契约性放弃或取消这种限制,无疑值得深入思考和审慎抉择。

### (四) 扩大仲裁庭的权限

在契约性的仲裁中,当事人无疑是仲裁程序的主人,但经当事人授权对案件进行居中审理和裁判的仲裁庭则既是遵照当事人意旨行事的仲裁服务提供者,又是为保证争议以公正、快捷、经济的方式得到解决的仲裁程序组织者和争议裁判者,在仲裁中享有超越双方当事人的相对独立的权力,以保证其能有效履行当事人赋予的职责,完成当事人交付的任务。因此,独立、中立的仲裁庭,须有足够的权力才能合理组织和有效驾驭仲裁程序,而不必诸事求助于法院,从而减少和排除法院不必要的介入和干预。

在我国《仲裁法》下,仲裁庭的权力显然还不够充分,诸多现代国际商事仲裁法已赋予仲裁庭享有的权力,我国《仲裁法》仍规定只能由法院或仲裁机构(仲裁委员会)①享有和行使,并不承认仲裁庭享有。这就导致仲裁庭常处于无权的状态,诸多事项的处理须听命于仲裁机构或求助于法院,难免引发仲裁的行政化或诉讼化趋向。

从《联合国国际商事仲裁示范法》及以其为参考制定或修改的国内仲裁法,如英国《1996 年仲裁法》、新加坡 IAA 等所作的相关规定来看,我国《仲裁法》下的仲裁庭尚有诸多需予配置或增加的权力。其中,关于赋予仲裁庭决定自身管辖权及命令采取保全措施(protective or conservatory measures)或临时措施(interim

---

① 本章以下提及我国的仲裁机构时亦指仲裁委员会,两者可互换使用。

measures)的权力的问题,是多年来讨论最多并亟待立法明确的两个问题。

1. 赋予仲裁庭决定自身管辖权的权力

赋予仲裁庭决定自身管辖权的权力,早在 20 世纪 80 年代即已成为现代国际商事仲裁中广泛采纳的一项原则,即仲裁庭管辖权自决(裁)原则或称管辖权/管辖权原则。对此,简·鲍尔森曾给予高度评价:仲裁庭有权对其自身的管辖权问题作出决定,是现代商事仲裁取得的一项重要成就。[①]尽管如此,这样一项国际通行的仲裁原则在我国《仲裁法》中却未得到采纳,即决定仲裁庭管辖权的权力没有被赋予仲裁庭,而是赋予了人民法院和仲裁机构,且在两者行使管辖权发生冲突时前者享有优先管辖权。这显然与国际普遍立法及通行实践不符,与仲裁的契约性亦不相符,更不利于打造一个享有足够权限的独立的强大的仲裁庭。

(1) 应取消法院直接处理仲裁庭管辖权争议的优先管辖权

从我国《仲裁法》及最高人民法院发布的相关司法解释的规定来看,法院对仲裁庭的管辖权争议享有直接的管辖权且在与仲裁委员会的管辖权发生冲突时享有优先权。

我国《仲裁法》第 20 条第 1 款规定,当事人对仲裁协议的效力有异议的,可请求仲裁委员会作出决定或请求人民法院进行裁定;一方请求仲裁委员会决定,另一方请求人民法院裁定的,则由人民法院裁定。该规定也随即为 1995 年及之后多次修订的《中国国际

---

① 简·鲍尔林为现代商事仲裁制度总结了 6 项成就,其余 5 项为:可以将未来的争议提交商事仲裁、可以在仲裁程序中指定仲裁员(当事人无需在仲裁协议中就指定仲裁员)、仲裁协议具有独立性、法院不审查仲裁裁决的实体以及仲裁程序可在国外进行。See Jan Paulsson, *Accepting International Arbitration in Fact and Not Only in Words*, in Eugene Cotran & Austin Amissah ed., Arbitration in Africa, Kluwer International, 1996, pp.31—45;参见赵健:《国际商事仲裁的司法监督》,法律出版社 2000 年版,第 89 页。

经济贸易委员会仲裁规则》《中国海事仲裁委员会仲裁规则》《北京仲裁委员会仲裁规则》等仲裁机构的仲裁规则所吸收和保留。①此后,最高人民法院在 1998 年 10 月 21 日发布的《关于确认仲裁协议效力几个问题的批复》②中又进一步对法院的这一优先管辖权作了细化解释。

此外,最高人民法院 2006 年发布的《关于适用〈中华人民共和国仲裁法〉若干问题的解释》③(以下简称《仲裁法若干问题解释》)第 12 条、第 15 条、第 16 条还就人民法院内部受理仲裁协议效力确认案件管辖权的分配、审理程序、法律适用等更多实践问题作了规定。最高人民法院于 2017 年 12 月 26 日发布的《关于审理仲裁司法审查案件若干问题的规定》④(以下简称《司法审查规定》)则进一步对上述问题作了更详明的规定,为司法实践中按照统一的管辖权标准、审理程序及法律适用原则妥善处理仲裁协议效力确认案件提供了更明确的指引,尤其对涉及海事海商争议仲裁协议效力确认的案件,明确规定由仲裁协议约定的仲裁机构所在地、仲裁协议签订地、申请人住所地、被申请人住所地的海事法院管辖,若这些地点没有海事法院的,则由就近的海事法院管辖。⑤

赋予法院直接处理仲裁庭管辖权争议的优先管辖权,无疑是对仲裁庭管辖权自决原则的根本否定,这不仅意味着我国仲裁制

---

① 参见 1995 年、1998 年、2000 年《中国国际经济贸易委员会仲裁规则》第 4 条;1995 年、2000 年、2004 年《中国海事仲裁委员会仲裁规则》第 4 条;1995 年、1996 年、1997 年、1999 年《北京仲裁委员会仲裁规则》第 6 条第 1 款,2001 年《北京仲裁委员会仲裁规则》第 10 条第 1 款,2004 年、2008 年《北京仲裁委员会仲裁规则》第 6 条第 3 款。

② 法释〔1998〕27 号,自 1998 年 11 月 5 日起施行。

③ 法释〔2006〕7 号,自 2006 年 9 月 8 日起施行。

④ 法释〔2017〕22 号,自 2018 年 1 月 1 日起施行。

⑤ 参见《司法审查规定》第 2 条第 2 款。

度尚不完善、与国际通行实践存在脱节,更对我国仲裁业的健康发展不利。首先,由法院而不是仲裁庭直接处理仲裁庭管辖权争议,是对当事人仲裁意愿的不尊重,违背了当事人提请仲裁的初衷。当事人协议将争议提交仲裁而不是诉讼解决,说明当事人不愿意让法院过问他们之间的争议——不仅包括实体争议,也包括涉及诸如管辖权争议的程序性争议。其次,允许法院优先直接处理仲裁庭管辖权争议,不仅会导致法院过多介入或干预仲裁,使得仲裁权实质上依附于司法权而失去独立性和自主性,且易于给有意回避或拖延仲裁的一方当事人以可乘之机。①最后,由法院直接处理仲裁庭管辖权争议,其实并不利于该争议快捷、经济地得到解决。仲裁庭作为受理当事人之间实体争议的权力主体,对于其自身就当事人提交的实体争议是否享有管辖权通常比法院更清楚,即便开展调查也更容易、更便利、更节约成本。更重要的是,有些对管辖权争议的调查还会触及实体问题,而这恰是当事人意图提交仲裁而非诉讼解决的部分。

基于上述,在我国立法上取消法院直接处理仲裁庭管辖权争议的优先管辖权势在必行:如果当事人直接向法院提出仲裁庭管辖权异议,法院应予拒绝并告知其应首先向仲裁庭提出申请。当然,这并不是指法院在任何时候都不能直接受理当事人提出的管辖权异议,在特定情况下,例如仲裁庭尚未组成,或仲裁庭虽已组成但当事人能证明由法院直接处理更快捷经济且各方当事人都同意并得到了仲裁庭的准许等,则法院应果断接受申请并及时为仲裁程序提供支持和协助。对此,《意见稿》在总结我国多年仲裁实践经验教训、参考国际通行实践并理顺人民法院与仲裁机构及仲裁庭在享有及行使相关权力方面正确关系的基础上作出了如下规

---

① 参见乔欣:《仲裁权研究》,法律出版社 2001 年版,第 193 页。

定,基本符合上述逻辑:当事人对仲裁协议是否存在、是否有效等效力问题或仲裁管辖权有异议的,应在仲裁规则规定的答辩期限内提出并由仲裁庭作出决定;仲裁庭组成前,仲裁机构可基于表面证据决定仲裁程序是否继续进行;当事人未经前置程序直接向人民法院提出异议的,人民法院则不予受理;人民法院审查期间,不影响仲裁程序继续进行。①鉴于我国多年来已形成的机构仲裁传统,《意见稿》保留仲裁庭组成前仲裁机构的协助性管辖权,无疑是符合我国仲裁实践特色及需要的,显属一种积极和妥善的制度安排。最高人民法院《涉外商事海事审判工作会议纪要》,则对人民法院应当事人申请确认仲裁协议效力即行使处理仲裁庭管辖权争议的权力作了如下安排和厘清:当事人就仲裁协议是否成立、生效、失效及是否约束特定当事人等产生争议并请求人民法院确认的,人民法院应予受理并作出裁定;按照最高人民法院《关于确认仲裁协议效力几个问题的批复》的规定,仲裁机构先于人民法院受理当事人的申请并已作出决定的,则人民法院不再受理当事人向其提出的申请。②

由此,限制或取消法院直接处理仲裁庭管辖权争议的优先管辖权,或将法院行使此项管辖权的权力限定在支持和协助仲裁的范围内,在我国理论与实践层面已达成共识,并成为新的立法方向。上海地方仲裁立法循此方向率先对接国际通行规则,对标上海打造面向全球的亚太仲裁中心的战略目标,作出符合仲裁改革创新发展实践需要的规定,应是当下切合实际的不二选择。

(2)应将仲裁机构决定仲裁庭管辖权的权力移交给仲裁庭

在我国,将仲裁庭管辖权争议交由仲裁机构而非仲裁庭来处理,最早源于 CIETAC 和 CMAC 1988 年仲裁规则中的规定:"仲

---

① 参见《仲裁法修订征求意见稿》第28条第1至3款、第5款。
② 参见《涉外商事海事审判工作会议纪要》第90、91条。

裁委员会有权就仲裁协议的有效性和仲裁案件的管辖权作出决定。"①其后,在两个仲裁委员会进一步修订的仲裁规则中,仲裁机构的这一权力还不断扩大:仲裁委员会有权对仲裁协议的存在、效力及仲裁管辖权作出决定。②尽管自 2001 年《北京仲裁委员会仲裁规则》、2005 年《中国国际经济贸易仲裁委员会仲裁规则》先后允许仲裁机构授权仲裁庭决定自身管辖权③之后,其不断修订的仲裁规则及 CMAC 的仲裁规则纷纷跟进,亦采取这一灵活变通的做法,④一定程度上弥补了我国未采纳仲裁庭管辖权自决原则的缺陷,但结合前述我国《仲裁法》第 20 条第 1 款的规定,显然真正享有仲裁庭管辖权决定权的仍是仲裁机构而非仲裁庭。

　　将仲裁庭管辖权决定权交由仲裁机构而非仲裁庭享有和行使,不仅与当今国际商事仲裁的普遍实践不符,更对我国商事仲裁国际公信力和竞争力的提升造成影响。正是基于此,自 2005 年之

---

　　①　参见 1988 年《中国国际经济贸易仲裁委员会仲裁规则》和《中国海事仲裁委员会仲裁规则》第 2 条第 3 款。

　　②　参见 1994 年、1998 年、2000 年《中国国际经济贸易仲裁委员会仲裁规则》第 4 条,2005 年、2012 年、2015 年《中国国际经济贸易仲裁委员会仲裁规则》第 6 条第 1 款;1995 年、2000 年、2004 年《中国海事仲裁委员会仲裁规则》第 4 条,2015 年、2018 年、2021 年《中国海事仲裁委员会仲裁规则》第 6 条第 1 款。

　　③　2001 年《北京仲裁委员会仲裁规则》第 10 条第 2 款规定,当事人对仲裁案件的管辖权提出异议的,可由仲裁委员会或仲裁委员会授权仲裁庭作出决定。2005 年《中国国际经济贸易仲裁委员会仲裁规则》第 6 条第 1 款和第 2 款则规定,仲裁委员会有权对仲裁协议的存在、效力及仲裁案件的管辖权作出决定,如有必要,仲裁委员会亦可授权仲裁庭作出管辖权决定;如果仲裁委员会依表面证据认为存在由仲裁委员会进行仲裁的协议,则可根据表面证据作出仲裁委员会有管辖权的决定,仲裁程序继续进行,但仲裁委员会依表面证据作出的管辖权决定并不妨碍其根据仲裁庭在审理过程中发现的与表面证据不一致的事实及/或证据重新作出管辖权决定。

　　④　参见 2004 年、2008 年、2015 年、2019 年、2022 年《北京仲裁委员会仲裁规则》第 6 条第 4 款;2005 年《中国国际经济贸易仲裁委员会仲裁规则》第 6 条第 1 至 2 款,2012 年、2015 年《中国国际经济贸易仲裁委员会仲裁规则》第 6 条第 1 至 3 款和第 7 款;2015 年、2018 年、2021 年《中国海事仲裁委员会仲裁规则》第 6 条第 1 至 3 款和第 7 款。

后,CIETAC 和 CMAC 新修订的仲裁规则均作如是规定:在必要的情况下,仲裁委员会可授权仲裁庭就其自身管辖权作出决定,该决定可在仲裁程序进行中单独作出,亦可在裁决书中一并作出;仲裁委员会依表面证据认为存在有效仲裁协议的,可据此作出其有管辖权的决定,仲裁程序继续进行,但这一管辖权决定并不妨碍其根据仲裁庭在审理过程中发现的与表面证据不一致的事实及/或证据重新作出管辖权决定;仲裁委员会或经其授权的仲裁庭作出无管辖权决定的,应作出撤销案件的决定,撤案决定在仲裁庭完成组庭前由仲裁委员会作出,在仲裁庭完成组庭后则由仲裁庭自己作出。上海仲裁委员会、上海国际经济贸易仲裁委员会/上海国际仲裁中心的仲裁规则中亦作了类似规定。①上述规定虽多有变通,意在突破《仲裁法》的滞后或束缚,但显然还不够直接和彻底。为此,《意见稿》第 28 条第 1 款就开宗明义地规定仲裁庭管辖权争议应"由仲裁庭作出决定",第 2 款进一步明确只有在仲裁庭组成前,仲裁机构才可根据表面证据决定仲裁程序是否继续进行。这意味着取消了仲裁机构"家长式"的管辖权自决权,将仲裁庭管辖权的决定权从仲裁机构移交或归还给了仲裁庭,确立了真正意义上的仲裁庭管辖权自决原则。多年的实践探索将成为立法确认的现实。推动上海地方仲裁立法,首先纳入这一国际通行制度,为境内外仲裁机构(业务机构)及以上海为仲裁地开展的仲裁活动提供先进的制度供给,无疑是打造面向全球的亚太仲裁中心的必然选择和要求。

2. 赋予仲裁庭决定保全措施的权力

在实践中,当事人之间从争议发生到申请仲裁到裁决作出并

———

① 参见 2022 年《上海仲裁委员会仲裁规则》第 13 条;2015 年《上海国际经济贸易仲裁委员会(上海国际仲裁中心)仲裁规则》第 6 条第 1 至 2 款,2015 年上海国际经济贸易仲裁委员会/上海国际仲裁中心《中国(上海)自由贸易试验区仲裁规则》第 6 条第 1 至 2 款。

付诸执行,总要耗费一定时日。此间,证据有可能灭失或被转移或被篡改或被掩盖,证人有可能失去记忆或失踪或死亡,作为争议标的物的财产有可能不宜长期保存而变质、腐烂或失去价值,恶意逃避债务的一方当事人可能隐匿、转移、变卖、毁损有关财产甚至抽逃资金等,也有可能采取其他行动拖延或阻挠仲裁程序顺利开展和推进。由此,在仲裁程序开始前或进行中,应当事人的请求及时采取必要的保全措施或临时措施,以排除或防止上述风险或不利情形产生,保障仲裁程序顺利开展和推进及裁决作出后的切实履行或执行,是各国仲裁法上一项必不可少的制度安排。

保全措施,或称临时措施,在不同国家或法域的称谓及具体措施都有不同,例如在英国《1996 年仲裁法》中,就有关于证据或财产保全的命令,还有针对财产扣押或冻结的临时禁令及命令一方当事人实施或不实施某项行为的救济措施等;①在美国 FAA 中,则有强制仲裁或指示仲裁程序进行的中间命令,②还有面向海事仲裁的扣押船舶或其他财产的专门性保全措施;③在新加坡的 IAA 中,亦存在关于证据或财产保全的命令或其他临时禁令或临时措施,还有强制证人出庭的传唤令等;④香港《仲裁条例》同样规定了关于保存证据或财产及实施或不实施某种行为的临时措施和初步命令,还规定了在紧急情况下组成紧急仲裁庭采取的紧急救济措施等,以确保争议裁决前能维持现状或恢复原状。⑤可见,各国或地区法律中规定的保全措施虽有差异,但性质和目的基本相同,无非都是一种紧急采取的临时性、强制性、程序

---

① 参见英国《1996 年仲裁法》第 38 条、第 44 条、第 48 条。
② 参见美国《联邦仲裁法》第 4 条、第 16 条。
③ 参见美国《联邦仲裁法》第 8 条。
④ 参见 2020 年新加坡《国际仲裁法》第 12 条、第 12A 条和第 13 条。
⑤ 参见 2021 年香港《仲裁条例》第 22A 至 22B 条、第 35 至 38 条。

性措施。①

我国在《仲裁法》《民事诉讼法》中亦规定了保全措施,主要包括证据保全和财产保全。《海事诉讼特别程序法》则除专章规定了海事请求保全②即财产保全和海事证据保全③外,还增加了一章海事强制令④即行为保全。与各国普遍立法与实践不同的是,我国迄今尚未赋予仲裁庭决定保全措施的权力,而是将此项权力赋予法院专属享有和行使。这不仅削弱了仲裁庭应有的权限和独立性,更加大了法院不必要干预的风险,亟待修改和矫正。

(1) 我国应在立法上赋予仲裁庭决定保全措施的权力

在我国,对于仲裁当事人提出相关保全申请后应由谁来决定的问题,不同时期的法律作出的规定并不相同。但无论什么时期,仲裁庭决定保全措施的权力从未获得过立法的承认。

在1982年《中华人民共和国民事诉讼法(试行)》⑤(以下简称《民事诉讼法(试行)》)施行前,我国在涉外商事海事仲裁实践中一直都采取的是由仲裁机构决定保全措施的做法。例如,1954年5月6日,当时的政务院通过的《关于在中国国际贸易促进委员会内设立对外贸易仲裁委员会的决定》⑥第8条即规定,仲裁委员会审理案件时为保全当事人的权利,对与当事人有关的物资、产权等得规定临时办法。1958年11月12日,国务院通过的《关于在中国国

---

① 参见任明艳:《国际商事仲裁中临时性保全措施研究》,上海交通大学出版社2010年版,第14—21页。

② 参见《海事诉讼特别程序法》第三章(第12至50条)。

③ 参见《海事诉讼特别程序法》第五章(第51至61条)。

④ 参见《海事诉讼特别程序法》第四章(第62至72条)。

⑤ 1982年3月8日第五届全国人民代表大会常务委员会第二十二次会议通过,自1982年10月1日起试行。

⑥ 1954年5月6日政务院第二百一十五次政务会议通过。

际贸易促进委员会内设立海事仲裁委员会的决定》①第 8 条亦明确规定:对于海事仲裁委员会有权受理的案件,委员会主席可作出保全措施的决定,并规定保全的数额和方式,由人民法院依一方当事人的请求依法执行。1956 年 3 月,中国国际贸易促进委员会根据原政务院的决定,制定了《中国国际贸易促进委员会对外贸易仲裁委员会仲裁程序暂行规则》②并在第 15 条规定,为保全当事人的权利,仲裁委员会主席可依一方当事人的申请规定临时办法。1959 年 1 月,中国国际贸易促进委员会根据国务院的决定,制定了《中国国际贸易促进委员会海事仲裁委员会仲裁程序暂行规则》③,亦在第 15 条规定海事仲裁委员会主席对有权受理的案件可基于一方当事人的请求作出保全措施的决定,并在第 16 条规定海事仲裁委员会主席作出的保全措施决定应由人民法院依一方当事人的申请依法予以执行。

1982 年《民事诉讼法(试行)》对之前的制度作了一些修改,其在第 194 条规定,我国涉外仲裁机构基于当事人的申请,认为需要采取保全措施的,应提请被申请人财产所在地或仲裁机构所在地的中级人民法院裁定。显然,按照该法规定,决定采取保全措施的权力已交给了人民法院,仲裁机构不再对此类事项有权作出决定。但是,对于当事人提出的财产保全申请,仲裁机构仍保有一项特别的权力:其一,当事人仍须向仲裁机构而非法院提出保全申请;其二,仲裁机构对当事人提出的保全申请享有审查权和预决权,即仲裁机构只在对当事人的申请经过审查后亦认为有采取保全措施的必要时,才会提请人民法院作出裁定。总之,法院享有并行使的决定保全措施这一权力,还在一定程度上受到仲裁机构相关权力的限制。

---

① 1958 年 11 月 21 日国务院全体会议第八十二次会议通过。
② 1956 年 3 月 31 日中国国际贸易促进委员会第四次委员会议通过。
③ 1959 年 1 月 8 日中国国际贸易促进委员会第七次委员会议通过。

1991 年《民事诉讼法》①和 1994 年《仲裁法》相继出台后,人民法院则获得了决定保全措施的完全的专属权,仲裁机构不再对当事人的申请享有审查或预决的权力。1991 年《民事诉讼法》第 258条②规定,当事人申请财产保全,我国涉外仲裁机构应将当事人的申请提交被申请人住所地或财产所在地的中级人民法院裁定。《仲裁法》第 28 条则规定,当事人申请财产保全,仲裁机构应将当事人的申请依《民事诉讼法》的有关规定提交人民法院审查裁定。与此相适应,CIETAC 和 CMAC 的仲裁规则也规定,当事人申请财产保全、证据保全或海事强制令等保全措施的,仲裁委员会应将当事人的申请提交相关有管辖权的人民法院或海事法院裁定。③同时,如果情况紧急,当事人需在仲裁(程序开始)前即申请保全的,④则可直接向有管辖权的人民法院或海事法院提出。⑤由此,有权依当事

① 1991 年 4 月 9 日第七届全国人民代表大会第四次会议通过并公布,自公布之日起施行。

② 这一规定在 2007 年修正的《民事诉讼法》第 256 条、2012 年和 2017 年修正的《民事诉讼法》第 272 条、2021 年修正的《民事诉讼法》第 279 条得以保留和延续,但自 2012 年修正的《民事诉讼法》开始,已将"财产保全"修改为"保全",即扩大了当事人申请保全措施的范围,不限于财产保全。

③ 参见 1994 年、1995 年、1998 年、2000 年《中国国际经济贸易仲裁委员会仲裁规则》第 23 条,2005 年《中国国际经济贸易仲裁委员会仲裁规则》第 17 条和第18 条,2012 年《中国国际经济贸易仲裁委员会仲裁规则》第 21 条第 1 款,2015 年《中国国际经济贸易仲裁委员会仲裁规则》第 23 条第 1 款;1995 年、2000 年《中国海事仲裁委员会仲裁规则》第 22 条,2004 年《中国海事仲裁委员会仲裁规则》第 23条,2015 年、2018 年、2021 年《中国海事仲裁委员会仲裁规则》第 23 至 25 条。

④ 早在 2000 年,《海事诉讼特别程序法》即通过其第 14 条、第 53 条、第 64 条的规定明确承认了海事仲裁中当事人在仲裁前向海事法院申请海事请求保全、海事强制令、海事证据保全等保全措施的权利;《民事诉讼法》则是自 2012 年修正后开始明确承认当事人有权在仲裁前申请保全的。

⑤ 参见 2012 年和 2017 年修正的《民事诉讼法》第 101 条第 1 款、2021 年修正的《民事诉讼法》第 104 条第 1 款;2000 年《海事诉讼特别程序法》第 13 条、第 52条、第 63 条;2000 年《中国海事仲裁委员会仲裁规则》第 22 条,2004 年《中国海事仲裁委员会仲裁规则》第 23 条,2015 年、2018 年、2021 年《中国海事仲裁委员会仲裁规则》第 23 至 25 条。

人的申请作出保全措施决定的只能是人民法院或专门法院,仲裁机构不能再就当事人的保全申请向法院行使提请权,而只能履行提交申请的义务,仅具有一个"传递"和"转交"的功能。

可见,我国立法始终都不承认仲裁庭有权就保全措施作出决定。无论是依照现行有效的《仲裁法》和《民事诉讼法》,还是之前的《民事诉讼法(试行)》以及国务院的有关规定、仲裁机构的仲裁规则等,在保全问题上,仲裁庭一直都难以有所作为。

我国采取上述做法,当然有其合理考量,针对的是当事人提出保全申请时仲裁庭尚未完成组庭,或情况紧急时仲裁庭却无法合理高效地行使权力,或有关财产、证据非为当事人所占有或控制,仲裁庭却并不能对第三人享有或行使相关权力,以及保全措施作为一种强制措施,而仲裁庭恰好缺乏相应的强制权等情形。但是,不容忽视的是,采取上述做法并不妥当,且与仲裁的契约性本质不符,并与当今国际商事仲裁通行实践存在脱节。首先,仲裁庭作为实体争议的处理者,最了解案情,对是否需采取保全措施最为明了,因而只要当事人是在仲裁庭组成之后提出申请的,由仲裁庭来决定是否采取保全措施无疑是最为合适的。其次,依照《仲裁法》和《民事诉讼法》,仲裁庭无权决定保全措施,当事人只好诉诸法院却又不能直接申请,而必须通过仲裁机构这个中间环节来转交和传递,难免引发不必要的延误,而这对于保全措施来说,恰是应尽量予以避免的。再次,由于法院不了解整个案情,很容易作出错误的裁定。最后,只由法院行使决定保全措施的权力,不仅使仲裁庭的权力受到不合理的限制,不利于仲裁庭高效组织、推进仲裁程序,也使法院对仲裁程序的干预增多,与当今倡导限制法院干预、强化法院对仲裁的支持和协助的国际潮流相背。

基于上述,我国显然应尽快在立法上赋予仲裁庭决定保全措施的权力,尤其是在案涉财产或证据为一方当事人所占有或控制时。当然,赋予仲裁庭决定保全措施的权力,并非要否定法院的相关权力,而是使这项权力由仲裁庭和法院共同享有和行使,只是法院的权力须受到必要限制,即只有在仲裁需要支持和协助时才能行使。例如,在当事人申请仲裁前或仲裁庭组成前或仲裁庭虽已组成却不能合理高效行使权力时,由当事人请求法院行使该项权力,就可为仲裁的顺利开展提供及时和必要的支持和协助。

(2) 仲裁规则承认仲裁庭决定临时措施的权力应得到立法确认和采纳

自2012年CIETAC修改其仲裁规则,并大胆突破、率先承认在一定条件下仲裁庭有权决定临时措施之后,CMAC亦积极跟进,在其新修订的仲裁规则中引入了类似规定。例如,2012年《中国国际经济贸易仲裁委员会仲裁规则》第21条第2款即规定,经一方当事人请求,仲裁庭依所适用的法律可决定采取其认为必要或适当的临时措施,并有权决定提出请求的一方应提供适当担保;仲裁庭决定采取临时措施的,可通过程序令或中间裁决的方式作出。2015年《中国国际经济贸易仲裁委员会仲裁规则》则在引入紧急仲裁员制度的基础上进一步拓展和强化了仲裁庭决定临时措施的权力:依所适用的法律或当事人的约定,当事人可依照《中国国际经济贸易仲裁委员会紧急仲裁员程序》向仲裁委员会仲裁院申请紧急性临时救济措施;紧急仲裁员可决定采取必要或适当的相关救济措施,其所作决定对双方当事人均有约束力。[①]CMAC则从2015年修订其仲裁规则开始,不仅全盘吸收了CIETAC在临时措施制度上取得的经验和成果,还作了进一步的拓展,允许仲裁

① 参见2015年《中国国际经济贸易仲裁委员会仲裁规则》第23条第2款。

庭按照当事人的约定决定采取临时措施；依所适用的法律或当事人的约定，当事人可依照《中国海事仲裁委员会紧急仲裁员程序》向仲裁委员会仲裁院申请紧急性临时救济；紧急仲裁员可决定采取必要或适当的相关救济措施，其所作决定对双方当事人均有约束力；经一方当事人请求，仲裁庭依所适用的法律或当事人的约定可决定采取其认为必要或适当的临时措施，并有权决定由提出请求的一方当事人提供适当担保。①

　　尽管上述仲裁规则在临时措施问题上作出了明显超越现行仲裁立法的规定，但作为一项更符合国际潮流、更契合商事仲裁实践需求、更有利于我国商事海事仲裁发展的制度，不仅应为各与时俱进的仲裁规则及时采纳，更应为我国正在谋求改革创新的仲裁立法所确认。换言之，务实的选择应是在巩固 CIETAC 和 CMAC 仲裁规则在临时措施制度上已取得的经验和成果的基础上，参考《联合国国际商事仲裁示范法》或有关国家或地区的仲裁法如英国《1996年仲裁法》、新加坡 IAA、香港《仲裁条例》中的规定，②在我国《仲裁法》中亦引入新的制度，明确赋予仲裁庭决定保全措施的权力，扩大仲裁庭对仲裁程序事项享有的处分权，助力打造独立的强大的仲裁庭，增强仲裁程序的独立性和公正性，并减少或排除法院不必要的干预，以更好地满足和实现当事人选择仲裁解决争议的愿望和期待。尤其我国《仲裁法》一旦承认仲裁庭享有决定保全措施或临时措施的权力，现行的仲裁中保全制度所存在的缺陷或不足，例如当事人申请保全须通过既无审查权更无决定权的仲裁机构充当"二传手"或"邮递员"转交和传递给法院来作出决定，从而导致无谓的延

---

① 参见 2015 年、2018 年、2021 年《中国海事仲裁委员会仲裁规则》第 27 条。
② 参见《联合国国际商事仲裁示范法》第 17 条，英国《1996 年仲裁法》第 38 条，新加坡《国际仲裁法》第 12 条，香港《仲裁条例》第 35 条。

误或花费等,将不攻自破、迎刃而解。由此,仲裁庭不仅获得了应有的权力,摆脱了凡事须依赖或求助法院的尴尬地位,更无需再多此一举,将当事人在仲裁程序中提出的保全申请转交给法院解决,而是可以由其自身在仲裁程序内部快捷、经济、准确地予以解决。

正是基于上述,《意见稿》从第 43 条至第 49 条以 7 个条文之多对临时措施作了集中、系统和详尽的规定,不仅对接国际通行规则赋予了仲裁庭与法院决定临时措施的并存权力(concurrent power),更对两者的权力行使作了合理分配,并明确宣示了仲裁前保全制度,使得《仲裁法》上这一多年的制度缺失终于得以补足。由此,当事人可在仲裁前直接向法院申请保全措施或临时措施,而不必先申请仲裁再通过仲裁机构"中转"。这样做,不仅有《海事诉讼特别程序法》和 2012 年修正的《民事诉讼法》上的依据,更将获得《仲裁法》上的明确依据:当事人在仲裁程序开始前或进行期间为保障仲裁程序的进行、查明争议事实或裁决执行,可请求人民法院或仲裁庭采取与争议标的相关的临时性、紧急性措施,具体包括财产保全、证据保全、行为保全以及仲裁庭认为有必要采取的其他短期措施;当事人在提起仲裁前申请保全的,可依相关法律规定直接向人民法院提出,在提起仲裁后申请保全的,则可直接向有管辖权的人民法院提出也可向仲裁庭提出。[1]在肯定既有仲裁实践的基础上,《意见稿》还明确认可了紧急仲裁员制度:在仲裁庭组成前,当事人需指定紧急仲裁员采取临时措施的,可依仲裁规则向仲裁机构申请指定紧急仲裁员,紧急仲裁员的权力保留至仲裁庭组成时止。[2]作为支持性、促进性的立法,上海地方仲裁立法率先纳入上述立法修订成果并付诸实践,为上海打造面向全球的亚太仲

---

[1]　参见《意见稿》第 43 条、第 46 条。
[2]　参见《意见稿》第 49 条第 2 款。

裁中心提供先进的制度保障,无疑也是必然选择。况且,早在 2014 年,SHIAC 即已在自贸试验区对接国际通行规则先行先试,在其当年出台的《中国(上海)自由贸易试验区仲裁规则》中大胆引入了先进的临时措施制度和紧急仲裁员制度,[①]为无论是《仲裁法》修订还是上海地方仲裁立法探索了有益经验。

### (五) 引入临时仲裁

#### 1. 临时仲裁是海事仲裁的常规模式

前已述及,临时仲裁是用于解决海事争议的常规模式,已成为国际航运界的习惯。LMAA、SMA、SCMA、HKMAG 之所以能胜出并打造国际海事仲裁中心,一个重要的经验就在于通过临时仲裁解决海事争议。

临时仲裁非指不涉及任何仲裁机构的仲裁,即判断一个仲裁是否为临时仲裁,不在于该仲裁中是否有仲裁机构介入,而在于该仲裁机构是否对案件或程序进行管理。如果仲裁机构不对案件进行管理,而只应当事人的请求提供相应的服务,则该仲裁仍属临时仲裁。目前,有一些仲裁机构如 SIAC、HKIAC、HKMAG 等,既提供机构仲裁服务,即对案件或程序进行管理,并为当事人提供本仲裁机构制定的机构仲裁规则(Administered Arbitration Rules),也提供临时仲裁服务,[②]即一般只应当事人的请求充任指定仲裁员的指定机构,并允许当事人约定依照或参考《联合国国际贸易法

---

① 参见 2014 年上海国际经济贸易仲裁委员会/上海国际仲裁中心《中国(上海)自由贸易试验区仲裁规则》第三章(第 18 至 24 条)。

② 与 SIAC、HKIAC 不同的是,HKMAG 主要提供临时仲裁服务,但也为当事人依其制定的仲裁规则(HKMAG 仲裁规则)进行的机构仲裁提供程序管理服务。See https://www.hkmag.org.hk/resources-1, last visited on January 30, 2022.

委员会仲裁规则》开展临时仲裁。①当然,也有一些临时仲裁可能完全是由双方当事人自主设计和完成的,不涉及任何仲裁机构及其服务。国际航运界青睐的 LMAA、SMA、SCMA、HKMAG 海事仲裁,则是由著名的海事仲裁机构或组织提供的临时仲裁,相关服务包括向当事人公布仲裁员名单和仲裁规则,应当事人的请求充当指定机构为其指定仲裁员等。

2. 我国不承认临时仲裁及其原因

多年来,我国仲裁实践中一直采取的是机构仲裁,几乎所有仲裁都是在仲裁机构的组织、监督、管理下开展和进行的,早年的行政性仲裁更是如此。在法律上,我国也一直只承认机构仲裁,这点即便在我国开辟商事仲裁新时代的《仲裁法》中亦不例外。例如,该法第 16 条和第 18 条规定仲裁协议须包含请求仲裁的意思表示、仲裁事项、仲裁委员会等 3 项内容,若仲裁协议对仲裁事项或仲裁委员会未作约定或约定不明,当事人可补充协议,但若达不成补充协议,则仲裁协议无效。可见,仲裁机构是仲裁协议不可或缺的内容,否则仲裁协议无效。这意味着《仲裁法》下的所有仲裁都须通过仲裁机构实施和完成,这点在当事人选择仲裁、签订仲裁协议时就已明确。虽然通过仲裁机构开展仲裁,并不一定意味着只能是机构仲裁而没有临时仲裁,但问题是我国成立的仲裁机构从来都只提供机构仲裁而不提供临时仲裁。例如,CIETAC 和 CMAC 及依《仲裁法》重新组建的仲裁机构——各地符合条件的市设立的仲裁委员会,②无不提供的是管理型的机构仲裁服务,包

---

① https://www.siac.org.sg/about-us/why-siac,https://www.hkiac.org/arbitration/model-clauses,last visited on March 16, 2022.

② 《仲裁法》第 10 条规定:仲裁委员会可在直辖市和省、自治区人民政府所在地的市设立,也可根据需要在其他设区的市设立,不按行政区划层层设立。

括向当事人提供其聘任的仲裁员名单和其制定并适时修改的仲裁规则;为每个案件指派 1 名办案秘书或程序管理秘书,以便为案件提供管理和服务;审查当事人提交的仲裁协议争议,决定仲裁庭的管辖权;对仲裁庭作出的裁决书草案进行核阅;制定并公布收费项目和收费标准等。虽然从另一个角度讲,我国《仲裁法》并未明文禁止临时仲裁,而按照仲裁的契约性及私权领域"法无禁止即可为"的原则,在我国开展临时仲裁并不违法,但在缺乏必要立法指引的情况下,临时仲裁在实践中难免会陷入"法律黑洞"而步履艰难,尤其当涉及司法协助和监督时,法院会因为没有立法授权而难以为临时仲裁提供必要的支持和保障,此种情形下临时仲裁当然也就不可能正常开展和发展。

我国之所以不承认临时仲裁而仅单一地采取机构仲裁,个中原因无疑是多方面的:首先是长期单一仲裁实践的后果。自中华人民共和国成立之初我国先后成立两个涉外仲裁机构 CIETAC和 CMAC 以来,一直提供的就只有机构仲裁服务,半个多世纪里不仅形成了机构仲裁的传统,更似乎形成了一种历史惯性,多年来未作改变;其次,从仲裁的起源和发展来看,机构仲裁无疑是在临时仲裁基础上发展形成的更高级、更完善的仲裁模式,不仅设有专门的仲裁机构,更可提供专业的仲裁员名单、仲裁规则及仲裁管理和服务,这使仲裁的开展更便利、更及时、更有保障;最后,临时仲裁比机构仲裁更加自由自治,这不仅取决于政治国家对社会的更多理解、包容和信任,更有赖于社会自治能力和水平的成熟和提高,否则即便放开临时仲裁亦难以达成预期目的。

### 3.我国应尽早引入临时仲裁

多年来,我国《仲裁法》不承认临时仲裁并要求仲裁协议须明确约定仲裁机构的强制性规定,对我国商事仲裁尤其是海事仲裁的发展造成束缚。为此,CMAC虽努力通过其仲裁规则中的变通性规定①进行软化处理,且2006年《仲裁法若干问题解释》也通过相关规定②予以灵活解释,力图减少仲裁协议因对仲裁机构未作约定或约定不明而被认定为无效,但这对于海事仲裁而言无异于隔靴搔痒、头痛医脚,毕竟海事仲裁的常规模式或通行模式是临时仲裁,因而仲裁协议中罕有对仲裁机构作出约定,通常只是习惯性地约定仲裁地。可见,只要《仲裁法》继续否认临时仲裁,我国海事仲裁的发展就难以真正出现转机,CMAC多年来在国际上苦心宣传的"北京仲裁""上海仲裁"等条款的有效性就难以在法律上得到可靠保障。③不过,自2016年《自贸区司法保障意见》和2019年《新片区司法服务和保障意见》先后提出在自贸试验区和新片区开展"三特定"仲裁以来,临时仲裁可望在一定条件下、一定范围内得到尝试和开展,或将在一定程度上有助于缓解我国海事仲裁面临的上述困境,但截至目前预期效果尚未显现,还有待进一步的观察。总之,我国尽早在立法上引入临时仲裁,一方面补齐我国仲裁多年的制度缺失,给当事人多一种选择,另一方面清除否定临时仲裁给我国商事仲裁尤其是海事仲裁发展带来的不利影响,改变我国内地与

---

① 例如,2000年《中国海事仲裁委员会仲裁规则》第83条规定:海事争议当事人在其仲裁协议或合同中的仲裁条款中约定由中国海事仲裁委员会或其旧称——中国国际贸易促进委员会海事仲裁委员会或中国贸促会/中国国际商会仲裁的,均应视为双方当事人一致同意由中国海事仲裁委员会仲裁。该规定在其后修订的2004年仲裁规则第86条得以保留,直至2015年仲裁规则再次修订时才予以放弃。

② 参见2006年《仲裁法若干问题解释》第3至7条。

③ 在我国《仲裁法》施行以前,我国海事法院也曾根据国际惯例明确支持"在北京仲裁"的具体内涵即为在中国海事仲裁委员会仲裁,上百件中国海事仲裁委员会所作的裁决均在我国海事法院得到执行,从未出现过"北京仲裁"条款无效的案例,但自《仲裁法》对仲裁协议作出须明确约定仲裁委员会之类的强制性规定后,与国际惯例接轨的"北京仲裁"条款及后来的"上海仲裁"等条款即陷入难以被认定为有效的尴尬境地。参见蔡鸿达:《中国海事仲裁的发展、现状及有关问题的思考》,载《中国国际私法与比较法年刊》第三卷,法律出版社2000年版,第145页;蔡鸿达:《海运合同中的"北京仲裁条款"问题的探讨》,载《法学杂志》1998年第3期。

其他国家或地区之间相互承认与执行仲裁裁决时出现的不公平或不对等情形,①同时为境外商事尤其是海事仲裁机构入驻开展临时仲裁提供信心和保障,应是一个迫切而现实的选择。

《意见稿》在顺应国际潮流、满足我国商事仲裁尤其是海事仲裁实践发展需要的基础上终于一举引入了临时仲裁,但将其限定在涉外仲裁范围内:具有涉外因素的商事争议当事人可约定仲裁机构仲裁,也可直接约定由专设仲裁庭仲裁。②相比于国际上关于临时仲裁的通行实践,《意见稿》的规定在以下方面还有待进一步的斟酌:其一,对于临时仲裁,《意见稿》采用了"专设仲裁庭仲裁"这一表述,而未直接采用"临时仲裁"这一国际通行概念。虽然采用"专设仲裁庭仲裁"意在突显专设仲裁庭开展的仲裁是不通过仲裁机构的临时仲裁,但其实临时仲裁与有仲裁机构介入的仲裁并不冲突,关键是仲裁机构发挥什么作用,是否管理案件或程序,以此区别于机构仲裁,所以以"专设仲裁庭仲裁"指代临时仲裁并不准确也不够专业。况且,对接国际通行规则进行立法(修订),理应从对接国际通行概念开始。其二,将临时仲裁限定在涉外仲裁范围内,与仲裁的契约性不符,与国际通行实践存在差异,在操作层面亦面临困难首先,与仲裁的契约性不符。与诉讼相比,仲裁的优

---

① 按照《纽约公约》,我国对在其他缔约国境内作出的临时仲裁裁决负有承认和执行的义务,但其他缔约国对在我国境内作出的临时仲裁裁决则无承认和执行的义务,因为按照我国《仲裁法》,临时仲裁不被承认,临时仲裁裁决也就无效,其他缔约国当然也就无从或无需承认和执行。同样的情形也存在于我国内地和香港及澳门两个特别行政区之间,因为按照1999年《关于内地与香港特别行政区相互承认与执行仲裁裁决的安排》、2021年《关于内地与香港特别行政区相互执行仲裁裁决的补充安排》和2007年《关于内地与澳门特别行政区相互认可和执行仲裁裁决的安排》,我国内地有义务承认和执行香港和澳门地区依其仲裁法作出的仲裁裁决(包括临时仲裁裁决),而香港和澳门地区只须承认和执行内地仲裁机构依我国《仲裁法》作出的机构仲裁裁决。

② 《仲裁法修订征求意见稿》第91至93条对临时仲裁的适用范围、相关程序作了较详细的规定。

势首先源于其尊重当事人意思自治的契约性本质,而当事人之所以选仲裁、弃诉讼,无非也是看中了其在仲裁中具有更大的自主性和选择权。仲裁作为一种社会性的法律服务产品,其竞争力和公信力亦是建立在当事人信任和选择的基础上的,理应面向市场遵循商业逻辑和规律,尊重当事人对其争议——无论是涉外争议还是非涉外争议,选择其信任的仲裁员或仲裁机构,以其认为适当的方式——无论是机构仲裁还是临时仲裁加以解决,不作任何不必要的区别和限制甚至干预,才是符合仲裁契约性本质的恰当做法。其次,与国际通行实践存在差异。从国际上看,无论是英国、美国、新加坡还是香港等仲裁发达的国家或地区,无论是对涉外仲裁(国际仲裁)和非涉外仲裁(本土仲裁)采区别立法还是统一立法,鲜有对临时仲裁采类似限制的立法与实践,而是任由当事人自行选择和约定。这点对力图打造国际海事仲裁中心的国家或地区尤为重要,即不宜脱离国际通行实践特立独行,否则难以融入国际竞争主流而得到国际航运界的认可和接受。最后,在操作层面面临困难。前已述及,无论是《联合国国际商事仲裁示范法》中表现出来的通行实践和国际趋势,还是我国《〈涉外民事关系法律适用法〉司法解释(一)》和《民事诉讼法司法解释》中开口式的兜底性规定,以及2016年《自贸区司法保障意见》中的司法态度及"黄金置地案"中的司法实践,一个不争的事实就是涉外性与非涉外性争议之间的界限已日益模糊,实践中应灵活认定,这就使得继续区分涉外仲裁与非涉外仲裁以限制临时仲裁的适用,不仅在操作上面临困难,在实质上也无太大意义。

为在浦东新区乃至上海市全域打造国际一流的仲裁法治环境,上海地方仲裁立法显应对标国际标准,对接国际通行实践,尝试逐步突破"三特定"仲裁或《意见稿》中对临时仲裁适用范围的设限,加大压力测试有序引入临时仲裁。

### (六) 完善司法监督

法院对仲裁的司法监督,有狭义和广义之分,前者仅指法院对仲裁进行司法审查以维护仲裁的公正性,后者除司法审查还包括法院对仲裁的支持与协助,旨在保障仲裁程序及时启动和顺利推进。法院对仲裁的司法监督,主要集中在对仲裁协议效力的审查及对仲裁裁决公正包括程序公正和实体公正等方面的审查。一直以来,我国在国内仲裁和涉外仲裁的司法监督上都采不同标准,即对国内仲裁或非涉外仲裁既进行程序监督又进行实体监督,对涉外仲裁只进行程序监督,同时区分国内仲裁和涉外仲裁的依据是仲裁机构——只受理国内案件的国内仲裁机构进行的就是国内仲裁、作出的裁决为国内裁决或非涉外裁决,只受理涉外案件或国际案件的涉外仲裁机构进行的仲裁就是涉外仲裁、作出的裁决为涉外裁决。这样做,一方面源于我国一直只承认并实行机构仲裁,仲裁制度与实践均是以仲裁机构为基础和导向的,另一方面则源于CIETAC 和 CMAC 自 20 世纪 50 年代成立之初即明确定位为涉外仲裁机构,只受理涉外案件或国际案件,①区别于其他附设于国内行政机关只受理国内案件的国内或非涉外仲裁机构。

1994 年《仲裁法》虽对行政性的国内仲裁进行了改造并重新组建成立了各地的仲裁委员会,将其定位为只受理国内案件或非涉外案件的国内仲裁机构,进而继续保留了国内仲裁与涉外仲裁之间司法监督上的区别,即实行双轨制监督,但自 1996 年《国务院

---

① 两个仲裁委员会先后在 1956 年和 1959 年由中国国际贸易促进委员会(中国国际商会)设立,从名称到性质到受案范围均定位为涉外的仲裁机构,虽然CMAC 的仲裁规则从未明确将国内海事案件排除在其受案范围之外,但实践中海事案件大多具有涉外性,这意味着 CMAC 从一开始亦主要是面向涉外或国际海事案件的。

办公厅关于贯彻实施〈中华人民共和国仲裁法〉需要明确的几个问题的通知》①第 3 条将各地仲裁委员会的受案范围扩大到涉外案件,②以及 2000 年《中国国际经济贸易仲裁委员会仲裁规则》第 2 条将其受案范围扩大到国内案件之后,③国内仲裁机构与涉外仲裁机构已无实质区别。这使得如何区分国内仲裁和涉外仲裁陷入混乱,并使司法实践中法院对各仲裁机构作出的裁决应采取何种监督标准缺乏明确和统一的依据。例如,对各地方仲裁委员会针对涉外案件作出的涉外仲裁裁决应依何标准进行监督;对两个涉外仲裁机构针对国内案件作出的国内仲裁裁决应依何标准进行监督;对国内仲裁和涉外仲裁进行区分是基于仲裁机构的性质还是争议本身的性质;我国法院依《民事诉讼法》《仲裁法》和司法解释中的相关规定,对国内(我国内地)同一仲裁机构作出的国内仲裁裁决和涉外仲裁裁决分别采取不同监督标准的法理依据和实践依据为何;等等,实践中多有分歧和争议。

针对仲裁司法监督实践中暴露出来的各种问题,最高人民法院近年来集中发布了一系列司法解释和文件,包括《最高人民法院关于仲裁司法审查案件归口办理有关问题的通知》④(以下简称《归口办理通知》)、《最高人民法院关于仲裁司法审查案件报核问题的有关规定》⑤(以下简称《报核规定》)、《司法审查规定》及《最

---

① 国办发〔1996〕22 号,国务院办公厅于 1996 年 6 月 8 日发布。

② 该通知第 3 条规定:"新组建的仲裁委员会的主要职责是受理国内仲裁案件;涉外仲裁案件的当事人自愿选择新组建的仲裁委员会仲裁的,新组建的仲裁委员会可以受理;新组建的仲裁委员会受理的涉外仲裁案件的仲裁收费与国内仲裁案件的仲裁收费应当采用同一标准。"

③ 2000 年《中国国际经济贸易仲裁委员会仲裁规则》第 2 条第 2 款第 6 项规定,CIETAC 可受理的争议还包括"当事人协议由仲裁委员会仲裁的其他国内争议"。

④ 法〔2017〕152 号,最高人民法院 2017 年 5 月 22 日发布。

⑤ 法释〔2017〕21 号,自 2018 年 1 月 1 日起施行。

高人民法院关于人民法院办理仲裁裁决执行案件若干问题的规定》①（以下简称《裁决执行规定》）等，虽仍保留双轨制司法监督，但对实践中多年来不明确、缺乏可操作性、存在冲突和混乱的一些状况予以改善和协调，并在一些方面取消了国内仲裁和涉外仲裁之间不必要的区别，被称为继2006年《仲裁法若干问题解释》之后我国仲裁司法监督制度最大的一次革新。②总的来看，这些司法解释和文件主要在两个方面改善了我国仲裁司法监督环境，一是使国内仲裁和涉外仲裁的司法监督趋近和靠拢，二是对仲裁的司法监督日益强化支持、弱化审查。最高人民法院《涉外商事海事审判工作会议纪要》则在此基础上对相关原则总结和重申，并对近年来仲裁司法实践中出现的一些似是而非的新问题作了回应和厘清，为我国进一步优化仲裁司法监督环境，促进仲裁业健康发展，提供了更多指引和支持。尽管如此，由于目前我国关于仲裁司法监督的规定还较为分散，不够集中系统亦不够协调完整，仍有不少遗留问题亟待厘清和解决。

1. 国内仲裁和涉外仲裁的司法监督呈趋近和靠拢之势

（1）不区分国内和涉外、域内和域外、内国和外国，将案件统一归口专门的业务庭进行司法审查

为统一司法裁判尺度，保证仲裁司法审查案件得到正确处理，提升法院对仲裁司法监督的专业性和一致性，《归口办理通知》统一将各级人民法院审理涉外商事案件的审判庭作为专门负责办理仲裁司法审查案件的业务庭，而可提交司法审查的案件，既包括当事人申请确认仲裁协议效力的案件，也包括当事人申请撤销我国内地仲裁机构——无论是国内仲裁机构还是涉外仲裁机构作出的

① 法释〔2018〕5号，2018年3月1日起施行。

② 参见宋连斌：《仲裁司法监督制度的新进展及其意义》，载《人民法治》2018年第3期。

国内裁决或涉外裁决的案件,还包括当事人申请认可和执行域外及外国的仲裁裁决的案件等。

(2) 将适用于涉外仲裁及外国仲裁的司法审查报核制度扩大适用于国内仲裁

为防止地方各级法院不恰当或不正确的司法审查损害仲裁的健康发展,早在 1995 年最高人民法院就发布司法文件——《最高人民法院关于人民法院处理与涉外仲裁及外国仲裁事项有关问题的通知》①(以下简称《处理涉外及外国仲裁事项的通知》),针对人民法院就涉外、涉港澳台经济、海事海商案件中仲裁协议作出的无效、失效或无法执行的认定,以及就我国涉外仲裁机构或外国仲裁机构的裁决作出的不予执行或拒绝承认和执行的裁定,确立了三级审查报告制度,即持上述否定性审查意见的受诉法院须报请本辖区所属高级人民法院审核,若高级人民法院亦同意该否定性意见,则须报最高人民法院审核并以其意见为准。

《报核规定》不仅继续保留了我国仲裁中的司法审查报核制度,更将原只适用于涉外仲裁及外国仲裁的报核扩大适用于非涉外涉港澳台仲裁即国内仲裁司法审查案件,唯一的区别是对后者只须向本辖区所属高级人民法院报核而无须报至最高人民法院,除非涉及以违背社会公共利益为由不予执行或撤销仲裁裁决的情形。②此

---

① 法发(1995)18 号,自 1995 年 8 月 28 日起施行,直至 2008 年 12 月 16 日被修订替代。

② 按照 2021 年 11 月 15 日最高人民法院审判委员会第 1850 次会议通过的《最高人民法院关于修改〈最高人民法院关于仲裁司法审查案件报核问题的有关规定〉的决定》(法释〔2021〕21 号),《报核规定》被修正并自 2022 年 1 月 1 日起施行。修正前的《报核规定》第 3 条原本规定涉及两种情形的案件须报至最高人民法院审核,一是仲裁司法审查案件当事人住所地跨省级行政区域,二是以违背社会公共利益为由不予执行或撤销我国内地仲裁机构的仲裁裁决。修正后的《报核规定》第 3 条则删除了第一种情形而保留了第二种情形,即仅在以违背社会公共利益为由不予执行或撤销仲裁裁决的情形下须报至最高人民法院审核,进一步放权案件辖区所属高级人民法院对相关案件的审核。

外,报核制度亦适用于当事人对人民法院因涉及仲裁协议效力而作出的不予受理、驳回起诉、管辖权异议的裁定不服提起的上诉,即如果二审人民法院经审查拟认定仲裁协议不成立、无效、失效、内容不明确无法执行的,亦须逐级报核,待上级人民法院审核后依上级人民法院的审核意见作出裁定。①

(3) 明确了区分国内仲裁和涉外仲裁的依据为争议性质而非仲裁机构的性质

前已述及,随着组建之初定位为国内仲裁机构的各地方仲裁委员会和成立之初定位为涉外仲裁机构的 CIETAC 和 CMAC 之间在受案范围上的重合一致,仲裁机构的性质与仲裁争议(案件)的性质已发生分离且不一致。继续依仲裁机构的性质区分国内仲裁和涉外仲裁已然行不通,况且这种区分标准原本就违反仲裁的契约性本质,因为只要当事人愿意并通过协议作出选择,任何仲裁机构都可受理当事人自愿提交的任何争议,只要没有违反可仲裁性的要求。因此,不应人为限定仲裁机构只能受理国内争议或涉外争议,仲裁机构也不应有国内性和涉外性之分,各仲裁机构除了可能有行业性或专业性之分,在性质上应是相同的,即只具有民间性或契约性。真正可作为区分国内仲裁和涉外仲裁的标准应是有关争议本身的性质,即仲裁机构或仲裁庭针对国内争议或非涉外争议进行的仲裁就是国内仲裁或非涉外仲裁,针对涉外争议或国际争议进行的仲裁就是涉外仲裁或国际仲裁。为此,《司法审查规定》终于在第12条对这一问题作出了回应和规定:仲裁协议或仲裁裁决具有《〈涉外民事关系法律适用法〉司法解释(一)》第1条规定情形的,为涉外仲裁协议或涉外仲裁裁决。至此,法院曾面对的仲裁司法监督实践中国内仲裁和涉外仲裁混乱复杂的区

---

① 参见修正前的《报核规定》第7条、修正后的《报核规定》第8条。

分标准、无所适从的尴尬局面,或可避免和消除。而随着国内争议或非涉外争议与涉外争议或国际争议之间界限的日益模糊,法院对国内仲裁与涉外仲裁司法监督的区别抑或将日益缩小甚至失去意义。

### 2. 对仲裁强化司法支持、弱化司法审查

在支持和鼓励仲裁发展的国际潮流下,各国在仲裁司法监督中日益强调的是法院对仲裁的支持和协助而非干预和审查,我国亦是如此。从上述司法解释和文件清晰可见我国仲裁司法监督制度强化支持、弱化审查的改革趋向。

### (1) 强化对仲裁的司法支持

强化法院对仲裁的支持,是我国仲裁司法监督制度最新改革发展的重要成果,主要表现在以下几个方面:首先,将各类仲裁司法审查案件统一归口到专门的业务庭进行办理,意在统一仲裁司法审查标准和裁判尺度,同时通过专门的业务庭对仲裁实施专业的司法监督,以提升法院对仲裁的保障和支持。其次,将适用于涉外仲裁及外国仲裁的司法审查报核制度扩大适用于国内仲裁,意在全面规范和控制法院对仲裁的司法审查,加强法院对仲裁的支持,防止和减少地方各级法院对仲裁协议和仲裁裁决随意或错误作出否定性审查意见。最后,按照《司法审查规定》第 14 条的规定,当事人未就涉外仲裁协议的效力选择应适用的法律时,如果适用仲裁机构所在地的法律与适用仲裁地的法律对仲裁协议的效力作出不同的认定,法院应适用确认仲裁协议有效的法律。这意味着在确定涉外仲裁协议效力的法律适用上采取"尽量使之有效"的原则,以支持涉外仲裁协议被认定为有效,进而支持和鼓励仲裁的发展。无独有偶,2018 年《设立国际商事法庭的规定》在其面向"一带一路"倡议构建的"一站式"国际商事争议多元化解决机制的框架内,亦十分强调国际商事法庭对仲裁的支持与协助:应当事人

的请求在其申请仲裁前或仲裁程序开始后,采取证据、财产或行为保全。①

　　最高人民法院《涉外商事海事审判工作会议纪要》则从仲裁协议效力认定和裁决审查两个层面,进一步重申和强化了对仲裁的司法支持:其一,关于仲裁协议效力的认定,《会议纪要》规定人民法院在诉讼中发现存在有效仲裁协议的,应裁定驳回原告起诉;在审查仲裁协议是否约定了明确的仲裁机构时,应按有利于仲裁协议有效的原则予以认定;对约定争议发生后"先仲裁、后诉讼"的仲裁协议不认定为无效,此类协议关于诉讼的约定无效,关于仲裁的约定则为有效,不受影响;仲裁协议中未约定明确的仲裁机构但约定了适用某仲裁机构的仲裁规则,视为约定该仲裁机构仲裁,除非仲裁规则作出了相反的规定;仲裁协议中约定内地仲裁机构依《联合国国际贸易法委员会仲裁规则》仲裁的,一方当事人以该约定系关于临时仲裁的约定而主张仲裁协议无效的,人民法院不予支持。②其二,关于裁决审查,《会议纪要》规定当事人申请撤销仲裁裁决,人民法院经审查认为存在应予撤销的情形,但可通过重新仲裁予以弥补的,则可通知仲裁庭重新仲裁;人民法院依《纽约公约》审理申请承认及执行外国仲裁裁决案件时,当事人在仲裁协议中约定"先协商解决,协商不成再提请仲裁",一方当事人未经协商即申请仲裁,另一方则以其违反协商前置程序的行为构成《纽约公约》第 5 条第 1 款第 4 项规定的仲裁程序与各方之间的协议不符而主张不予承认和执行仲裁裁决的,人民法院不予支持;当事人申请承认及执行外国仲裁裁决被受理后又申

---

① 参见《设立国际商事法庭的规定》第 14 条第 1 款。
② 参见《涉外商事海事审判工作会议纪要》第 92 条第 2 款、第 93 至 96 条。

请财产保全的,人民法院可参照《民事诉讼法》及相关司法解释的规定执行。①

（2）弱化对仲裁的司法审查

弱化对仲裁的司法审查,限制和减少法院不必要的介入和干预,无疑是我国仲裁司法监督制度最新改革发展的另一重要成果,也是支持和鼓励仲裁发展的应有之义和必然之举,主要表现在以下几个方面:

其一,不重复审查。按照《裁决执行规定》第10条、第20条和第22条的规定,在几种情形下法院不对有关事项进行重复审查,以维护仲裁裁决的终局性。《司法审查规定》第20条则规定除关于不予受理、驳回申请、管辖权异议的裁定外,人民法院在仲裁司法审查案件中作出的裁定一经送达即生效,当事人申请复议、提出上诉或申请再审的,人民法院不予受理,除非法律和司法解释另有规定。这一原则在《涉外商事海事审判工作会议纪要》中亦得到强调和重申。②

其二,不主动审查或扩大审查。为减少仲裁中不必要的司法干预,法院对当事人未主张或超越法定范围的事由通常不作审查。例如《裁决执行规定》第11条第1款即规定,对被执行人申请不予执行裁决时未提出的事由,人民法院不予审查,除非裁决可能违背社会公共利益。对此,《涉外商事海事审判工作会议纪要》则作了更详明的规定和指引。③

其三,限期审查。为提高效率、防止拖延,法院对仲裁的司法

---

① 参见《涉外商事海事审判工作会议纪要》第104条第1款、第107条、第109条。

② 参见《涉外商事海事审判工作会议纪要》第110条第2款。

③ 参见《涉外商事海事审判工作会议纪要》第98条第2款、第106条第1款。

审查亦需遵守一定时限。例如,《裁决执行规定》第12条即规定,人民法院对不予执行仲裁裁决案件的审查应在立案之日起2个月内审查完毕并作出裁定,特殊情况下经法院院长批准可延长1个月。

其四,基于当事人失权不审查。为督促当事人及时行使权利,减少仲裁中不必要的延误或浪费,《裁决执行规定》明确在几种情形下当事人丧失申请异议的权利,法院亦不受理或审查。①

其五,基于禁止反言原则不审查。为尊重当事人的仲裁合意,鼓励当事人诚信仲裁,并维护仲裁终局性,《裁决执行规定》基于禁止反言原则对相关情形不作审查亦不予支持。②

其六,严明审查标准。为防止司法审查中的权力任性或扩张,严明审查标准无疑是必要的和可行的。例如,在允许对国内仲裁实体审查的双轨制监督机制下,《司法审查规定》对实体审查的认定标准作出了明确规定。③《裁决执行规定》则对法院审查认定"法定程序"的标准作出了明确规定。④《涉外商事海事审判工作会议纪要》亦对严明司法审查标准进行了强调和重申。⑤

3. 仲裁司法监督中亟待明确和解决的几个问题

(1) 区分仲裁裁决国籍的标准亟待明确

一直以来,由于我国只承认机构仲裁,形成了一套以仲裁机构为基础的仲裁制度,这与国际上既承认机构仲裁又承认临时仲裁并以仲裁地为基础的商事仲裁尤其是海事仲裁制度存在明显差异和脱节。同时,随着我国自贸试验区建设和"一带一路"倡议的不

---

① 参见《裁决执行规定》第14条第3款、第19条第1款。

② 参见《裁决执行规定》第14条第2款、第16条第2款和第17条。

③ 参见《司法审查规定》第18条。

④ 参见《裁决执行规定》第14条第1款。

⑤ 参见《涉外商事海事审判工作会议纪要》第101条、第102条第2款。

断推进,我国仲裁机构逐渐开始"走出去",①境外知名仲裁机构亦被允许入驻特定区域开展仲裁业务,对我国以仲裁机构为基础的仲裁制度带来了前所未有的冲击和挑战。从上述司法解释和文件来看,因应自2000年以来我国国内仲裁机构和涉外仲裁机构受案范围的重合一致,我国仲裁制度基础已呈现由仲裁机构向仲裁地转变的趋向,尤其基于特定区域"先行先试",2016年《自贸区司法保障意见》和2019年《新片区司法服务和保障意见》通过确立"三特定"原则认可临时仲裁并彰显了仲裁地的重要地位,使得传统单一的机构仲裁制度与最新仲裁实践发展之间的错位进一步加剧。由此,仲裁司法监督实践中积压和困扰我们多年的一些问题亟待在理论和制度上得到厘清和解决,主要有:其一,当事人选择我国仲裁机构在境外仲裁作出的裁决,是我国仲裁裁决还是外国仲裁裁决? 仲裁裁决的国籍应依仲裁机构所在地还是仲裁地确定? 如裁决需在我国执行,是依我国国内法审查和执行还是依国际法——《纽约公约》承认和执行? 其二,当事人选择境外仲裁机构或其在我国设立的业务机构在我国进行仲裁作出的裁决,是外国仲裁裁决还是我国仲裁裁决甚或非内国裁决? 如裁决需在我国执行,又应以何法律依据审查、确认和执行?

我国《民事诉讼法》中有关仲裁的规定同样是以仲裁机构为基础的,对内国裁决和外国裁决的区分亦是以仲裁机构所在

---

① 例如,CIETAC在2012年9月于香港成立了香港仲裁中心,于2018年7月和9月分别在加拿大温哥华和奥地利维也纳成立了北美仲裁中心和欧洲仲裁中心;CMAC于2014年11月在香港成立了香港仲裁中心;SCIA则在2017年11月在美国洛杉矶成立了中国首个国际仲裁海外庭审中心——北美庭审中心。参见中国国际经济贸易仲裁委员会网站,http://www.cietac.org/index.php?m=Page&a=index&id=2;中国海事仲裁委员会网站,http://www.cmac.org.cn/index.php?catid=10;深圳国际仲裁院网站,http://www.scia.com.cn/home/index/aboutdetail/id/15.html,2022年3月31日访问。

地为标准,①这显然无法应对上述问题的解决,更无法满足仲裁实践发展变化的需求。对于上述第二个问题,虽然《涉外商事海事审判工作会议纪要》的规定——"境外仲裁机构以我国内地为仲裁地作出的仲裁裁决,应当视为我国内地的涉外仲裁裁决",②表现出按照仲裁地确定裁决国籍的明显倾向,但毕竟《会议纪要》只是最高人民法院针对司法实践中特定问题的处理形成的一种意见或指引,全面系统的制度改革还有赖于立法的修改和完善。为此,以"一带一路"倡议为契机,借助特定区域"先行先试",顺应司法实践中已出现的仲裁地倾向,对接国际通行实践,最终实现以仲裁地为基础或导向的制度改革与设计,或将使仲裁司法监督实践中一些似是而非的困惑与分歧迎刃而解,并为临时仲裁在我国的全面纳入和推广创造条件,为促进我国海事仲裁的发展提供制度保障。

（2）对仲裁的双轨制监督亟待取消

从《示范法》对国际仲裁的认定引入灵活的主观标准来看,突破国内仲裁与涉外仲裁或国际仲裁的区分早已成为一种国际趋势。在此背景下,英国《1996 年仲裁法》取消了国内仲裁与涉外仲裁的区别而在两者之间一体适用,新加坡 AA 和 IAA 虽保留对国内仲裁和国际仲裁分别立法,但两者之间可基于当事人的选择灵活适用,香港《仲裁条例》早在 1996 年即开始尝试推动本土仲裁与国际仲裁的制度统一并最终在 2011 年完成。此外,国内仲裁与涉外仲裁除在受理的争议是否具有涉外性上有所不同外,二者作为一种争议解决方式本身并无实质差别,若以此为由区别对待显然

①　参见 1991 年《民事诉讼法》第 266 条第 2 款和第 269 条,2007 年修正的《民事诉讼法》第 264 条第 2 款和第 267 条,2012 年、2017 年修正的《民事诉讼法》第 280 条第 2 款和第 283 条,2022 年修正的《民事诉讼法》第 287 条第 2 款和第 290 条。

②　参见《涉外商事海事审判工作会议纪要》第 100 条。

不符合仲裁的契约性。由此,多年来我国《仲裁法》及《民事诉讼法》区分国内仲裁和涉外仲裁,对国内裁决和涉外裁决采取"内外有别"的双轨制监督尤其对国内裁决进行实体监督,受到诸多质疑和诟病。而随着国内争议和涉外争议的界限日益模糊及法律上的认定标准趋于灵活,区分国内仲裁与涉外仲裁不仅日益困难且越来越缺乏实质意义,取消对国内裁决和涉外裁决的双轨制监督便成必然选择,否则难以跟上国际潮流并会对我国仲裁国际公信力和竞争力的提升造成束缚。

4. 小结:进一步完善仲裁司法监督的制度方向

基于《仲裁法》施行中暴露出来的相关问题或缺陷及司法实践中已出现的进步和发展趋向,对接国际通行实践进一步完善仲裁司法监督,应是我国《仲裁法》修订或上海地方仲裁立法的制度方向,尤其《意见稿》还首次明确提出了"人民法院依法支持和监督仲裁",①这不仅是我国仲裁司法监督改革的重要成果,更是进一步的制度完善须予贯彻和体现的原则,重点无疑集中在以下两个方面:

一是在仲裁地基础上明确仲裁裁决的籍属,进而明确仲裁司法监督的管辖权和法律依据。其实,多年来,在我国《仲裁法》以仲裁机构为基础的制度框架下,各仲裁机构的仲裁规则早已大胆突破,先后引入了仲裁地概念并在此基础上确定裁决籍属和法律适用。②

---

① 参见《意见稿》第 10 条。

② 例如,早在 2005 年,新修订的 CIETAC 仲裁规则第 31 条即规定,双方当事人书面约定仲裁地的,从其约定;当事人未对仲裁地作出约定的,仲裁委员会或其分会所在地为仲裁地;仲裁裁决视为在仲裁地作出。CMAC 则是自 2015 年起,在其当年修订实施的仲裁规则第 7 条以更完善的规定引入了仲裁地概念,并在第 71 条对其香港仲裁中心管理的案件的裁决籍属作出了规定:当事人对仲裁地有约定的,从其约定;当事人未对仲裁地作出约定或约定不明的,以管理案件的仲裁委员会或其分会/仲裁中心所在地为仲裁地;仲裁委员会也可根据案件的实际情况以其他地点为仲裁地;除非当事人另有约定,仲裁委员会香港仲裁中心管理的案件的仲裁地为香港,仲裁程序适用的法为香港仲裁法,仲裁裁决为香港裁决。同年修订实施的 CIETAC 仲裁规则亦在第 7 条和第 74 条作出了与上述完全相同的规定。

在司法实践中,人民法院也不断增强仲裁地意识,在一些司法解释或文件及案例中以仲裁地为基础确定裁决籍属及司法监督的法律依据。①可见,在仲裁和司法实践层面,对接国际通行实践引入仲裁地概念完善仲裁司法监督制度已成共识,亦是《仲裁法》修改的制度方向。《意见稿》在第27条引入仲裁地概念的基础上明确了仲裁裁决视为在仲裁地作出,同时在第77条规定了仲裁地中级人民法院审查撤销裁决的管辖权,在第87条规定了在我国领域外作出的仲裁裁决需在我国承认和执行的,应由当事人直接向有管辖权的中级人民法院申请,受案法院则依我国对外缔结或参加的国际条约或依互惠原则办理。由此,在仲裁地基础上认定裁决籍属、确定司法监督管辖权并明确法律依据的制度架构在《意见稿》下已建立起来。立足上海打造面向全球的亚太仲裁中心,推动地方仲裁法治先行先试的上海地方仲裁立法,更应紧密对接国际通行实

---

①　例如,最高人民法院2009年12月30日发布的《关于香港仲裁裁决在内地执行的有关问题的通知》(法〔2009〕415号)即规定,当事人向人民法院申请执行在香港特别行政区作出的临时仲裁裁决、国际商会仲裁院等国外仲裁机构在香港特别行政区作出的仲裁裁决的,人民法院应当按照《关于内地与香港特别行政区相互执行仲裁裁决的安排》(以下简称《安排》)的规定进行审查,不存在《安排》第7条规定的情形的,该裁决可在内地得到执行。最高人民法院与澳门特别行政区经协商达成并于2007年10月30日签署的《关于内地与澳门特别行政区相互认可和执行仲裁裁决的安排》(以下简称《安排》)(法释〔2007〕17号,2007年9月17日由最高人民法院审判委员会第1437次会议通过)第1条则规定,内地人民法院认可和执行澳门特别行政区仲裁机构及仲裁员按照澳门特别行政区仲裁法规在澳门作出的民商事仲裁裁决,澳门特别行政区法院认可和执行内地仲裁机构依《仲裁法》在内地作出的民商事仲裁裁决,适用该《安排》。显然,在对内地与澳门特别行政区两地裁决的籍属认定上,该《安排》已采纳仲裁地标准,虽然同时还须满足与仲裁机构所在地及仲裁程序法适用一致的条件。在美国意艾德建筑师事务所与富力南京地产开发有限公司申请执行仲裁裁决案中,江苏省南京市中级人民法院依《关于内地与香港特别行政区相互执行仲裁裁决的安排》裁定执行了CIETAC香港仲裁中心在香港管理案件作出的裁决(〔2016〕苏01认港1号),即依《关于香港仲裁裁决在内地执行的有关问题的通知》确立的仲裁地标准认定CIETAC香港仲裁中心在香港管理案件作出的裁决为香港裁决,并以《安排》为审查和执行裁决的法律依据。

践,率先在立法上引入仲裁地概念并在此基础上进一步细化和完善仲裁司法监督制度。

二是取消"内外有别"的双轨制监督,并将司法监督限定在程序审查范围内。既然无论是顺应国内仲裁与国际仲裁制度一体化的国际潮流,还是对接国际通行实践完善我国仲裁立法,取消《仲裁法》及《民事诉讼法》下"内外有别"的双轨制司法监督尤其是对国内仲裁的实体监督势在必行,则《仲裁法》修订及上海地方仲裁立法便有了明确的制度方向。从《意见稿》相关规定来看,区别国内仲裁与涉外仲裁的双轨制司法监督机制已不复存在,这无疑是立法修改回应多年实践呼求的重要成果。不过,值得注意的是,《意见稿》在取消不予执行仲裁裁决制度的同时仍在裁决撤销审查事项中保留了实体审查。① 下一步应如何抉择,无疑还需更专业务实的考量与权衡。

## 二、完善海事仲裁规则

作为我国内地唯一的专业性海事仲裁机构,CMAC 在其成立的六十余年② 中不负使命、敢于担当,不惧困难、勇于挑战,为我国航运事业的健康发展作出了重要贡献。近年来,为配合上海建设国际航运中心及服务我国建设海洋强国战略的实施,CMAC 又大刀阔斧地进行了改革,取得了长足的发展和进步:2003 年 1 月成立上海分会,2004 年 2 月在北京成立物流争议解决中心,2014 年

---

① 参见《意见稿》第 77 条第 1 款第 5 项。
② 根据中华人民共和国国务院 1958 年 11 月 21 日决定,于 1959 年 1 月 22 日在中国国际贸易促进委员会(中国国际商会)内设立的,唯一以解决海事海商、交通物流争议为特色并涵盖其他所有商事争议的全国性、国际化仲裁机构。参见中国海事仲裁委员会网站,http://www.cmac.org.cn/index.php?catid = 10, 2022 年 5 月 3 日访问。

11 月设立香港仲裁中心,2017 年 12 月在北京成立航空争议仲裁中心和航空争议调解中心。当然,最重要的进步无疑是 2017 年 5 月 CMAC 正式独立运营,为其自身释放活力,不断扩大服务领域和受案范围①、提升服务功能和竞争实力尤其是参与海事仲裁国际竞争创造必要条件。在此基础上,对标上海打造面向全球的亚太仲裁中心的发展战略,CMAC 在改革创新发展的轨道上持续发力、不断推进,先是在 2020 年 1 月 1 日首次推出《网上仲裁规则》,②同年 11 月 6 日正式宣布上海分会升级更名为上海总部,后是在 2021 年 10 月 1 日推出新修订的仲裁规则,并于 2022 年 3 月 18 日首次推出《临时仲裁服务规则》,同日推出的还有中国海商法协会审议通过的《临时仲裁规则》,③这些举措为上海在国际航运中心基本建成并向全面建成迈进之际,抓住机遇推动打造面向全球的亚太海事仲裁中心注入了新动能。不过,从目前来看,上海要有效满足我国与"21 世纪海上丝绸之路"沿线国家海事争议解决的需要,更好服务海洋强国战略实施,尤其是比肩伦敦、纽约、新加坡、香港等国际海事仲裁中心,无疑还有一定的努力空间。④结合 LMAA、SMA、SCMA、HKMAG 的有益经验,主要可从以下两方面着手。

---

① 目前,CMAC 的服务领域和受案范围已十分广泛,拥有下设航空争议仲裁中心、计量争议仲裁中心、建设工程争议仲裁中心、海事调解中心、航空争议调解中心、救助打捞争议调解中心、物流争议解决中心、渔业争议解决中心等多个中心的业务体系。参见中国海事仲裁委员会网站,http://www.cmac.org.cn/index.php?catid=10,2022 年 5 月 3 日访问。

② 现行有效的是 2020 年 11 月 6 日修正后的《网上仲裁规则》。

③ 中国海商法协会第十五届六次常务理事会审议通过并于 2022 年 3 月 18 日发布。

④ 仅从受案量看,CMAC 曾一度在低位徘徊,近年来已有显著增长,但涉外案件的比例仍有待进一步提升,以加强国际竞争力。参见中国海事仲裁委员会网站,http://www.cmac.org.cn/index.php?catid=13,2022 年 5 月 3 日访问。

## （一）完善机构仲裁、引入临时仲裁：争取 BIMCO 的支持和认可

六十余年来，CMAC 已建立日益完善和成熟的机构仲裁制度并形成了自己的优势，2021 年 10 月 1 日生效实施的新仲裁规则在此基础上又更进一步。2022 年 3 月 18 日中国海商法协会推出的《临时仲裁规则》及 CMAC 配套推出的《临时仲裁服务规则》，则意味着我国在海事仲裁实践中首次明确承认了临时仲裁，并正式引入了临时仲裁规则，为我国海事仲裁发展补上了最关键的一块短板。至此，借鉴国际经验，不断完善机构仲裁、实践并优化临时仲裁，应是推动我国海事仲裁迅速崛起并融入国际竞争主流，争得国际航运界尤其是 BIMCO 的支持和认可，打造国际海事仲裁中心的重要制度支撑。

### 1. 完善机构仲裁

CMAC 仲裁规则的适时修订，一直是其仲裁服务不断优化和提升的动力源泉和制度依据。最新修订的 2021 年仲裁规则在多个方面作了修改和完善，尤以"八个首次"作了诸多突破和创新，[①]进一步彰显和强化了机构仲裁的优势并弥补了其不足：

一是进一步强化了当事人意思自治。仲裁规则本就是契约性的，承载了当事人意思自治，旨在为当事人开展仲裁提供建议性的

---

① 具体包括：(1)首次对电子技术与常规仲裁的结合与创新作了系统规定；(2)首次比较系统地规定了证据规则；(3)首次对案件经办人和仲裁庭秘书的不同角色进行了划分；(4)首次明确了专家咨询意见的性质及其与仲裁庭的关系；(5)首次规定裁决书经当事人同意可在脱密后公开发布；(6)首次规定了向当事船舶船长送达亦为仲裁文书送达的方式之一；(7)首次明确仲裁庭可采取必要措施避免因当事人代理人变化而引发的利益冲突；(8)首次引入责任限制条款。参见新华社：《中国海事仲裁新规则：首次对视频开庭作出系统规定》，载微信公众号"海事服务网CNSS"，2021 年 10 月 11 日。

程序指引。①相比于 2018 年仲裁规则，2021 年仲裁规则在诸多事项上更强调征求或尊重当事人的意见。②

二是首次引入了在线庭审模式。在网络信息时代，随着人工智能、大数据、区块链技术的广泛运用，仲裁的网络化、信息化已成趋势，在线庭审模式更能有效突破人员流动、跨境旅行等方面的限制，同时更便捷和安全。近年来，LMAA、SMA、SCMA 及 HKMAG 在仲裁规则及实践中均先后引入了在线庭审模式。CMAC 除在2020 年专门推出了《网上仲裁规则》，在 2021 年仲裁规则中亦就在线庭审作出回应，对在线庭审予以明确和系统的规定。③对于在线庭审，《意见稿》亦持肯定态度，④体现了新的立法方向，亦反映了网络仲裁实践先行有效推动了立法层面的改革。在此背景下，上海地方仲裁立法尤应率先作出选择，为在线庭审的开展预留足够的法治空间。

三是进一步扩大仲裁庭的权限。在机构仲裁中，仲裁机构对案件的程序管理常现双重效应，一方面仲裁机构的适当管理可为案件审理提供专业、及时的服务和支持，另一方面仲裁机构的过多管理易损害或侵蚀仲裁庭的合理权限。由此，仲裁机构与仲裁庭之间的权限划分是一个此消彼长的关系，仲裁庭作为审理案件的裁判主体，理应享有足够充分的权限，仲裁机构的管理权则应受到

---

① 例如，2015 年、2018 年、2021 年《中国海事仲裁委员会仲裁规则》第 4 条第 3 款即规定：当事人约定将争议提交仲裁委员会仲裁但对本规则有关内容进行变更或约定适用其他仲裁规则的，从其约定，除非其约定无法实施或与仲裁地法强制性规定相抵触。

② 参见 2021 年《中国海事仲裁委员会仲裁规则》第 8 条第 1 款、第 34 条、第 39 条第 4 款、第 58 条第 10 款。

③ 参见 2021 年《中国海事仲裁委员会仲裁规则》第 39 条第 4 款、第 51 条第 2 款、第 45 条第 1 款。

④ 参见《意见稿》第 30 条第 3 款。

合理限制,如此才能科学厘定并理顺仲裁机构管理权与仲裁庭独立裁判权之间的关系。循此理念,CMAC 2021年仲裁规则大大扩充了仲裁庭的权限,仲裁机构的管理权基本被限定在服务案件或仲裁程序的范围内。①

四是对接国际通行概念引入快速程序。②快速低费是仲裁尤其是海事仲裁的核心价值和不变追求,面向一定金额以下或事实简单的争议提供的快速程序,几乎是所有仲裁规则无一例外地予以规定的一类程序。CMAC仲裁规则亦不例外,但多年来其仲裁规则采取的是简易程序(summary procedure)这一概念,虽与快速程序(expedited proceedings, fast-track procedure)并无实质区别,但后者显然是当今国际更通行的概念或表述,也能更直白地突显此类程序的优势和特征。③为此,CMAC 2021年仲裁规则对接国际通行概念,首次将简易程序改为了快速程序,并将可适用的争议金额从人民币200万元提高到500万元,④这大大拓展了快速程序的适用范围,进一步深化了快速低费仲裁的价值目标。

综上所述,不难看出,CMAC 2021年仲裁规则通过一系列的制度改革和程序优化,推动我国海事仲裁规则进一步走向国际化和现代化,其一方面吸收了国际商事仲裁近年来发展的新经验、新成果,提升其机构仲裁的传统优势,另一方面则着重突出海事仲裁的专业特色,尤其在扩大仲裁庭权限,弱化仲裁机构的管理、强化其服务等方面,使机构仲裁向临时仲裁靠拢。这大大提升了

---

① 参见 2021 年《中国海事仲裁委员会仲裁规则》第 7 条第 2 款,第 22 条第 2 款,第 39 条第 1 款、第 4 款、第 6 款和第 7 款,第 40 条第 1 款,第 61 条。

② 参见 2021 年《中国海事仲裁委员会仲裁规则》第三章(第 66 至 74 条)。

③ 参见张维:《新规则 新突破 新发展 新未来——访中国海事仲裁委员会副主任李虎博士》,载微信公众号"中国海事仲裁委员会",2021 年 10 月 22 日。

④ 参见 2021 年《中国海事仲裁委员会仲裁规则》第 66 条。

CMAC 机构仲裁在海事仲裁中的适应性,更好地满足了国际航运界海事仲裁当事人的期待和需求。CMAC 2021 年受理的 85 个案件中,涉外案件占到 43 件,相比于 2020 年涉外案件 26% 的占比,2021 年涉外案件的占比迅速提升至 51%,①这与 CMAC 2021 年仲裁规则的出台和运用不无关系。

2. 引入临时仲裁

自 20 世纪 50 年代紧跟 CIETAC 的步伐成立以来,CMAC 就与 CIETAC 按照各自的专业分工分别在海事领域和经贸领域耕耘开拓、并肩奋斗,打造并提供机构仲裁服务。然而,多年来,面对国际航运界早已形成的临时仲裁惯例和传统,CMAC 从一开始就遭受了冷遇和挫折。尽管近年来 CMAC 采取多方举措力争国际航运界的支持和认可,也取得了长足进展,但从其发展定位来看终究还是差强人意。由此,顺应国际航运界的习惯和传统,全面引入临时仲裁,便成为一个必然选择。虽然自 2016 年以来,按照《自贸区司法保障意见》和《新片区司法服务和保障意见》提出的"三特定"仲裁,临时仲裁呈松动趋势,但在适用范围上仍受限制,操作规则亦不明确,②致使实践中尚未见"三特定"仲裁广泛开展。

然而,面向国际航运界提供海事仲裁服务的国际竞争从未停止或缓和,为服务上海全面建成国际航运中心及打造面向全球的亚太海事仲裁中心的发展目标,CMAC 终于协同中国海商法协会

---

① 参见 CMAC《2020 年工作报告》和《2021 年工作报告》,载中国海事仲裁委员会网站,http://www.cmac.org.cn/index.php?catid＝13,2022 年 5 月 5 日访问。

② 例如,"特定人员"须具备什么资格、依何国法律确定?"特定地点"是指任意地点还是仅限于自贸试验区或新片区等特定区域?"特定仲裁规则"是指某个仲裁机构制定的仲裁规则还是当事人自主协商设计的仲裁规则?联合国国际贸易法委员会制定的仲裁规则能否适用?诸如此类的问题,"三特定"仲裁原则显然未予明确,这为实践中的操作带来了一定困难。

推出了《临时仲裁规则》并配套推出了《临时仲裁服务规则》,这不仅为临时仲裁的有效开展提供了系统的规则依据,更使我国海事仲裁多年处于竞争不利的单一制度结构和服务模式得以改变。按照《临时仲裁规则》和《临时仲裁服务规则》,我国海事仲裁中的临时仲裁获得了明确的程序指引,并能如机构仲裁一样获得必要的服务和协助,但免于仲裁机构的程序管理,所有权力都回归当事人和仲裁庭,这大大增强了仲裁程序的灵活高效,减少不必要的延误和花费。当然,最重要的是,临时仲裁才是符合国际航运界需求的常规模式,才是彰显海事仲裁专业特色的标配,才是真正能释放我国海事仲裁活力并提升其国际公信力和竞争力的"助推器"和"杀手锏"。

(1) 当事人自主性的充分发挥

按照《临时仲裁规则》,不仅规则的适用可由当事人自由约定,诸多程序事项亦由当事人自主安排和完成:规则基于当事人的约定得到适用,规则有关内容可由当事人约定变更,只要不是无法实施或违反仲裁地法强制性规定;仲裁通知书、对仲裁通知书的答复、仲裁申请书、答辩书及反请求等文书及材料均由当事人自行发送或送达;指定机构、仲裁地、仲裁语言、实体法的适用、友好仲裁、裁决脱密处理后的公开等诸多事项亦可由当事人自主约定。①

(2) 仲裁庭权限的大大拓展

在临时仲裁中,由于仲裁机构程序管理权的退出,相关权力得以回归当事人和仲裁庭。在《临时仲裁规则》下,遵照当事人的约定或授权,仲裁庭的权限大大拓展,可以有效处理各程序事项并行使其裁决权:当事人未对仲裁地作出约定或约定不明的,仲裁庭可

① 参见《临时仲裁规则》第 1 条第 1、2 款,第 3 条,第 4 条,第 16 条,第 17 条,第 6 条第 1 款,第 7 条第 1 款,第 10 条第 1、3 款,第 33 条第 6 款。

根据案件实际情况确定仲裁地；基于仲裁地法的规定，经当事人明示授权，仲裁庭可进行友好仲裁——按照"公允善良"原则作出裁决；在3人仲裁庭的情况下，如果其中1名仲裁员辞任或无法继续履职，其余2名仲裁员能就相关仲裁事项达成一致意见的，则该2名仲裁员有权就该事项做出决定、指令和裁决，即在仲裁庭1名成员意外空缺的情况下，由其余2名能达成一致意见的"大多数仲裁员"继续履职直至作出裁决，以防止延误产生；在不违反仲裁规则规定的情况下，仲裁庭可以其认为适当的方式进行仲裁，并可根据案件实际情况组织召开预备会议，就庭前程序、开庭安排、举证期限等事项协商安排；除非当事人另有约定，仲裁庭可根据案件实际情况决定以远程视频会议等适当方式开庭审理，但若出现不宜以远程视频等方式开庭的，则可决定转为线下进行；应各方当事人请求并经仲裁庭同意，仲裁庭可按照当事人的和解协议作出裁决书，并可省去裁决理由。①

（3）指定机构职能的合理配置

为保障临时仲裁公平高效地组织推进，《临时仲裁规则》和《临时仲裁服务规则》为临时仲裁配置了指定机构，为其提供必要的程序服务。指定机构由当事人约定，在未约定的情况下CMAC为默认的指定机构，并就诸多事项提供服务。②其实，作为指定机构为临时仲裁提供服务，CMAC已积累相当丰富的经验。早在2014年CMAC设立香港仲裁中心以来，除受理并管理同时适用香港《仲裁条例》和CMAC仲裁规则的仲裁案件外，还应当事人的约定为临时仲裁当事人提供指定仲裁员、选任仲裁庭秘书，以及提供开

---

① 参见《临时仲裁规则》第7条第2款、第10条第3款、第11条第4款、第22条第1款、第25条、第26条第3款、第30条第3款。

② 参见《临时仲裁服务规则》第2条。

庭场所及设施等相关服务。①由此,在当事人未对指定机构作出约定时,CMAC 无疑是最佳配置或选项。

可见,在指定机构的服务和协助下,临时仲裁在摆脱机构仲裁固有局限的同时,有效获取了机构仲裁的优势。这既是临时仲裁发展完善的结果,亦是临时仲裁与机构仲裁相向而行、融合发展的产物。如前所述,临时仲裁与仲裁机构并不矛盾,与机构仲裁亦非对立,仲裁机构完全可能提供临时仲裁服务,如 LMAA、SMA、SCMA,也可能同时提供机构仲裁服务和临时仲裁服务,如HKMAG。临时仲裁与机构仲裁之间的区别不在于是否有仲裁机构的介入,而在于仲裁机构发挥什么作用,是管理还是服务。发展完善的临时仲裁通常由仲裁机构提供服务,因而浸染了机构仲裁的优势,改革优化的机构仲裁通常弱化仲裁机构的管理,从而获得临时仲裁的灵活高效,在此基础上衍生出一种新型的"重服务、轻管理"的"混合型"仲裁,兼具临时仲裁与机构仲裁的特征和优势。

总之,临时仲裁的引入,终于使得我国海事仲裁服务模式趋于完备,补上了其竞争不利的制度短板,并通过机构仲裁与临时仲裁的优势互补、互鉴兼容,为我国海事仲裁面向国际航运界提供服务增强了竞争力和吸引力,为争得 BIMCO 的支持和认可在上海加快打造面向全球的亚太海事仲裁中心奠定了实践基础。不过,须指出的是,临时仲裁在我国《仲裁法》下尚不被承认,要使其真正落地生根、走入实践、发挥实效,还有待我国《仲裁法》修订后在立

---

① CMAC 香港仲裁中心成立于 2014 年 11 月,是 CMAC 在我国内地以外设立的第一家分支机构,在香港推广海事仲裁,并将 CMAC 仲裁服务进一步国际化,为各界提供信息交流和咨询服务,根据中外当事人对海商海事争议解决的实际需求提供既中立又便利的仲裁服务,积极支持并促进香港发展成为国际性争议解决中心和国际航运中心。参见中国海事仲裁委员会网站,http://www.cmac.org.cn/index.php?id=528,2022 年 5 月 3 日访问。

法上的全面确认、保障和支持。而在此之前,采用中国互联网仲裁联盟早在 2017 年发起建立的临时仲裁与机构仲裁对接机制,①或是助力临时仲裁突破现行法律障碍实现安全"软着陆"的可行方案。②但需注意的是,要真正实现临时仲裁与机构仲裁的实质性对接,仲裁中临时仲裁向机构仲裁的程序转化及对裁决书或调解书的机构确认等机制安排,则是更关键的。

**(二) 深化快速低费仲裁目标设计推出灵活多元的仲裁程序**

快速低费是仲裁的生命线,是仲裁优于诉讼的决胜之处,是当事人舍诉讼而选仲裁的最大原动力,亦是当事人在临时仲裁中相比于机构仲裁中期待得更多的一点。然而,自近代以来,仲裁在制度化、法律化的过程中,一方面收获了日趋详备的规则指引,另一方面则日渐受到复杂程序的束缚。由此,如何化解规则增加引发的程序危机,使仲裁不为规则所累、不被程序所困、不受司法所扰,始终保持程序的设计和运行切合实际、足够灵活、合理高效,便成为晚近一些国家或仲裁机构在制度层面寻求破解的重要问题。③

在海事仲裁中,快速低费从来都是国际航运界最看重的一项程序价值,作为国际海事仲裁中心的伦敦、纽约、新加坡和香港,无不以此为制度指针。在立法上,无论是英国《1996 年仲裁法》还是新加坡 IAA 抑或是香港《仲裁条例》,以及作为诸多国家或法域"母法"的《联合国国际商事仲裁示范法》,无不确立了快速低费仲裁的价值目标。在仲裁规则层面,LMAA、SMA、SCMA、

---

① 参见《中国互联网仲裁联盟临时仲裁与机构仲裁对接规则》(2017 年 9 月 19 日通过并生效),载微信公众号"广州仲裁委员会",2017 年 9 月 22 日。

② 参见邓杰:《加快构建新片区良好仲裁法治环境》,载《社会科学报》2021 年 4 月 1 日第 2 版。

③ 参见邓杰:《商事仲裁改革国际潮流下的加速仲裁程序》,载《上海师范大学学报(哲学社会科学版)》2018 年第 6 期。

HKMAG 无不以快速低费仲裁为价值指引,设计推出了灵活多元的仲裁程序供当事人选择和适用。例如,LMAA 基于争议金额大小区分不同类型的案件设计和推出了 SCP、FALCA 和 ICP 等多套程序规则,SCMA 虽与 LMAA 不同,并未制定和推出多套独立的仲裁程序规则,而是一直只保有一套仲裁规则,但这并不影响其根据实践需要在该套仲裁规则中适时纳入多套不同程序,以满足争议金额或争议性质等不同的各类案件当事人的多元选择和需求。

多年来,CMAC 一直通过适时修改仲裁规则致力于程序改革优化,在公平公正的前提下实现争议快速低费的解决,亦是其始终不变的目标。早在 1995 年,CMAC 追随 CIETAC 亦在其仲裁规则中首次专辟一章(第三章)引入简易程序,[①]便开启了我国海事仲裁中的快速低费仲裁实践。为进一步对接国际通行实践,更好服务上海建设国际航运中心和打造面向全球的亚太海事仲裁中心,CMAC 不仅于 2020 年推出了专门的《网上仲裁规则》,亦在 2021 年修改推出了新的仲裁规则,前者率先引入了快速程序,[②]后者则将采用多年的简易程序改为快速程序,并将可适用的争议金额一举从人民币 200 万元提高到 500 万元,这显示了 CMAC 一方面通过引入网络技术为仲裁提供便利并提高效率、降低成本的务实举措,另一方面通过引入快速程序深入推进快速低费仲裁目标的决心。相比之下,CMAC 的程序还可进一步细化,以更好满足国际航运界对快速低费仲裁的期待和需求,LMAA、SMA、SCMA、HKMAG 的规则和经验无疑值得借鉴。惟其如此,在激

---

① 参见 1994 年《中国国际经济贸易仲裁委员会仲裁规则》第三章(第 64 至 74 条)、1995 年《中国海事仲裁委员会仲裁规则》第三章(第 63 至 73 条)。

② 参见中国海事仲裁委员会《网上仲裁规则》第四章(第 30 至 35 条)。

烈的国际竞争中,CMAC 才能紧跟国际潮流,不断提升国际公信力和竞争力,赢得国际航运界尤其是 BIMCO 的支持和认可,为上海加快打造面向全球的亚太海事仲裁中心提供助力。

# 结　　论

在推进"21 世纪海上丝绸之路"建设的过程中,我国与沿线国家之间海事争议的产生不可避免。如何有效应对、妥善解决,何为恰当的争议解决方式,需构建怎样的争议解决机制,打造怎样的法治环境,以服务和保障"21 世纪海上丝绸之路"建设行稳致远,无疑是应首当其冲予解决的问题。我国作为共建"21 世纪海上丝绸之路"的倡议国及沿线最大的国家,理应发挥更大作用、承担更多责任。无论是解决海事争议的国际经验,还是我国与沿线国家海事争议解决的实践现状;无论是关于解决我国与沿线国家海事争议的顶层设计,还是沿线国家关于海事争议解决的底层逻辑,均表明仲裁是当下用于解决我国与沿线国家海事争议最恰当的选择和安排。

近年来,随着国际航运中心的东移,国际海事仲裁中心亦呈全球化扩张趋势并向亚太地区转移,新加坡和我国香港特别行政区抓住机遇迅猛发展,先后于 2012 年和 2020 年得到 BIMCO 的支持和认可,一举成为继伦敦和纽约之后的第三大和第四大国际海事仲裁中心。作为"21 世纪海上丝绸之路"沿线的重要国家和节点城市,新加坡和我国香港的接连晋级,无疑为我国内地发展海事仲裁带来了竞争和压力,亦昭示了可进取的方向。我国作为海洋大国、海运大国及仲裁大国,正在向海洋强国、海运强国及仲裁强国积极迈进,面对新的国际竞争形势,无疑应抓住机遇、积极进取,大胆探索、敢于竞争。上海作为全国改革开放排头兵、创新发展先行者,40余年来始终勇立潮头、勇当开路先锋,发挥示范引领作用,在服务国家战略、推动国际合作与竞争中发挥了重要作用,作出了积极贡献。在上海国际航运中心基本建成并向全面建成迈进及上海打造面向全球的亚太仲裁中心的战略背景下,面对"21世纪海上丝绸之路"沿线国家海事争议,上海亦应发挥优势,尤其是多年来积累的仲裁优势和法治优势,积极应对、妥善解决,并以此为契机推动海事仲裁创新发展,亦谋求打造面向全球的亚太海事仲裁中心,以抢占行业制高点,提升我国海运软实力和制度话语权,护航"21世纪海上丝绸之路"建设顺利推进,并推动构建海洋命运共同体和人类命运共同体。

打造国际海事仲裁中心,不仅需要通过可行路径逐步推进,更需要先进的海事仲裁制度为之提供保障和支撑。党的二十大报告指出要"推进高水平对外开放,稳步扩大规则、规制、管理、标准等制度型开放""加强重点领域、新兴领域、涉外领域立法"。由此,立足我国国情和发展战略,尤其是上海打造亚太海事仲裁中心的实践需求,考察借鉴既有国际海事仲裁中心的制度经验,对标国际标准、对接国际通行规则,推动我国海事仲裁制度改革完善,包括推进我国《仲裁法》修订,用好中央立法授权或放权推动上海地方仲裁立法,推动我国专业性海事仲裁机构——CMAC海事仲裁规则不断修改完善,为上海打造亚太海事仲裁中心构建国际一流的仲裁法治环境,应是我国当下务实可行的选择。

# 参 考 文 献

## 一、著 作

1. 李浩培：《国际民事程序法概论》，法律出版社 1996 年版。

2. 黄进主编：《国际商事争议解决机制研究》，武汉大学出版社 2010 年版。

3. 刘仁山：《国际私法与人类命运共同体之构建》，法律出版社 2019 年版。

4. 丁伟：《与改革发展同频共振：上海地方立法走过三十八年》，上海人民出版社 2018 年版。

5. 丁伟：《自贸试验区法治创新与实践探索：以上海自贸试验区的实践为视角》，上海人民出版社 2021 年版。

6. 刘晓红主编：《仲裁"一裁终局"制度之困境及本位回归》，法律出版社 2016 年版。

7. 刘晓红、贺小勇主编：《中国（上海）自由贸易试验区法治建设蓝皮书》，北京大学出版社 2016 年版。

8. 赵秀文：《香港仲裁制度》，河南人民出版社 1997 年版。

9. 杨良宜:《国际商务仲裁》,中国政法大学出版社 1997 年版。

10. 韩健:《现代国际商事仲裁法的理论与实践》(修订本),法律出版社 2000 年版。

11. 何其生:《域外送达制度研究》,北京大学出版社 2006 年版。

12. 何其生:《比较法视野下的国际民事诉讼》,高等教育出版社 2015 年版。

13. 王生长:《仲裁与调解相结合的理论与实务》,法律出版社 2001 年版。

14. 宋连斌:《国际商事仲裁管辖权研究》,法律出版社 2000 年版。

15. 赵健:《国际商事仲裁的司法监督》,法律出版社 2000 年版。

16. 乔欣:《仲裁权研究》,法律出版社 2001 年版。

17. 贺万忠:《国际海事诉讼管辖权问题研究》,世界知识出版社 2008 年版。

18. 池漫郊:《多方多合同仲裁的主要法律问题研究》,厦门大学出版社 2006 年版。

19. 丁颖:《美国商事仲裁制度研究——以仲裁协议和仲裁裁决为中心》,武汉大学出版社 2007 年版。

20. 肖芳:《论外国法的查明——中国法视角下的比较法研究》,北京大学出版社 2010 年版。

21. 罗楚湘:《英国仲裁法研究》,武汉大学出版社 2012 年版。

22. 杨玲:《国际商事仲裁程序研究》,法律出版社 2011 年版。

23. 林一:《国际商事仲裁中的意思自治原则——基于现代商业社会的考察》,法律出版社 2018 年版。

24. 王则左:《2011 年香港仲裁条例第 609 章——评论及指南》,洪亮、许伊音译,法律出版社 2015 年版。

25. 莫石、郑若骅编著:《香港仲裁实用指南》,法律出版社 2004 年版。

26. 任明艳:《国际商事仲裁中临时性保全措施研究》,上海交通大学出版社 2010 年版。

27. 张志:《仲裁立法的自由化、国际化和本土化——以贸法会仲裁示范法为比较》,中国社会科学出版社 2017 年版。

28. 邓杰:《商事仲裁法》,清华大学出版社 2008 年版。

29. 邓杰:《伦敦海事仲裁制度研究》,法律出版社 2002 年版。

30. 付俊伟主编:《"一带一路"国际商事仲裁指引》,社会科学文献出版社 2020 年版。

31. [美]马汉:《海权论》,一兵译,同心出版社 2012 年版。

32. [英]杰弗里·帕克:《二十世纪的西方地理政治思想》,李亦鸣等译,解放军出版社 1992 年版。

33. [英]施米托夫:《国际贸易法文选》,赵秀文选译,中国大百科全书出版社 1993 年版。

34. [日]谷口安平:《程序的正义与诉讼》(增补本),王亚新、刘荣军译,中国政法大学出版社 2002 年版。

35. [美]安东宁·斯卡利亚:《联邦法院如何解释法律》,罗纳德·德沃金等评,蒋惠岭、黄斌译,张泰苏校,中国法制出版社 2017 年版。

36. [美]加里·B.博恩:《国际仲裁:法律与实践》,白麟、陈福勇、李汀洁等译,郑若骅等审校,商务印书馆 2015 年版。

## 二、中文期刊论文

1. 石静霞:《"一带一路"倡议与国际法——基于国际公共产品供给视角的分析》,载《中国社会科学》2021年第1期。

2. 杨泽伟:《论"海洋命运共同体"理念与"21世纪海上丝绸之路"建设的交互影响》,载《中国海洋大学学报(社会科学版)》2021年第5期。

3. 张海文、王芳:《海洋强国战略是国家大战略的有机组成部分》,载《国际安全研究》2013年第6期。

4. 陈安:《再论中国涉外仲裁的监督机制及其与国际惯例的接轨》,载《国际经济法论丛》(第2卷),法律出版社1999年版。

5. 肖永平、廖卓炜:《已撤销仲裁裁决在美国的承认与执行》,载《经贸法律评论》2019年第2期。

6. 刘晓红、冯硕:《制度型开放背景下境外仲裁机构内地仲裁的改革因应》,载《法学评论》2020年第3期。

7. 刘晓红、王徽:《论中国引入国际商事仲裁机构的法律障碍与突破进路——基于中国自贸区多元化争议解决机制构建的几点思考》,载《苏州大学学报(法学版)》2016年第3期。

8. 郑少华:《中国(上海)自贸试验区新片区立法保障论》,载《东方法学》2020年第3期。

9. 徐崇利:《经济全球化与外国判决承认和执行的互惠原则》,载《厦门大学法律评论》(第8辑),厦门大学出版社2004年版。

10. 宋连斌:《仲裁司法监督制度的新进展及其意义》,载《人民法治》2018年第3期。

11. 宋连斌:《比照适用抑或特别规定:从国际商事仲裁的法律适用谈起——兼及中国国际私法立法及研究的"诉讼中心主义"》,

载《时代法学》2004年第5期。

12.杜涛:《互惠原则与外国法院判决的承认与执行》,载《环球法律评论》2007年第1期。

13.宋晓:《外国法:"事实"与"法律"之辨》,载《环球法律评论》2010年第1期。

14.马琳:《析德国法院承认中国法院民商事判决第一案》,载《法商研究》2007年第4期。

15.傅郁林:《民事裁判思维与方法——一宗涉及外国法查明的判决解析》,载《政法论坛》2017年第5期。

16.王利明:《负面清单管理模式与私法自治》,载《中国法学》2014年第5期。

17.李健:《外国仲裁机构在中国内地仲裁不可行》,载《法学》2008年第12期。

18.李庆明:《境外仲裁机构在中国内地仲裁的法律问题研究》,载《环球法律评论》2016年第3期。

19.胡建新:《关于外国法查明及适用问题的调查分析》,载《中国海商法研究》2019年第1期。

20.李建忠:《论我国外国法查明方法规定的重构》,载《法律科学》2019年第1期。

21.王吉文:《论我国对外国判决承认与执行的互惠原则》,载《法学家》2012年第6期。

22.冯茜:《日本法院对我国财产关系判决的承认执行问题研究》,载《武大国际法评论》2017年第3期。

23.邓杰:《商事仲裁改革国际潮流下的加速仲裁程序》,载《上海师范大学学报(哲学社会科学版)》2018年第6期。

24.陈亮、姜欣:《承认和执行外国法院判决中互惠原则的现状、影响与改进》，载《法律适用》2018 年第 5 期。

25. 李双利、赵千喜：《论承认和执行外国法院判决申请之司法审查》，载《法律适用》2018 年第 5 期。

26. 连俊雅：《"一带一路"战略下互惠原则在承认和执行外国法院判决中的适用现状、困境与变革》，载《河南财经政法大学学报》2016 年第 6 期。

27. 蔡伟：《国际商事法庭：制度比较、规则冲突与构建路径》，载《环球法律评论》2018 年第 5 期。

28. 钱锋：《终局性：外国法院民商事判决承认与执行的先决条件》，载《法律适用》2006 年第 6 期。

29. 陈思伟：《公元前 4 世纪雅典海事法庭初探》，载《中南大学学报（社会科学版）》2018 年第 4 期。

30. 康宁：《契约性与司法化——国际商事仲裁的生成逻辑及对"一带一路"建设的启示》，载《政法论坛》2019 年第 4 期。

31. 徐浩：《中世纪西欧商人法及商事法庭新探》，载《史学月刊》2018 年第 10 期。

32. 冯硕：《大变局时代的国际仲裁——2021 年〈国际仲裁调查报告〉述评》，载《商事仲裁与调解》2021 年第 4 期。

33. 王春业：《论我国"特定区域"法治先行》，载《中国法学》2020 年第 3 期。

34. 蔡鸿达：《中国海事仲裁的发展、现状及有关问题的思考》，载《中国国际私法与比较法年刊》（第三卷），法律出版社 2000 年版。

35. 蔡鸿达：《海运合同中的"北京仲裁条款"问题的探讨》，载《法学杂志》1998 年第 3 期。

36. 刘书剑：《美国的海事仲裁制度评介》，载《中国海商法年刊》1991年卷。

# 三、外文著作

1. Fentiman，R. *Foreign Law in English Courts：Pleading，Proof and Choice of Law*，Oxford University Press，1998.

2. A. Mayss，*Principle of Conflict of Laws（3rd ed.）*，Cavendish Publishing Limited，1999.

3. Clare Ambrose，Karen Maxwell and Michael Collett QC，*London Maritime Arbitration*（4th ed.），LLP，2017.

4. Ian R. Macneil，*American Arbitration Law：Reformation，Nationalization，Internationalization*，Oxford University Press，1992.

5. Oliver Wendell Holmes，*The Common Law*，Little，Brown & Co.，1881.

6. Imre S. Szalai，*Outsourcing Justice：The Rise of Modern Arbitration Laws in America*，Carolina Academic Press，2013.

7. Gary B. Born，*International Commercial Arbitration（2nd ed.）*，Kluwer Law International，2014.

8. Tibor Varady et al.，*International Commercial Arbitration，A Transnational Perspective（6th ed.）*，West Academic，2009.

9. Leslie Chew，*Introduction to the Law and Practice of Arbitration in Singapore*，Utopia Press Pte Ltd，2010.

10. Jan Paulsson，*Accepting International Arbitration in Fact and Not Only in Words*，in Eugene Cotran & Austin Amissah ed.，Arbitration in Africa，Kluwer International，1996.

11. Mikaël Schinazi，*The Three Ages of International Com-*

*mercial Arbitration*，Cambridge University Press，2022.

12. Gary B. Born，*International Arbitration and Forum Selection Agreements：Drafting and Enforcing*，Kluwer Law International B.V.，2021.

13. Felix Dasser，*"Soft Law" in International Commercial Arbitration*，Brill Nijhoff，2021.

14. Nobumichi Teramura，*Ex Aequo et Bono as a Response to the Over-Judicialisation of International Commercial Arbitration*，Kluwer Law International B.V.，2020.

15. Franco Ferrari & Friedrich Rosenfeld，*Autonomous Versus Domestic Concepts Under the New York Convention*，Kluwer Law International B.V.，2021.

16. Leonardo V.P. de Oliveira & Sara Hourani，*Access to Justice in Arbitration*，Kluwer Law International B.V.，2020.

17. Barbara Alicja Warwas，*The Liability of Arbitral Institutions：Legitimacy Challenges and Functional Responses*，T.M.C. Asser Press，2017.

18. Dean Lewis，*The Interpretation and Uniformity of the UNCITRAL Model Law on International Commercial Arbitration：Focusing on Australia，Hong Kong and Singapore*，Kluwer Law International B.V.，2016.

# 四、外文期刊论文

1. V. Behr，Enforcement of United States Money Judgements in Germany，*The Journal of Law and Commerce*，Vol.13，1994.

2. William W. Park, the New English Arbitration Act, *International Arbitration Report*, Vol.13, No.6, 1998.

3. Arthur L. Marriott, the New Arbitration Bill, *International Arbitration Report*, Vol.11, No.6.

4. William F. Fox & Ylli Dautaj, The Life of Arbitration Law Has Been Experience, Not Logic: Gorsuch, Kavanaugh, And The Federal Arbitration Act, *Cardozo J. of Conflict Resolution*, Vol.21:1, 2019.

5. Christopher R Drahozal, In Defense of Southland: Reexamining the Legislative History of the Federal Arbitration Act, *Notre Dame Law Review*, Vol.78:1, 2002.

6. Preston Douglas Wigner, The United States Supreme Court's Expansive Approach to the Federal Arbitration Act: a Look at the Past, Present, and Future of Section 2, 29 *U. Rich. L. Rev.* Vol.29, 1995.

7. Imre S. Szalai, Exploring the Federal Arbitration Act Through The Lens of History, *Journal of Dispute Resolution*, Vol.2016, No.1.

8. Jan Paulsson, Enforcing Arbitral Awards Notwithstanding Local Standard Annulments, *6 Asia Pac. L. Rev.* 1, 1998.

9. Sherina Petit and Ben Grant, "Awards Set Aside or Annulled at the Seat-Zombies, Ghosts and Buried Treasure", Norton Rose Fulbright, *International Arbitration Report*, May 2018.

10. Albert Jan van den Berg, When Is an Arbitral Award Nondomestic under the New York Convention of 1958, *6 PACE L. REV.* 25, 1985.

**图书在版编目(CIP)数据**

"21世纪海上丝绸之路"建设背景下打造上海国际海
事仲裁中心研究/蒋传光主编;邓杰著.—上海:上
海人民出版社,2024
ISBN 978-7-208-18047-5

Ⅰ.①2… Ⅱ.①蒋… ②邓… Ⅲ.①海事仲裁-研究
-中国 Ⅳ.①D925.704

中国版本图书馆CIP数据核字(2022)第222653号

**责任编辑** 冯 静
**封面设计** 一本好书

**"21世纪海上丝绸之路"建设背景下打造上海国际海事仲裁中心研究**
蒋传光 主编
邓 杰 著

出 版 上海人民出版社
　　　　 (201101 上海市闵行区号景路159弄C座)
发 行 上海人民出版社发行中心
印 刷 上海商务联西印刷有限公司
开 本 635×965 1/16
印 张 24.5
插 页 2
字 数 279,000
版 次 2024年3月第1版
印 次 2024年3月第1次印刷
ISBN 978-7-208-18047-5/D·4044
定 价 115.00元